STATISTICS USING SPSS

SPSS를 이용한 통계학

제3판

서울대학교 통계학과 지음

자유아카데미

머리말

시중에는 통계 소프트웨어 SPSS를 이용한 통계학 교재가 다양하게 출간되어 있지만, 기존 책들보다 한 단계 높은 수준의 내용을 담은 교재가 필요하다고 판단하여 이 책을 출간하게 되었다. 통계적 방법이나 통계적 추론에 있어 이론적 근거를 좀 더 깊이 있게 다루기를 원하는 독자에게 적합한 책이라 할 수 있다. 특히 최근 SPSS의 사용이 사회과학뿐만 아니라 자연과학, 공학, 의학 등 다양한 분야로 확산되면서, 이에 대한 수요도 증가하고 있는 추세다. 이러한 점을 고려하여 통계학 개론 교재 수준에서 이론적인 기반 설명을 한층 강화하여 집필하였다.

이 책은 서울대학교 통계학과 교수들이 집필한 「일반통계학」과 비슷한 수준이지만, 통계학의 응용 측면을 더욱 강조하고, 다양한 예제를 풍부하게 수록하여 독자가 내용을 보다 쉽게 이해할 수 있도록 구성하였다. 각 장에서는 먼저 통계학의 기본 개념을 소개하고, 이어서 SPSS를 활용하여 데이터를 분석하는 방법을 설명하는 방식으로 구성하였다. 즉, 기본 개념을 설명한 후 간단한 '예' 또는 '예제'를 통해 실제 적용 방법을 보여주고, 각 장의 끝에는 'SPSS 실습' 절을 통해 본문에서 다룬 내용을 실제 사례에 적용하여 SPSS로 분석하는 과정을 설명하였다.

이전 제2판에서는 2012년에 출시된 SPSS 21.0KO를 사용하였으나, 현재 널리 사용되는 SPSS 29와는 차이가 있어 이번 제3판에서는 2023년에 출시된 SPSS 29.0KO를 기준으로 내용을 전면 개정하였다. 개정 과정에서는 서울대학교 통계학과 대학원생 서광옥 군의 헌신적인 노력이 큰 도움이 되었음을 밝힌다.

이 책은 한 학기 동안 전부 다룰 수도 있고, 두 학기로 나누어 활용할 수도 있다. 한 학기 수업에서는 9장까지만 다루는 것이 적절하며, 두 학기 수업에서는 첫 학기에 1장부터 6장까지, 이후 학기에 나머지 장을 다루는 구성이 바람직하다. 책에 사용된

통계 관련 용어는 「한국통계학회」에서 제정한 용어를 원칙으로 하였고, SPSS에서 사용하는 용어가 이와 다른 경우에는 두 용어를 함께 소개하는 방식을 따랐다.

21세기는 지식 기반의 정보화 사회로, 정보의 창출이 매우 중요하다. 통계학은 바로 이러한 정보를 데이터로부터 창출하는 방법론을 연구하는 학문이다. 이 책을 통해 독자들이 통계학과 그 응용에 대한 이해를 넓히고, 데이터를 통해 정보를 얻는 기본적인 능력을 갖추는 데 도움이 되기를 진심으로 바란다. 출간 이후의 수정 사항 등은 자유아카데미 홈페이지(www.freeaca.com) 자료실에 게시할 예정이니 참고하기 바란다.

끝으로 초판부터 이 책을 애용해 주신 독자 여러분과, 제2판의 발간에 힘써 주신 자유아카데미 관계자 여러분께 깊은 감사를 드린다.

2025년 8월

저자 일동

차례

제1장 통계학과 자료

제2장 자료의 정리

제3장 확률분포

제11장 표본조사와 설문조사의 방법

부록 분포표

제 1 장

통계학과 자료

우리가 살고 있는 21세기를 흔히 '지식기반 정보화 사회'라고 하며, 이 사회에서는 정보를 창출하는 것이 경쟁력의 핵심이다. 정보의 창출은 필요한 자료의 생성으로부터 시작되는 것이 보통이다. 통계학은 자료의 수집, 분석, 정보획득, 지식화의 과정에서 중요한 역할을 담당하고 있다. 이 장에서는 통계학의 본질이 무엇이며, 자료로부터 생성된 정보를 이용하여 의사결정을 하는 흐름에 대하여 우선적으로 살펴보기로 한다. 다음으로 자료의 속성과 구분, 성질 등에 대하여 알아보고, 마지막으로 자료의 생성방법으로 표본조사와 실험설계에 대하여 구체적으로 알아보기로 한다.

1-1 통계학이란 무엇인가?

우리 주위에서는 수없이 많은 여론조사가 행해지고 있다. 선거기간 동안에는 후보자들이 유권자의 지지 성향을 조사하기 위하여 여론조사를 하고, 기업에서는 제품에 대한 소비자의 만족도를 조사하기 위하여 만족도 조사라는 여론조사를 실시한다. 또는 금융기관에서 더 많은 고객을 유치하기 위한 마케팅 전략을 수립하기 위하여 마케팅 조사라는 일종의 여론조사를 실시한다. 구체적인 예를 들어 설명하여 보자.

아래 <표 1-1>의 자료(데이터, data)는 어떤 지역구에서 국회의원에 출마한 네 후보에 대하여, 선거 전에 어떤 여론조사기관에서 실시한 유권자 지지 성향에 관한 여론조사 결과이다.

표 1-1 여론조사 결과

후보명	A	B	C	D	무응답
지지율	33.5%	30.1%	12.4%	4.8%	19.2%

이 여론조사를 기획할 때에 여론조사기관에서 고려해야 할 기본적인 세 가지 사항이 있다. 첫째로, 이 지역구의 전체 유권자가 몇 명인지, 유권자 리스트를 구할 수 있는지, 유권자들의 주소나 연락처를 구할 수 있는지 등이다. 어떤 종류의 조사

든지 그 조사가 행해지는 대상이 있으며, 이 조사의 대상이 되는 집단 전체를 **모집단**(population)이라고 한다. 이 여론조사에서는 그 지역구에 거주하는 유권자 전체가 모집단이 되는 것이다.

두 번째로, 여론조사기관에서 고려해야 할 사항은 이 모집단(전체 유권자)에서 누구를 실제 조사 대상자로 선정할 것인가 하는 문제이다. 즉, 몇 명의 유권자를 어떻게 뽑을 것인가 하는 문제이다. 이때 중요한 것은 뽑힌 유권자가 모집단을 잘 대표할 수 있어야 한다는 점이다. 특히 지역구 내에서 동별, 계층별, 성별 지지율을 파악하려면 동별, 계층별, 성별로 '골고루' 뽑아야 할 것이다. 이처럼 모집단 전체 중에서 여론조사를 위하여 일부를 선택한 것을 **표본**(標本, sample)이라고 한다. 이와 같이 모집단 전체를 조사하는 대신에 모집단에서 표본을 뽑고, 이 표본을 조사하는 것을 **표본조사**(sample survey)라고도 한다. 즉, 여론조사는 대부분 표본조사인 것이다.

마지막으로, 조사한 내용을 어떻게 정리·요약하며, 이로부터 전체 유권자의 성향에 대하여 어떻게 결론을 내릴 것인가이다. 예를 들면, <표 1-1>의 결과를 보고, A 후보가 B 후보보다 3.4% 앞서고 있는데, 이는 전체 유권자들의 지지율에서도 A 후보가 B 후보를 반드시 앞선다고 볼 수 있는지 어떻게 결론을 내릴 것인가 하는 문제이다. 이는 표본조사에서는 불가피하게 발생되는 **표본오차**(sampling error)를 감안한 통계적 결정을 의미하는 것이다. 이 통계적 결정에는 이 결론을 얼마나 믿을 수 있는가 하는 신뢰성의 정도를 밝혀야 할 것이다.

우리가 배우고 있는 **통계학**(statistics)은 이처럼 주어진 문제에 대하여 객관적이고 합리적인 답을 줄 수 있도록 자료를 수집하고, 이를 분석하여 정보를 얻고, 이 정보로부터 신뢰성 있는 결론을 이끌어내는 방법을 연구하는 과학이다. 원래 통계학이란 말은 그 어원이 '국가산술(State Arithmetic)'이라는 뜻이다. 역사적으로 통계학(統計學)은 옛날 군주가 세금을 거두거나 군인을 뽑기 위하여 인구조사를 하거나, 국가의 살림을 꾸려나가기 위하여 필요한 숫자를 체계적으로 산출해 내기 위한 학문으로 시작되었다. 통계학의 한문의 의미도 '국가를 통(統)치하기 위하여 계(計)수하는 것을 연구하는 학(學)문'을 뜻하는 것이다.

통계학은 19세기에 들어서면서 농업, 생명과학, 공업 등에 적용되기 시작하였다. 작물재배에서 새 품종이 기존의 품종보다 어떤 기후와 비료의 조건에서 더 많은 수확량을 내는가? 부모의 키는 자녀의 키에 어떤 영향을 주고 있는가? 공장에서 생산성을 높이기 위해서는 운전조건을 어떻게 변경하면 좋은가? 이와 같은 문제들을 해결하기 위해서 사람들은 관측이나 실험을 통하여 얻은 표본의 자료에서 어떤 결론을 유도하기 위한 효과적인 통계적 방법을 개발하기 시작하였다.

통계학이 학문으로서의 제 모습을 갖추게 된 것은 20세기에 들어오면서부터이다. 자료를 수집하고 이를 분석하는 기법이 다양화되고 복잡해지면서 과학의 여러 분야에 산재되어 있던 통계적 방법들이 모여 하나의 학문을 이루게 된 것이다. 현대의 통계학은 '국가산술'의 영역을 벗어나서 의사결정과학으로 발전하고 있다. **현대 통계학**을 정의하면 "사회, 자연, 공업 및 인간생활의 온갖 현상을 연구하기 위하여 불확실성이 내포된 자료의 수집, 분석, 추정 및 검정을 통하여 의사결정에 필요한 정보의 획득과 처리방법을 연구하는 학문"이라고 말할 수 있다.

오늘날 자료의 수집과 분석에 통계적 방법이 이용되는 분야는 일일이 열거할 수 없을 정도로 많다. 우리가 일상생활에서 흔히 접하는 일기예보, 여론조사, 흡연의 유해성 분석, 제품의 품질향상, 스포츠 통계 등에서 통계학이 중요한 역할을 담당하고 있다. 이외에도 우주선 발사에서 시스템의 안전도 검사, 석유탐사 시 매장량의 추측, 해저 광맥의 탐사 등에도 통계학의 도움이 필요하다. 최근에는 고객관계경영(customer relations management)에 큰 관심을 가지고 있는 기업에서도, 또한 자연환경 파괴의 구체적 원인분석에 나서고 있는 국제기구에서도 통계적 방법을 적극적으로 활용하고 있다.

따라서 의사결정과학으로서의 통계학의 기여는 사회・경제・공업・농업・생명과학 등 광범위한 영역에 걸쳐 공헌하고 있으며, 어떠한 분야든지 과학적인 조사나 실험에서 얻어지는 자료로부터 유용한 결론을 도출하기 위하여 통계학에 관한 지식은 필수화되고 있다.

1-2 자료에 의한 의사결정과정

어떤 종류의 자료이든지 간에 그 자료가 얻어지는 대상이 있으며, 이 자료의 대상이 되는 집단 전체가 모집단이다. 일반적으로 이 모집단의 크기는 방대하며, 모집단 전체를 빠짐없이 관찰한다는 것은 물리적으로나 경제적으로 불가능에 가까운 경우가 많다. 그래서 우리는 모집단 전체를 관찰(조사하거나 실험을 통한 측정)하는 대신에 이 모집단으로부터 일부분을 랜덤(random)하게 추출하여 모집단을 대표하는 표본으로 삼고, 이 표본자료를 분석하여 모집단에 대한 정보를 얻으며, 기타 방법으로 취해진 정보와 함께 검토한 후 의사결정을 하고, 모집단에 대한 적절한 조치와 행동을 취하는 것이다.

조사를 위해서는 모집단에서 표본을 추출해야 하는데, 이때에는 **표본설계**(sampling design)가 있어야 하며, 실험을 위해서는 **실험설계**(design of experiments)가 있어야 한다. 이와 같은 상호관계와 흐름을 그림으로 나타낸 것이 [그림 1-1]이다.

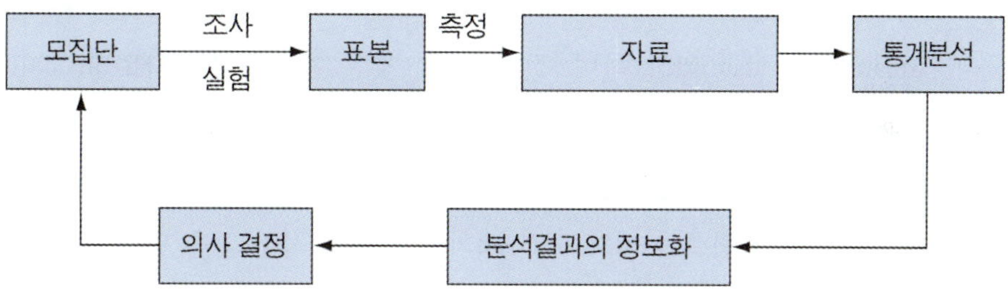

그림 1-1 자료에 의한 의사결정과정

예 1.1 자료에 의한 의사결정과정에 대하여 예를 들어 보자. 국회에서는 '사형제도 폐지'에 관한 법안이 상정되었다. 이 법안에 대한 유권자(18세 이상의 국민)의 뜻이 무엇인지 알기 위하여 유권자 중에서 2,000명을 랜덤하게 추출하여 여론조사를 실시하기로 하였다. 이 경우에 모든 유권자가 모집단이고, 여론조사를 위하여 선택된 2,000명이 표본이 된다. 이 2,000명을 뽑는 방법을 정한 것이 표본설계가 된다. 이 표본을 조사하여 사형제도에 대한 유권자들 의견에 대한 자료를 만들며, 이 자료로부터 통계분석을 실시하여 사형제도 폐지에 관한 국민의 뜻을 나타내는 정보를 얻게 되는 것이다. 이것이 분석결과의 정보화이다. 이때 국민의 과반수가 사형제도의 존속을 희망하여, 국회가 이를 따르기로 하고 '사형제도 폐지'를 하지 않기로 결정하였다고 하자. 이런 결정이 자료에 의한 의사결정이 되는 것이다. 이러한 의사결정은 결국 모집단(모든 유권자)에 영향을 주는 조치가 되는 것이다.

1-3 자료의 속성

1-3-1 자료의 정의

자료를 흔히 데이터(data)라고도 하며, 자료는 어떤 현상을 설명하기 위하여 수치적 특성이나 사실적 특성으로 나타낸 것이다. 따라서 자료는 사실이나 수치의 결합으로 이루어진다. <표 1-2>는 우리나라에 있는 20개의 국립공원 현황을 나타낸 것이다. 이 표에서 면적은 국립공원마다 다르게 나타날 수 있기 때문에 면적을 **변수**(variable)라고 한다. 면적과 같이 수치적 특성을 가지는 변수를 **양적변수**(quantitative variable)라고 하고, 위치와 같이 비수치적인 사실적 특성을 나타내는 변수를 **질적변수**(qualitative variable)라고 한다. 양적변수가 갖는 자료를 **양적자료**(quantitative data)라고 하며, 질적변수가 갖는 자료를 **질적자료**(qualitative data)라고 한다. 질적자료를 다른 용어로 **범주형자료**(categorical data)라고도 한다.

양적변수는 다시 **연속변수**(continuous variable)와 **이산변수**(discrete variable)로 나누어진다. 연속변수는 어느 구간 내의 모든 연속적인 값을 취할 수 있는 변수로서 몸무게, 키, 부피 등을 예로 들 수 있다. 이산변수는 변수가 취할 수 있는 값을 셀 수 있거나 유한한 경우로서, 예를 들면 불량품의 수나 사고의 발생횟수 등을 들 수 있다.

표 1-2 국립공원 현황

지정순위	공원명	위치	면적(km^2)	면적순위	지정일자
1	지리산	전남·북, 경남	440.5	3	1967. 12. 29
2	경주	경북	138.2	14	1968. 12. 31
3	계룡산	충남	61.1	19	1968. 12. 31
4	한려해상	전남, 경남	510.3	2	1968. 12. 31
5	설악산	강원	373.0	4	1970. 3. 24
⋮	⋮	⋮	⋮	⋮	⋮
20	월출산	전남	41.9	20	1988. 6. 11

자료: 환경부, 「환경통계연감」, 2004

1-3-2 자료측정의 척도

통계처리에 사용되는 자료는 측정수준에 따라서 **명목척도**(nominal scale), **순서척도**(ordinal scale), **구간척도**(interval scale) 및 **비율척도**(ratio scale)로 나누어진다. 자료가 어떤 척도에 따라 작성되었는가는 그 자료의 통계적인 처리방법에 많은 차이를 주므로 유의해야 한다.

명목척도는 측정대상이 어느 집단에 속하는지 분류하는 경우에 사용되는 척도이다. <표 1-2>에서 공원명 및 위치는 모두 명목척도이다. 순서척도는 측정대상의 특성에 대한 서열관계를 나타내는 것으로서, <표 1-2>에서 지정순위, 면적순위는 모두 순서척도이고, 설문조사에서 많이 사용되는 다음과 같은 예도 순서척도이다. 명목척도와 순서척도를 가지는 변수는 모두 질적변수이다.

> 건강상태(양호=3, 보통=2, 나쁨=1)
> 상품의 선호도(아주 좋아함=5, 좋아함=4, 보통=3, 싫어함=2, 아주 싫어함=1)

구간척도는 측정대상이 속성의 양을 나타내는 것으로서, 측정결과가 숫자로 표현되지만, 절대적인 원점을 가지고 있지 않는 척도이다. 따라서 두 값 사이의 비율은 의미가 없다. 온도, 시간, 지수 등이 이에 해당한다. 예를 들어 섭씨온도의 경우, 10°C와 20°C를 비교할 때, 0°C는 온도가 없는 상태를 의미하지 않으며, "20°C는 10°C에 비해 두 배 뜨겁다"는 것을 의미하지는 않는다. 시간의 경우, 3시부터 6시까지의 시간은 9시부터 12시까지의 시간과 3시간의 동일한 간격을 가지고 있으나, "오전 6시는 오전 3시에 비하여 두 배가 크다."라는 말은 성립하지 않는다.

비율척도는 구간척도가 갖는 특성을 포함하면서 비율이 의미가 있는 척도를 말한다. 신장, 길이, 부피 등의 자료가 이에 해당한다. 예를 들어 길이 1 m와 2 m를 비교한다고 할 때, 절대적인 원점, 즉 길이가 없는 상태를 0으로 가지면서 길이도 2배가 된다는 의미를 가진다. 구간척도와 비율척도는 양적변수이다. 위에서 설명한 네 가지 척도를 비교・요약하면 <표 1-3>과 같다.

표 1-3 네 가지 자료측정 척도의 비교

변수의 분류	척도의 종류		목적	특징	예
질적변수	명목척도		분류, 명명, 부호화	$A=B$ 또는 $A \neq B$ 결정	이름, 성별, 위치, 직업, 종교
	순서척도		순위 붙임	$A>B$, $A=B$, $A<B$의 결정	지정순위, 건강상태가 (양호, 보통, 나쁨)
양적변수	구간척도		등간격 눈금 붙임	$(A-B)+(B-C)$ $=(A-C)$가 성립	온도, 시간
	비율척도	이산 자료	세는 자료로 절대 원점으로부터 등간격 눈금 붙임	$A=kB$, $B=mC$이면 $A=kmC$가 성립(단 $k, m \neq 0$)	사고 발생횟수, 불량품 개수
		연속 자료	연속 자료로 절대 원점으로부터 등간격 눈금 붙임	위와 같음	면적, 몸무게, 키, 길이, 부피

1-4 자료의 구분

자료를 사용 용도에 따라서 구분하면 다음과 같이 네 가지로 나눌 수 있다.

(1) **단순 자료(simple data)**: 자료의 수치가 절댓값(원점수) 그대로 표시되어 있는 것을 말하며, 수치 자체의 크고 작음을 비교함으로써 자료를 읽는다. 대부분 행렬(matrix) 형태의 하나의 표로 작성되어 있다.

(2) **비교 자료(comparison data)**: 자료의 수치가 절댓값으로 표시되어 있지 않고 비율, 증감 수치 등과 같이 상댓값으로 주어진 자료를 말한다. 대부분 행렬 형태의 하나의 표로 작성되어 있다.

(3) **그래프 자료(graph data)**: 표로 작성되어 있지 않고 그래프를 사용하여 단순 자료나 비교 자료가 나타나 있는 자료를 말한다.

(4) **복합 자료(complex data)**: 두 개 이상의 표나 그래프로 표시되어 있는 복합된 자료를 말한다.

단순 자료와 비교 자료에 대해서만 상세히 설명하기로 한다. 그래프 자료는 그래프로 표현되는 자료이고, 복합 자료는 단순, 비교 및 그래프 자료가 섞여 있는 자료를 말한다.

1-4-1 단순 자료의 구성과 읽는 방법

자료 중에서 가장 흔히 볼 수 있는 것으로 <표 1-4>와 같이 행렬의 형태의 표로 구성되어 있다. 여기에서는 행(row)에 국가들이 나열되어 있고, 열(column)에는 인구, 국내 총생산 등의 변수 값이 나열되어 있다.

이 표에는 한국과 관계가 깊은 세계 주요 국가들에 대한 인구, 국내 총생산(GDP), 자동차 생산량, 인구 100명당 인터넷 이용자수가 변환되지 않은 절댓값(원점수) 그대로 나타나 있음을 알 수 있다. 대부분의 자료들은 2003년부터 2005년 사이에 조사된 자료들이다.

표 1-4 국가별 인구, GDP(국내 총생산), 자동차 생산량, 인터넷 이용자수

국가	인구(천명)	국내 총생산 (10억$)	자동차 생산량 (천대)	인터넷 이용자수 (인구 100명당)
세계 전체	6,464,750	–	64,072	–
미국	298,213	11,734.9	11,989	56
일본	128,085	4,673.4	10,512	48
중국	1,315,844	1,468.1	5,071	6
러시아	143,202	432.9	1,385	4
프랑스	60,496	2,018.0	3,666	37
독일	82,689	2,692.0	5,570	47
영국	59,668	2,132.6	1,856	42
호주	20,155	522.4	411	57
한국	48,294	680.1	3,469	61

자료: 통계청 「국제통계연감」 2005 ("–": 자료 없음)

이 표를 읽는 방법은 우선 한국을 포함한 9개국에 대하여 각 열(변수)별로 최댓값, 최솟값, 평균값, 산포의 정도, 상대적인 비교 등을 검토해 보아야 하고, 자료의 단위를 기억해야 한다. 예를 들면, 인구에 대하여 단위가 1,000명이므로 중국이 약 13억 명으로 가장 많고, 호주가 약 2,000만 명으로 가장 적으며, 평균은 9개국의 인구를 합한 후에 9로 나누어보면 대략 2억 3,963만 명으로, 중국 때문에 평균값이 상당히 큼을 알 수 있다. 그리고 전 세계 인구 중에서 중국 인구가 차지하는 비중이 1,315,844/6,464,750≒0.204로 약 20.4%이다. 그리고 중국의 인구를 한국 인구로 나누면 27.2로, 한국의 약 27배의 인구가 중국에 살고 있다는 것을 알 수 있다.

인구 이외의 다른 변수에서는 미국과 일본이 압도적으로 큰 수치를 보이고 있으며, 한국은 인터넷 이용자수에서는 단연 두각을 나타내고 있다. 중국과 러시아가 인터넷 이용자수에서 매우 처지는 것은, 이 나라들이 아직도 정보화 사회로 가는 인프라가 잘 되어 있지 않음을 반증하고 있다.

또한 각 국가별로도 인구에 비하여 GDP 및 자동차 생산량이 얼마나 큰가를 검토할 수 있다. 이런 경우에는 국민 일인당 GDP나 인구 100명당 자동차 생산대수 등을 계산해 보는 것이 재미있게 통계표를 보는 방법이다.

1-4-2 비교 자료의 구성과 읽는 방법

비교 자료라 함은 단순 자료와는 다르게 자료의 수치가 절댓값이 아니고 상댓값으로 주어진 자료를 말한다. 비교 자료는 주로 백분율(%)로 표시되어 수치의 합이 100이 되는 것이 많다. 그 외에는 기준치를 100으로 고정하고 그것과의 증감을 통하여 비교하는 지수(index) 수치 등이 있다.

(1) 백분율 자료

비교 자료는 서로 수치상으로 비교만 가능하며, 그 절댓값을 구할 수 없어서 자료를 이해하는 데 오류를 범하기 쉽다. <표 1-4>의 자료에 대하여 9개국을 전체로 보고, 9개국 합계에 대하여 각국의 비율을 살펴보자. 이를 표로 작성하여 보면 <표 1-5>와 같다.

<표 1-5>의 자료는 9개국을 전체로 보았을 때 상호 구성비를 보여 주는 것으로, 9개국 인구를 100으로 보았을 때, 중국의 인구는 61.0%를 차지하고, 호주는 단 0.9%만 차지하고 있다. 평균값인 100/9=11.1%에 비하면 중국은 엄청나게 인구가 많고, 호주는 매우 적다. 동일한 방법으로 GDP와 자동차 생산량에 대해서도 읽을 수 있다. 이러한 백분율 자료는 상호비교만 가능할 뿐 원래의 절댓값은 알 수 없다.

인터넷 이용자수는 인구 100명당 이용자수의 상호비교일 뿐, 인터넷 이용자수의 절대비교는 될 수 없다. 예를 들어, <표 1-5>의 자료만으로 중국의 전체 인터넷 이용자수와 한국의 전체 인터넷 이용자를 비교할 수 있을까? 중국과 한국의 전체 인터넷 이용자수를 알 수는 없지만 상호비교는 가능하다. 중국의 인구가 한국의

표 1-5 9개국 인구, GDP, 자동차 생산량, 인터넷 이용자수 상호비교 (단위: %)

국가	인구	GDP	자동차 생산량	인터넷 이용자수 (인구 100명당)
9개국 합계	100%	100%	100%	100%
미국	13.8	44.5	27.3	15.6
일본	5.9	17.7	23.9	13.4
중국	61.0	5.6	11.5	1.7
러시아	6.6	1.6	3.2	1.1
프랑스	2.8	7.7	8.3	10.3
독일	3.8	10.2	12.7	13.1
영국	2.8	8.1	4.2	11.7
호주	0.9	2.0	0.9	15.9
한국	2.2	2.6	7.9	17.0

61.0/2.2=27.7배이고, 인구 100명당 인터넷 이용자수의 비례는 1.7/17.0=0.1이므로 27.7×0.1=2.77배로, 인터넷 이용자수는 중국이 한국보다 2.77배 더 많다.

(2) 지수 자료

<표 1-6>은 **생산자 물가지수**(producer price index)로서 1998년부터 2002년까지 격년으로 네 개의 업종에 대해서만 나타낸 것이다. 기준년도는 2002년이고, 이때의 생산자 물가지수는 100이다. 네 개의 품목은 농림수산품, 음·식료품 및 담배, 섬유제품 및 의복, 목재 및 나무제품이다.

<표 1-6>에서 총생산자 물가지수를 계산하는 품목수는 923가지로, 이 표에 나와 있는 품목수는 단지 4개의 업종에서 (55+90+57+13)=215 품목에 관한 자료이다. 가중치는 합이 1,000이므로 농림수산업은 단지 4.90%의 가중치(비중)를 가지고 있다. 총지수는 가중치들에 의하여 가중평균(weighted mean)으로 구한 지수이다. 표 밑에 있는 (주)에서 보면 서비스업은 1995년부터 포함되므로 1996년 이후의 총지수에는 서비스업이 포함되어 있다.

표 1-6 4개 품목의 생산자 물가지수 (단위: 품목수-개, 가중치-단위 없음, 기타-모두 %)

연도	총지수[1] (all items)	농림수산품	음·식료품 및 담배	섬유제품 및 의복	목재 및 나무제품
품목수	923	55	90	57	13
가중치	1000	49.0	58.3	28.1	4.6
1988	67.4	53.5	61.2	73.3	57.4
1990	71.2	63.3	65.9	75.1	60.5
1992	76.2	73.2	70.7	81.5	66.5
1994	79.5	83.5	77.0	85.2	91.4
1996	85.9	88.1	85.4	91.7	92.0
1998	100.1	93.3	104.6	102.1	109.8
2000	100.0	100.0	100.0	100.0	100.0
2002	99.2	106.3	107.0	96.7	100.4

주: 1) 1995년부터 서비스업 포함
자료: 농림부 「농림통계연보」 2003

이 표를 읽으면서 눈에 띄는 것은 1988~2002년 사이에 농림수산업품의 생산자 물가지수가 가장 빠르게 올라가고 있음을 볼 수 있고, 섬유제품 및 의복이 가장 물가지수에 변동이 없으며, 1998년에 최고치를 가졌다가 그 후 다시 감소하는 경향을 보이고 있다.

1-5 자료의 생성방법: 표본조사

자료를 수집할 때 사용하는 통계적 방법으로는 조사(survey)와 실험(experiment)이 있다. 조사에서 모집단 전체를 조사하는 경우에는 이런 조사를 **센서스**(census)라고 한다. 예를 들어, 우리 국민 전체에게 행해지는 인구조사는 인구 센서스이다. 그러나 모집단 전체를 조사에 포함시키는 것은 많은 비용과 시간이 들기 때문에 모집단의 일부만 추출하여 조사하는 경우가 대부분이며, 이런 조사를 **표본조사**(sample survey)라고 한다.

실험이란 특정의 인자(또는 요인, factor)가 연구대상 변수에 어떤 영향을 주는가를 측정하기 위하여 인자의 값을 조정해 가며 연구대상 변숫값의 변화 자료를 얻는

행위를 말한다. 예를 들면, 공정의 반응온도(인자)가 제품의 강도(연구대상 변수)에 어떤 영향을 주는가를 알기 위하여 반응온도를 변화시켜 가며 강도 자료를 얻는 행위를 실험이라고 하며, 인자가 실험에서 취하는 값을 수준(level)이라고 한다. 통계학에서는 실험을 좀 더 과학적으로 실행하기 위하여 사용되는 통계적 방법을 **실험설계** 또는 **실험계획법**(design of experiments)이라고 한다. 실험계획법이란 실험에 대한 계획방법으로, 정보를 얻으려는 문제에 대하여 실험방법(인자 선택, 인자의 수준 선택, 실험횟수 등), 자료 수집, 통계분석 등을 정하여 최소의 실험횟수에서 최대의 정보를 얻도록 계획하는 것을 말한다.

조사와 실험은 모두 자료의 수집방법으로 널리 사용된다. 인자가 연구대상변수에 어떻게 영향을 주는가를 판단하기 위해서는 실험방법이 더 강력한 방법이다. 그러나 경제, 경영, 사회 관련 자료에 대해서는 인자를 조정하기 어려우므로 실험 자료를 구하기는 쉽지 않다. 따라서 조사가 자료 수집의 대부분을 차지한다. 자료의 수집방법을 정리하여 나타내면 <표 1-7>과 같다.

표 1-7 자료의 수집방법

자료의 수집방법	통계적 분류	측정방법	주요 특징
조사	전수조사	관찰법, 질문법 기입법	모집단 전체를 조사
	표본조사		모집단의 일부만 조사
실험	실험설계	관찰법	인자의 수준을 조정하며 실험 (연구실 실험, 공장 실험 등)

앞에서 모집단을 조사의 대상이 되는 집단 전체라고 정의하였다. 이때 모집단을 구성하는 각 개체를 **추출단위**(sampling unit)라고 하며, 유한 개의 추출단위로 구성된 모집단을 **유한모집단**, 무한 개의 추출단위로 구성된 모집단을 **무한모집단**이라고 한다.

예를 들어 유권자로 구성된 모집단은 유한모집단이며, 제품을 생산하는 공정에서 표본을 추출할 때는 무한모집단으로 간주한다. 유한모집단에서 추출단위의 개수가 충분히 클 때는 무한모집단으로 간주하고 이론을 전개해도 무리가 없게 된다. 이제 유한모집단에서 표본을 추출하는 방법을 알아보자.

모집단에서 표본을 추출하는 방법은 여러 가지 있으며, 자세한 추출방법은 11장의 표본조사에서 다루게 된다. 여기서는 가장 기본적인 방법인 단순랜덤추출법에 대하여 알아보기로 한다.

단순랜덤추출법

N개의 추출단위가 있는 모집단에서 n개의 표본을 추출할 때 $\binom{N}{n}$개의 모든 경우가 같은 확률로 추출되도록 설계된 방법을 **단순랜덤추출법**(simple random sampling)이라고 한다.

실제로 단순랜덤추출법에 따라 표본을 뽑을 때 주로 난수표를 사용하거나 컴퓨터의 난수 발생 프로그램을 이용한다. 난수표의 사용방법을 알아보자. 난수표란 0에서 9까지의 숫자들이 각각 1/10의 상대도수를 가지면서 랜덤하게 나열되어 있는 난수(random number)들의 모임이다. 이 책의 부록의 표 1에는 10,000개의 난수가 수록되어 있다. 난수표를 사용하는 방법을 예를 들어 설명하기로 한다.

어느 대학에 8,000명의 학생이 등록되어 있는데, 이 중에서 200명의 학생을 뽑아 남북한 통일방식에 대한 의견을 물어본다고 할 때, 난수표를 이용한 단순랜덤추출법은 다음과 같다.

순서 1: 8,000명의 학생에게 0001부터 8,000번까지 일련번호를 부여한다.
순서 2: 난수표에서 시작점(페이지, 행, 열)을 랜덤하게 정한다.
순서 3: 시작점으로부터 4자리 난수를 아래로 읽어 나가되, 중복되거나 8,000을 넘는 숫자는 버리고, 200개의 4자리 숫자를 뽑는다.
순서 4: 뽑힌 숫자의 번호를 가진 학생을 표본으로 정한다.

예 1.2 예를 들어, 난수의 시작점이 난수표의 첫 번째 페이지, 5행, 6열이라고 하자. 그러면 이 시작점에서 아래로 4자리 숫자를 차례로 읽어 나가면 7173, 4109, 4613, 9221, 9874, 9421, 7591, 0806, 4132, 1043, 4447, … 등과 같다. 이 가운데 중복되거나 8,000이 넘는 것을 버리면 7173, 4109, 4613, 7591, 0806, 4132, 1043, 4447, …이 되어, 이들 숫자의 번호를 가진 200명의 학생이 표본이 되는 것이다.

1-6 자료의 생성방법: 실험설계

1-6-1 실험설계란 무엇인가?

거의 모든 분야에서 어떤 특정한 프로세스 또는 시스템을 이해하려면 연구자들은 실험을 할 수밖에 없다. 우선 실험의 목적에 따라 실험의 예를 몇 가지 들어 보기로 하자.

예 1.3 중요 인자의 선별

어떤 화학 플랜트(plant)에서 중간원료의 정화를 위해서는 약 40분 정도의 시간이 소요되는 것으로 알려져 있다. 다른 곳에서 이와 유사한 화학 플랜트를 세우고 가동한 결과 정화시간이 약 2배 걸리는 심각한 문제가 발생하였다. 이를 해결하기 위하여 엔지니어들이 모여 토의한 결과 정화수의 종류, 원료의 종류, 정화온도, 정화수 재활용 여부, 소다의 비율, 필터의 종류, 침전시간 등 7개의 잠재적 원인이 정화에 영향을 미치는 것으로 파악되었다.

이 경우 잠재적 원인들 중에서 정화시간에 유의한(significant) 영향을 주는 중요 인자가 무엇인지를 실험을 통하여 선별하고자 한다.

예 1.4 비교실험

새로운 진통제를 개발한 연구팀은 기존의 진통제 A, B, C와 새로 개발된 진통제 간의 진통효과를 비교하고자 한다. 이를 위하여 비슷한 여건의 환자를 대상으로 각각의 진통제를 복용한 후 진통효과가 나타날 때까지 걸리는 시간을 측정하는 실험을 실시하였다. 이 경우 진통제 간에 과연 유의한 차이가 있는지의 여부와, 차이가 있다면 어느 정도인지를 확인하고자 한다.

앞의 예들에서 보는 바와 같이 연구대상이 되는 프로세스를 그림으로 나타내 보면 [그림 1-2]와 같이 표현할 수 있다.

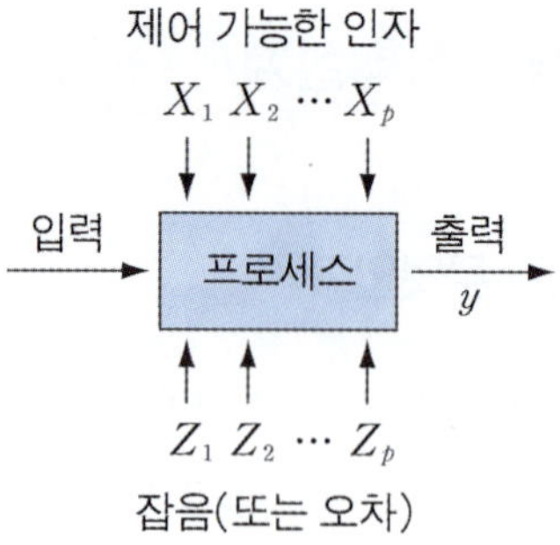

그림 1-2 프로세스의 모형도

이때 제어 가능한 인자란 공정온도, 촉매량 등과 같이 제어(control)가 용이하고, 재현성이 있으며, 기술적 의미를 갖는 인자를 말한다. 잡음(noise)이란 출력에 영향을 주고 있는 인자이지만 그 인자의 상태를 파악할 수 없는 경우나, 또는 측정오차와 같이 이유를 파악하기 어려우나 출력의 산포에 영향을 주는 것을 뜻한다.

이와 같이 프로세스가 주어진 경우 설계된 실험이란 제어 가능한 인자를 연구자가 조절하였을 때 출력이 어떻게 변화하는지를 관찰하고 조사하여 프로세스를 보다 잘 이해하려는 시도로 볼 수 있다.

1-6-2 실험설계의 기본원리와 순서

실험에 의하여 정보가 효율적으로 획득되기 위해서는 실험설계가 먼저 제대로 이루어져야 한다. 또한 실험설계방법에 따라서 얻어진 자료에 대한 통계적 분석방법이 달라지므로 실험설계와 통계적 분석은 서로 밀접한 관계를 갖고 있다. 실험을 통한 정보의 효율적 획득과 적절한 통계분석을 가능하게 하는 기본원리로는 랜덤화, 반복, 블록화를 들 수 있다. 아무리 복잡한 실험이라도 계획된 실험이라면 이 세 가지 원리의 반복적용에 지나지 않는다.

(1) 랜덤화

랜덤화(randomization)는 실험단위의 배정 또는 실험순서들을 임의로, 또는 랜덤하게 결정하는 것으로 선택된 인자 외에 기타 원인들의 영향이 실험결과에 편향되게 미치는 것을 막기 위한 방안이다. 랜덤화의 구현은 난수표 등을 이용하면 되는 데, 조사자료를 얻기 위한 표본설계에서의 활용방법과 동일하다.

만약 실험을 랜덤한 순서로 하지 않고 규칙적으로 차례대로 행한다면 실험의 숙련도나 실험실의 기온 등과 같이 실험에서 고려하지 않은 원인들이 실험결과에 영향을 끼칠 수 있으므로 어느 것이 참다운 원인인지 모르게 된다. 반면에 실험을 랜덤한 순서로 행하면 선택된 인자 외에 기타 원인들의 영향을 어느 정도 상쇄시킬 수 있으므로 객관성을 유지할 수 있다.

(2) 반복

반복(replication)은 동일한 조건하에서 실험을 두 번 이상 행함을 뜻한다. 동일한 조건하에서 수행한 실험이라도 실험결과가 반드시 동일하지는 않다. 제어 불가능한 오차가 항상 수반되기 때문이다.

반복실험을 하면 실험오차를 추정할 수 있게 되며, 실험오차의 추정값은 관측된 인자효과의 차이가 통계적으로 의미 있는 차이인지를 판단하는 데 근거가 된다. 또한 반복을 하면 인자효과를 추정할 때 평균을 사용할 수 있으므로 좀 더 정밀한 효과의 추정량을 얻을 수 있다.

그러나 반복을 실시하여 실험의 횟수가 증가하면 비용이 많이 소요되므로 적절한 반복수를 결정하여야 한다. 만약 실험에서 작은 인자효과의 차이도 검출해야 한다면 상대적으로 반복수가 커져야 하며, 실험이 관리상태하에 있어서 동일한 조건에서 비슷한 실험결과가 나온다면 비교적 작은 반복수도 무난할 것이다. 이와 같이 반복수는 실험오차, 비용, 요구되는 통계적 정밀도 등을 고려하여 적절히 결정하여야 한다.

(3) 블록화

실험 전체를 될 수 있는 한 동질적인 부분으로 나누어 여러 블록으로 나눈 후, 각 블록 내에서 요인효과를 조사하는 것을 **블록화**(blocking)라고 한다.

예를 들어 여러 품종의 감자 수확량을 비교하고 싶을 때, 땅의 비옥한 정도에 따라 수확량의 차이가 크다는 사실을 알고 있다면 비옥한 땅, 보통, 척박한 땅을 블록으로 잡으면 된다. 각 블록마다 모든 품종의 감자를 다 심고, 나중에 분석할 때 비옥한 정도의 차이 때문에 생긴 블록효과를 제거해 버리면 순수한 품종효과만

걸러지게 된다. 만약 블록화를 하지 않고 그대로 랜덤화하면 어떤 품종은 척박한 땅에만 배치되는 등 제대로 비교가 되지 않을 수도 있다.

모든 실험설계마다 반드시 블록화를 해야 하는 것은 아니다. 그러나 블록효과가 실제로 큰 경우, 블록화를 하지 않는다면 실험오차가 과장되게 되어 유의한 요인효과를 검출하지 못하는 경우가 있을 수 있다.

1-6-3 실험설계의 순서

이제 실험설계의 순서에 관하여 생각해 보자. 실험을 설계하고 분석하기 위한 통계적 접근법을 잘 사용하려면 무엇보다도 연구대상이 무엇인지, 자료를 어떻게 얻을 것인지, 어떤 자료분석법을 써야 하는지 등에 대해서 명확한 이해가 선행되어야 한다. 실험설계의 순서는 일반적으로 [그림 1-3]과 같은 절차를 따르는 것이 바람직하다.

기업이나 연구기관에서 어떤 당면한 문제가 있다고 하자. 이를 풀기 위하여 실험을 하기로 한다면, 우선 실험목적을 설정한다. 다음으로 실험에서 측정해야 할 특성값을 선택하고, 특성값에 영향을 주리라고 예상되는 인자와 인자수준을 정한다. 그리고 시간과 경비를 고려하여 실험계획법을 선정한다. 실험계획법을 선정할 때 중요한 것은 실험횟수이다. 일반적으로 반복실험이 없는 경우에는 인자들의 수준수의 곱이 실험횟수가 된다. 예를 들어, 인자 A가 3 수준이고 인자 B가 4 수준인 경우에는 반복이 없으면 $3 \times 4 = 12$회의 실험이 된다. 그러나 반복이 r회 있으면 실험횟수는 $12r$이 된다.

실험계획법이 정해지고, 이에 따라 실험이 시행되면 자료가 얻어지고, 이 자료를 분석한 후에 결과를 얻게 된다. 얻어진 결론을 당면한 문제해결을 위한 조치방법으로 택하고, 목적달성 여부를 확인한다. 문제가 100% 해결되면 실험이 종료되는 것이고, 그렇지 못하면 다음 단계의 실험설계에 들어가는 것이다.

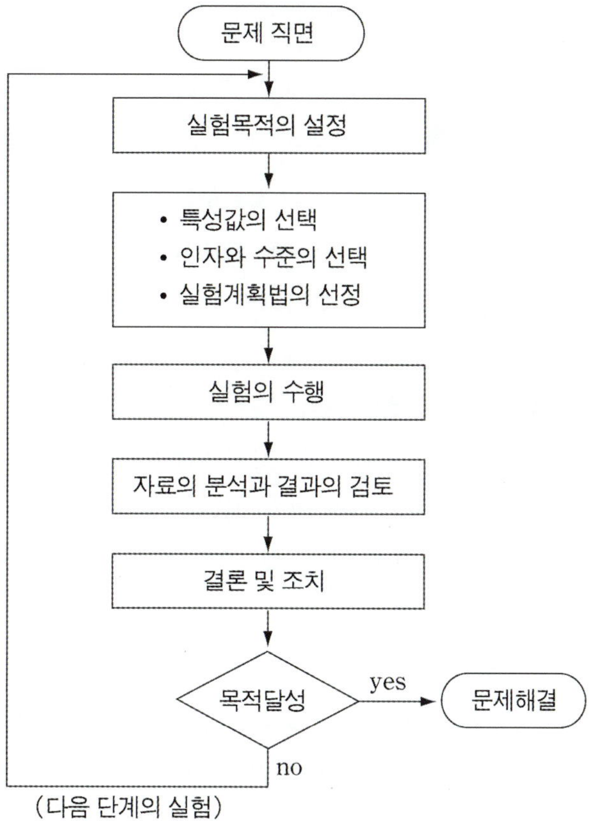

그림 1-3 실험설계의 순서

1-7 SPSS 실습

이 책에서 사용한 SPSS는 다음과 같다.

SPSS(Statistical Package for the Social Sciences) **SPSS 버전 29.0.1.0**

- dataset 다운로드 : '자유아카데미 홈페이지(http://www.freeaca.com) → 자료실 → 데이터 파일'에서 "SPSS를 이용한 통계학"을 검색하여 해당 dataset을 다운로드한 후, 각자의 '통계학' 폴더에 저장하고 압축 풀기를 시행한다.

(1) SPSS의 시작과 종료

• SPSS의 시작 : 바탕 화면에서 SPSS 아이콘을 더블 클릭하거나
버튼을 누르고 프로그램에서 SPSS를 찾아 클릭한다.

• SPSS의 종료 : 상단 오른쪽 끝의 ☒ 부분을 클릭하거나
메뉴에서 '파일' → '종료'를 선택한다.

• 초기화면 : SPSS의 초기화면은 [그림 1-4]와 같다.

[그림 1-4]에서 각 번호의 설명

① 제목 표시 : 파일 이름 또는 창의 이름이 표시된다.

② 메뉴 표시 : SPSS의 여러 가지 메뉴들이 있으며, 주요 기능은 다음과 같다.

- 파일 : 파일의 작성, 열기 및 저장
- 편집 : 파일을 편집 및 복사
- 보기 : 도구모음, 상태표시줄 등을 화면에 표시
- 데이터 : 변수의 정의, 자료의 선택
- 변환 : 새로운 변수를 생성 또는 변환
- 분석 : 통계분석 절차를 수행
- 그래프 : 그림이나 도표를 작성
- 유틸리티 : 파일이나 변수의 정보를 표시
- 창 : Window 창 메뉴를 표시
- 도움말 : SPSS에 관한 도움말
- 기타 : 확장, Meta Analysis, KoreanPlus, EDU.

③ 도구모음 : 자주 사용되는 도구를 그림으로 표시한다.

④ 행 및 변수 표시 : 현재 활성화된 변수의 행 번호와 함께 값을 표시한다.

⑤ 데이터 보기 탭 : 데이터가 수록된 시트를 활성화한다.

⑥ 변수 보기 탭 : 데이터 시트에 있는 변수명과 변수의 특성을 수록한 시트를 활성화한다.

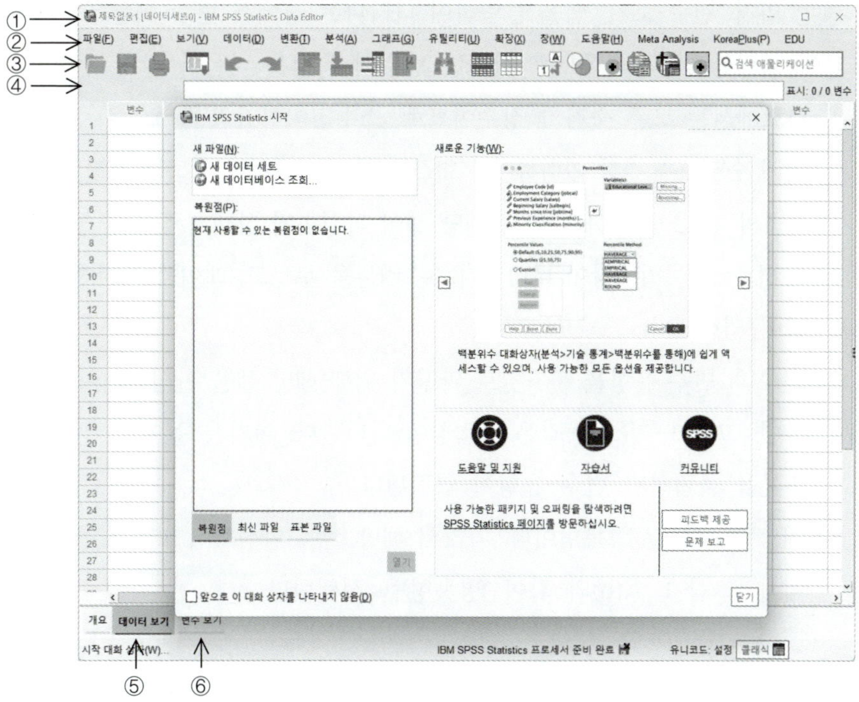

그림 1-4 SPSS 초기화면

(2) 자료의 입력과 저장

사례 1.1

다음 <표 1-8>은 어느 반에서 랜덤하게 뽑은 5명의 학생에 대한 조사 결과로서 희망진로와 함께 성적을 나타낸다. 이들을 SPSS에서 입력하여 '희망진로'라는 파일명으로 저장해 보자.

표 1-8 희망진로 데이터

번호	성별	학년	진로	성적
1	남	3	대학원	85
2	남	4	취업	92
3	여	4	대학원	95
4	남	3	유학	88
5	여	4	취업	78

풀이 먼저 '변수 보기' 탭을 클릭하여 나타나는 창에서 변수 이름을 [그림 1-5]와 같이 입력한 다음, 디폴트로 나타난 변수의 특성을 다음과 같이 수정한다.

① 자료에서는 모든 숫자가 정수이므로 '소수점이하자리'를 0으로 수정한다. 이를 위해 숫자 0을 직접 입력하거나 화살표 을 이용하여 원하는 자릿수를 지정한다.

② 성별의 '값'을 설명하기 위해 해당 셀이 활성화된 상태에서 을 클릭하면 [그림 1-6]과 같은 입력창이 나타난다. '+' 버튼을 누르고, 레이블을 작성하면 값의 설명이 입력된다.

③ '진로'의 변수 유형을 문자열로 바꾸기 위해 해당 셀을 활성화시키고, 을 클릭하면 [그림 1-7](a)와 같은 입력창이 나타난다. 여기서 '문자'를 선택하고 '확인' 버튼을 클릭하면 변수 유형이 입력된다.

④ '진로'의 측도는 명목형이다. 따라서 해당 셀을 활성화시키고, 을 클릭한 상태에서 [그림 1-7](b)와 같이 '명목형'을 선택한다.

	이름	유형	너비	소수점이...	레이블	값	결측값	열	맞춤	측도	역할
1	번호	숫자	8	0		지정않음	지정않음	8	오른쪽	알 수 없음	입력
2	성별	숫자	8	0		{1, 남}...	지정않음	8	오른쪽	알 수 없음	입력
3	학년	숫자	8	0		지정않음	지정않음	8	오른쪽	알 수 없음	입력
4	진로	문자	10	0		지정않음	지정않음	8	왼쪽	명목형	입력
5	성적	숫자	8	0		지정않음	지정않음	8	오른쪽	알 수 없음	입력

그림 1-5 변수 보기 창에서 변수 이름 및 특성 입력

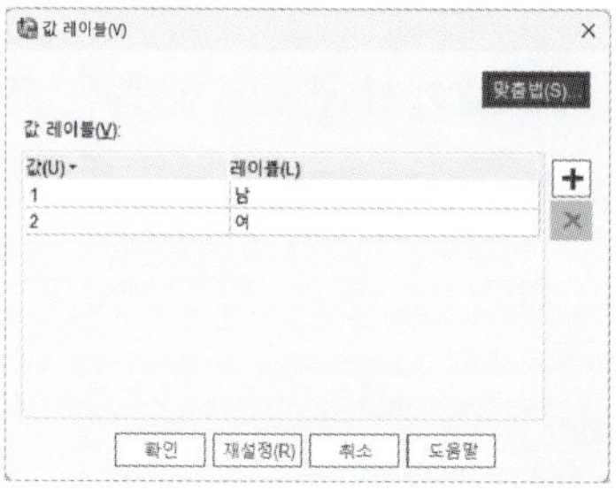

그림 1-6 변숫값 설명

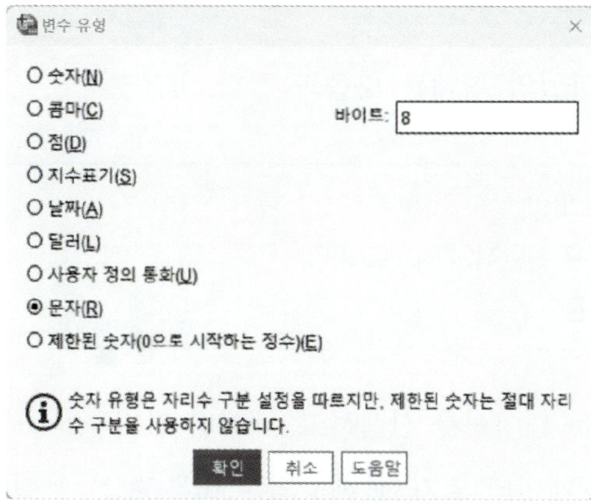

(a) 변수의 유형 지정

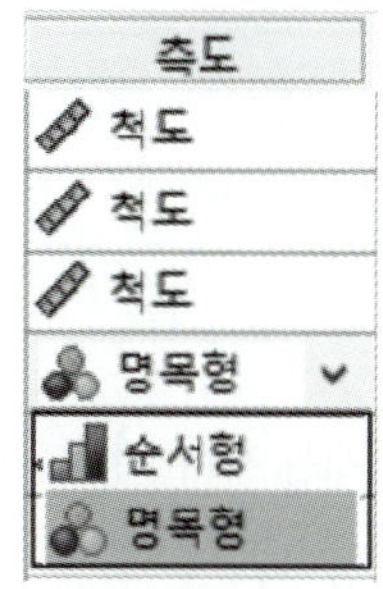

(b) 측도 지정

그림 1-7 변수의 유형과 측도 지정

다시 '데이터 보기' 창으로 와서 <표 1-8>의 데이터를 [그림 1-8]과 같이 입력한다. 이제 입력을 완료하고 메뉴에서 '다른 이름으로 저장'을 선택하면 '데이터를 다른 이름으로 저장' 창이 나타난다. 이곳에서 '저장 위치'를 지정해 주고, '파일 이름'으로 '희망진로'를 입력한 다음, '저장' 버튼을 클릭한다.

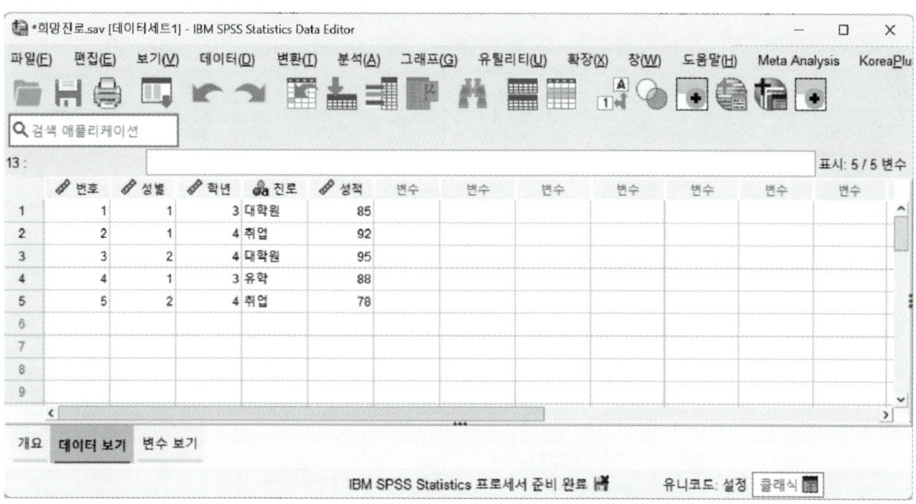

그림 1-8 데이터의 입력(파일 이름: 희망진로)

(3) 외부의 파일을 읽어들이는 방법

읽어들일 수 있는 외부파일의 형태는 다음과 같다.

- 확장자가 .sav인 SPSS 전용 파일,
- 확장자가 .txt 또는 .dat와 같은 일반적인 텍스트 파일,
- 확장자가 .xls인 Excel 파일 등

메뉴에서 파일 → 열기 → 데이터를 선택하고 '데이터 열기' 창에서 파일 이름을 지정하거나, 도구모음에서 '데이터 열기'에 해당되는 버튼 을 클릭하여 얻은 '데이터 열기' 창에서 파일 이름을 지정한다.

사례 1.2

'통계학' 폴더에서 'class.sav'를 읽으면 [그림 1-9]와 같은 결과를 얻는다. 이는 어느 중학교에서 랜덤하게 뽑힌 20명의 청소년에 대한 키와 몸무게의 자료이다.

	번호	성별	나이	키	몸무게	변수	변수
1	1	1	14	168.5	54		
2	2	2	13	165.0	38		
3	3	2	13	160.5	45		
4	4	2	14	154.0	46		
5	5	1	14	157.0	47		
6	6	1	13	148.5	46		
7	7	2	13	153.0	44		
8	8	2	15	166.0	55		
9	9	1	13	157.0	56		
10	10	1	12	149.0	44		
11	11	2	11	141.5	34		
12	12	2	14	153.0	40		
13	13	2	12	143.0	35		
14	14	2	15	169.0	50		
15	15	1	16	183.0	67		
16	16	1	12	163.5	57		
17	17	1	15	170.0	60		
18	18	1	11	155.5	38		
19	19	1	15	168.0	62		
20	20	2	13	161.0	49		
21							

그림 1-9 class.sav 파일의 내용

연습문제

1-1 다음 자료(데이터)가 질적자료인지 양적자료인지 구분하여라. 그리고 척도의 종류로 분류할 때, 이들은 어떤 척도(명목척도, 순서척도, 구간척도, 이산자료 비율척도, 연속자료 비율척도)인지 말하여라.

(a) 매일의 교통사고의 건수
(b) 한 공중전화 박스에서 하루 동안 거는 시외통화 수
(c) 500명의 시청자들이 가장 좋아하는 뉴스 진행자의 이름
(d) 어떤 기업의 지난 5년간 매출 실적
(e) 어떤 대학교의 각 단과대학별 취업률
(f) 국가별 면적
(g) 국가별 면적의 순위
(h) 지역별 최고온도
(i) 어떤 상품에 대한 소비자의 선호도(7점 척도에서 7점이면 최상, 1점이면 최하)

1-2 어느 대학교의 학생 300명을 대상으로 그 학교의 구내식당에 대한 여론조사를 한 결과 다음과 같은 결과를 얻었다.

- 구내식당 음식을 좋아함: 125명
- 구내식당 음식을 좋아하지 아니함: 90명
- 잘 모르겠음: 85명

(a) 위의 자료는 질적자료인가, 양적자료인가?
(b) 각 결과가 가지는 비율을 계산하여라.
(c) 구내식당의 음식을 좋아하는 학생은 좋아하지 않는 학생에 비하여 몇 배로 많은가?

1-3 다음의 자료는 자료를 사용용도에 따라 구분할 때 어떤 자료(단순 자료, 비교 자료, 그래프 자료, 복합 자료)인가?

(a) 〈표 1-2〉와 같은 국립공원 현황 자료

(b) 백분율(%)로 표시되어 있는 자료

(c) 연도별 GDP의 성장을 보기 위하여 그린 연도별 GDP의 꺽은선 그래프 자료

(d) 연도별 GDP 성장률을 표로 나타내고, 표 밑에 알아보기 쉽도록 그래프를 그린 자료

1-4 어느 대학교에서 자연과학대학에 소속되어 있는 모든 여자 대학생을 조사하여 보니 60명이었다. 이들에 대한 키를 측정한 결과(단위: cm) 다음과 같다.

162	167	166	159	178	176	169	163	166	181
171	172	172	176	171	166	170	168	154	173
174	166	160	162	161	179	147	162	170	166
165	178	171	169	183	149	168	177	170	163
160	155	145	156	163	161	159	163	166	164
155	156	150	145	155	159	160	161	160	162

(a) 위의 60명 중에서 부록에 있는 난수표를 사용하여 10명을 단순랜덤추출하여라.

(b) 위의 60명에 대한 키의 평균과 랜덤하게 추출한 10명의 키의 평균을 구하여라. 어느 정도 차이가 나는가? 이 차이는 표본오차인가, 비표본오차인가?

1-5 실제로 표본이 선택되는 추출단위들의 목록을 샘플링틀(sampling frame)이라고 한다. 이상적인 샘플링틀은 모집단의 모든 추출단위들을 열거해야 하지만, 실제로는 이것이 힘든 경우가 많다. 모집단의 모든 추출단위들을 포함하지 않는 샘플링틀은 치우침(bias)의 원인이 되기도 한다.

(a) 한 지역의 가구조사에서 전화번호부에 있는 사람들을 대상으로 샘플링틀을 작성하였다. 이 샘플링틀에서는 어떤 가구가 누락되는가? 누락된 가구에는 어떤 사람들이 살고 있으리라 생각되는가?

(b) 한 지역의 가구조사에서 차량을 등록하고 있는 가구들의 목록인 차량등록부로부터 가구들의 표본이 선택된다고 하자. 이 경우에는 어떤 가구가 누락되는가? 추가로 누락된 가구만을 상대로 조사한다면 치우침을 해소할 수 있는 방안은 무엇인가?

1-6 실험계획법에 대하여 다음 질문에 간단히 답하여라.

(a) 랜덤화가 잘 지켜지지 않으면 어떤 문제가 발생할 수 있는가?

(b) 반복을 실시하면 어떤 장점이 있는가?

(c) 블록화가 필요한 경우에 블록화를 시키지 못하였다고 하자. 어떤 문제가 발생할 수 있는가?

(d) 인자가 두 개인 실험에서 각각 수준의 수가 4, 5이다. 반복을 각각 3회 실시할 때 총 실험횟수는 얼마가 되는가?

1-7 한 원예학자가 감자를 재배하는 두 방법(A1, A2)을 비교하고자 한다. 특성값으로는 수확 직후 잰 감자의 무게이다. 이 원예학자는 실험을 위해 동일한 크기의 농작지를 다음 그림과 같이 16개의 구획으로 나누었다.

1	2	3	4	5	6	7	8	9	10	11	12	13	14	15	16

(a) 이 16개의 구획에 각각 두 방법 A1, A2를 8개의 구획에 배치하고자 한다. 부록의 난수표를 이용하여 랜덤화를 실시하여 16개의 구획에 A1, A2를 배치하여라.

(b) 만약 처음의 8개 구획(1번에서 8번까지)은 습한 지역이고, 나중의 8개 구획은 건조한 지역이라고 하자. 이런 경우에는 큰 두 개의 블록으로 나누어 생각하는 것이 바람직하다. 랜덤화를 실시하는 데, 이 경우에는 처음 8개 구획에 A1, A2를 각각 4개 구획에, 그리고 나중의 8개 구획에 A1, A2를 각각 4개 구획에 나누어 배치하는 것이 옳다. 난수표를 사용하여 이 경우에 배치를 실시하여라. 이 결과는 위의 (a) 결과와 어떤 차이점이 있는가?

제 2 장

자료의 정리

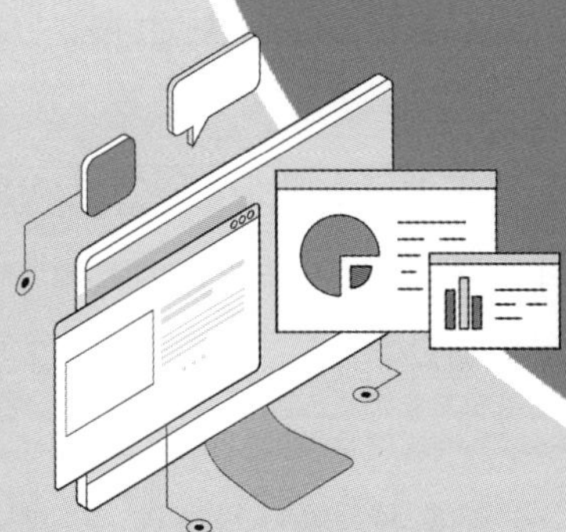

1장에서는 모집단에서 자료를 얻는 여러 가지 방법을 알아보고, 자료의 속성에 대하여 알아보았다. 이 장에서는 모집단과 모집단의 특성값에 대하여 자세히 살펴보기로 한다.

예를 들어, 어느 전구를 생산하는 공정에서 전구의 품질에 관심이 있는 문제를 생각해 보자. 이때 모집단은 그 공정에서 생산되는 전구 전체가 되며, 전구의 수명에 관심이 있을 때는 '수명'이 특성값이 되고, 공정의 불량률에 관심이 있을 때는 각 전구의 '불량' 또는 '양호'가 특성값이 된다.

이 장에서는 모집단의 특성값을 나타내는 방법으로 분포의 개념을 소개하고, 모집단의 대푯값인 모평균, 모표준편차 등에 대하여 알아보기로 한다. 또한 도표를 이용하여 자료를 정리하는 여러 가지 방법을 살펴보기로 한다.

확률에 대한 개념과 함께 모집단의 특성을 나타내는 분포, 평균, 표준편차 등은 3장에서 확률변수와 확률분포를 이용하여 다시 정의하고 설명할 예정이다. 따라서 이 장에서는 모집단을 위주로 직관적인 접근으로 분포와 대푯값 등을 알아볼 예정이다.

2-1 모집단의 분포

선거를 앞두고 여론조사를 하여 선거결과를 예측하는 것을 흔히 볼 수 있다. 이러한 조사에서 전국의 유권자 전체를 조사할 수 없으므로 이들 가운데 일부를 뽑아 조사하게 된다. 이때 조사 대상인 유권자 전체가 모집단이 되며, 모집단에서 각 유권자의 '지지하는 후보자'라는 특성값이 관심의 대상이 된다.

다른 예로서 어느 공정에서 생산되는 철선의 인장강도에 대하여 관심이 있는 경우를 생각해 보자. 이때는 그 공정에서 생산되는 철선의 인장강도가 특성값이며, 이 특성값들이 흩어져 있는 상태에 관심이 있게 된다.

이와 같이 모집단에서 특성값이 흩어져 있는 상태를 나타내는 것을 모집단의 분포(distribution)라고 하며, 이 절에서는 모집단의 분포에 대한 개념을 소개하기로 한다.

예 2.1 통계청이 실시한 2005년 인구주택총조사에 의하면 2005년 11월 현재 우리나라에는 15,887,128 가구가 있으며, 가구당 인원수의 분포는 다음과 같다.

가구원 수	1	2	3	4	5	6	7*	합계
상대도수	0.200	0.222	0.209	0.270	0.077	0.017	0.006	1

(* 가구원 수가 7명 이상인 경우는 모두 7명으로 간주하였음)

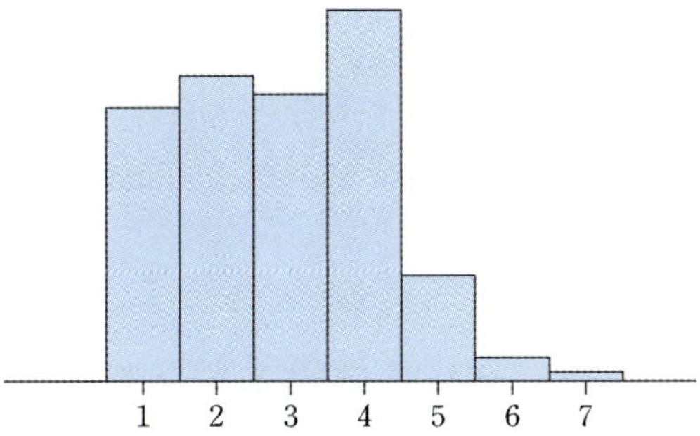

그림 2-1 가구원 수의 분포

예 2.2 멘델은 한 쌍의 대립되는 형질의 교배실험을 통하여 이들이 어떠한 형태로 유전되는가를 살펴보았다. 예를 들어, 둥근 완두와 주름진 완두의 교배실험을 통하여 멘델은 제 2세대에서 둥근 완두와 주름진 완두의 비는 3:1이라는 유전법칙을 주장하였다.

이러한 법칙은 교배실험을 무한히 반복하는 경우에 생각할 수 있는 무한모집단을 전제로 하고, 상대도수의 값이 3/4, 1/4이라는 '확률'에 가까이 갈 것이라는 이론이다.

형질	둥근 완두	주름진 완두	합계
확률	3/4	1/4	1

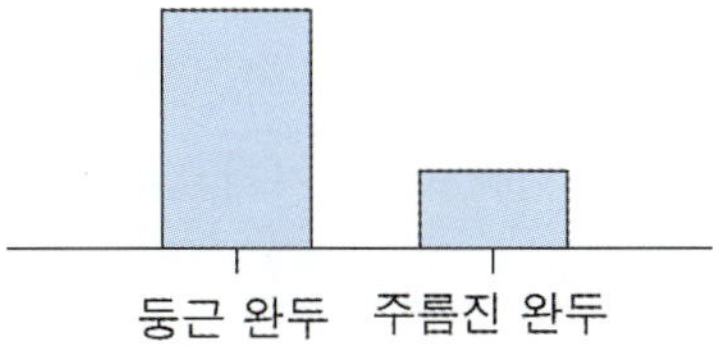

그림 2-2 완두 유전형질의 분포

모집단의 분포

모집단의 특성값이 흩어져 있는 상태를 나타내기 위하여, 합이 1이 되는 양수들을 각 특성값에 대응시켜 나타낸 것을 **모집단의 분포**라고 한다.

예 2.1과 예 2.2에서는 각 특성값에 상대도수 또는 확률을 대응시켜 모집단의 분포를 나타내었고, 이들은 나타날 수 있는 특성값들의 개수를 셀 수 있는 **이산적**(discrete)인 경우이다.

이제 모집단의 특성값이 키나 몸무게와 같이 어떤 구간 안의 모든 수를 값으로 취할 수 있는 경우, 즉 특성값이 **연속적**(continuous)인 경우에 그 분포를 나타내는 방법을 생각해 보자.

예 2.3 한 공장에서 생산되는 콘크리트 원통의 인장강도(kg/cm^2)에 대한 조사를 하려고 한다. 인장강도의 분포에 대한 정보를 얻기 위하여 100개의 관측값을 얻은 결과가 <표 2-1>과 같다. 이 자료로부터 인장강도의 분포에 대하여 생각해 보자.

표 2-1 원통의 인장강도(kg/cm^2) 자료

22.4	26.6	23.8	28.7	26.6	23.8	25.2	24.5	22.4	25.9
24.5	23.8	24.5	25.2	25.9	24.5	26.6	25.9	21.1	29.4
25.9	27.3	27.3	30.8	23.1	27.3	23.1	25.2	28.1	25.9
22.4	24.5	25.2	23.8	23.8	24.5	24.5	27.3	26.6	23.8
28.1	25.2	24.5	27.3	28.1	24.5	25.2	23.8	25.9	29.4
29.4	27.9	24.5	25.9	23.1	22.4	27.3	26.6	27.9	25.9
27.3	23.1	25.2	26.6	24.5	23.1	25.2	21.1	25.2	25.2
25.2	27.3	25.9	25.9	25.9	24.5	27.3	25.9	25.9	23.8
25.9	28.1	25.2	24.5	26.6	26.6	25.2	23.8	23.1	25.9
23.8	25.2	27.3	27.9	25.9	28.7	25.2	27.9	23.8	25.2

<표 2-1>의 자료를 2(kg/cm^2)의 간격으로 나누어 각 계급의 상대도수를 구하고 그림으로 나타내면 [그림 2-3]과 같다.

계급	21~23	23~25	25~27	27~29	29~31	합계
상대도수	0.06	0.30	0.40	0.20	0.04	1.00

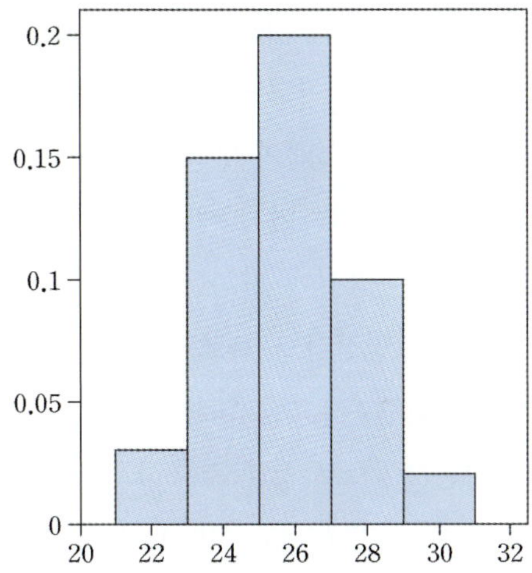

그림 2-3 인장강도의 상대도수 히스토그램

한편, 계급의 간격을 더 작게 하여 1(kg/cm^2)로 하여 상대도수를 구하고 그림으로 나타내면 [그림 2-4]와 같다.

계급	21~22	22~23	23~24	24~25	25~26	26~27	27~28	28~29	29~30	30~31	합계
상대도수	0.02	0.04	0.17	0.13	0.32	0.08	0.14	0.06	0.03	0.01	1.00

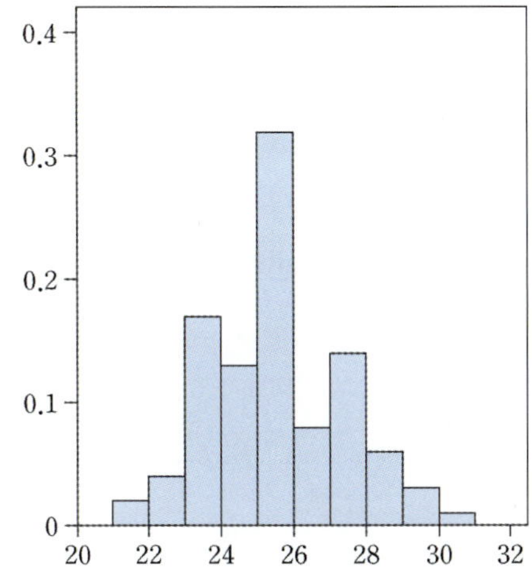

그림 2-4 인장강도의 상대도수 히스토그램

<표 2-1>에 주어진 100개의 자료에 대한 히스토그램을 그리는데 [그림 2-3]에서는 계급의 간격을 2로 하고, [그림 2-4]에서는 1로 하였다. 따라서 [그림 2-3]보다는 [그림 2-4]에서 히스토그램의 모양이 들쑥날쑥하게 보인다. 그러나 자료의 개수가 1,000개 10,000개로 증가하면서 계급 간격이 0.5, 0.1과 같이 작게 되면 상대도수 히스토그램의 모양은 곡선에 가까운 매끄러운 모양이 될 것이다.

실제로 예 2.3과 같은 인장강도 자료의 개수를 늘리면서 계급의 간격을 점점 줄이면 상대도수 히스토그램은 [그림 2-5]와 같은 매끄러운 곡선으로 수렴하게 된다. 또한 상대도수의 합은 1이므로 상대도수 히스토그램의 극한으로 얻어지는 곡선 아래의 넓이는 1이 되며, 구간 $(a,\ b)$ 사이에서 상대도수의 합은 구간 $(a,\ b)$ 위에서 곡선 아래의 넓이가 되고, 이는 한 관측값이 구간 $(a,\ b)$에 속할 **확률**(probability)이 된다.

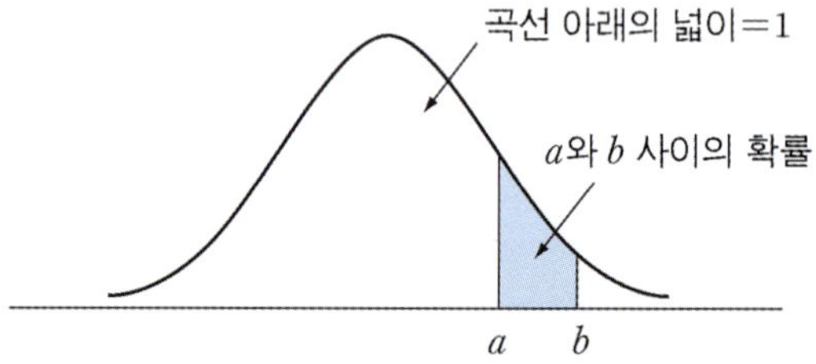

그림 2-5 인장강도의 분포

일반적으로 특성값이 연속적인 경우에는 무한모집단의 분포가 [그림 2-5]와 같은 곡선으로 나타내어지고, 이러한 곡선을 **확률밀도곡선**(probability density curve)이라고 하며, 이 곡선을 나타내는 함수를 **확률밀도함수**(probability density function)라고 하고, 흔히 기호 $p(x)$로 나타낸다. 한편, 특성값이 이산적인 경우에는 각 특성값 x에 확률을 대응시키는 함수 $p(x)$를 **확률밀도함수**라고 한다. 확률밀도함수의 성질을 요약하면 다음과 같다.

확률밀도함수의 성질

(1) 이산적인 특성값의 경우

$$p(x) \geq 0, \qquad \sum_{\text{모든 } x} p(x) = 1$$

(2) 연속적인 특성값의 경우

$$p(x) \geq 0, \qquad \int_{-\infty}^{\infty} p(x)\, dx = 1$$

2-2 모집단의 대푯값

통계조사의 목적은 모집단의 분포를 추측하기 위한 것이라고 할 수 있으나, 모집단 분포의 전체적인 형태를 추측하게 되면 그 추측의 정밀도가 매우 낮아지게 된다. 따라서 모집단의 분포를 추측하는 대신 모집단 분포의 특징을 나타내는 대푯값을 추측하는 방법이 널리 통용되고 있다. 이 절에서는 모집단 분포의 **중심위치**(location)와 **산포**(dispersion)를 나타내는 몇 가지 대푯값을 소개한다.

추출단위가 유한 개인 유한모집단에서 특성값을

$$c_1,\ c_2,\ \cdots,\ c_N$$

이라고 하자. 이들 N개의 특성값으로 이루어진 모집단에서 분포의 중심위치를 나타내는 대푯값으로 가장 많이 사용되는 것은 **모평균**(population mean)이며, 흔히 기호 μ로 나타내고 다음과 같이 정의된다.

$$\mu = \frac{1}{N}(c_1 + \cdots + c_N) = \frac{1}{N}\sum_{i=1}^{N} c_i$$

이제 특성값들이 서로 중복되어 나타나는 경우를 생각해 보자. 이들 특성값 중에서 서로 다른 특성값들을 $c_1^*,\ c_2^*,\ \cdots,\ c_k^*$라고 하고 각각의 **도수**(또는 **빈도**, frequency)를 $f_1,\ f_2,\ \cdots,\ f_k$라고 하면 모평균 μ는 다음과 같이 (특성값)×(상대도수)의 합으로 나타낼 수 있다.

$$\mu = \sum_{i=1}^{k} c_i^* \times \frac{f_i}{N}$$

이들을 요약하면 다음과 같다.

유한모집단의 모평균

(1) 모집단의 특성값이 $c_1, c_2, \cdots, c_N$일 때

$$\mu = \frac{1}{N}\sum_{i=1}^{N} c_i$$

(2) 모집단의 특성값 $c_1^*, c_2^*, \cdots, c_k^*$의 도수가 $f_1, f_2, \cdots, f_k$일 때

$$\mu = \sum_{i=1}^{k} c_i^* \times \frac{f_i}{N}$$

참고 특성값 c_i^*의 상대도수인 f_i/N은 유한모집단에서 c_i^*가 관측될 확률로 이해할 수 있다.

예제 2.1 예 2.1에 주어진 2005년 인구주택총조사 결과를 이용하여 우리나라의 가구당 평균 인원수를 구하여라.

풀이 예 2.1에서 상대도수로 주어진 모집단 분포표로부터 평균 인원수는 다음과 같다.

$$\mu = 1\times 0.200 + 2\times 0.222 + 3\times 0.209 + 4\times 0.270 + 5\times 0.077 + 6\times 0.017 + 7\times 0.006$$
$$= 2.88(\text{명})$$

일반적으로 평균은 가느다란 막대 위에 상대도수에 비례하는 질량의 물체를 각 특성값의 위치에 놓을 때 균형점, 즉 **무게중심**의 위치가 된다. [그림 2-6]은 [예제 2-1]의 경우에 이를 그림으로 나타낸 것이다. 이와 같이 모평균은 모집단 분포의 균형점으로서의 위치를 나타낸다.

그림 2-6 균형점으로서의 평균

무한모집단의 경우에도 모평균은 균형점의 의미를 그대로 가질 수 있도록 정의한다. 특성값이 이산적인 경우에는 상대도수 대신 그 극한으로 주어지는 확률에 비례하는 질량의 물체를 각 특성값의 위치에 놓을 때 균형점으로서 모평균을 정의하고, 연속적인 경우에는 확률밀도곡선 모양의 널빤지가 균형을 이루게 하는 받침의 위치로서 모평균을 정의한다. [그림 2-7]은 연속적인 확률밀도함수를 갖는 모집단에서 균형점 또는 무게중심에 해당되는 평균을 나타내는 그림이다.

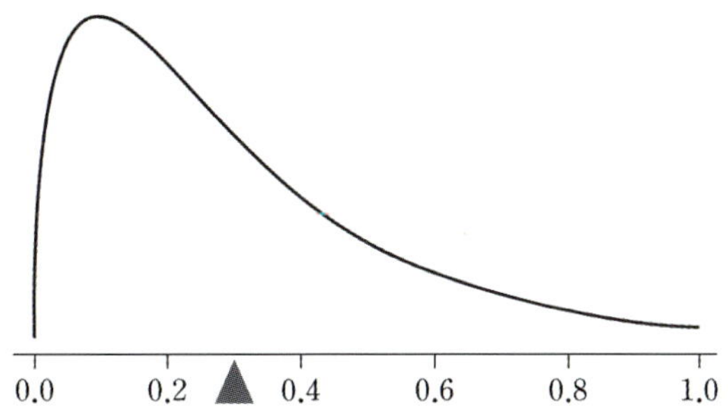

그림 2-7 균형점으로서의 평균(연속적인 특성값)

무한모집단은 이산적인 경우와 연속적인 경우가 있다. 이산적인 무한모집단에서 확률밀도함수는 유한모집단에서 상대도수의 극한과 같은 개념이므로 모평균은

$$\sum_{\text{모든 } x} x\,p(x)$$

와 같이 정의된다. 한편 연속적인 경우에는 모든 x에 관하여 더하는 $\sum$ 대신에 전 구간에서 적분을 하면 된다. 즉, 연속적인 무한모집단에서 모평균은 다음과 같이 정의된다.

$$\int_{-\infty}^{\infty} x\,p(x)\,dx$$

이와 같은 무한모집단에서의 모평균을 요약하면 다음과 같다.

무한모집단의 모평균

모집단의 확률밀도함수가 $p(x)$일 때, 모평균은 다음과 같이 정의된다.

$$\mu = \begin{cases} \sum_{\text{모든 } x} xp(x) & (\text{이산적인 경우}) \\ \int_{-\infty}^{\infty} xp(x)\,dx & (\text{연속적인 경우}) \end{cases}$$

예제 2.2 모집단의 분포가 다음과 같을 때, 모평균을 구하여라.

특성값	0	1	2	3
확률	$\frac{1}{10}$	$\frac{5}{10}$	$\frac{3}{10}$	$\frac{1}{10}$

풀이 분포표로부터 모평균은 다음과 같다.

$$\begin{aligned}\mu &= 0\times\frac{1}{10}+1\times\frac{5}{10}+2\times\frac{3}{10}+3\times\frac{1}{10} \\ &= 1.4\end{aligned}$$

모집단 분포의 위치를 나타내는 또 다른 대푯값으로서 모집단의 **중앙값**(median)을 흔히 사용한다. 특성값이 연속적인 경우에 전체 확률의 반이 되는 위치의 특성값을 중앙값이라고 한다.

일반적으로 모집단의 **제p 백분위수**(p^{th} percentile)는 특성값들 중 p% 이상의 특성값이 그 값보다 같거나 작고, 또한 $(100-p)$% 이상의 특성값이 그 값보다 같거나 크게 되는 값으로 정의되며, 제50백분위수를 **중앙값**이라고 한다. 한편, 제25백분위수와 제75백분위수를 각각 **제1사분위수**(first quartile), **제3사분위수**(third quartile)라고 하며, 각각 Q1, Q3로 나타낸다. **제2사분위수**는 중앙값이며, Q2로 나타낸다.

[그림 2-8]은 특성값이 연속적인 경우의 전형적인 모집단 분포에서 모평균과 모중앙값의 위치를 대략적으로 나타낸 것이다.

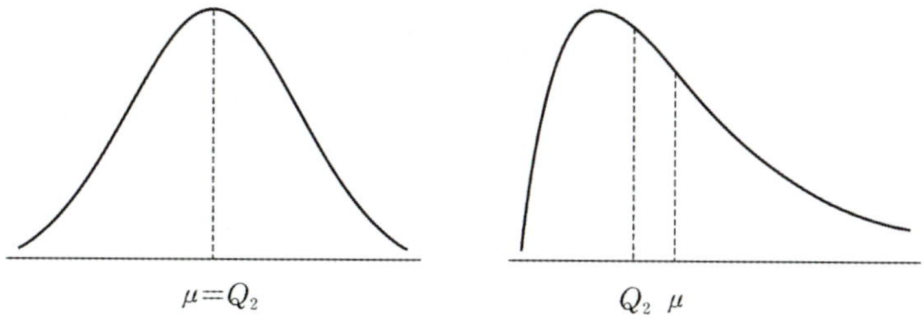

그림 2-8 모집단 분포가 대칭인 경우와 비대칭인 경우

다음은 모집단 분포의 산포를 나타내는 대푯값에 대하여 알아보자. 산포란 특성값들이 흩어져 있는 정도를 뜻하며, 산포를 나타내는 대푯값으로 가장 많이 사용되는 것은 **모표준편차**(population standard deviation)로서 다음과 같이 정의되고 흔히 기호 σ로 나타낸다.

유한모집단의 특성값이 $c_1, \cdots, c_N$이라면

$$\sigma = \sqrt{\frac{1}{N}\sum_{i=1}^{N}(c_i - \mu)^2}$$

이고, 서로 다른 특성값 $c_1^*, \cdots, c_k^*$에 대응하는 도수를 $f_1, \cdots, f_k$라고 하면 다음과 같이 나타낼 수 있다.

$$\sigma = \sqrt{\sum_{i=1}^{k}(c_i^* - \mu)^2 \frac{f_i}{N}}$$

한편, 모표준편차를 제곱한 값을 **모분산**(population variance)이라고 한다. 즉, 모분산은

$$\sigma^2 = \frac{1}{N}\sum_{i=1}^{N}(c_i - \mu)^2 = \sum_{i=1}^{k}(c_i^* - \mu)^2 \frac{f_i}{N}$$

로 주어진다.

모평균의 경우와 마찬가지로, 무한모집단의 표준편차와 분산은 다음과 같이 정의된다.

무한모집단의 모분산과 모표준편차

무한모집단의 확률밀도함수가 $p(x)$일 때, 모분산과 모표준편차는 각각 다음과 같이 정의된다.

$$\sigma^2 = \begin{cases} \sum_{\text{모든 } x} (x-\mu)^2 p(x) & (\text{이산적인 경우}) \\ \int_{-\infty}^{\infty} (x-\mu)^2 p(x)dx & (\text{연속적인 경우}) \end{cases}$$

$$\sigma = \sqrt{\sigma^2}$$

예제 2.3 [예제 2-2]의 모집단 분포에서 모표준편차를 구하여라.

풀이 [예제 2-2]에서 모평균이 1.4이므로 모분산은

$$\sigma^2 = (0-1.4)^2 \times \frac{1}{10} + (1-1.4)^2 \times \frac{5}{10} + (2-1.4)^2 \times \frac{3}{10} + (3-1.4)^2 \times \frac{1}{10}$$

$$= 0.64$$

이며, 모표준편차는 다음과 같다.

$$\sigma = \sqrt{0.64} = 0.8$$

모집단 분포의 산포를 나타내는 다른 측도로서 모집단의 **사분위수범위**(interquantile range: IQR)는 제3사분위수와 제1사분위수의 차로 정의된다. 즉,

$$\mathrm{IQR} = \mathrm{Q}_3 - \mathrm{Q}_1$$

또한 산포의 측도로서 모집단의 **평균절대편차**(mean absolute deviation: MAD)는 각 특성값 c_i가 모중앙값 Q_2로부터 떨어진 거리인 절대편차 $|c_i - Q_2|$의 평균으로 정의된다. 즉,

$$\mathrm{MAD} = \frac{1}{N}\sum_{i=1}^{N} |c_i - Q_2|$$

이러한 사분위수범위나 평균절대편차는 산포의 측도로서 자연스럽고 해석이 쉬운 장점이 있으나, 관련된 이론 전개의 어려움으로 인하여 흔히 고려되는 추론의 대상은 아니다.

지금까지는 한 종류의 특성값만을 생각하는 일차원 모집단에서 분포와 대푯값을 다루었다. 그러나 N명의 각각에 대한 (키, 몸무게)를 측정한다면 키와 몸무게라는 두 특성값을 갖는 이차원 모집단에서 키와 몸무게 각각의 대푯값뿐만 아니라 키와 몸무게의 연관성도 분석할 수 있게 된다. 두 종류 이상의 특성값의 모집단 분포를 **결합분포**(joint distribution)라고 한다. 여기서는 이차원 모집단에서 두 특성값의 연관성을 나타내는 측도에 대하여 알아보기로 한다.

이차원의 유한모집단에서 특성값들을 다음과 같이 나타내자.

$$(c_{11},\ c_{21}),\ (c_{12},\ c_{22}),\ \cdots,\ (c_{1N},\ c_{2N})$$

첫 번째 특성값들 $c_{11},\ \cdots,\ c_{1N}$와 두 번째 특성값 $c_{21},\ \cdots,\ c_{2N}$에 대한 모평균과 모표준편차는 각각 다음과 같다.

$$\mu_1 = \frac{1}{N}\sum_{i=1}^{N} c_{1i}\ , \qquad \sigma_1 = \sqrt{\frac{1}{N}\sum_{i=1}^{N}(c_{1i}-\mu_1)^2}$$

$$\mu_2 = \frac{1}{N}\sum_{i=1}^{N} c_{2i}\ , \qquad \sigma_2 = \sqrt{\frac{1}{N}\sum_{i=1}^{N}(c_{2i}-\mu_2)^2}$$

두 특성 사이의 연관성을 나타내는 측도로서 모집단의 **상관계수**(correlation coefficient)를 다음과 같이 정의한다.

$$\rho = \frac{1}{N}\sum_{i=1}^{N}\left(\frac{c_{1i}-\mu_1}{\sigma_1}\right)\left(\frac{c_{2i}-\mu_2}{\sigma_2}\right)$$

c_{1i}가 μ_1보다 클 때 대응되는 c_{2i}도 μ_2보다 크고, c_{1i}가 μ_1보다 작을 때 대응되는 c_{2i}도 μ_2보다 작은 경우가 많으면 ρ값은 양수로서 큰 값이 될 것이며, 반대로 c_{1i}가 μ_1보다 클 때 대응되는 c_{2i}는 μ_2보다 작고, c_{1i}가 μ_1보다 작을 때 대응되는 c_{2i}는 μ_2보다 큰 경우가 많으면 ρ값은 음수로서 절댓값은 크게 될 것이다. 또한 상관계수 ρ에 대하여 다음과 같은 성질이 있음을 증명할 수 있으며, 여기서는 결과만 이용하기로 한다.

$$-1 \leq \rho \leq 1$$

이와 같은 모상관계수 ρ의 성질을 요약하면 다음과 같다.

모상관계수의 성질

(1) $-1 \leq \rho \leq 1$

(2) $\rho > 0$이면 두 특성 사이에 양의 연관성이 있다.
$\rho < 0$이면 두 특성 사이에 음의 연관성이 있다.

상관계수를 정의하는 식에서 분자 부분을 두 특성의 **공분산**(covariance)이라고 하고, 흔히 σ_{12}로 나타낸다. 즉,

$$\sigma_{12} = \rho\sigma_1\sigma_2 = \frac{1}{N}\sum_{i=1}^{N}(c_{1i} - \mu_1)(c_{2i} - \mu_2)$$

특성 1의 값 $c_{11}, \cdots, c_{1N}$ 중에서 서로 다른 값들을 $c_{11}^*, \cdots, c_{1k}^*$. 특성 2의 값 $c_{21}, \cdots, c_{2N}$ 중에서 서로 다른 값들을 $c_{21}^*, \cdots, c_{2l}^*$라고 하고 (c_{1i}^*, c_{2j}^*)의 도수를 f_{ij}라고 하면 모집단의 상관계수 ρ를 다음과 같이 나타낼 수 있다.

$$\rho = \sum_{i=1}^{k}\sum_{j=1}^{l}\left(\frac{c_{1i}^* - \mu_1}{\sigma_1}\right)\left(\frac{c_{2j}^* - \mu_2}{\sigma_2}\right)\frac{f_{ij}}{N}$$

이러한 모집단의 상관계수는 무한모집단의 경우에도 정의될 수 있다. 유한모집단에서의 상대도수 대신 상대도수의 극한인 결합확률 또는 결합확률밀도함수를 이용하여 정의될 수 있으며, 3장에서 소개될 것이다.

예제 2.4 이차원 모집단의 분포(상대도수)가 다음의 표와 같을 때, 모상관계수의 값을 구하여라.

특성2 \ 특성1	0	1	2	계
0	0.2	0.1	0.1	0.4
1	0.0	0.2	0.1	0.3
2	0.0	0.0	0.3	0.3
계	0.2	0.3	0.5	1.0

풀이 특성 1의 모평균과 모표준편차를 구하면

$$\mu_1 = 0 \times 0.2 + 1 \times 0.3 + 2 \times 0.5 = 1.3$$

$$\begin{aligned} \sigma_1 &= \sqrt{(0-1.3)^2 \times 0.2 + (1-1.3)^2 \times 0.3 + (2-1.3)^2 \times 0.5} \\ &= 0.7810 \end{aligned}$$

같은 방법으로 특성 2의 모평균과 모표준편차를 구하면 다음과 같다.

$$\mu_2 = 0.9, \qquad \sigma_2 = 0.8307$$

한편 두 특성의 공분산을 구하면 다음과 같다.

$$\begin{aligned} \sigma_{12} &= (0-1.3) \times (0-0.9) \times 0.2 + (1-1.3) \times (0-0.9) \times 0.1 \\ &\quad + \cdots + (2-1.3)(2-0.9) \times 0.3 \\ &= 0.430 \end{aligned}$$

따라서 모상관계수는 다음과 같다.

$$\begin{aligned} \rho &= \frac{0.430}{0.7810 \times 0.8307} \\ &= 0.6628 \end{aligned}$$

[예제 2-4]의 분포를 그림으로 나타내면 [그림 2-9]와 같다. 이 그림으로부터 특성 1과 특성 2가 같은 방향, 즉 양의 방향으로 변화하는 것을 알 수 있고, 이는 [예제 2-4]에서 상관계수의 값이 양수로서 비교적 1에 가까운 값으로 나온 것과 일치한다.

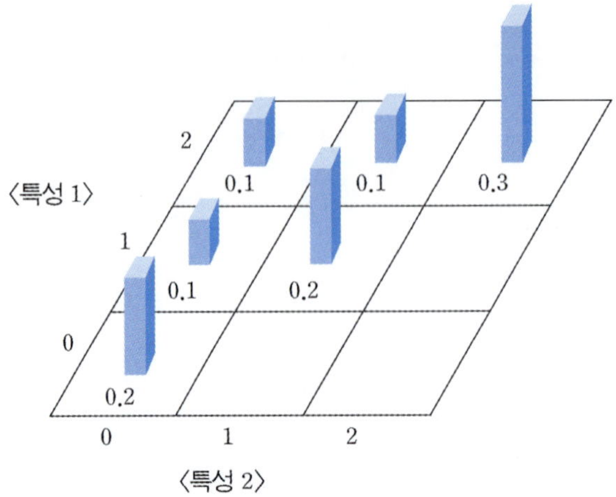

그림 2-9 양의 상관관계를 갖는 이차원 분포의 예

2-3 자료의 도표화

통계 조사에서는 모집단에 대한 추측을 위하여 표본을 추출하고 관심의 대상인 특성을 관측한다. 이러한 관측결과의 모임을 **자료집합**(data set)이라고 한다. 이 절에서는 자료를 표와 그림으로 정리하는 방법에 대하여 알아본다.

자료는 그 형태에 따라 **질적자료**(qualitative data)와 **양적자료**(quantitative data)로 분류할 수 있다. 숫자로 나타낼 수 있는 자료는 양적자료이고, 숫자로 나타낼 수 없는 자료는 질적자료라고 한다.

예를 들어, 성별이나 교육수준에 대한 자료는 질적자료이다. 질적자료의 경우에는 관측결과가 **계급**(class)이라고 불리는 여러 범주로 분류된다. 이때 계급의 이름으로 숫자를 사용하기도 한다. 예를 들어, 성별 분류에서 남자와 여자를 각각 1과 2로 부를 수도 있다. 그러나 이때의 숫자는 그것이 지칭하는 자료의 속성과는 무관한 것이다. 이러한 질적자료의 경우에는 각 계급의 도수(또는 빈도) 또는 상대도수를 나열하는 **도수분포표**(또는 **빈도표**, frequency table)로 자료를 정리한다.

한편, 양적자료의 경우에도 예 2.3에서와 같이 관측값을 여러 개의 계급으로 나누어 도수분포표로 자료를 정리하기도 한다. 이와 같이 관측결과가 여러 개의 계급과 계급에 속하는 도수 또는 상대도수로 주어지는 자료를 **범주형자료**(categorical data)라고 한다.

예 2.4 아래의 〈표 2-2〉는 어느 중학교에서 랜덤하게 추출된 학생 20명에 대한 자료이다. 이 표에서 성별에 관한 자료는 질적자료이고, 학년이나 키, 몸무게에 관한 자료는 양적자료이다.

표 2-2 중학교 학생에 대한 자료

번호	성별*	학년	키(cm)	몸무게(kg)
1	1	3	183	82
2	2	1	168	52
3	2	1	160	48
4	2	2	160	50
5	1	1	180	79
6	1	2	183	73
7	2	2	170	60
8	1	1	170	66
9	1	2	185	74
10	1	3	165	57
11	1	3	170	54
12	2	2	152	50
13	2	1	173	60
14	2	1	163	63
15	2	4	163	57
16	2	1	178	77
17	2	3	163	50
18	2	2	168	57
19	2	2	170	54
20	2	2	145	37

* 성별에서 1은 남자, 2는 여자를 의미함.

예 2.5 〈표 2-2〉의 학년에 관한 자료를 도수분포표로 정리하면 다음과 같다.

학년	1	2	3	4	합계
도수	7	8	4	1	20
상대도수	.35	.4	.2	.05	1.0

도수 또는 상대도수로 주어지는 범주형자료를 그림으로 요약하는 방법으로는 **막대그래프**(또는 **막대도표**, bar graph)와 **원형그래프**(또는 **원도표**, pie graph)가 있다. 막대그래프는 각 계급의 위치에 그려진 막대의 높이로서 상대도수(또는 도수)를 나

타내는 그래프이다. 즉, 막대의 높이가 상대도수에 비례하도록 그린 것이다. 마찬가지로 원형그래프에서는 부채꼴의 넓이가 상대도수에 비례하도록 그리면 된다.

예 2.6 예 2.5에서의 도수분포표를 막대그래프와 원형그래프로 나타내면 아래의 [그림 2-10]과 같다.

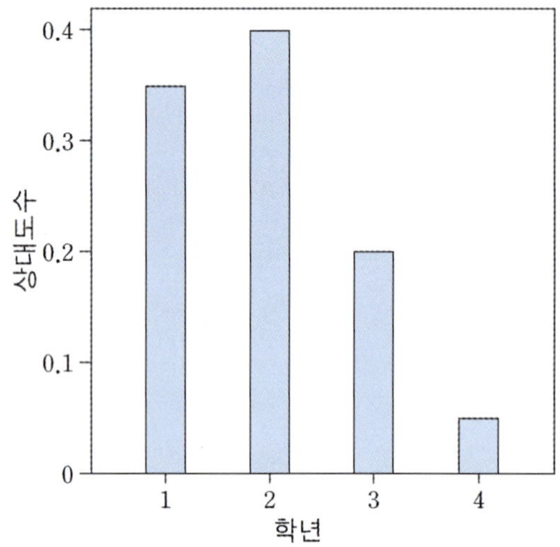

(a) 막대그래프

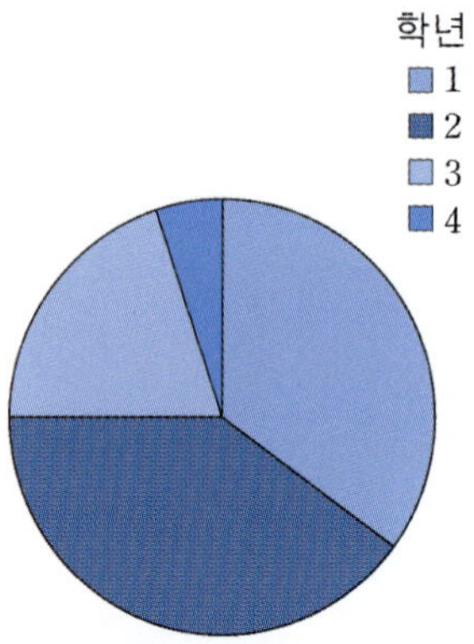

(b) 원형그래프

그림 2-10 예 2.5의 막대그래프와 원형그래프

양적자료의 경우에는 예 2.3에서와 같이 자료 전체를 여러 개의 계급으로 나누어 도수분포표를 작성하고 각 계급의 상대도수를 기둥의 넓이로 나타내는 **히스토그램**(histogram)을 이용하여 자료의 분포 형태를 파악한다.

이때 계급의 폭과 경계점의 선택에 따라 각 계급의 도수 또는 상대도수가 정해지고 히스토그램의 형태가 결정된다. 따라서 이들의 적절한 선택이 매우 중요하다.

계급의 폭이 너무 좁으면 각 계급의 상대도수가 지나치게 작게 되어 자료의 전반적인 형태를 파악하기 어렵고, 계급의 폭이 너무 넓으면 분포의 특징을 알아보기 어렵게 된다.

계급의 폭과 경계점의 선택에 대한 일정한 공식이 있는 것은 아니며, 다음과 같은 방법을 기초로 하여 폭과 경계점에 변화를 주어가며 분포의 형태와 특징을 파악하여야 한다.

1. 적절한 계급의 폭을 정한다. 자료의 크기가 n이면 계급의 개수를 대략 $\sqrt{n}$에 가깝게 정하고, 자료의 최댓값과 최솟값의 차이인 범위를 개수로 나누어 계급의 폭을 정한다.
2. 적절한 경계점을 선택한다. 자료의 어떤 값도 경계점에 놓이지 않도록 하고 가능한 각 계급의 가운데 쪽에 자료들이 놓일 수 있도록 경계점을 정한다.

도수분포표를 히스토그램으로 나타낼 때에는 직사각형의 넓이가 상대도수에 비례해야 하므로, 직사각형의 높이를

$$(\text{직사각형의 높이}) = (\text{상대도수}) \div (\text{계급의 폭})$$

와 같이 정하고, 전체 직사각형의 넓이의 합이 1이 되도록 하여야 한다.

예 2.7 예 2.4의 키에 대한 자료에서 도수분포표를 작성하기 위하여 자료의 최댓값과 최솟값을 조사하면

$$(\text{최댓값}) = 185\,,\ (\text{최솟값}) = 145$$

이고, 자료의 크기가 $n = 20$이므로, 계급의 개수를 $\sqrt{n} = \sqrt{20}$에 가까운 5개로 하면 계급의 폭은

$$(185 - 145) \div 5 = 8$$

에 가까운 값인 10으로 정한다.

또한 첫 번째 계급의 시작점은

$$(\text{최솟값}) - \frac{1}{2} \times (\text{자룟값의 최소단위}) = 145 - \frac{1}{2} \times 1$$

로 정함으로써 자룟값들이 경계점에 놓이지 않도록 한다.

이와 같이 하여 도수분포표를 작성하면 〈표 2-3〉과 같다. 또한 이를 히스토그램으로 나타내면 [그림 2-11]로 주어진다.

표 2-3 키의 도수분포표

계급	도수	상대도수
144.5~154.5	2	0.10
154.5~164.5	5	0.25
164.5~174.5	8	0.40
174.5~184.5	4	0.20
184.5~194.5	1	0.05
합계	20	1.00

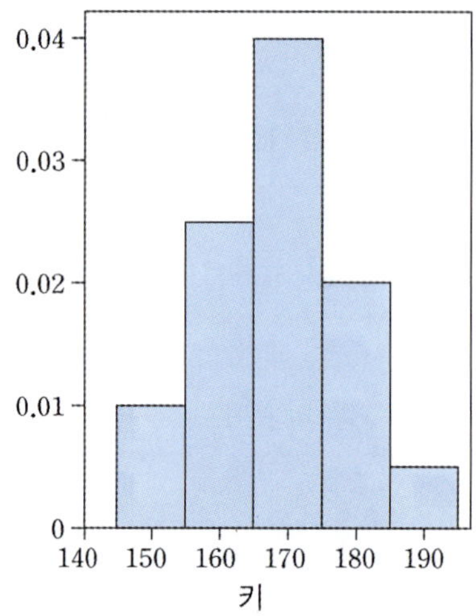

그림 2-11 키의 히스토그램

양적자료를 그림으로 요약하는 또 다른 방법에 대하여 알아보자. 다음의 [그림 2-12]의 1단계는 <표 2-2>의 키에 대한 자료에서 처음 두 자리의 수를 세로로 순서대로 나열하고 수직선을 그은 후에 마지막 한 자릿수를 해당되는 두 자릿수의 오른쪽에 나열한 것이다. 2단계의 그림은 마지막 한 자릿수를 크기순으로 재배열한 것이다.

14	5
15	2
16	8, 0, 0, 5, 3, 3, 3, 8
17	0, 0, 0, 3, 8, 0
18	3, 0, 3, 5

(1단계)

14	5
15	2
16	0, 0, 3, 3, 3, 5, 8, 8
17	0, 0, 0, 0, 3, 8
18	0, 3, 3, 5

(2단계)

그림 2-12 〈표 2-2〉의 키 자료의 줄기-잎 그림

[그림 2-12]의 2단계 그림을 **줄기-잎 그림**(stem-and-leaf display)이라고 하며, 처음 두 자릿수의 세로 열을 줄기, 세로 열의 각 위치에서 오른쪽으로 나열된 가로행의 숫자들을 잎이라고 한다.

이러한 줄기-잎 그림은 마치 히스토그램과 같은 시각적 효과를 가지고 있으며, 각 계급에 속하는 자룟값을 원래의 값으로 보여 준다는 장점이 있다. 히스토그램에서 계급의 폭과 경계점을 정하는 것과 마찬가지로 줄기-잎 그림에서도 줄기의 선택을 적절히 하여야 한다.

이와 같은 줄기-잎 그림은 자료의 크기가 큰 경우에는 그리기가 어렵지만 자료의 크기가 매우 크지 않은 경우에는 히스토그램과 함께 흔히 이용된다.

두 종류의 특성에 관심이 있을 때에 이차원 자료를 도표화하는 방법에 대하여 생각해 보자.

일차원 자료를 도수분포표로 정리하는 것과 같이 이차원 자료도 각 특성을 계급으로 나누어 표로 정리한 것을 **분할표**(또는 **교차표**, contingency table)라고 한다.

예 2.8 <표 2-2>의 자료에서 학생들의 성별과 학년에 따라 상대도수를 구하여 정리하면 다음과 같은 분할표를 얻을 수 있다.

성별 \ 학년	1	2	3	4	계
남자	.10	.10	.15	.00	.35
여자	.25	.30	.05	.05	.65
계	.35	.40	.20	.05	1.00

이차원의 양적자료의 경우에는 각 특성에 대하여 자룟값을 여러 개의 계급으로 나누어 분할표를 작성할 수 있고, 이를 이용하여 이차원의 히스토그램도 그릴 수 있다.

예 2.9 〈표 2-2〉의 자료에서 키와 몸무게를 각각 5개의 계급으로 나누어 분할표를 작성하면 〈표 2-4〉와 같다.

표 2-4 키와 몸무게의 분할표

키 \ 몸무게	36.5~46.5	46.5~56.5	56.5~66.5	66.5~76.5	76.5~86.5	계
144.5~154.5	.05	.05	.00	.00	.00	.10
154.5~164.5	.00	.15	.10	.00	.00	.25
164.5~174.5	.00	.15	.25	.00	.00	.40
174.5~184.5	.00	.00	.00	.05	.15	.20
184.5~194.5	.00	.00	.00	.05	.00	.05
계	.05	.35	.35	.10	.15	1.00

<표 2-4>의 분할표를 그림으로 나타낸 것이 [그림 2-13]의 이차원 히스토그램이다. 여기에서 각 기둥의 부피는 상대도수에 비례하도록 그린 것이다.

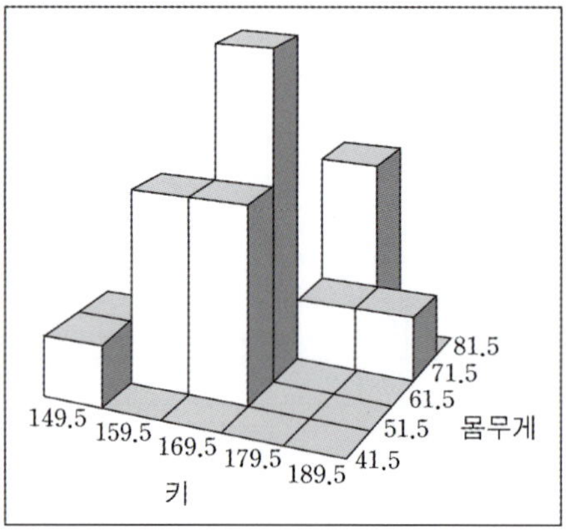

그림 2-13 키와 몸무게의 히스토그램

두 특성의 자료가 모두 연속적인 경우에, 자료를 그림으로 나타내는 또 다른 방법으로는 **산점도**(scatter plot)가 있다. 산점도란 좌표평면 위에 이차원의 자룟값을 점으로 찍어서 나타내는 것이며, 두 특성의 변화 관계를 파악하기 위한 기초적인 방법이다.

다음의 [그림 2-14]는 <표 2-2>의 키와 몸무게 자료를 산점도로 나타낸 것으로서, 키가 클수록 몸무게가 무겁다는 것을 잘 보여 주고 있다.

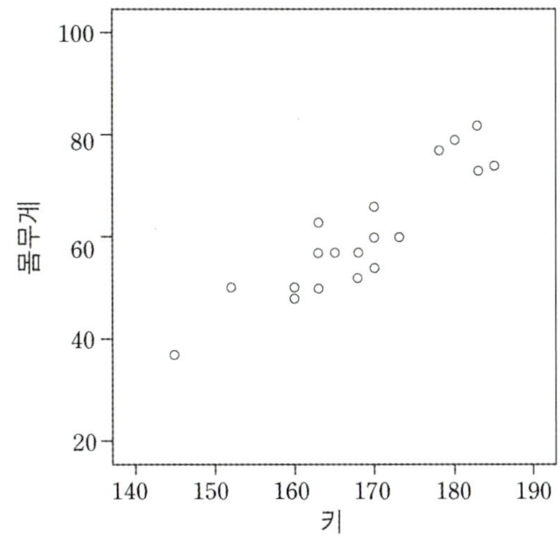

그림 2-14 키와 몸무게의 산점도

2-4 표본의 대푯값

자료의 전반적 형태나 분포의 특징을 파악하는 데에는 그림을 그려 파악하는 것이 유용하지만, 모집단의 대푯값과 마찬가지로 자료의 위치와 산포 등의 측도를 사용하여 자료를 요약하는 것이 필요하다.

자료의 위치에 대한 측도로서는 **표본평균**(sample mean)과 **표본중앙값**(sample median)을 흔히 사용한다.

자료의 특성값이 x_1, $\cdots$, x_n일 때, 표본평균은 이들의 산술평균으로 정의되고 $\overline{x}$로 표시한다.

표본평균

$$\overline{x} = \frac{1}{n}(x_1 + \cdots + x_n) = \frac{1}{n}\sum_{i=1}^{n} x_i$$

유한모집단의 백분위수와 마찬가지로, 표본의 제p백분위수는 특성값을 작은 것부터 순서대로 나열하여 $p\%$ 이상이 그 값보다 같거나 작고, $(100-p)\%$ 이상이 그 값보다 같거나 크게 되는 값으로 정의된다. 표본의 제25백분위수, 제50백분위수,

제75백분위수를 각각 **제1표본사분위수**, **제2표본사분위수**, **제3표본사분위수**라고 하며, 각각 $\hat{Q}_1$, $\hat{Q}_2$, $\hat{Q}_3$로 표시한다. 즉, 제2표본사분위수인 $\hat{Q}_2$가 표본중앙값이다.

이러한 표본중앙값이나 표본사분위수를 구할 때에는 여러 개의 값이 가능할 수 있다. 이러한 경우에는 다음의 예 2.10에서와 같이 가능한 것들의 산술평균을 사용한다.

예 2.10 〈표 2-2〉의 자료에서 키의 표본평균은

$$\bar{x} = \frac{1}{20}(183 + 168 + \cdots + 145) = 168.45$$

이다. 한편, 키의 표본중앙값은 자룟값을 크기순으로 배열하여 찾아야 하므로 [그림 2-12]의 줄기-잎 그림을 이용하면 쉽게 구할 수 있다. 자료의 크기가 $n = 20$이므로, 표본중앙값의 정의로부터 크기순으로 10번째와 11번째의 산술평균을 계산하면 된다. 즉,

$$\hat{Q}_2 = \frac{1}{2}(168 + 170) = 169$$

자료 산포의 측도로 가장 많이 사용되는 대푯값은 **표본표준편차**(sample standard deviation)로서 다음과 같이 정의되고, **표본분산**(sample variance)은 그의 제곱으로 정의된다.

표본표준편차와 표본분산

$$s = \sqrt{\frac{1}{(n-1)}\sum_{i=1}^{n}(x_i - \bar{x})^2}$$

$$s^2 = \frac{1}{(n-1)}\sum_{i=1}^{n}(x_i - \bar{x})^2$$

표본분산의 정의에서 편차 $x_i - \bar{x}$ $(i = 1, \cdots, n)$의 제곱합을 n으로 나누지 않고 $(n-1)$로 나누는 것에 유의해야 한다. 이렇게 하는 이유는 모분산 σ^2을 더 잘 추측하기 위한 것으로 알려져 있다. 만약 n으로 나누어 추측하게 되면 모분산을 과소 추측하는 경향이 있는 것으로 알려져 있다.

산포의 다른 측도로서는 자료의 가운데 50%의 값의 범위를 나타내는 **표본사분위수범위**(sample interquantile range)가 있다. 이의 정의는 다음과 같다.

$$\widehat{\mathrm{IQR}} = \widehat{Q}_3 - \widehat{Q}_1$$

예제 2.5 <표 2-2>의 자료에서 키의 표본표준편차와 표본사분위수범위를 구하여라.

풀이 자료의 크기가 $n=20$이고 예 2.10에서 표본평균이 $\overline{x}=168.45$이므로, 표본분산은

$$s^2 = \frac{1}{(20-1)}\{(183-168.45)^2+\cdots+(145-168.45)^2\}$$
$$= 106.16$$

이다. 따라서 표본표준편차는 다음과 같다.

$$s = \sqrt{(106.16)} = 10.30$$

한편, 제1표본사분위수는 크기순으로 $n/4=5$번째와 6번째의 산술평균이므로 [그림 2-12]로부터

$$\widehat{Q}_1 = \frac{1}{2}(163+163) = 163$$

이며, 같은 방법으로 제3표본사분위수는 크기순으로 15번째와 16번째의 산술평균으로서 다음과 같다.

$$\widehat{Q}_3 = \frac{1}{2}(173+178) = 175.5$$

따라서 표본사분위수범위는 다음과 같다.

$$\widehat{\mathrm{IQR}} = 175.5 - 163 = 12.5$$

지금까지는 일차원 자료의 대푯값에 대하여 알아보았다. 다음은 이차원 자료에서 두 특성의 변화 관계에 대한 측도에 대하여 알아보자.

이차원 자료의 특성값이 $(x_1, y_1), \cdots, (x_n, y_n)$일 때 특성 1과 특성 2의 표본평균, 표본표준편차는 각각 다음과 같이 정의된다.

$$\bar{x}=\frac{1}{n}\sum_{i=1}^{n}x_i, \qquad s_1=\sqrt{\frac{1}{(n-1)}\sum_{i=1}^{n}(x_i-\bar{x})^2}$$

$$\bar{y}=\frac{1}{n}\sum_{i=1}^{n}y_i, \qquad s_2=\sqrt{\frac{1}{(n-1)}\sum_{i=1}^{n}(y_i-\bar{y})^2}$$

이러한 이차원 자료에서 두 특성의 변화 관계의 측도로는 다음과 같이 정의되는 **표본상관계수**(sample correlation coefficient)를 사용한다.

표본상관계수

$$r=\frac{\sum_{i=1}^{n}(x_i-\bar{x})(y_i-\bar{y})}{\sqrt{\sum_{i=1}^{n}(x_i-\bar{x})^2}\sqrt{\sum_{i=1}^{n}(y_i-\bar{y})^2}}$$

또한, 다음과 같이 정의되는 **표본공분산**(sample covariance)은 모공분산의 추측값으로 사용된다.

$$s_{12}=rs_1s_2=\frac{1}{(n-1)}\sum_{i=1}^{n}(x_i-\bar{x})(y_i-\bar{y})$$

지금까지 소개된 표본평균 표본표준편차 등의 표본 대푯값을 통틀어 **통계량**(statistic)이라고 하며, 모평균, 모표준편차 등과 같은 모집단의 대푯값을 통틀어 **모수**(population parameter)라고 한다. 즉, 통계량은 모수의 추측을 위하여 표본으로부터 계산되는 값이다.

예제 2.6 <표 2-2>의 자료에서 키와 몸무게의 표본상관계수를 구하여라.

풀이 예 2.10과 [예제 2-5]에서 키와 몸무게의 표본평균과 표본표준편차는 각각

$$\bar{x}=168.45, \qquad s_1=10.30$$

$$\bar{y}=60, \qquad s_2=11.88$$

이며, 표본공분산을 구하면 다음과 같다.

$$\frac{1}{(20-1)}\{(183-168.45)(82-60)+\cdots+(145-168.45)(37-60)\}=109.11$$

따라서 표본상관계수는 다음과 같다.

$$r=\frac{109.11}{10.30\times 11.88}=0.892$$

2-5 SPSS 실습

이 절에서는 자료를 정리하는 방법들인 그래프 그리기(자료의 도표화)와 기술통계(자료의 대푯값) 등을 SPSS를 이용하여 구하는 방법을 다루기로 한다.

(1) 그래프 그리기

자료는 흔히 연속형자료(또는 양적자료, 순서형자료)와 범주형자료(또는 질적자료, 이산형자료)로 나눌 수 있다. 예를 들어, 시험 성적, 키, 몸무게 등은 연속형이며, 성별, 직업, 학력 등은 범주형자료이다. 이들 자료를 그래프로 나타는 방법은 여러 가지가 있으며, 여기서는 대표적인 방법들을 소개하기로 한다.

① 막대도표와 원도표

막대도표(막대그래프)와 **원도표**(원형그래프)는 흔히 범주형자료를 그래프로 나타내는 방법으로 유용하다.

사례 2.1

class.sav 자료에서 '나이' 데이터의 막대도표와 원도표를 그려 보자.

풀이 메뉴에서 그래프 → 막대형 차트를 [그림 2-15]와 같이 선택하면 [그림 2-16](a)와 같은 '막대형 차트' 창이 나타난다. 형식으로 '단순'을 누르고 '정의' 버튼을 누르면 [그림 2-16](b)와 같은 막대도표를 정의하는 창이 나타난다. '범주 축'으로 '나이'를 선택하고 '확인'을 누르면 뷰어 창에 [그림 2-17]과 같은 막대도표가 얻어진다.

메뉴의 그래프 → 차트 작성기에서 갤러리 탭의 막대형 차트를 선택하여 막대도표를 그릴 수도 있다. 여기서는 그래프에 대한 옵션이 더 있는 장점이 있다. 예를 들어, 남녀별로 따로 막대도표를 나타내는 방법은 [그림 2-18]과 같이 '차트 작성기' 대화상자에서 수평누적 막대도표를 '도표 미리 보기'로 끌기(drag and drop)에 의해 놓은 후, '나이'를 'X축'으로, '성별'을 'X에 군집 : 색상 설정'으로 설정한 후에 '확인'을 누르면 된다. 이때 'X축'에는 척도변수를 사용할 수 없으므로 변수 탭에서 나이 변수를 마우스 오른쪽 클릭하여 순서변수로 설정해 주어야 한다. 결과는 [그림 2-19]와 같이 남녀가 색상에 의해 구별되는 막대도표를 얻게 된다.

원도표를 얻기 위해서는 메뉴에서 그래프 → 원형 차트를 선택하고 막대도표에서와 같이 '나이'를 '조각 기준변수'로 선택하여 '확인'을 클릭하면 [그림 2-20]과 같은 나이의 원도표를 얻는다.

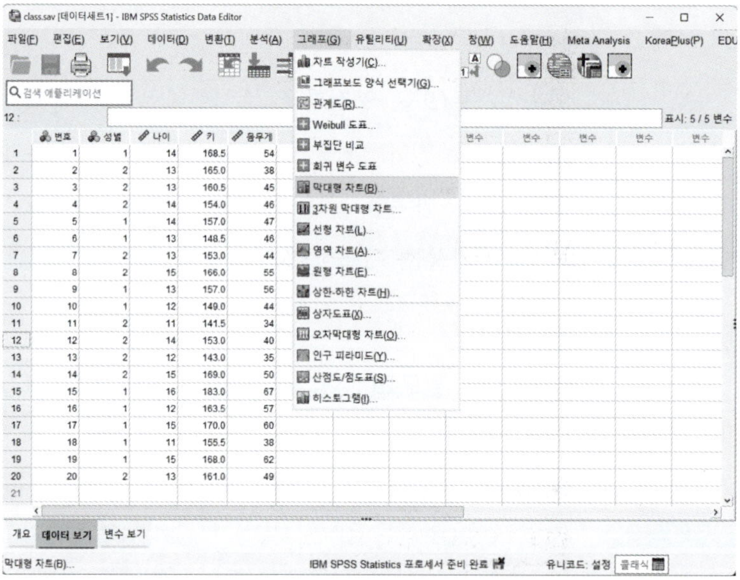

그림 2-15 그래프의 여러 가지 메뉴

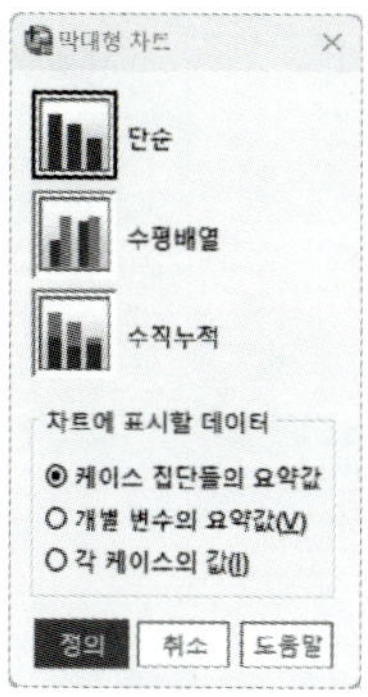

(a) 막대도표의 형식 선택

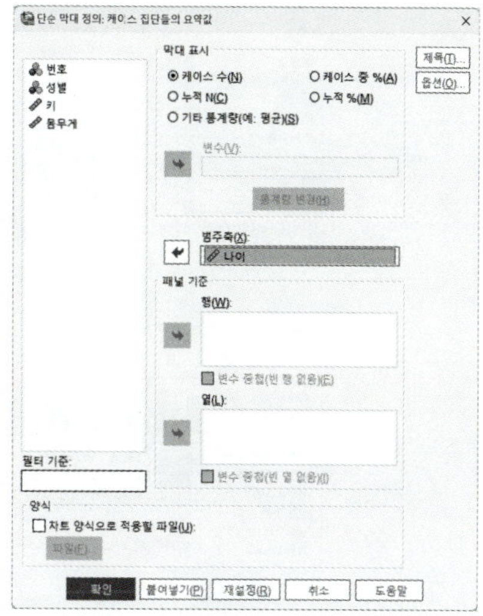

(b) 막대표시와 범주축 지정

그림 2-16 막대도표의 여러 가지 옵션

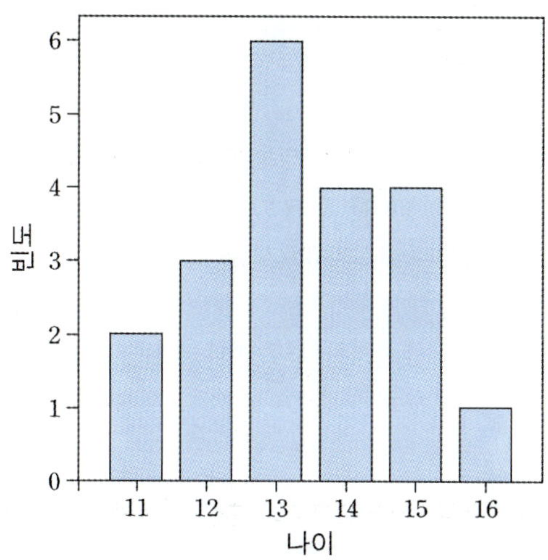

그림 2-17 나이의 막대도표

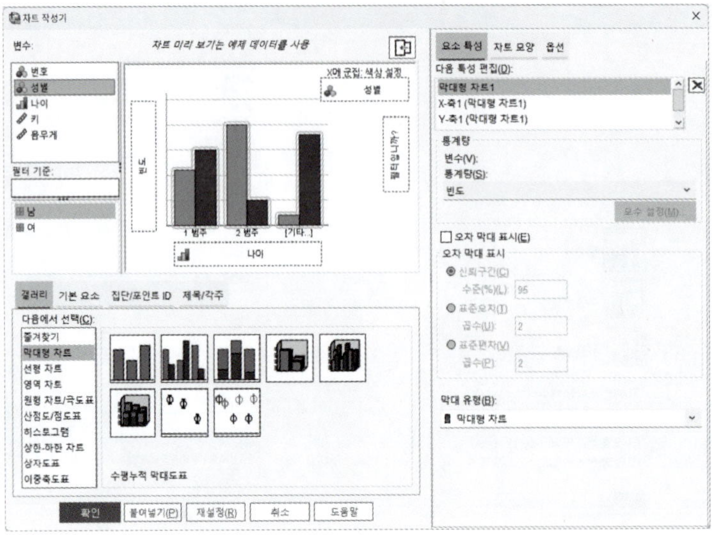

그림 2-18 대화형 그래프에서 막대도표 작성

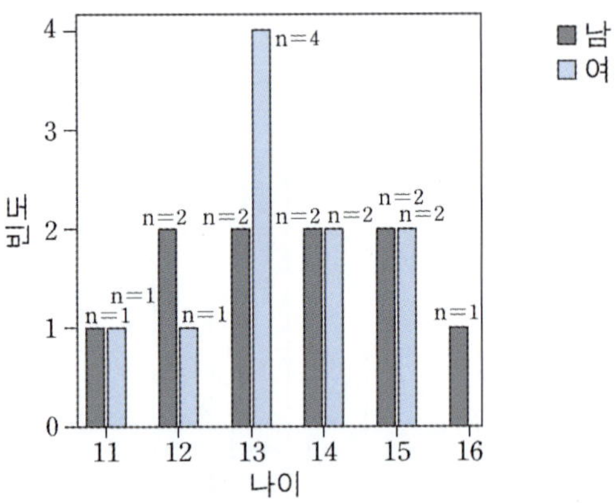

그림 2-19 남녀별 막대도표

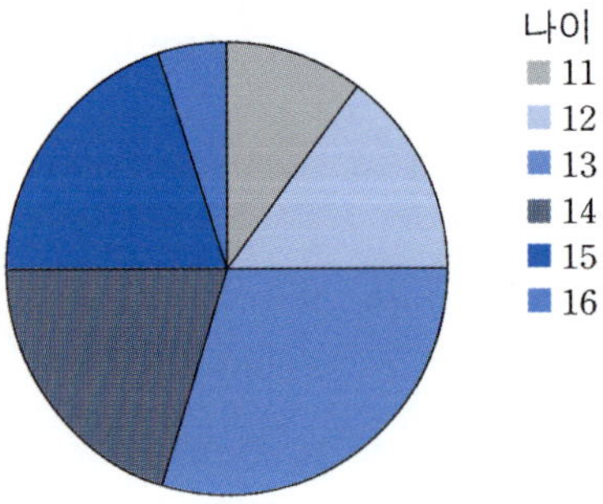

그림 2-20 나이의 원도표

② 히스토그램

막대도표가 흔히 범주형자료를 그래프로 나타내는 방법이라면 **히스토그램**은 연속형자료를 그래프로 나타내는 방법으로 유용하다.

사례 2.2

class 자료에서 '키'와 '몸무게'의 히스토그램을 그려 보자.

풀이 히스토그램도 직접 그래프에서 히스토그램 메뉴를 선택할 수도 있으며, 도표 작성기에서 선택할 수도 있다. 먼저 그래프 → 차트 작성기를 선택하여 그려 보자. '키'에 대한 히스토그램을 그리기 위하여 '갤러리' 탭에서 히스토그램–단순 히스토그램을 선택한 후, '키'를 X축으로 설정하고, 요소 특성 탭에서 모수 설정을 클릭하여 '구간 수'를 5로 입력한다. '적용'을 누른 뒤, '확인'을 클릭하면 [그림 2-21]과 같은 히스토그램을 얻을 수 있다.

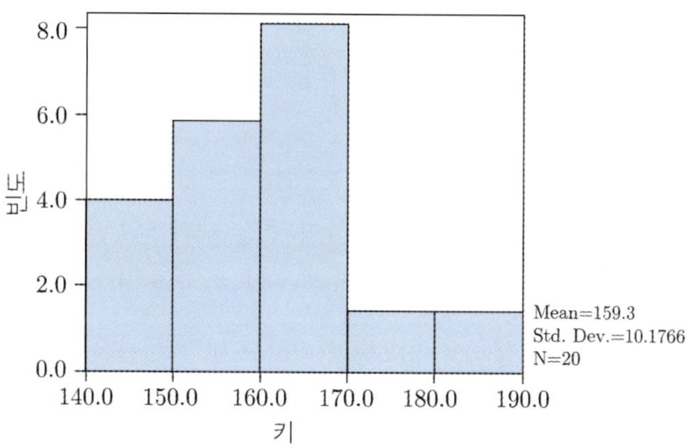

그림 2-21 키의 히스토그램

몸무게의 히스토그램을 메뉴의 그래프 → 히스토그램에서 그려 보자. 다만, 여기서는 구간의 개수를 SPSS에서 정한 공식에 의해 자동으로 결정하므로 사용자가 선택할 수 없는 단점이 있다. 예를 들어, '몸무게' 자료에 대한 히스토그램의 결과는 [그림 2-22]와 같다. 각 구간은 5단위로 끊어서 정해졌음을 알 수 있다.

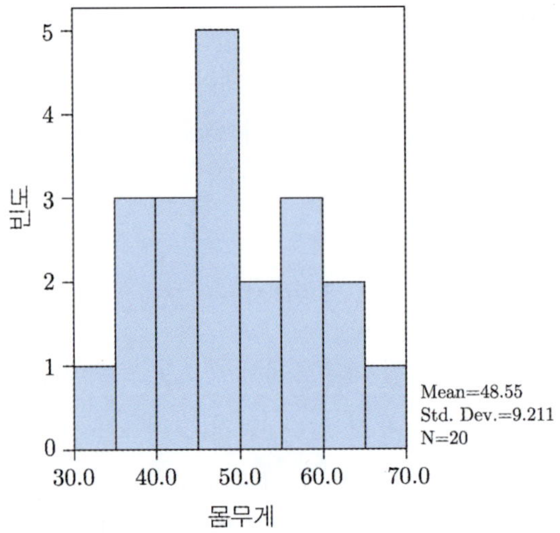

그림 2-22 히스토그램 메뉴에 의한 히스토그램

참고 히스토그램에서 구간 수를 정하는 가장 쉬운 방법은 $\sqrt{n}$ 공식이다. 즉, 20개의 데이터가 있으면 구간의 개수는 5±2개의 범위에서, 100개가 있으면 10±3의 범위에서, 200개면 14±3의 범위에서 문제에 알맞게 조정하는 것이 좋다.

사례 2.3

<표 2-1>의 인장강도 자료에 대하여 구간 수가 5인 경우와 10인 경우의 히스토그램을 SPSS를 이용하여 그리고, 본문의 결과와 비교하여라.

풀이 데이터 보기 창에서 자료를 입력하고 변수 이름을 '인장강도'로 지정한 다음, 파일 이름 '사례 3-5'로 저장한다. 히스토그램은 메뉴에서 그래프 → 차트 작성기를 선택하고, '갤러리' 탭에서 단순 히스토그램을 선택한 후, '인장강도'를 X축 변수로, '요소 특성' 탭에서 '모수 설정'을 클릭하여 '구간 수'를 5으로 입력한다. '적용'을 클릭한 후, '확인'을 클릭하면 [그림 2-23](a)와 같은 히스토그램을 얻을 수 있다. 다시 '구간 수'를 10으로 입력하면 [그림 2-23](b)와 같은 히스토그램을 얻을 수 있다.

본문의 그림과는 두 가지 측면에서 다름을 확인할 수 있다. 본문의 [그림 2-3]과 [그림 2-4]에서는 각 계급의 상대도수를 기둥의 넓이로 나타내었기 때문에 높이의 눈금이 다르다. 구간 수가 10인 경우인 본문의 [그림 2-4]와 다음의 [그림 2-23](b)는 모양이 조금 다른 것을 확인할 수 있다. 이는 첫 번째 계급의 시작점과 계급의 폭을 결정하는 방법이 여러 가지 있으며, SPSS와 책의 본문에서 사용한 방법이 약간 다르기 때문이다.

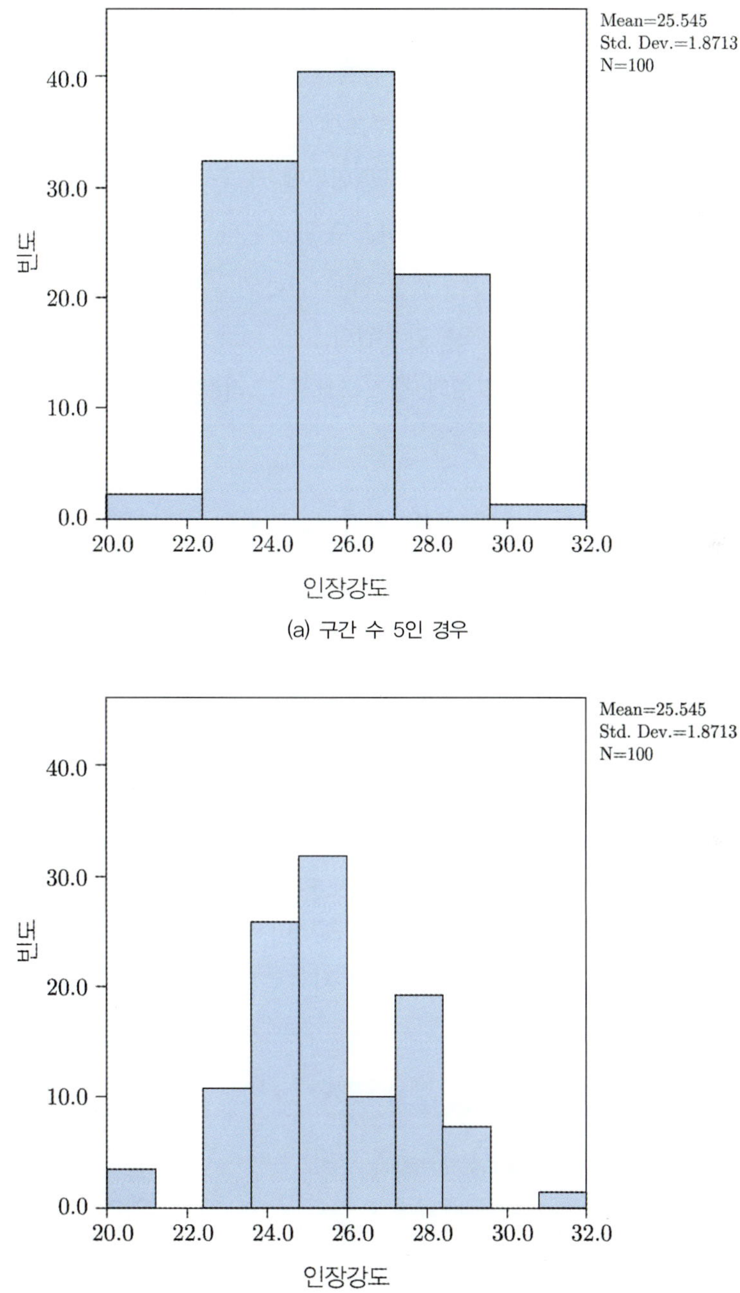

(a) 구간 수 5인 경우

(b) 구간 수 10인 경우

그림 2-23 〈표 2-1〉 자료의 히스토그램

③ 줄기-잎 그림과 상자도표

줄기-잎 그림은 히스토그램보다는 한 단위 더 많은 정보를 제공하는 장점이 있다. 즉, 잎에 해당하는 부분에 줄기 다음 자리의 숫자를 차례로 나열함으로써 각 줄기에 대한 도수(빈도)와 함께 값도 알 수 있는 그림이다.

상자도표는 여러 집단에 대한 분포의 특징을 비교하는 데 유용한 도구이다. 상자도표에서는 제1사분위수와 제3사분위수에 해당하는 점이 상자의 범위가 되며, 중앙값(중위수)을 상자 내부에 직선으로 표시한다. 상자 밖에는 1.5×(사분위수범위) 이내에서 가장 가까이 있는 점을 가로 선분으로 나타낸다. 이 선분을 벗어난 점들은 **이상점**(또는 **극단점**)으로 간주된다.

SPSS에서 줄기-잎 그림과 상자도표를 그리는 방법을 알아보자.

사례 2.4

class 자료에서 '몸무게' 데이터의 줄기-잎 그림과 상자도표를 남녀별로 따로 그려라.

풀이 줄기-잎 그림과 상자도표를 같이 그리기 위하여 메뉴에서 분석 → 기술통계량 → 데이터 탐색을 선택한다. 데이터 탐색 창에서 [그림 2-24](a)와 같이 '몸무게'를 '종속변수'로, '성별'을 '요인' 변수로 지정하고 '도표' 버튼을 누른다. 다시 (b)의 도표 선택 창에서 상자도표와 함께 '줄기와 잎 그림'을 선택하고 '계속' 및 '확인'을 클릭한다. 뷰어 창에 기술통계, 줄기-잎 그림, 상자도표가 출력됨을 확인할 수 있다.

자료의 개수가 충분치 않아서 줄기-잎 그림의 모양이 히스토그램의 모양을 잘 나타내고 있지는 않지만, 이 경우에 모든 데이터들이 1의 자리까지 표현되고 있다.

상자도표에서는 남자의 몸무게가 여자의 몸무게보다 더 큼을 쉽게 알 수 있다. 일반적으로 여러 집단을 비교할 때 상자도표는 유용한 도구가 된다.

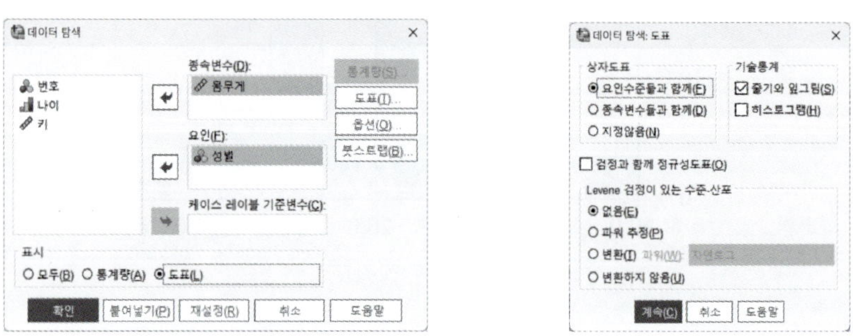

(a) 데이터 탐색 창　　(b) 도표 선택 창

그림 2-24 데이터 탐색 창에서 도표 선택

```
몸무게 Stem-and-Leaf Plot for
성별= 남

Frequency    Stem &  Leaf

   1.00       3 .  8
   3.00       4 .  467
   3.00       5 .  467
   3.00       6 .  027

Stem width:   10
Each leaf:       1 case(s)
```

```
몸무게 Stem-and-Leaf Plot for
성별= 여

Frequency    Stem &  Leaf

   1.00       3 .  4
   2.00       3 .  58
   2.00       4 .  04
   3.00       4 .  569
   1.00       5 .  0
   1.00       5 .  5

Stem width:   10
Each leaf:       1 case(s)
```

그림 2-25 남과 여에 대한 줄기-잎 그림 결과

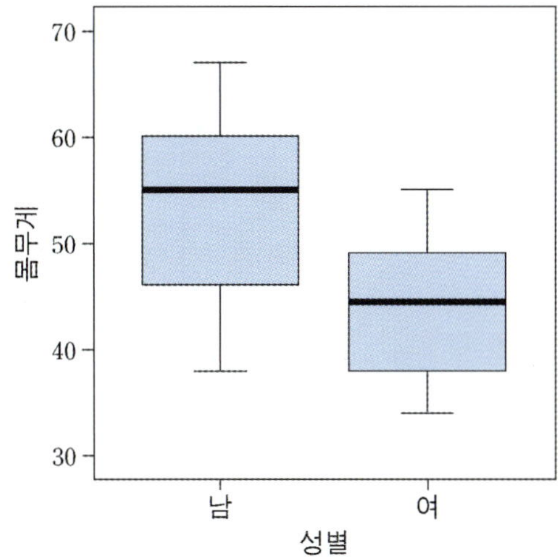

그림 2-26 남과 여의 몸무게 상자도표

참고 위와 같은 상자도표는 그래프 메뉴에서도 그릴 수 있다. 즉, 메뉴에서 그래프 → 상자도표를 선택하여 '정의' 버튼을 누른 다음 '변수'와 '범주축'을 선택하거나, 그래프 → 차트 작성기 → 상자도표를 선택하고 원하는 축 변수를 선택하면 상자도표를 그릴 수 있다. 다만, 그래프 → 상자도표에서는 여러 집단을 비교하는 것이 목적이므로 성별과 같은 범주축 선택을 해야 한다.

사례 2.5

[사례 2-3]에서 다룬 <표 2-1>의 '인장강도' 데이터에 대한 상자도표를 도표 작성기 메뉴와 데이터 탐색 메뉴를 사용하여 그려 보자.

풀이 도표 작성기 메뉴는 그래프 → 차트 작성기를 선택하여 '갤러리' 탭에서 단순 상자도표를 선택하여 인장강도를 'Y축'으로 선택하고, 데이터 탐색 메뉴는 분석 → 기술통계량 → 데이터 탐색을 선택하고 인장강도를 종속변수로 선택한다. 출력된 결과는 [그림 2-27] (a) 및 (b)와 같다. 두 그림 모두에서 3개의 극단점(Extremes, 또는 이상점)이 있음을 나타내며, 19번, 24번과 68번 데이터가 극단점임을 알 수 있다.

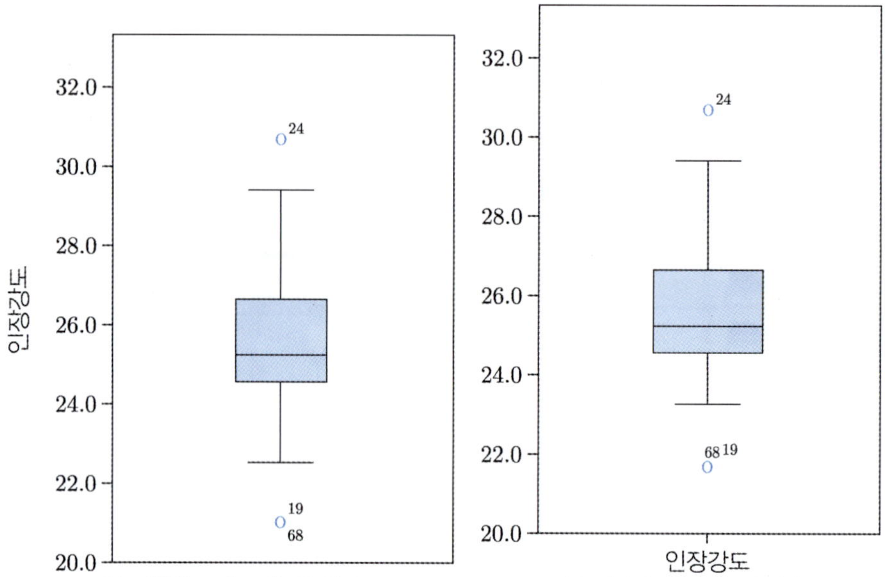

(a) 대화형 그래프 메뉴의 결과 (b) 데이터 탐색 메뉴의 결과

그림 2-27 〈표 2-1〉 자료의 상자도표

(2) 산점도

두 변수 사이의 상관관계를 그림으로 나타내는 가장 간편한 방법으로 산점도가 있다. 산점도에서 점들이 직선에 밀집해 있으면 강한 상관관계가 있음을 뜻하며, 넓게 퍼져 있으면 상관관계가 약함을 의미한다.

사례 2.6

class 자료에서 키와 몸무게의 산점도를 그려 보자.

풀이 메뉴에서 그래프 → 산점도/점도표를 선택하면 산점도 선택 창이 나타난다. 이 창에서 '단순 산점도'를 클릭하고 '정의'를 클릭하면 [그림 2-28]과 같은 산점도 정의 창이 나타난다. 이곳에서 '키'를 X-축으로 '몸무게'를 Y-축으로 옮겨놓고 '확인'을 누르면 [그림 2-29]와 같은 산점도가 뷰어 창에 출력된다.

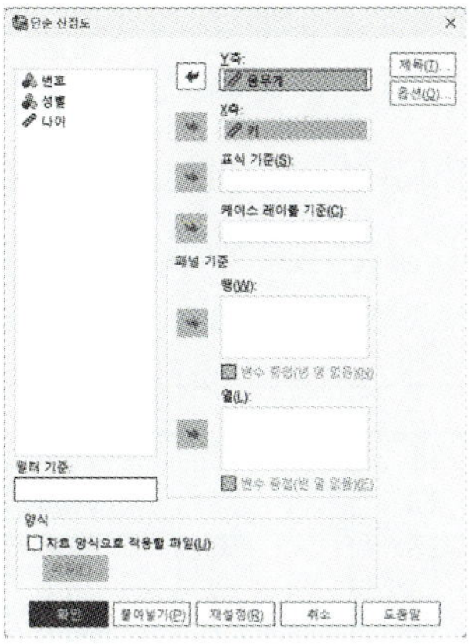

그림 2-28 산점도 정의 창

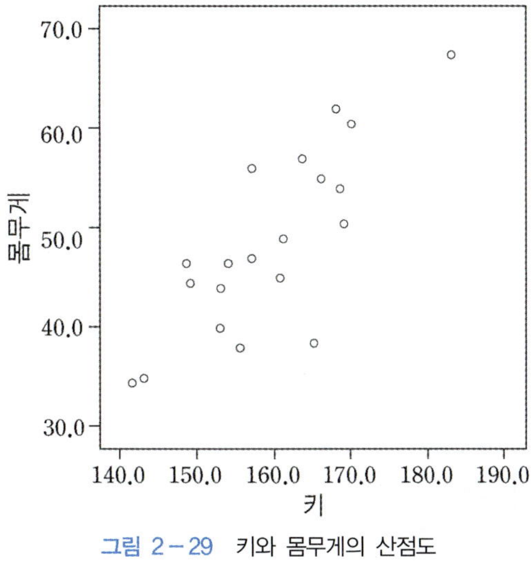

그림 2-29 키와 몸무게의 산점도

(3) 도수분포

2-3절에서 다룬 도수분포표가 SPSS에서 그대로 출력될 수는 없다. 즉, SPSS에서는 계급으로 묶어서 각 계급의 도수(빈도)를 구하는 절차는 없으며, 각 개별 값에 대한 도수표(빈도표)만 가능하다.

사례 2.7

class 자료에서 '나이'의 도수표(빈도표)를 구해 보자.

풀이 메뉴에서 분석 → 기술통계량 → 빈도분석을 선택한다. 빈도분석 창에서 '나이'를 '변수'로 지정하고 '빈도표 표시'가 체크되어 있음을 확인한다. 다른 모든 옵션은 선택하지 않을 경우에 [그림 2-30]과 같은 출력 결과를 얻는다.

나이

		빈도	퍼센트	유효 퍼센트	누적 퍼센트
유효	11	2	10.0	10.0	10.0
	12	3	15.0	15.0	25.0
	13	6	30.0	30.0	55.0
	14	4	20.0	20.0	75.0
	15	4	20.0	20.0	95.0
	16	1	5.0	5.0	100.0
	합계	20	100.0	100.0	

그림 2-30 나이의 빈도표(도수분포표)

사례 2.8

1장에서 작성된 '희망진로' 자료에서 변수 '진로'의 도수표를 구해 보자.

풀이 메뉴에서 분석 → 기술통계량 → 빈도분석을 선택하고, '진로'를 '변수'로 지정한 다음 '확인'을 클릭하면 [그림 2-31]과 같은 출력 결과를 얻는다.

진로

		빈도	퍼센트	유효 퍼센트	누적 퍼센트
유효	대학원	2	40.0	40.0	40.0
	유학	1	20.0	20.0	60.0
	취업	2	40.0	40.0	100.0
	합계	5	100.0	100.0	

그림 2-31 희망진로의 도수분포표

(4) 기술통계

2-4절에서 다룬 표본의 대푯값은 SPSS에서 기술통계의 메뉴에서 구할 수 있다.

사례 2.9

class 자료에서 몸무게 변수에 대한 평균, 분산 표준편차, 범위, 평균의 표준오차를 구하여라.

풀이 메뉴에서 분석 → 기술통계량 → 기술통계를 선택하면 기술통계 대화상자가 나타난다. '몸무게'를 '변수'로 지정한 다음 '옵션' 버튼을 클릭하면 [그림 2-32]와 같은 옵션창이 뜬다. 디폴트로 체크가 된 '최솟값'과 '최댓값'의 선택을 해제하고, 추가로 '분산', '범위', '평균의 표준오차'를 선택한다. 이곳에서 '계속'을 누르고, 기술통계 창에서 '확인'을 누르면 뷰어 창에 [그림 2-33]과 같은 출력결과를 얻는다.

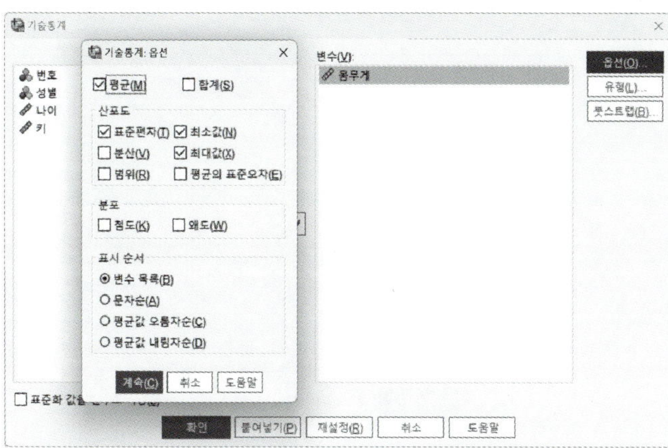

그림 2-32 기술통계: 옵션

기술통계량

	N	범위	평균		표준편차	분산
	통계량	통계량	통계량	표준오차	통계량	통계량
몸무게	20	33.0	48.550	2.0596	9.2108	84.839
유효수(목록별)	20					

그림 2-33 옵션으로 선택된 통계량의 값

참고 앞의 사례에서 구한 평균의 **표준오차**(standard error)는 표본평균 $\overline{X}$의 표준편차인 $\sigma/\sqrt{n}$을 추정한 값이다. 즉, SPSS에서 평균의 표준오차는 $S/\sqrt{n}$을 뜻한다.

사례 2.10

class 자료에서 키와 몸무게의 표본상관계수를 SPSS를 이용하여 구하여라.

풀이 메뉴에서 분석 → 상관분석 → 이변량 상관계수를 선택하면 '이변량 상관계수' 대화상자가 나타난다. [그림 2-34]와 같이 '키'와 '몸무게'를 선택한 다음 화살표 를 이용하여 변수로 선택하고, 상관계수는 디폴트인 'Pearson'이 선택된 대로 '확인'을 클릭한다. 결과는 [그림 2-35]에서와 같이 표본상관계수의 값은 $r = 0.804$로서 높은 상관관계가 있음을 나타낸다. 유의성 검정 결과는 8장의 상관분석에서 다루기로 한다.

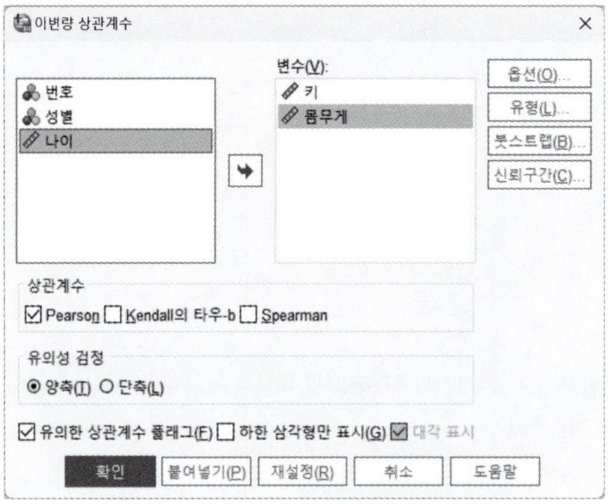

그림 2-34 이변량 상관계수 대화상자

상관계수

		키	몸무게
키	Pearson상관계수	1	.806
	유의확률(양쪽)		.000
	N	20	20
몸무게	Pearson상관계수	.806**	1
	유의확률(양쪽)	.000	
	N	20	20

**상관계수는 0.01 수준(양쪽)에서 유의합니다.

그림 2-35 피어슨의 상관계수

연습문제

2-1 다음 각 상황에서 모집단과 표본은 무엇인가?

(a) 한 리서치 회사가 정당 지지도를 조사하기 위해 1,000명을 대상으로 설문조사를 실시하였다.

(b) 대학에서 강의평가를 하기 위하여 모든 수강생을 대상으로 설문조사를 실시하였다.

(c) 한 가전제품 회사에서 자사 신제품의 선호도를 조사하기 위하여 1,500명을 대상으로 설문조사를 실시하였다.

2-2 아래의 각 문장에서 밑줄 친 숫자들이 모수인지 통계량인지 구별하여라.

(a) 한 중학교에서 실시한 기말시험에서 전체 학생의 영어 평균이 <u>58.35</u>점이었다.

(b) 5,000가구를 표본으로 하여 조사한 결과 A 방송국의 일일 평균 시청률은 <u>8.32</u>%였다.

(c) 야구공을 생산하는 한 공장에서 평균 무게가 <u>144.7</u> g인 제품을 생산하고 있는데, 어느 날 생산된 공 중에서 100개를 뽑아 그 평균을 계산하였더니 <u>146.3</u> g이었다.

2-3 의류 소비자들의 의류에 대한 선호가 의류의 디자인에 의하여 정해지는지 또는 상표의 이미지에 의하여 정해지는지를 아는 것은 의류회사가 판매 전략을 세우는 데 도움이 된다. 예를 들어, 의류의 선호가 디자인에 의하여 정해진다면 새로운 디자인 개발에 더 투자를 할 것이며, 그것이 상표의 이미지에 의하여 정해진다면 이미지 개선을 위하여 광고에 더 투자를 할 것이다. 이를 알아보기 위하여, 500명의 의류 소비자를 뽑아서 그들을 상대로 4종류의 의류에 대하여, 한 번은 상표를 붙이고 그다음은 상표를 떼고서 의류의 구매여부를 표시하게 하였다고 하자. 이때 모집단과 표본은 무엇인가?

2-4 어느 대학교에서는 강의의 개선을 위해 특정 강의를 듣는 모든 수강생을 대상으로 강의평가를 하는 것을 고려하고 있다. 이 방안이 학생들로부터 지지를 얻을 수 있는지 판단하기 위해 대학교의 모든 학생 중 이 방안에 찬성하는 비율을 알아보고자 한다. 이 모집단은 유한모집단인가 무한모집단인가?

2-5 어느 한 회사에서 성별, 교육 수준에 따라 임금 및 임금에 대한 만족도에 차이가 있는지를 분석하기 위하여 회사 구성원들의 성별, 최종학력, 임금, 임금에 대한 만족도를 조사하였다. 위의 조사 항목들을 양적자료와 질적자료로 구분하여라.

2-6 $A=\{a_1, a_2, \cdots, a_n\}$ 으로 표시되는 유한모집단의 평균을 μ, 표준편차를 σ라 할 때, 모집단 $B=\{ca_1+d, ca_2+d, \cdots, ca_n+d\}$ (단, c, d는 상수)의 평균과 표준편차를 구하여라.

2-7 다음의 2×2 분할표에는 각 행과 열의 합계가 주어져 있다. 이를 이용하여 빈칸을 채워라. 빈칸을 채우는 방법이 유일한지를 답하고, 유일하지 않다면 그 이유는 무엇인가?

성별 \ 과목	수학	영어	계
남자			162
여자			149
계	155	156	311

2-8 다음 그림은 어느 기초통계학 강좌를 수강한 학생 50명의 기말고사 성적의 상대도수이다.

	50 미만	50~59	60~69	70~79	80~89	90~100
상대도수	0.06	0.12	0.26	0.3	0.22	0.04

(a) 80점 이상인 학생의 수는 몇 명인가?

(b) 60이상 80점 미만인 학생의 수는 얼마인가?

(c) 상대도수 히스토그램을 그려라. 그리고 이 히스토그램 전체의 넓이는 얼마인가?

2-9 다음은 중학생들의 듣기 능력 평가를 파악하기 위하여 2학년 학생들을 대상으로 실시한 듣기 평가의 점수 결과 자료이다. 다음 물음에 답하여라.

45	52	25	33	54	63	66	83	58	82
91	33	57	64	31	69	88	63	52	40
73	58	66	81	44	35	92	87	43	55
68	84	52	18	95	72	81	56	48	52

(a) 계급의 간격을 10으로 하여 히스토그램을 그려라.

(b) 계급의 간격을 20으로 하여 히스토그램을 그려라.

(c) (a)와 (b)의 차이가 있는가? 있다면 그 이유를 설명하여라.

2-10 아래의 그림은 다음의 데이터를 이용해 그린 히스토그램이다. 아래의 그림은 올바른 그림인가? 올바른 그림이 아니라면 무엇이 잘못되었는지 지적하고, 그것을 바르게 고쳐 보아라.

153	167	228	192	118	172	143	214	184	201
177	80	200	207	149	172	199	108	192	156
64	223	157	159	130	162	98	168	120	88
161	179	168	157	45	155	135	118	224	122

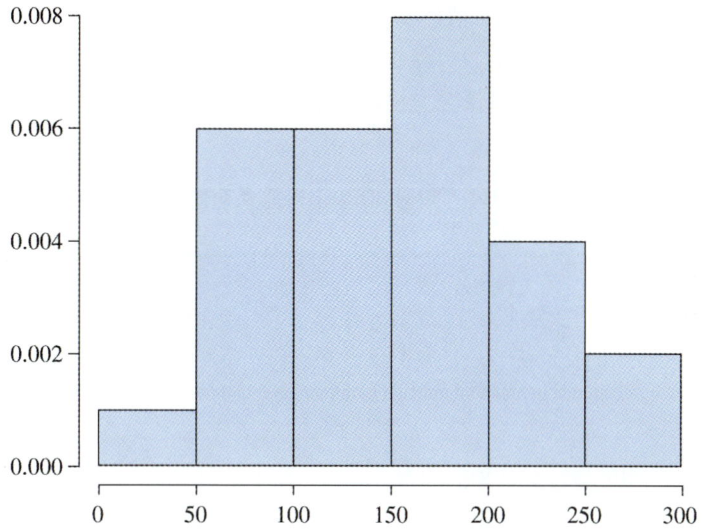

2-11 다음은 어느 공장에서 생산된 제품 10,000개당 생산되는 불량품의 개수를 30일 동안 조사한 자료이다.

18	22	35	13	8	19	24	30	16	27
31	14	9	28	12	33	20	18	19	23
33	14	37	22	19	23	21	12	18	26

(a) 평균, 중앙값, 사분위수, 평균절대편차(MAD), 분산, 표준편차를 계산하여라.

(b) (a)에서 구한 통계량을 이용하여 자신이 생각하기에 적절하다고 생각되는 기준에 따라 계급을 매기고, 그 결과를 막대그래프와 원형그래프로 나타내어라.

2-12 다음은 기초통계학의 중간시험 성적이다.

64 71 88 67 50 48 92 66 78 38
53 67 74 83 95 36 49 54 66 82
22 74 77 63 69 91 84 69 45 52
70 43 66 80 58 94 43 79 65 86

(a) 적절한 도수분포표를 작성하여라.

(b) 상대도수 히스토그램을 그려라.

(c) 적절한 줄기-잎 그림을 그려라.

(d) SPSS를 이용하여 히스토그램과 줄기-잎 그림을 그리고 위의 결과와 비교하여라.

2-13 다음은 어느 중학교 3학년 학생 40명의 키를 측정한 결과이다.

163 148 152 171 180 149 155 166 168 173
171 170 163 149 184 151 165 181 175 156
163 158 159 168 165 159 171 162 180 153
149 163 177 170 162 164 158 156 173 169

(a) 적절한 도수분포표를 작성하고, 그 결과를 히스토그램과 줄기-잎 그림으로 나타내어라. 분포의 형태는 어떠한가?

(b) 이 자료에 대하여 평균, 중앙값, 사분위수, 사분위수범위(IQR), 분산, 표준편차를 계산하여라.

(c) SPSS를 이용하여 히스토그램과 줄기-잎 그림을 그리고 (a)의 결과와 비교하여라.

(d) SPSS를 이용하여 평균, 분산, 표준편차를 구하고 (b)의 결과와 비교하여라.

2-14 다음은 한 교과목의 결석률(x)과 시험 성적(y)의 자료이다. SPSS를 이용하여 아래 물음에 답하여라.

x	5	12	50	21	13	5	18	3	0	44	80	22	13	5	13	30	41	8	0	32
y	77	82	30	55	69	92	76	95	88	42	18	60	81	84	77	76	55	86	94	66

(a) 산점도를 그려라.

(b) 각 변수에 대하여 평균, 분산, 표준편차를 구하고 두 변수 사이의 상관계수를 구하여라.

(c) (b)에서 구한 상관계수 값이 의미하는 바를 설명하여라.

제 3 장

확률분포

3-1 확률

실험의 결과를 정확히 예측할 수는 없으나, 얻을 수 있는 모든 가능한 결과를 미리 알 수 있는 실험을 한다고 가정해 보자. 이러한 실험이 같은 조건하에서 수없이 반복될 수 있는 실험을 **시행**(trial)이라고 한다. 또 이러한 시행에서 일어날 수 있는 모든 가능한 결과들의 전체 집합을 **표본공간**(sample space)이라고 하며, 이를 흔히 S로 나타낸다.

예 3.1 다음 각 시행에서 표본공간 S를 나타내어 보자.

(1) 두 개의 동전을 동시에 던져서 나오는 면의 순서쌍을 관찰하는 실험에서, 동전의 앞면을 H, 뒷면을 T로 나타날 때,

$$S=\{(H,H),\ (H,T),\ (T,H),\ (T,T)\}$$

(2) 어느 도시에서 한 달 동안 발생하는 교통사고의 횟수를 조사할 때,

$$S=\{0,\ 1,\ 2,\ \cdots\}$$

(3) 어느 공장에서 생산되는 TV의 수명시간을 측정할 때,

$$S=\{t : t \geq 0\}$$

표본공간에서 관찰되는 임의의 부분집합을 **사건**(event)이라고 하며, 어떤 사건에 속하는 원소가 시행의 결과로 관찰되면 그 사건이 일어났다고 말한다. 특히 하나의 원소로 이루어진 사건을 **근원사건**(elementary event)이라고 한다. 예를 들어, 예 3.1에서 앞면이 적어도 한 번 나오는 사건은

$$A = \{(\mathrm{H,H}),\ (\mathrm{H,T}),\ (\mathrm{T,H})\}$$

로 나타낼 수 있으며, $A \subset S$이다.

두 사건 A, B에 대하여 $A \cup B$는 "A 또는 B 중에서 적어도 한쪽이 일어나는 사건"을 말하고, $A \cap B$라고 하면 "A와 B가 모두 일어나는 사건"을 뜻하며, 각각 "A와 B의 **합사건**", "A와 B의 **곱사건**"이라고 한다. 표본공간 SZ에서 사건 A에 속하지 않는 모든 원소의 집합을 A^c로 나타내며 "A가 일어나지 않는 사건"을 뜻

하고 "A의 여사건"이라고 한다. 또한 $A \cap B = \varnothing$인 두 사건 A와 B를 **서로 배반**(mutually disjoint)인 사건이라고 하며, 두 사건 A와 B가 동시에 일어날 수 없음을 뜻한다.

이제 시행의 결과로 일어날 사건들의 가능성을 계산하기 위해 확률의 정의와 그 성질에 대해 생각해 보자. **확률**(probability)은 직관적으로 어떤 사건이 일어날 수 있는 가능성에 대한 수치적인 측도라고 할 수 있다. 확률 이론의 발전 초기에는 표본공간이 유한인 경우 또는 도형과 관련된 경우에 대한 확률의 계산이 주된 관심의 대상이었다. 따라서 라플라스(Laplace)는 각각의 근원사건이 일어날 가능성이 같은 정도로 기대된다고 가정하고 다음과 같이 확률을 정의하였다.

고전적 확률

N개의 근원사건으로 구성된 표본공간에서 각각의 근원사건이 일어날 가능성이 같은 경우, m개의 근원사건으로 구성된 사건 A가 일어날 **확률**은 $P(A) = \dfrac{m}{N}$으로 정의한다.

예제 3.1 하나의 주사위를 두 번 던져서 나타나는 주사위의 눈의 수를 관찰할 때, 두 주사위의 눈의 합이 7이 되는 확률을 구하여라.

풀이 첫 번째 던진 주사위의 눈의 수를 x, 두 번째 던진 주사위 눈의 수를 y로 표기하면, 이 경우의 표본공간은 다음과 같다.

$$S = \{(x,y) \mid x = 1,\ 2, \cdots,\ 6,\ y = 1,\ 2, \cdots,\ 6\}$$

또 두 주사위의 눈의 합이 7이 되는 사건을 A라고 하면,

$$A = \{(1,6),\ (2,5),\ (3,4),\ (4,3),\ (5,2),\ (6,1)\}$$

이다. 이 경우 각 주사위의 눈이 나올 가능성이 모두 같다고 할 수 있으므로, 사건 A의 확률은 다음과 같다.

$$P(A) = \frac{6}{36} = \frac{1}{6}$$

확률의 고전적 정의는 표본공간이 유한 개의 근원사건을 가진 경우만 적용 가능하며, 실제로는 표본공간이 무한 개의 근원사건을 가지거나 각 근원사건이 일어날 가능성이 같지 않은 경우가 많다. 따라서 이 개념으로는 이론 전개가 어려우므로 많은 학자들이 좀 더 일반적인 확률의 의미를 정의하려고 시도하였다. 이와 관련하여 과학적인 실험이나 자연현상에 대한 오랜 관측과정을 통하여 "동일한 조건에서 같은 실험을 n번 반복할 때 한 사건 A의 상대도수는 실험횟수 n이 충분히 큰 경우 어떤 일정한 상수에 가까워진다."는 것이 경험적으로 인식되었다. 즉, 오랜 관찰 끝에는 일정한 패턴을 알아 낼 수 있는 것처럼 상대도수의 극한으로 확률을 정의할 수 있으며, 이를 통계적 확률이라고 한다. 그러나 위의 확률의 정의는 서술적인 것으로 논리적으로 완전하지 못하다. 이 때문에 콜모고로프(Kolmogorov)는 몇 개의 공리를 바탕으로 추상적 접근을 통해 확률을 정의했는데, 이것이 다음과 같은 공리적 확률이다. 이는 오늘날의 확률공리로 도입되어 확률이론을 정립하게 되었다.

공리적 확률

다음 세 조건을 만족하는 함수 P를 표본공간 S에서 정의된 확률집합함수라고 하며, 함숫값 $P(A)$를 사건 A의 **확률**이라고 한다.

(1) 임의의 사건 A에 대하여 $0 \le P(A) \le 1$

(2) $P(S) = 1$

(3) 서로 배반인 사건들 $A_1,\ A_2,\ \cdots$에 대하여 $P(\bigcup_{n=1}^{\infty} A_n) = \sum_{n=1}^{\infty} P(A_n)$

이와 같은 확률의 공리적 정의는 주어진 사건 A에 구체적으로 어떤 값을 확률로 줄 것인가는 명시되어 있지 않다. 따라서 사건에 대한 확률을 구하기 위해서는 적당한 방법으로 P를 정의하여 확률실험을 모형화하여야 한다.

확률의 공리적 정의에 의해 다음과 같은 몇 가지 성질이 성립한다. 여기서는 증명 없이 결과를 받아들이기로 한다.

공리적 확률에 관한 성질

(1) $P(A \cup B) = P(A) + P(B) - P(A \cap B)$

(2) $P(A^c) = 1 - P(A)$

(3) $A \subset B$이면 $P(A) \leq P(B)$

예제 3.2 한 개의 동전을 네 번 던질 때 앞면이 적어도 두 번 이상 나올 확률을 구하여라.

풀이 표본공간은 $S=\{(\mathrm{H,H,H,H}),\ (\mathrm{H,H,H,T}),\ \cdots,\ (\mathrm{T,T,T,T})\}$ 이며, 원소의 개수는 총 2^4개이다. 앞면이 두 번 이상 나올 사건을 A, 앞면이 나오지 않는 사건을 B, 그리고 앞면이 한 번만 나오는 사건을 C라고 하면 다음이 성립한다.

$$B=\{(\mathrm{T,T,T,T})\}$$
$$C=\{(\mathrm{H,T,T,T}),\ (\mathrm{T,H,T,T}),\ (\mathrm{T,T,H,T}),\ (\mathrm{T,T,T,H}$$
$$A^c=B\cup C$$
$$B\cap C=\phi$$

따라서 $P(A)$는 다음과 같이 구할 수 있다.

$$P(A)=1-P(A^c)=1-P(B\cup C)=1-P(B)-P(C)=1-\frac{1}{16}-\frac{4}{16}=\frac{11}{16}$$

3-2 조건부확률과 독립사건

사건 A가 주어졌을 때 사건 B의 **조건부확률**(conditional probability)은 $P(A)>0$이라는 전제하에서 다음과 같이 정의한다.

조건부확률

사건 A가 주어졌을 때, 사건 B의 **조건부확률**은 다음과 같이 정의된다.

$$P(B|A)=\frac{P(A\cap B)}{P(A)}\quad (\text{단, } P(A)>0)$$

$P(B|A)$는 사건 A를 새로운 축소된 표본공간으로 간주했을 때 사건 B가 일어날 확률로서, $P(A)$에 대한 $P(A\cap B)$의 비로 정의한다.

예제 3.3 다음 표는 통계학과 학생 100명을 대상으로 조사한 성별에 따른 안경의 착용과 미착용을 조사한 것이다.

	착용	미착용	계
남	30	20	50
여	10	40	50
계	40	60	100

임의로 선택한 학생이 남학생일 때, 그 학생이 안경을 착용하고 있을 확률을 구하여라.

풀이 한 학생을 뽑았을 때 남학생일 사건을 M, 여학생일 사건을 F, 안경을 착용할 사건을 A, 안경을 착용하지 않을 사건을 B라고 하자. 임의로 선택한 학생이 남학생일 때, 그 학생이 안경을 착용하고 있을 확률은 $P(A|M)$로 표현할 수 있다. 여기서,

$$P(M)=\frac{50}{100}=0.5, \quad P(A\cap M)=\frac{30}{100}=0.3$$

이다. 따라서 구하는 조건부확률은 다음과 같다.

$$P(A|M)=\frac{P(A\cap M)}{P(M)}=\frac{0.3}{0.5}=0.6.$$

두 사건 A와 B가 동시에 일어날 확률은 조건부확률의 정의로부터 A가 주어졌을 때의 B의 조건부확률에 A가 일어날 확률을 곱한 것과 같다.

곱셈법칙

$P(A)>0$, $P(B)>0$ 이면,

$$P(A\cap B)=P(A|B)P(B)=P(B|A)P(A)$$

예제 3.4 [예제 3-3]에서 임의로 뽑은 학생이 여학생이고 안경을 착용하고 있지 않을 확률을 구하고, 곱셈법칙이 성립함을 확인하여라.

풀이 [예제 3-3]의 표로부터 $P(B\cap F)=\dfrac{40}{100}=0.4$임을 알 수 있다. 또한 $P(B|F)=\dfrac{40}{50}$, $P(F)=\dfrac{50}{100}$, $P(F|B)=\dfrac{40}{60}$, $P(B)=\dfrac{60}{100}$ 이므로 다음이 성립한다.

$$P(B\cap F)=P(B|F)P(F)=P(F|B)P(B)$$

사건 A가 일어나는 것이 사건 B의 발생에 전혀 영향을 미치지 않을 때, 즉

$$P(B|A)=P(B)$$

가 성립하면, 두 사건 A와 B는 **서로 독립**(mutually independent)이라고 한다. 사건 A와 사건 B가 서로 독립이면, 곱셈법칙에 의하여

$$P(A\cap B)=P(A|B)P(B)=P(B|A)P(A)=P(A)P(B)$$

임을 알 수 있다. 이들을 요약하면 다음과 같다.

독립사건

$P(A)>0$, $P(B)>0$이라고 하자.

정의: $P(B|A)=P(B)$ (또는 $P(A|B)=P(A)$)일 때 두 사건 A와 B는 **서로 독립**이라고 한다.

성질: 사건 A와 사건 B가 독립이면 다음 등식이 성립하며, 역도 성립한다.

$$P(A\cap B)=P(A)P(B)$$

일반적으로 n개의 사건 A_1, A_2, $\cdots$, A_n이 다음을 만족하면 사건 A_1, A_2, $\cdots$, A_n은 서로 독립이라고 한다.

$$P(A_i\cap A_j)=P(A_i)P(A_j)\quad (1\le i<j\le n)$$

$$P(A_i \cap A_j \cap A_k) = P(A_i)P(A_j)P(A_k) \ \ (1 \le i < j < k \le n)$$

$$\cdots$$

$$P(A_1 \cap A_2 \cap \cdots \cap A_n) = P(A_1)P(A_2)\cdots P(A_n)$$

예제 3.5 [예제 3-3]에서 임의로 뽑은 학생이 남학생인 사건과, 안경을 착용하고 있을 사건이 서로 독립인지 판단하여라.

풀이 $P(A|M) = 0.6$이고, $P(A) = 0.4$이므로 두 확률이 같지 않다. 따라서 두 사건은 독립이 아니다.

$A_i \cap A_j = \phi(i \ne j)$, $A_1 \cup A_2 \cup \cdots \cup A_n = S$를 만족하는 사건 A_1, A_2, $\cdots$, A_n을 표본공간 S의 **분할**(partition)이라고 한다. 사건 B의 확률은 표본공간 S의 분할을 이용하여 다음과 같이 구할 수 있다.

전확률공식

사건 A_1, A_2, $\cdots$, A_n에 대하여 $A_i \cap A_j = \phi(i \ne j)$, $A_1 \cup \cdots \cup A_n = S$, $P(A_i) > 0$이면,

$$P(B) = P(B|A_1)P(A_1) + \cdots + P(B|A_n)P(A_n)$$

예제 3.6 어떤 대학의 통계학 강좌를 듣는 학생들을 대상으로 학년별 분포를 조사해 본 결과, 1학년이 30%, 2학년, 3학년이 각각 25%, 4학년이 20%라고 한다. 그런데 1학년의 5%, 2학년의 10%, 3학년의 20%, 4학년의 30%가 A학점을 받았다고 한다. 한 명의 학생을 단순랜덤추출하였을 때, 그 학생이 A학점을 받았을 확률을 구하여라.

풀이 뽑힌 학생이 1학년일 사건을 A_1, 2학년일 사건을 A_2, 3학년일 사건을 A_3, 4학년일 사건을 A_4라고 하고, 뽑힌 학생이 A학점을 받을 사건을 B라고 하자. 사건 A_1, A_2, A_3, A_4는 서로 배반사건이므로 전확률공식에 의하여

$$\begin{aligned} P(B) &= P(B|A_1)P(A_1) + P(B|A_2)P(A_2) + P(B|A_3)P(A_3) + P(B|A_4)P(A_4) \\ &= 0.05 \times 0.3 + 0.1 \times 0.25 + 0.2 \times 0.25 + 0.3 \times 0.2 = 0.15 \end{aligned}$$

3-3 확률변수와 확률분포

통계적 조사의 관측값은 양적일 수도 있고 질적일 수도 있다. 예를 들어, 어떤 사람의 키를 조사할 때에는 그 결과가 길이로서 양적이지만, 성별을 조사할 때는 그 결과가 '남', '여'와 같이 질적이다. 관측값이 양적일 경우에는 그 자료를 기술하기가 쉽지만, 질적일 경우에는 표본공간과 확률을 나타내는 것이 복잡해져서 자료의 기술이 힘들어진다. 이러한 경우에 표본공간의 원소들을 수에 대응시켜 생각하면 훨씬 편리하게 된다.

예 3.2 주사위를 던져 홀수의 눈이 나오면 '홀', 짝수의 눈이 나오면 '짝'이라고 약속하는 실험을 할 경우 표본공간은

$$S=\{'\text{홀}',\ '\text{짝}'\}$$

이고, 확률은

$$P('\text{홀}')=P('\text{짝}')=\frac{1}{2}$$

이 된다. 이때 함수 X를 다음과 같이 정의하면

$$X('\text{홀}')=1,\quad X('\text{짝}')=0$$

함수 X의 정의역은 표본공간 $S=\{'\text{홀}',\ '\text{짝}'\}$이 되고, 치역은 $\{0,\ 1\}$이 되며, 0과 1에 대응하는 확률은 각각 1/2이 된다. 즉, 표본공간 S와 그 위에서 주어진 확률이 함수 X에 의하여 수의 집합 $\{0,\ 1\}$과 그 위에서 주어진 확률로 변환되는 것이다.

일반적으로 **확률변수**(random variable)는 표본공간의 각 원소를 하나의 실수로 대응시킨다. 즉, $c\in S$에 대하여 $X(c)=x\in R$ 이다. 그리고 예 3.2에서와 같이 확률변수는 표본공간에서의 확률을 수의 집합에서의 확률로 대응시켜 준다. 이때 확률변수 X가 취하는 값에 따라 확률이 어떻게 흩어져 있는지를 합이 1인 양수로써 나타낸 것을 X의 **확률분포**(probability distribution) 또는 간단히 **분포**라고 한다.

예 3.3 예 3.2에서 확률변수 X의 확률분포는 다음과 같다.

x	0	1	계
$P(X=x)$	$\frac{1}{2}$	$\frac{1}{2}$	1

확률변수와 확률분포

표본공간 위에서 정의된 실숫값 함수를 **확률변수**라고 하고, 확률변수 X의 값에 따라 확률이 어떻게 흩어져 있는지를 합이 1인 양수로써 나타낸 것을 X의 **확률분포**라고 한다.

참고 일반적으로 확률변수는 대문자 X로, X의 관측값은 소문자 x로 나타낸다.

확률변수 X의 치역이 셀 수 있는 집합일 경우, X를 **이산확률변수**(random variable of discrete type)라고 한다. 이산확률변수 X가 취할 수 있는 값이 $x_1, x_2,\ x_3,\ \cdots$일 때, X가 x의 값을 취할 확률 $p(x)$는 다음과 같다.

$$p(x)=\begin{cases} P(X=x_i), & x=x_i \text{ 일 때}\ (i=1,\ 2,\ \cdots) \\ 0 & ,\text{ 아닐 때} \end{cases}$$

이때 $p(x)$를 확률변수 X의 **확률밀도함수**(probability density function)라고 하며, 다음과 같은 성질을 갖는다.

이산형 확률밀도함수

이산확률변수 X의 확률밀도함수 $p(x)$에 대하여 다음이 성립한다.

(1) $0 \le p(x) \le 1$

(2) $\sum_{\text{모든}x} p(x)=1$

(3) $P(a<X\le b)=\sum_{a<x\le b} p(x)$

확률밀도함수의 성질 (3)을 보면, X에 관한 확률은 확률밀도함수로부터 쉽게 구해짐을 알 수 있다. 즉, 확률밀도함수 $p(x)$가 X의 확률분포를 결정하게 된다. 특히 X가 취할 수 있는 값들의 개수가 적을 때는 이를 표로 나타내면 편리하다. 이때 X의 확률분포를 표로 나타낸 것을 **확률분포표**라고 한다.

예제 3.7 어느 공장에서 생산된 컴퓨터 20대 중 5대가 불량품이라고 한다. 이 가운데 3대를 단순랜덤추출하였을 때, 그 중 불량품의 개수를 X라고 하자. 확률변수 X의 확률분포를 구하여라.

풀이 20개에서 3개를 택하는 방법의 수는 $\binom{20}{3}=1140$이므로,

$$p(0)=P(X=0)=\binom{15}{3}\binom{5}{0}\Big/\binom{20}{3}=\frac{91}{228}$$
$$p(1)=P(X=1)=\binom{15}{2}\binom{5}{1}\Big/\binom{20}{3}=\frac{35}{76}$$
$$p(2)=P(X=2)=\binom{15}{1}\binom{5}{2}\Big/\binom{20}{3}=\frac{5}{38}$$
$$p(3)=P(X=3)=\binom{15}{0}\binom{5}{3}\Big/\binom{20}{3}=\frac{1}{114}$$

이다. 이를 정리하면 <표 3-1>과 같은 확률분포표를 얻는다.

표 3-1 불량품 개수의 확률분포

x	0	1	2	3
$p(x)$	$\frac{91}{228}$	$\frac{35}{76}$	$\frac{5}{38}$	$\frac{1}{114}$

확률변수 X의 치역이 셀 수 없는 집합일 경우, 즉 X가 실수의 어떤 구간 내의 모든 값을 취할 수 있을 때, X를 **연속확률변수**(random variable of continuous type)라고 한다.

예 3.4 다음은 연속 확률변수의 예들이다.

(1) 어느 공정에서 생산되는 100와트 전구의 수명

(2) 우리나라 중학생의 신장

(3) A회사 주식의 주가

이산확률변수와 마찬가지로 연속확률변수 X에 관한 확률도 확률밀도함수 $p(x)$에 의해 결정된다. 그러나 $p(x)$의 의미가 이산형과는 다르다. 즉, 이산형에서 $p(x)$는 x에서의 확률인 $p(x)=P(X=x)$를 나타내며, 그래프에서 $p(x)$는 높이를 나타낸다. 그러나 연속형에서는 넓이가 확률을 나타낸다. 다음 예에서 이를 확인해 보자.

예 3.5 0부터 1까지 눈금이 있는 원판을 회전시켜서 원판이 멈추었을 때 12시 방향의 눈금을 읽는 게임을 생각해 보자. 확률변수 X를

$$X = \text{12시 방향의 눈금}$$

으로 정의하면, X는 0부터 1까지의 모든 값을 취할 수 있으며, X의 확률밀도함수는

$$p(x)=\begin{cases}1, & 0 \le x \le 1 \text{ 일 때} \\ 0, & \text{아닐 때}\end{cases}$$

로 정의되고, X가 구간 $[a,b]$ 사이에 속할 확률은 다음과 같이 나타낼 수 있다.

$$P(a \le X \le b) = b-a = \int_a^b p(x)dx$$

이를 그림으로 나타내면 [그림 3-1]과 같다.

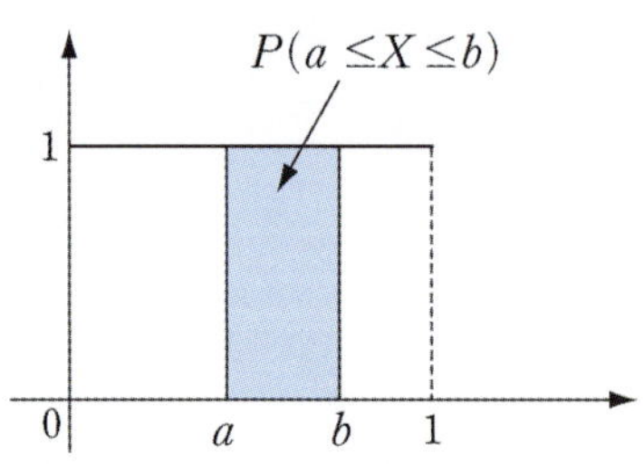

그림 3-1 연속형 확률밀도함수의 예

예 3.5에서와 같이 $p(x)$의 그래프가 구간 $[a, b]$에서 같은 높이로 주어지는 분포를 **균등분포**(uniform distribution)라고 하며, 기호 $U(a, b)$로 나타낸다. 예 3.5에서 정의된 분포 $p(x)$는 구간 $[0, 1]$에서 균등분포를 따르므로 $U(0, 1)$로 나타낸다.

일반적으로 확률변수 X의 확률밀도함수가 $p(x)$일 때,

$$P(a \leq X \leq b) = \int_a^b p(x)dx$$

이며, 이는 구간 $[a,\ b]$ 위에서 곡선 $p(x)$ 아래의 넓이에 해당된다. 이와 같은 연속확률변수의 성질을 요약하면 다음과 같다.

> **연속형 확률밀도함수**
>
> 연속확률변수 X의 확률밀도함수 $p(x)$에 대하여 다음이 성립한다.
>
> (1) $p(x) \geq 0$
>
> (2) $\int_{-\infty} toinfp(x)dx = 1$
>
> (3) $P(a \leq X \leq b) = \int_a^b p(x)dx$ (단, $-\infty \leq a < b \leq \infty$)

연속확률변수의 밀도함수의 의미를 그림으로 나타내면 [그림 3-2]와 같다. 즉, $P(a \leq X \leq b)$는 구간 $[a,b]$ 위에서 곡선 아래의 넓이와 같다. 따라서 연속확률변수의 한 점에서의 확률은 0이다. 따라서 연속확률변수 X는 다음과 같은 성질을 갖는다.

$$P(a \leq X \leq b) = P(a \leq X < b) = P(a < X \leq b) = P(a < X < b)$$

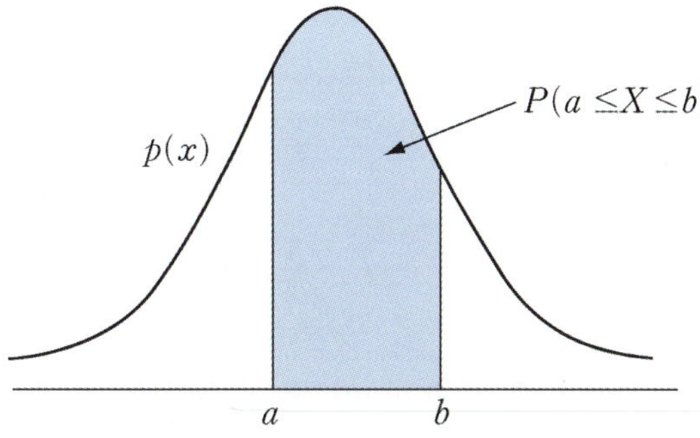

그림 3-2 연속확률변수의 확률밀도함수와 확률

예제 3.8 연속확률변수 X의 확률밀도함수가

$$p(x) = \begin{cases} ax, & 0 \le x \le 2 \text{ 일 때} \\ 0, & \text{아닐 때} \end{cases}$$

로 주어질 때 상수 a를 구하고, 확률 $P(0 \le X \le 1)$를 구하여라.

풀이 확률밀도함수의 정의로부터

$$\int_0^2 p(x) = 1, \quad \text{즉} \quad a\int_0^2 x\,dx = 1$$

이므로 $a = \frac{1}{2}$이고, 구하는 확률은 다음과 같다.

$$P(0 \le X \le 1) = \int_0^1 \frac{1}{2}x\,dx = \frac{1}{4}$$

3-4 기댓값과 그의 성질

2장에서는 모집단의 대푯값으로 모평균, 모표준편차를 다루고, 표본의 대푯값으로 표본평균과 표본표준편차 등에 대하여 다루었다. 이 절에서는 확률분포의 대푯값인 확률변수의 기댓값과 분산, 표준편차에 대하여 살펴보기로 하자.

이산확률변수 X가 취하는 값이 x_1, x_2, $\cdots$이고 확률밀도함수가 $p(x)$일 때,

$$\sum_{i=1}^{\infty} x_i p(x_i)$$

를 이산확률변수 X의 **평균**(mean) 또는 **기댓값**(expected value)이라고 한다. 한편, 확률밀도함수가 $p(x)$인 연속확률변수 X의 평균 또는 기댓값은

$$\int_{-\infty}^{\infty} xp(x)dx$$

으로 정의한다. 확률변수 X의 기댓값은 흔히 기호 μ 또는 $E(X)$로 나타낸다.

확률변수의 평균 또는 기댓값

확률변수 X의 확률밀도함수를 $p(x)$라고 할 때, X의 **평균** 또는 **기댓값**은 다음과 같이 정의된다.

$$\mu = E(X) = \begin{cases} \sum_{\text{모든}x} xp(x) & (\text{이산확률변수}) \\ \int_{-\infty}^{\infty} xp(x)dx & (\text{연속확률변수}) \end{cases}$$

참고 확률변수 X의 평균 또는 기댓값은 2장에서 다룬 모평균과 같은 개념이다.

예제 3.9 이산확률변수 X의 확률분포가 <표 3-2>와 같을 때, X의 평균을 구하여라.

표 3-2 X의 확률분포

x	1	2	3	4
$p(x)$	$\frac{1}{8}$	$\frac{4}{8}$	$\frac{2}{8}$	$\frac{1}{8}$

풀이 이산확률변수의 평균의 정의로부터, X의 평균은 다음과 같다.

$$E(X) = 1 \times \frac{1}{8} + 2 \times \frac{4}{8} + 3 \times \frac{2}{8} + 4 \times \frac{1}{8} = 2.375$$

위의 [예제 3-9]에서 X의 확률분포와 $E(X)$를 그림으로 나타내면 [그림 3-3]과 같다. 그림에서 $E(X)$는 확률분포의 무게중심에 해당된다. 실제로 확률변수의 평균은 물리역학에서 말하는 중심에 대한 개념과 유사하다. 만약에 x_1, x_2, $\cdots$에 질량 $p(x_1)$, $p(x_2)$, $\cdots$이 분포되어 있다고 하면, $\sum_{i=1}^{\infty} x_i p(x_i)$는 원점에 관한 질량의 중심을 나타낸다. 연속확률변수의 경우에도 마찬가지로, x에서의 질량밀도가 $p(x)$

에 따라 분포되어 있다면 $\int_{-\infty}^{\infty} xp(x)dx$ 도 역시 원점에 관한 질량의 중심으로 생각할 수 있다. 이러한 이유로 기댓값을 **적률**(moment)이라고도 한다.

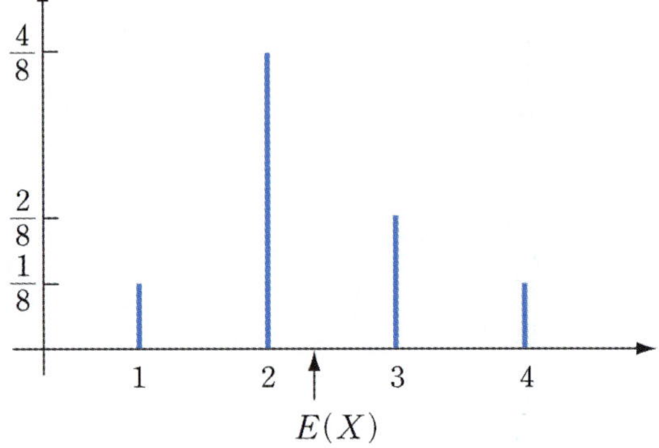

그림 3-3 평균의 역학적 의미

확률변수의 함수의 기댓값을 구할 때 다음과 같은 사실은 매우 유용하게 쓰인다.

확률변수의 함수의 기댓값

확률변수 X의 확률밀도함수를 $p(x)$라고 할 때, $g(X)$의 기댓값은 다음과 같다.

$$E[g(X)] = \begin{cases} \sum_{\text{모든}x} g(x)p(x) & (\text{이산형}) \\ \int_{-\infty}^{\infty} g(x)p(x)dx & (\text{연속형}) \end{cases}$$

예제 3.10 어느 버스 정류장에서 매시 0분, 20분, 45분에 각 1회씩 버스가 발차한다. 한 사람이 우연히 이 정거장에 와서 버스가 발차할 때까지 기다리는 시간의 기댓값을 구하여라.

풀이 이 사람이 도착한 시각이 X분이라고 하면, X는 0에서 60까지의 값이다. 그리고 우연히 이 정거장에 온다고 가정하였으므로 X의 확률밀도함수는

$$p(x) = \frac{1}{60}, \quad 0 \le x \le 60$$

이다. 이 사람이 x에 왔을 때 기다리는 시간 $g(x)$는

$$g(x)=\begin{cases}20-x, & 0<x\le 20\text{일 때}\\ 45-x, & 20<x\le 45\text{일 때}\\ 60-x, & 45<x\le 60\text{일 때}\end{cases}$$

이므로, $g(X)$의 기댓값은 다음과 같다.

$$\int_0^{20}(20-x)p(x)dx+\int_{20}^{45}(45-x)p(x)dx+\int_{45}^{60}(60-x)p(x)dx$$

$$=\frac{1}{60}\left\{\int_0^{20}(20-x)dx+\int_{20}^{45}(45-x)dx+\int_{45}^{60}(60-x)dx\right\}$$

$$=\frac{1}{60}\left(\frac{20^2}{2}+\frac{25^2}{2}+\frac{15^2}{2}\right)=\frac{125}{12}$$

즉, 기다리는 시간의 기댓값은 10분 25초이다.

다음은 기댓값을 계산할 때 유용하게 쓰이는 성질이다. 이산확률변수의 경우에는 $\sum$의 성질로부터, 또한 연속확률변수의 경우에는 정적분의 성질로부터 쉽게 증명될 수 있다.

기댓값의 성질

$$E[ag(X)+b)=a\,E[g(X)]+b \quad (a,b\text{는 상수})$$

예제 3.11 X의 확률분포가 다음과 같다. 아래의 세 가지 방법으로 기댓값을 구하고, 결과들이 모두 같은지 확인하여라.

x	1	2	3	4
$p(x)$	$\frac{1}{8}$	$\frac{3}{8}$	$\frac{3}{8}$	$\frac{1}{8}$

(1) $E[(X-2.5)^2]$을 구하여라.

(2) $E(X^2-5X+6.25)$를 구하여라.

(3) $Y=(X-2.5)^2$의 분포함수를 구하고, $E(Y)$를 구하여라.

풀이

(1) $E[(X-2.5)^2]=(1-2.5)^2\times\frac{1}{8}+(2-2.5)^2\times\frac{3}{8}+(3-2.5)^2\times\frac{3}{8}+(4-2.5)^2\times\frac{1}{8}$

$$=\frac{1}{8}(2.25+0.75+0.75+2.25)=0.75$$

(2) $E(X)=1\times\frac{1}{8}+2\times\frac{3}{8}+3\times\frac{3}{8}+4\times\frac{1}{8}=2.5$

$E(X^2)=1^2\times\frac{1}{8}+2^2\times\frac{3}{8}+3^2\times\frac{3}{8}+4^2\times\frac{1}{8}=7$

따라서 $E(X^2-5X+6.25)=E(X^2)-5E(X)+6.25=7-12.5+6.25=0.75$

(3) $x=1$과 $x=4$일 때 $y=2.25$이며, $x=2$와 $x=3$일 때 $y=0.25$이므로 Y의 확률분포는 다음과 같다.

y	0.25	2.25
$p(y)$	$\frac{3}{4}$	$\frac{1}{4}$

따라서 $E(Y)=0.25\times\frac{3}{4}+2.25\times\frac{1}{4}=0.75$

지금까지 다룬 평균 또는 기댓값은 모집단 분포의 중심위치를 나타내는 측도이었다. 중심위치와 함께 모집단에서 중요한 정보는 산포도이다. 산포도는 모집단의 분포가 얼마나 넓게 퍼져 있는가를 나타내는 개념이다. 여기서는 대표적인 산포의 측도인 분산과 표준편차에 대하여 알아보자.

확률변수 X의 **분산**(variance)은 $(X-\mu)^2$의 기댓값으로 다음과 같이 정의된다.

$$\mathrm{Var}(X)=E[(X-\mu)^2]$$

확률변수 X의 분산은 기호 σ^2 또는 $\mathrm{Var}(X)$로 나타낸다.

분산은 X의 제곱에 대한 기댓값이므로 단위가 변하거나 단위가 없게 된다. 따라서 X와 같은 단위의 산포도를 나타내는 측도가 필요하며, 대표적으로 많이 사용되는 것이 표준편차이다. 확률변수 X의 **표준편차**(standard deviation)는 다음과 같이 정의된다.

$$\mathrm{sd}(X) = \sqrt{\mathrm{Var}(X)}$$

이들을 요약하면 다음과 같다.

확률변수의 분산과 표준편차

X의 기댓값이 μ이고 확률밀도함수가 $p(x)$일 때,

(1) $\mathrm{Var}(X) = \mathrm{E}[(X-\mu)^2]$

$$= \begin{cases} \displaystyle\sum_{\text{모든}x} (x-\mu)^2 p(x) & (\text{이산확률변수}) \\ \displaystyle\int_{-\infty}^{\infty} (x-\mu)^2 p(x)\,dx & (\text{연속확률변수}) \end{cases}$$

(2) $\mathrm{sd}(X) = \sqrt{\mathrm{Var}(X)} = \sqrt{\mathrm{E}[(X-\mu)^2]}$

확률변수 X가 모집단에서 랜덤하게 뽑힌 값을 나타낸다면, X의 확률분포가 모집단의 확률분포와 같고 $\mathrm{Var}(X)$, $\mathrm{sd}(X)$는 각각 2장에서 다룬 모분산, 모표준편차와 같다. 따라서 기호의 간편성 때문에 $\mathrm{Var}(X)$와 $\mathrm{sd}(X)$를 각각 σ^2, σ로 표기하기도 한다.

기댓값의 성질을 이용하여, 다음과 같은 분산의 간편한 계산 공식을 얻을 수 있다.

$$\begin{aligned} \mathrm{Var}(X) &= \mathrm{E}[(X-\mu)^2] = \mathrm{E}(X^2 - 2\mu X + \mu^2) \\ &= E(X^2) - 2\mu E(X) + \mu^2 \\ &= E(X^2) - \mu^2 \end{aligned}$$

분산의 간편 계산법

$$\mathrm{Var}(X) = E(X^2) - [E(X)]^2$$

예제 3.12 확률밀도함수가 다음과 같이 정의된 확률변수 X와 Y의 평균, 분산, 표준편차를 구하여라.

x	3	4	5	6
$p(x)$	$\frac{1}{4}$	$\frac{1}{4}$	$\frac{1}{4}$	$\frac{1}{4}$

y	0	3	6	9
$p(y)$	$\frac{1}{4}$	$\frac{1}{4}$	$\frac{1}{4}$	$\frac{1}{4}$

풀이 (1) $E(X) = (3+4+5+6)\times\frac{1}{4} = 4.5$

$$\mathrm{Var}(X) = E(X^2) - \mu^2$$

$$= (3^2+4^2+5^2+6^2)\times\frac{1}{4} - (4.5)^2 = 1.25$$

$$\mathrm{sd}(X) = \sqrt{1.25} = 1.12$$

(2) $E(Y) = (0+3+6+9)\times\frac{1}{4} = 4.5$

$$\mathrm{Var}(X) = E(X^2) - \mu^2$$

$$= (0^2+3^2+6^2+9^2)\times\frac{1}{4} - (4.5)^2 = 11.25$$

$$\mathrm{sd}(X) = \sqrt{11.25} = 3.35$$

예제 3.13 예 3.5에서 정의된 균등분포 $U(0,1)$의 평균과 분산, 표준편차를 구하여라.

풀이 균등분포 $U(0,1)$의 확률밀도함수는 다음과 같다.

$$p(x) = \begin{cases} 1, & 0 \le x \le 1 \text{ 일때} \\ 0, & \text{아닐 때} \end{cases}$$

따라서 X의 평균은 다음과 같다.

$$E(X) = \int_0^1 x\,p(x)dx = \int_0^1 x\,dx = \frac{1}{2}$$

한편 $E(X^2)$은

$$E(X^2)=\int_0^1 x^2 p(x)dx=\int_0^1 x^2 dx=\frac{1}{3}$$

이므로, X의 분산과 표준편차는 각각 다음과 같다.

$$\mathrm{Var}(X)=E(X^2)-E^2(X)=\frac{1}{3}-\left(\frac{1}{2}\right)^2=\frac{1}{12}$$

$$\mathrm{sd}(X)=\sqrt{\mathrm{Var}(X)}=1/\sqrt{12}=0.289$$

다음의 분산에 관한 성질은 매우 유용하게 사용된다.

분산의 성질

$$\mathrm{Var}(aX+b)=a^2\mathrm{Var}(X) \quad (a,b\text{는 상수})$$

확률변수 X에 대하여 평균 μ를 뺀 다음 표준편차 σ로 나누는 것을 **표준화**(standardization)라고 한다. 즉, 확률변수 X를 표준화시킨 확률변수 Z는 다음과 같이 정의되며, Z를 **표준화된 확률변수**라고 한다.

$$Z=\frac{X-\mu}{\sigma}$$

다음 예제에서 표준화된 확률변수 Z의 평균은 0, 분산은 1이 됨을 확인해 보자.

예제 3.14 확률변수 X의 기댓값과 표준편차를 각각 μ와 σ라고 할 때, 표준화된 확률변수 $Z=\frac{X-\mu}{\sigma}$의 기댓값과 분산은 각각 0과 1임을 보여라.

풀이 X의 기댓값과 분산은 각각 다음과 같다.

$$E(X)=E\left(\frac{X-\mu}{\sigma}\right)=\frac{1}{\sigma}[E(X)-\mu]=\frac{1}{\sigma}(\mu-\mu)=0$$

$$\mathrm{Var}(Z)=\mathrm{Var}\left(\frac{X-\mu}{\sigma}\right)=\frac{1}{\sigma^2}\mathrm{Var}(X)=\frac{1}{\sigma^2}\times\sigma^2=1$$

3-5 두 확률변수의 결합분포와 상관계수

지금까지 우리는 통계적 조사에서 하나의 변수만을 고려하는 경우만을 생각하였다. 그러나 많은 경우에 2개 이상의 확률변수들이 어떠한 확률적인 관계를 가지면서 관측되기도 하는데, 사람의 키와 몸무게, 학생들의 영어와 수학 성적과 같은 자료들이 그 예가 된다. 이와 같은 경우에는 두 개의 변수를 동시에 관측해서 분석을 하게 된다.

이 절에서는 두 확률변수를 동시에 고려하는 확률적인 관계에 대해서 알아보자. 여기서는 확률변수들이 이산적인 경우를 위주로 설명하지만, 이 절에 나와 있는 여러 가지 결과들은 확률변수가 연속적인 경우에 대해서도 일반적으로 성립한다.

두 개 이상의 확률변수를 동시에 다룰 때는 각각의 확률분포를 아는 것만으로는 이들의 확률관계를 알기에 불충분하다. 그러므로 다루고자 하는 확률변수들의 **결합확률분포**(joint probability distribution)에 대한 개념이 필요하다.

두 확률변수의 결합분포

두 확률변수 X와 Y에 대하여, 이들이 취할 수 있는 값들의 모든 순서쌍에 확률이 어떻게 흩어져 있는지를 합이 1인 양수로 나타낸 것을 확률변수 X와 Y의 **결합확률분포** 또는 간단히 **결합분포**라고 한다.

이산확률변수 X가 $x_1,\ x_2,\ \cdots$의 값을 취할 수 있고, Y가 $y_1,\ y_2,\ \cdots$의 값을 취할 수 있을 때, (X, Y)가 순서쌍 (x,y)를 취할 확률은 다음과 같이 정의된다.

$$p(x,y)=\begin{cases} P(X=x_i, Y=y_j), & (x,y)=(x_i,y_j) \text{ 일 때} \quad (i,j=1,\ 2,\ \cdots) \\ 0 & , \text{ 아닐 때} \end{cases}$$

이때 $p(x,y)$를 두 확률변수 X와 Y의 **결합확률밀도함수**(joint probability density function)라고 하며, $p(x,y)$는 다음과 같은 성질을 갖는다.

결합확률밀도함수

이산확률변수 X와 Y의 결합확률밀도함수 $p(x,y)$에 대하여 다음이 성립한다.

(1) $0 \le p(x,y) \le 1$

(2) $\sum_{\text{모든 } x}^{\infty} \sum_{\text{모든 } y}^{\infty} p(x,y) = 1$

(3) $P(a < X \le b, c < Y \le d) = \sum_{a < x \le b} \sum_{c < y \le d} p(x,y)$

위의 성질에서 알 수 있듯이 X와 Y의 결합확률의 값은 위에서 정의된 결합확률밀도함수 $p(x,y)$로부터 구할 수 있다. 특히 확률변수들이 취할 수 있는 값들의 개수가 적을 경우에는 표로 나타내면 간편하다.

예제 3.15 주머니에 검은 공 3개, 붉은 공이 2개, 흰 공이 3개가 들어 있다고 하자. 임의로 공을 2개씩 꺼내는 실험에서 확률변수 X, Y를 다음과 같이 정의하자.

X = 검은 공의 개수

Y = 붉은 공의 개수

이때 두 확률변수 X, Y의 결합확률분포를 구하여라.

풀이 먼저 검은 공과, 붉은 공의 개수가 0인 경우는 2개 모두 흰 공을 뽑는 경우와 같으므로, 확률은 다음과 같이 계산할 수 있다.

$$p(0,0) = \frac{\binom{3}{2}}{\binom{8}{2}} = \frac{3}{28}$$

일반적으로 검은 공이 x개, 붉은 공이 y개 뽑힐 확률은 다음과 같은 방법으로 구할 수 있다.

$$p(x,y) = \frac{\binom{3}{x}\binom{2}{y}\binom{3}{2-(x+y)}}{\binom{8}{2}}$$

위의 식을 이용하면 다음과 같은 표를 얻을 수 있다.

표 3-3 **X와 Y의 결합확률분포**

y \ x	0	1	2	행의 합
0	$\frac{3}{28}$	$\frac{9}{28}$	$\frac{3}{28}$	$\frac{15}{28}$
1	$\frac{6}{28}$	$\frac{6}{28}$	0	$\frac{12}{28}$
2	$\frac{1}{28}$	0	0	$\frac{1}{28}$
열의 합	$\frac{10}{28}$	$\frac{15}{28}$	$\frac{3}{28}$	1

앞의 예제의 <표 3-3>의 결합확률분포표를 보면 열과 행의 합이 각각 X와 Y의 확률분포를 나타내는데, 이때의 확률분포를 결합확률분포와 구별하기 위해 이를 각각 X와 Y의 **주변확률분포**(marginal probability distribution)라고 한다. 주변확률분포를 결정하는 **주변확률밀도함수**(marginal probability density function)를 다음과 같이 정의한다.

주변확률밀도함수

확률변수 X와 Y의 결합확률밀도함수가 $p(x,y)$일 때,

(1) X의 주변확률밀도함수: $p_1(x) = \sum_{\text{모든 } y} p(x,y)$

(2) Y의 주변확률밀도함수: $p_2(y) = \sum_{\text{모든 } x} p(x,y)$

예 3.6 위의 [예제 3-15]에서 X와 Y의 주변밀도함수는 각각 다음과 같다.

표 3-4 **X와 Y의 주변밀도함수**

x	0	1	2	합
$p_1(x)$	$\frac{10}{28}$	$\frac{15}{28}$	$\frac{3}{28}$	1

y	0	1	2	합
$p_2(y)$	$\frac{15}{28}$	$\frac{12}{28}$	$\frac{1}{28}$	1

예제 3.16 위의 [예제 3-15]에서 검은 공과 붉은 공의 개수의 합을 확률변수 Z라고 정의했을 때, Z의 확률분포를 구하여라.

풀이 한 가지 경우를 예를 들어 보면, 확률변수 Z의 값이 1이 되는 경우는 $(X, Y) = (1,0)$이거나, $(X, Y) = (0,1)$이므로, 다음과 같이 확률을 구할 수 있다.

$$\begin{aligned} P(Z=1) &= P(X=1,\ Y=0) + P(X=0,\ Y=1) \\ &= p(1,0) + p(0,1) = \frac{9}{28} + \frac{6}{28} = \frac{15}{28} \end{aligned}$$

나머지 경우에 대해서도 같은 방법으로 계산을 하면, <표 3-5>와 같은 분포표를 얻을 수 있다.

표 3-5 Z의 확률분포

x	0	1	2	합
$p_1(x)$	$\frac{3}{28}$	$\frac{15}{28}$	$\frac{10}{28}$	1

앞의 예제에서처럼 두 확률변수의 함수도 확률변수이며, 두 확률변수의 함수의 기댓값은 다음과 같은 방법으로 쉽게 구할 수 있다.

두 확률변수의 함수의 기댓값

두 확률변수 X, Y의 결합확률밀도함수를 $p(x,y)$라고 할 때, $g(X, Y)$ 의 기댓값은 다음과 같다.

$$E[g(X, Y)] = \sum_{\text{모든 } x} \sum_{\text{모든 } y} g(x,y)p(x,y)$$

위의 정의로부터 다음과 같은 성질이 성립한다.

(1) $E(X+Y) = E(X) + E(Y)$

(2) $E(aX+bY) = aE(X) + bE(Y)$

예 3.7 [예제 3-15]에서의 확률변수 $X+Y$의 기댓값은 다음과 같은 세 가지 방법으로 구할 수 있다.

(1) $E(X+Y)=\sum_x\sum_y (x+y)p(x,y)$

$$=(0+0)\times\frac{3}{28}+(0+1)\times\frac{6}{28}+(0+2)\times\frac{1}{28}$$
$$+(1+0)\times\frac{9}{28}+(1+1)\times\frac{6}{28}+(2+0)\times\frac{3}{28}=\frac{5}{4}$$

(2) $E(X+Y)=E(X)+E(Y)$

$$=(0\times\frac{10}{28}+1\times\frac{15}{28}+2\times\frac{3}{28})+(0\times\frac{15}{28}+1\times\frac{12}{28}+2\times\frac{1}{28})$$
$$=\frac{21}{28}+\frac{14}{28}=\frac{5}{4}$$

(3) [예제 3-16]에서 구한 $Z=X+Y$의 분포를 이용하여 다음과 같이 구한다.

$$E(X+Y)=E(Z)$$
$$=0\times\frac{3}{28}+1\times\frac{15}{28}+2\times\frac{10}{28}=\frac{5}{4}$$

두 확률변수의 독립성에 대해서는 앞의 3-2절에서 다룬 사상의 독립과 비슷한 개념으로 정의할 수 있다. 두 확률변수 X와 Y가 **서로 독립**(mutually independent)이라는 것은 모든 x와 y에 대하여 $\{X=x\}$인 사건과 $\{Y=y\}$인 사건이 서로 독립임을 의미한다. 다시 말해 모든 x와 y에 대하여

$$P(X=x, Y=y)=P(X=x)P(Y=y)$$

을 만족해야 한다. 다음은 확률변수의 독립성에 대한 정의이다.

두 확률변수의 독립성

두 확률변수 X와 Y의 결합확률밀도함수를 $p(x,y)$라고 하고, X와 Y의 주변밀도함수를 각각 $p_1(x)$, $p_2(y)$라고 하자. 이때 모든 x, y에 대하여

$$p(x,y)=p_1(x)p_2(y)$$

가 성립할 때, X와 Y는 서로 **독립**이라고 한다. X와 Y가 서로 독립이 아니면 서로 **종속**이라고 한다.

예제 3.17 X와 Y의 결합분포가 <표 3-6>과 같다. 두 확률변수 X와 Y는 독립인가?

표 3-6 $\boldsymbol{X}$와 $\boldsymbol{Y}$의 결합확률분포

y \ x	−1	0	1	행의 합
0	0	$\frac{1}{3}$	0	$\frac{1}{3}$
1	$\frac{1}{3}$	0	$\frac{1}{3}$	$\frac{2}{3}$
열의 합	$\frac{1}{3}$	$\frac{1}{3}$	$\frac{1}{3}$	1

풀이 두 확률변수가 독립이기 위해서는 모든 x, y에 대하여 $p(x, y) = p_1(x)p_2(y)$가 성립해야 한다. 하지만 <표 3-9>에서 $(x, y) = (0, 0)$일 때, $\frac{1}{3} \neq \frac{1}{3} \times \frac{1}{3}$이므로, 두 확률변수는 독립이 아니다.

만약 두 확률변수 X와 Y가 서로 독립이라면

$$
\begin{aligned}
E(XY) &= \sum_{i=1}^{\infty}\sum_{j=1}^{\infty} x_i y_j p(x_i, y_j) \\
&= \sum_{i=1}^{\infty}\sum_{j=1}^{\infty} x_i y_j p_1(x_i) p_2(y_j) \\
&= \sum_{i=1}^{\infty} x_i p_1(x_i) \sum_{j=1}^{\infty} y_j p_2(y_j) \\
&= E(X)E(Y)
\end{aligned}
$$

이 성립하므로 다음의 성질을 얻을 수 있다.

두 확률변수가 서로 독립인 경우

$$E(XY) = E(X)E(Y)$$

두 확률변수 X, Y에 대하여 각각을 표준화시킨 확률변수의 곱을 생각해 보자.

$$\left(\frac{X-\mu_1}{\sigma_1}\right)\left(\frac{Y-\mu_2}{\sigma_2}\right)$$

이때 μ_1, μ_2와 σ_1, σ_2는 각각 X, Y의 평균과 표준편차를 나타낸다. 만약 $X>\mu_1$, $Y>\mu_2$ 또는 $X<\mu_1$, $Y<\mu_2$이라면 위의 값은 양(+)의 값을 가진다. 하지만 $X>\mu_1$, $Y<\mu_2$ 또는 $X<\mu_1$, $Y>\mu_2$이라면 위의 값은 음(−)의 값을 가진다. 이와 같이 두 확률변수 X, Y의 연관성에 대한 측도로서,

$$E\left[\left(\frac{X-\mu_1}{\sigma_1}\right)\left(\frac{Y-\mu_2}{\sigma_2}\right)\right]$$

을 사용하며, 이것을 X와 Y의 **상관계수**(correlation coefficient)라고 하고, 기호 Corr(X, Y)로 나타낸다.

상관계수

$$\mathrm{Corr}(X,Y)=E\left[\left(\frac{X-\mu_1}{\sigma_1}\right)\left(\frac{Y-\mu_2}{\sigma_2}\right)\right]$$

기호: Corr(X,Y), ρ_{XY}, ρ 등

참고 두 확률변수의 상관계수는 2장에서 다룬 모상관계수와 같은 개념이다.

여기서 상관계수는 언제나 -1과 1 사이의 값을 가지며, 두 확률변수 X, Y에서 양의 값을 가지면 양의 상관, 음의 값을 가지면 음의 상관이라고 한다. 이때 주의해야 할 것은 상관계수는 단지 직선관계의 강약과 방향을 나타내주는 것이므로 상관계수가 0이라면 직선관계가 없다는 것만을 말할 수 있다. 상관계수의 성질은 요약하면 다음과 같다.

상관계수의 성질

(1) $-1\le\rho\le 1$

(2) $\rho>0$이면 X와 Y는 양의 상관관계

$\rho<0$이면 X와 Y는 음의 상관관계

2장에서는 두 특성의 공분산을 $\sigma_{12} = \rho\sigma_1\sigma_2$로 정의하였다. 마찬가지로 두 확률변수 X와 Y의 공분산(covariance)은 다음과 같이 정의하며, 기호 $\mathrm{Cov}(\mathrm{X,Y})$로 나타낸다.

확률변수 X와 Y의 공분산

$$\mathrm{Cov}(\mathrm{X,Y}) = \rho\sigma_1\sigma_2 = \mathrm{E}[(\mathrm{X}-\mu_1)(\mathrm{Y}-\mu_2)]$$

실제 공분산을 계산할 때는 다음과 같은 형태를 사용하면 간편한 경우가 많다.

$$\begin{aligned}\mathrm{Cov}(\mathrm{X,Y}) &= \mathrm{E}[(\mathrm{X}-\mu_1)(\mathrm{Y}-\mu_2)] \\ &= E(XY-\mu_2X-\mu_1Y+\mu_1\mu_2) \\ &= E(XY)-\mu_2E(X)-\mu_1E(Y)+\mu_1\mu_2 \\ &= E(XY)-\mu_1\mu_2\end{aligned}$$

공분산의 간편계산법

$$\mathrm{Cov}(X,Y) = E(XY)-E(X)E(Y)$$

상관계수를 계산할 때는 공분산을 먼저 계산하고, 다음과 같은 관계를 이용하여 상관계수를 계산할 때가 많다.

공분산과 상관계수

$$\mathrm{Corr}(X,Y) = \frac{\mathrm{Cov}(X,Y)}{\sigma_1\sigma_2}$$

예제 3.18 X와 Y의 결합분포가 아래와 같이 주어질 때, X와 Y의 공분산과 상관계수를 구하여라.

$(x,\ y)$	(0, 0)	(0, 1)	(1, 0)	(1, 1)
$p(x,\ y)$	1/8	1/4	1/8	1/2

풀이 우선 X와 Y의 결합분포와 주변분포를 표로 나타내면 다음과 같다.

x \ y	0	1	계
0	$\frac{1}{8}$	$\frac{1}{4}$	$\frac{3}{8}$
1	$\frac{1}{8}$	$\frac{1}{2}$	$\frac{5}{8}$
계	$\frac{2}{8}$	$\frac{6}{8}$	1

주변분포로부터 X와 Y의 평균과 분산을 다음과 같이 구한다.

$$\mu_1 = 0\times\frac{3}{8}+1\times\frac{5}{8}=\frac{5}{8}, \qquad \sigma_1^2 = E(X^2)-\mu_1^2 = 1^2\times\frac{5}{8}-\left(\frac{5}{8}\right)^2 \fallingdotseq 0.23$$

$$\mu_2 = 0\times\frac{2}{8}+1\times\frac{6}{8}=\frac{6}{8}, \qquad \sigma_2^2 = E(Y^2)-\mu_2^2 = 1^2\times\frac{6}{8}-\left(\frac{6}{8}\right)^2 \fallingdotseq 0.19$$

다음으로 $E(XY)$을 구하면 아래와 같다.

$$E(XY) = 0\times0\times\frac{1}{8}+0\times1\times\frac{1}{4}+1\times0\times\frac{1}{8}+1\times1\times\frac{1}{2}=\frac{1}{2}$$

그러므로 공분산과 상관계수는 다음과 같다.

$$\mathrm{Cov}(X, Y) = E(XY)-\mu_1\mu_2 = \frac{1}{2}-\frac{5}{8}\times\frac{6}{8} \fallingdotseq 0.03$$

$$\mathrm{Corr}(X, Y) = \frac{\mathrm{Cov}(X, Y)}{\sigma_1\sigma_2} \fallingdotseq \frac{0.03}{\sqrt{0.23}\times\sqrt{0.19}} \fallingdotseq 0.14$$

두 확률변수의 합에 대한 분산의 공식은 다음과 같으며, 이것은 기댓값의 성질을 이용하여 유도할 수 있다.

두 확률변수의 합과 차의 분산

(1) $\mathrm{Var}(X+Y) = \mathrm{Var}(X)+\mathrm{Var}(Y)+2\mathrm{Cov}(X,\ Y)$

(2) $\mathrm{Var}(X-Y) = \mathrm{Var}(X)+\mathrm{Var}(Y)-2\mathrm{Cov}(X,\ Y)$

(3) $\mathrm{Var}(aX+bY) = a^2\mathrm{Var}(X)+b^2\mathrm{Var}(Y)+2ab\mathrm{Cov}(X,Y)$

만약 두 확률변수 X와 Y가 서로 독립이라면 공분산, 상관계수, 합의 분산 등에 대하여 보다 편리한 공식을 얻을 수 있다.

두 확률변수가 서로 독립인 경우

(1) $\mathrm{Cov}(X, Y) = 0$

(2) $\mathrm{Corr}(X, Y) = 0$

(3) $\mathrm{Var}(X \pm Y) = \mathrm{Var}(X) + \mathrm{Var}(Y)$

투자이론에서는 분산 또는 표준편차를 흔히 **위험률**이라 부르며, 기대수익률이 높은 금융상품은 흔히 위험률도 높다. 따라서 기대수익률은 일정한 수준으로 유지하면서 위험률을 줄이는 상품으로 포트폴리오를 구성한다. 위험률을 줄이기 위해서는 공분산이 작거나 음수인 상품들을 결합하여 새로운 상품을 개발하게 된다. 다음 예제는 공분산이 음수가 되는 두 상품으로 포트폴리오를 구성하는 예이다.

예제 3.19 X와 Y 두 주식의 경제상황에 따른 예상수익률이 <표 3-7>과 같다. 아래 물음에 답하여라.

표 3-7 예상수익률

경제상황	확률	수익률(%)	
		X	Y
불황	0.3	15	−10
보통	0.5	5	10
호황	0.2	−5	30

(1) X와 Y 두 주식의 기대수익률을 구하여라.

(2) X와 Y 두 주식의 표준편차(위험률)를 구하여라.

(3) X와 Y에 반반씩 투자한 상품의 기대수익률과 표준편차(위험률)를 구하여라.

풀이

(1) 기대수익률

$$E(X) = 15 \times 0.3 + 5 \times 0.5 + (-5) \times 0.2 = 6(\%)$$
$$E(Y) = (-10) \times 0.3 + 10 \times 0.5 + 30 \times 0.2 = 8(\%)$$

(2) 위험률

분산은 다음과 같다.

$$\mathrm{Var}(X) = (15-6)^2 \times 0.3 + (5-6)^2 \times 0.5 + (-5-6)^2 \times 0.2 = 49$$
$$\mathrm{Var}(Y) = (-10-8)^2 \times 0.3 + (10-8)^2 \times 0.5 + (30-8)^2 \times 0.2 = 196$$

따라서 표준편차는 다음과 같다.

$$\mathrm{sd}(X) = \sqrt{49} = 7(\%)$$
$$\mathrm{sd}(Y) = \sqrt{196} = 14(\%)$$

(3) $Z = 0.5X + 0.5Y$로 놓면

$$E(Z) = 0.5E(X) + 0.5E(Y) = 7(\%)$$
$$\begin{aligned}\mathrm{Cov}(X,Y) &= E(XY) - E(X)E(Y) \\ &= [(-150)(0.3) + (50)(0.5) + (-150)(0.2)] - 48 = -98\end{aligned}$$
$$\begin{aligned}\mathrm{Var}(Z) &= \mathrm{Var}(0.5X + 0.5Y) \\ &= 0.5^2\mathrm{Var}(X) + 0.5^2\mathrm{Var}(Y) + 2(0.5)(0.5)\mathrm{Cov}(X,Y) \\ &= 0.5^2[49 + 196 + 2(-98)] = 12.25\end{aligned}$$
$$\mathrm{sd}(Z) = \sqrt{12.25} = 3.5(\%)$$

3-6 SPSS 실습

SPSS를 이용하여 확률변수의 기댓값, 분산을 직접 구하거나, 두 확률변수의 공분산, 상관계수 등을 구하는 메뉴는 없으므로 이 절에서는 SPSS에서 자료를 편집하는 방법과 자료 집합에서 표본을 추출하는 방법 및 난수를 생성하는 방법 등을 다루기로 한다.

(1) 자료의 수정과 편집

① 케이스 추가 및 수정

추가하기를 원하는 행을 클릭하면 그 행이 활성화되면서 블록으로 설정된다. 이어서 메뉴의 편집 → 케이스 삽입을 클릭하면 한 행이 추가되면서 새로운 케이스의 변숫값을 입력할 수 있도록 결측치(점) 표시가 되어 있다. 이곳에 데이터를 입력하면 된다.

사례 3.1

'희망진로' 자료에서 4번 행에 여자, 2학년으로 진로는 미정이고 성적이 80인 케이스를 삽입해 보자.

풀이 [그림 3-4]와 같이 4번 행 번호를 클릭하여 활성화시킨 후에 메뉴에서 편집 → 케이스 삽입을 클릭한다. 이어서 나타나는 새로운 행에 데이터를 입력하고, 5번과 6번 행의 번호를 각각 5, 6으로 수정하면 [그림 3-5]와 같은 결과를 얻는다.

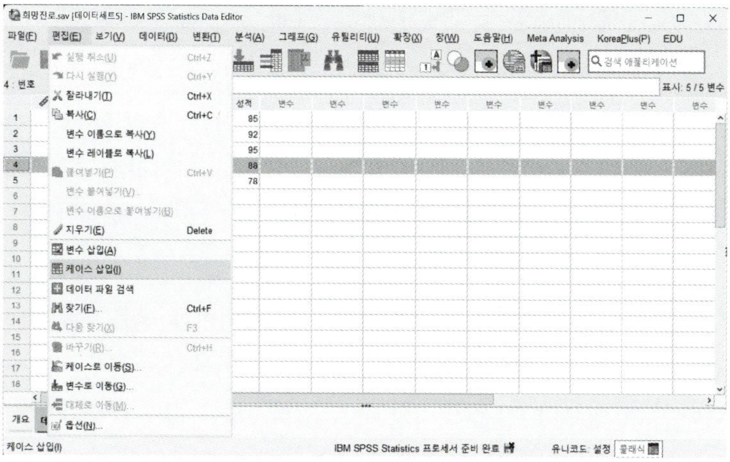

그림 3-4 4번 행을 추가하기 위한 단계

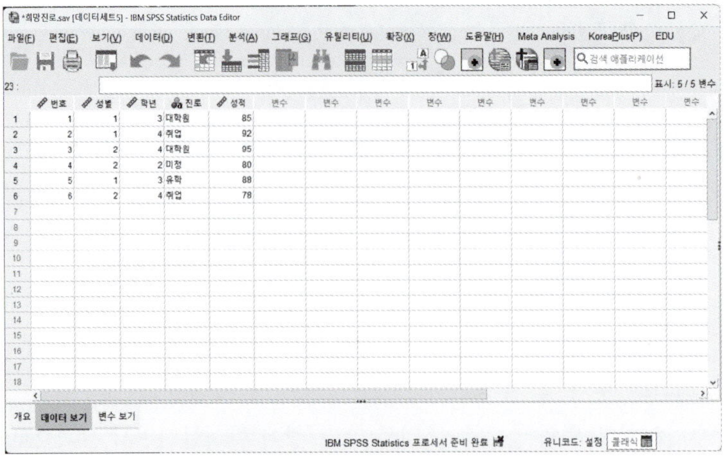

그림 3-5 새로운 케이스가 삽입된 파일

② 케이스나 변수의 삭제

삭제하기를 원하는 행이나 열의 번호를 클릭하여 활성화시킨 후에 메뉴에서 편집 → 지우기를 클릭하면 된다. 삭제된 행이나 열을 다시 살리기 위해서는 메뉴의 편집 → 실행취소를 클릭하면 된다.

③ 입력된 자료에서 새로운 변수의 생성 및 편집

사례 3.2

[사례 3-1]에서 얻어진 수정된 '희망진로' 자료에서 새로운 변수로 '숙제'(50점 만점)를 만들고, 6명에 대하여 차례로 (40, 46, 50, 31, 35, 48)을 입력한 다음, 이들을 100점 만점으로 환산한 점수 '평균'을 생성하여라.

풀이 먼저 '변수 보기' 탭에서 새로운 변수 이름 '숙제'와 '평균'을 입력한 다음, 숙제 점수를 입력한다. '숙제'와 '평균'의 '소수점이하자리'는 각각 0과 1로 지정하자.

다시 '데이터 보기' 탭으로 돌아와서 숙제의 값을 입력한 다음, 메뉴에서 변환 → 변수 계산을 선택한다. [그림 3-6]에서와 같이 '변수 계산' 대화상자에서 '대상변수'에 새로운 변수의 이름인 '평균'을 입력하고 오른쪽의 '숫자표현식'에서는 '(성적+숙제)/1.5'를 입력한다. 해당 변수와 연산식은 클릭 및 이동에 의해서 입력할 수도 있으며, 직접 입력할 수도 있다. 이제 '확인' 버튼을 누르면 '기존 변수를 바꾸시겠습니까?'라는 질문이 나오며, '확인'을 누르면 [그림 3-7]과 같은 결과를 얻을 수 있다.

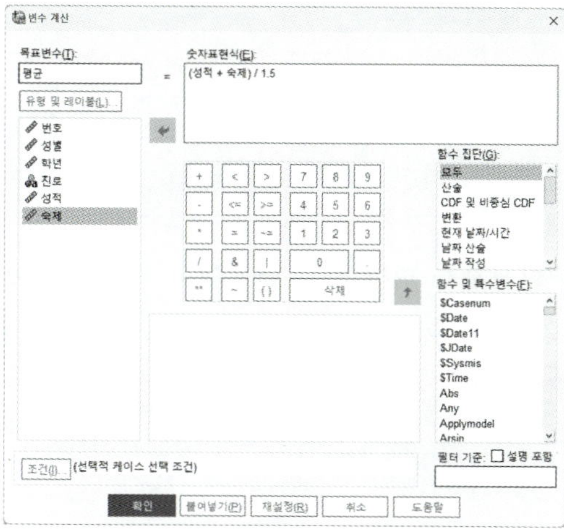

그림 3-6 변수의 계산식 입력

번호	성별	학년	진로	성적	숙제	평균
1	1	3	대학원	85	40	83.3
2	1	4	취업	92	46	92.0
3	2	4	대학원	95	50	96.7
4	2	2	미정	80	31	74.0
5	1	3	유학	88	35	82.0
6	2	4	취업	78	48	84.0

그림 3-7 변수의 생성 결과

(2) SPSS 출력 결과의 편집

SPSS에는 여러 종류의 창이 있으며, 이 가운데 특히 많이 사용하는 창은 SPSS 편집기 창과 SPSS 뷰어 창이다. 지금까지 데이터를 입력 또는 편집하던 창이 편집기 창으로서 이 창에 있는 데이터 파일은 .sav라는 확장자를 갖는다. 편집기 창에 있는 데이터를 이용하여 통계분석을 시행하면 결과는 SPSS 뷰어 창에 출력되며, 이 창에 있는 파일은 .spv라는 확장자를 갖는다. 이를 요약하면 <표 3-8>과 같다.

표 3-8 SPSS 창과 확장자

창	확장자
SPSS 데이터 편집기	*.sav
SPSS 뷰어	*.spv

사례 3.3

데이터 편집기 창에 class.sav 자료를 열어놓고, 변수 '키'와 '몸무게'에 대한 기술통계량의 값들을 구하여라.

풀이 메뉴에서 분석 → 기술통계량 → 기술통계를 선택하면 [그림 3-8]과 같은 기술통계 대화상자가 나타난다. 이곳에서 키와 몸무게를 클릭하여 활성화시킨 후에 화살표 [▸]를 이용하여 오른쪽으로 보내고 '확인' 버튼을 클릭하면 [그림 3-9]와 같은 결과가 뷰어 창에 출력된다.

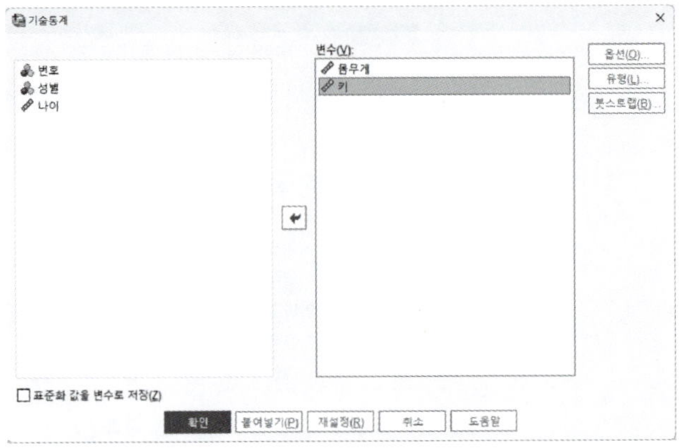

그림 3-8 기술통계 대화상자

기술통계량

	N	범위	평균		표준편차	분산
	통계량	통계량	통계량	표준오차	통계량	통계량
키	20	33	48.35	2.060	9.213	84.871
몸무게	20	41.5	159.300	2.2756	10.1766	103.563
유효수(목록별)	20					

그림 3-9 키와 몸무게의 기술통계량

사례 3.4

[사례 3-3]에서 뷰어 창에 출력된 결과를 복사하여 '한글' 또는 'MS Word'와 같은 다른 소프트웨어에 붙여넣기를 해 보자.

풀이 먼저 뷰어 창에 출력된 결과 위에서 마우스를 클릭하면 출력 결과가 블록으로 잡히면서 활성화된다. 이제 메뉴에서 편집을 누르면 [그림 3-10]과 같은 메뉴가 나타난다. 이들 메뉴 가운데 '복사'와 '개체복사'를 사용할 수 있다. 어느 것을 사용하던 복사된 결과를 흔글 또는 MS word의 창으로 와서 붙이기를 하면 된다. 흔글이나 MS Word에서 붙이기를 하는 방법은 Ctrl 키와 V 키를 동시에 누르면 된다. 이와 같은 복사와 붙이기는 마우스의 오른쪽 버튼을 눌러 나오는 pop-up 메뉴에서 '복사'와 '붙이기'를 사용할 수도 있다.

MS Word와 흔글에서 복사와 붙이기에 의해 얻어진 결과는 [그림 3-11] 및 [그림 3-12]에서와 같이 약간의 차이가 있다.

개체복사를 사용할 경우에는 출력형식이 그대로 복사되어야 하지만 흔글에서는 호환이 실패할 경우가 많다. MS Word에서는 SPSS의 뷰어 창에 출력된 결과와 같은 형식으로 붙이기의 결과가 나타난다.

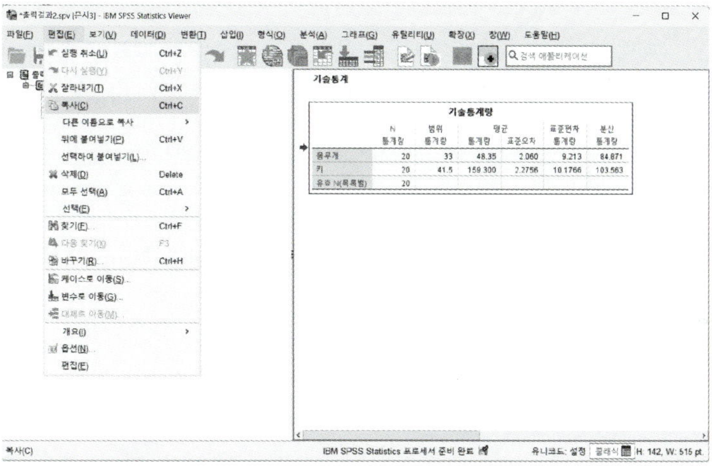

그림 3-10 '복사'를 위한 준비

기술통계량

	N	범위	평균		표준편차	분산
	통계량	통계량	통계량	표준오차	통계량	통계량
키	20	33	48.35	2.060	9.213	84.871
몸무게	20	41.5	159.300	2.2756	10.1766	103.563
유효수(목록별)	20					

그림 3-11 워드에서 '복사'와 '붙이기'를 이용한 결과

기술통계량

	N	범위	평균		표준편차	분산
	통계량	통계량	통계량	표준오차	통계량	통계량
키	20	33	48.35	2.060	9.213	84.871
몸무게	20	41.5	159.300	2.2756	10.1766	103.563
유효수(목록별)	20					

그림 3-12 훈글에서 '복사'와 '붙이기'를 이용한 결과

다음 사례에서는 뷰어 창에 출력된 결과를 직접 편집하는 방법을 알아보자.

사례 3.5

[사례 3-3]에서 뷰어 창에 출력된 결과 가운데 표본크기를 나타내는 'N'을 '표본크기'로 수정하고 저장해 보자.

풀이 출력 결과에서 'N' 위에 마우스의 커서를 올려놓고 마우스를 두 번 클릭(더블클릭)하면 [그림 3-13]과 같이 해당 셀이 수정될 준비가 된다. 이제 N 자리에 '표본크기'를 입력하면 된다. 결과는 [그림 3-14]와 같다.

수정과 편집이 끝난 결과를 파일로 저장하기 위해서는 메뉴에서 파일 → 다른 이름으로 저장을 선택하고 '저장 위치'와 '파일 이름'을 지정한 다음 '저장' 버튼을 누르면 된다. 저장된 파일은 .spv 확장자를 갖는다.

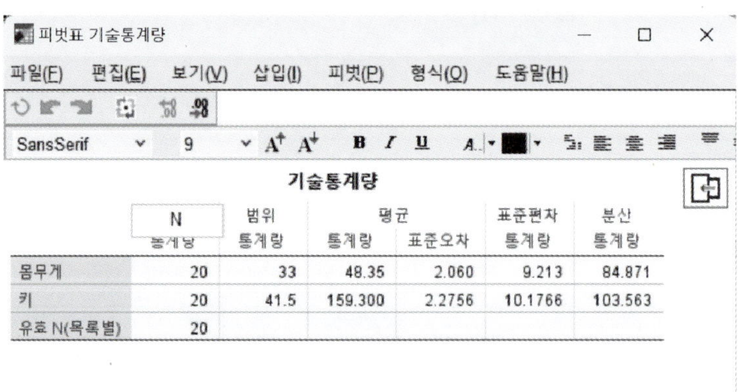

그림 3-13 뷰어 창에서 편집하기

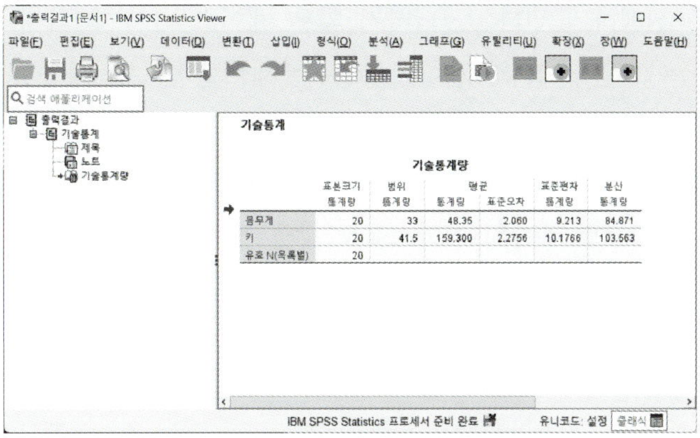

그림 3-14 뷰어 창에서 수정된 결과

참고 출력 결과를 SPSS 파일이 아닌 다른 파일로 저장하려면 메뉴에서 파일 → 내보내기를 선택하고 파일 유형으로 .htm, .txt, .xls, .doc 등을 선택하면 된다.

(3) 간단한 표본추출

사례 3.6

class 자료에서 주어진 20명 가운데 5명을 랜덤하게 뽑아보자.

풀이 먼저 class.sav 파일을 데이터 편집기 창에서 '파일 열기'를 이용하여 연다. 다음에는 메뉴에서 데이터 → 케이스 선택을 선택하여 [그림 3-15]와 같은 '케이스 선택' 대화상자를 띄운다.

'케이스 선택' 대화상자에서 '케이스의 무작위 표본추출'을 선택하고, '표본' 버튼을 눌러 나오는 표본추출 창에서 '정확하게'를 선택한다. 이어서 활성화된 영역에서 네모의 칸에 각각 20과 5를 입력하면 처음의 20개 가운데 5개를 랜덤하게 뽑는다는 뜻이다. 이제 '계속'과 '확인'을 클릭하면 [그림 3-16]의 결과를 얻게 된다.

표본추출 결과에서 filter_$라는 새로운 변수가 생성되었으며, 추출된 케이스들의 filter_$ 값은 1, 추출되지 못한 케이스들의 filter_$ 값은 0이 부여되었음을 확인할 수 있다. 또한 추출되지 못한 케이스들은 케이스 번호에 대각선이 그어진다.

추출된 케이스들로만 이루어진 데이터를 만들려면, '케이스 선택' 창에서 '출력결과'의 옵션을 '선택하지 않은 케이스 필터' 대신 '선택하지 않은 케이스 삭제'로 선택하면 된다. '선택하지 않은 케이스 삭제'에 의해 5개의 표본을 뽑은 결과는 [그림 3-17]과 같다. 여기서는 새로운 난수를 사용했으므로 [그림 3-16]의 결과와는 다르게 된다.

이와 같이 랜덤하게 표본을 뽑을 때는 SPSS에서 생성된 난수를 이용하며, 초기치가 같으면 추출된 케이스들도 같을 것이다. 그러나 시행마다 생성되는 난수들이 다르므로 각자가 뽑은 케이스들이 여기에 수록된 결과와 다를 수 있다.

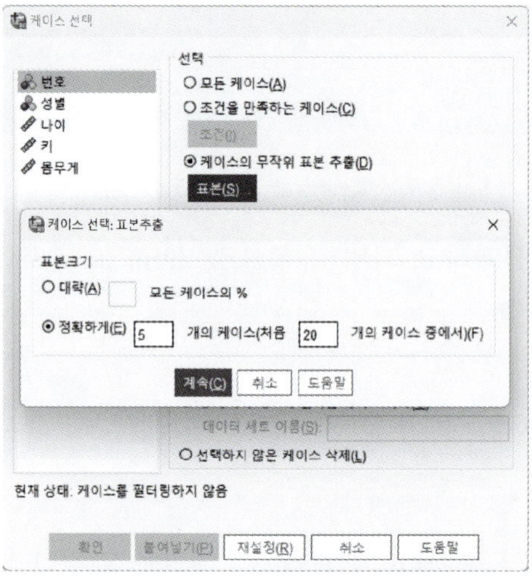

그림 3-15 케이스 선택 대화상자

	번호	성별	나이	키	몸무게	filter_$
1	1	1	14	168.5	54	1
2	2	2	13	165.0	38	0
3	3	2	13	160.5	45	0
4	4	2	14	154.0	46	0
5	5	1	14	157.0	47	1
6	6	1	13	148.5	46	0
7	7	2	13	153.0	44	0
8	8	2	15	166.0	55	0
9	9	1	13	157.0	56	1
10	10	1	12	149.0	44	1
11	11	2	11	141.5	34	0
12	12	2	14	153.0	40	1
13	13	2	12	143.0	35	0
14	14	2	15	169.0	50	0
15	15	1	16	183.0	67	0
16	16	1	12	163.5	57	0
17	17	1	15	170.0	60	0
18	18	1	11	155.5	38	0
19	19	1	15	168.0	62	0
20	20	2	13	161.0	49	0

그림 3-16 필터사용 옵션을 이용한 표본추출 결과

	번호	성별	나이	키	몸무게	filter_$
1	1	1	14	168.5	54	1
2	4	2	14	154.0	46	0
3	9	1	13	157.0	56	1
4	11	2	11	141.5	34	0
5	12	2	14	153.0	40	1

그림 3-17 지우기 옵션을 이용한 표본추출 결과

(4) 난수의 생성

확률밀도함수가 0과 1 사이에서 균등한 높이를 갖는 분포를 **균등분포**라고 하며, 기호 U(0, 1)로 나타낸다.

사례 3.7

U(0, 1)에서 100개의 난수를 생성하고, 이들의 히스토그램을 그려 보자.

풀이 SPSS 데이터 편집기의 변수보기 탭에서 '난수'라는 변수 이름을 입력하고 '소수점이하자리'는 2로 한다.

다시 데이터 보기 탭으로 와서 스크롤바를 이용하여 40행, 80행, 100행에 임의의 숫자를 입력한다. 이는 SPSS의 워크시트가 한 번에 40행씩 제공되기 때문이다. 입력된 이외의 셀에는 점(결측치 표시)이 나타난다.

이들 100개의 데이터를 난수로 변환시키기 위해 메뉴에서 변환 → 변수 계산을 선택하면 [그림 3-18]과 같은 변수 계산 대화상자가 나타난다. 이 창에서 그림에서와 같이 '대상변수' 란에 '난수'를 입력하고 오른쪽의 '함수 집단'에서 난수를 선택한 후, '함수 및 특수변수'에서 Rv.Uniform을 선택하여 활성화하고 위쪽으로 된 화살표를 클릭하여 '숫자표현식'으로 보낸다. 이곳에서 다시 최솟값, 최댓값에 0과 1을 입력하고 '확인'을 클릭한다. 이어서 나오는 '기존변수를 바꾸시겠습니까?'라는 질문에 '확인'을 클릭하면 100개의 난수가 생성된다. 이들 100개의 난수를 10개의 구간으로 나눈 히스토그램은 [그림 3-19]의 왼쪽과 같다. 이와 같은 난수는 매번 달라진다. 오른쪽의 히스토그램은 100개의 난수를 다시 새로운 난수로 변환하여 그린 히스토그램이다.

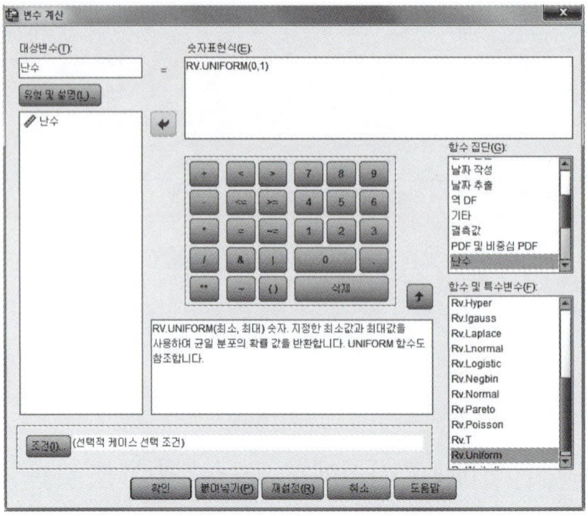

그림 3-18 변수 계산 대화상자

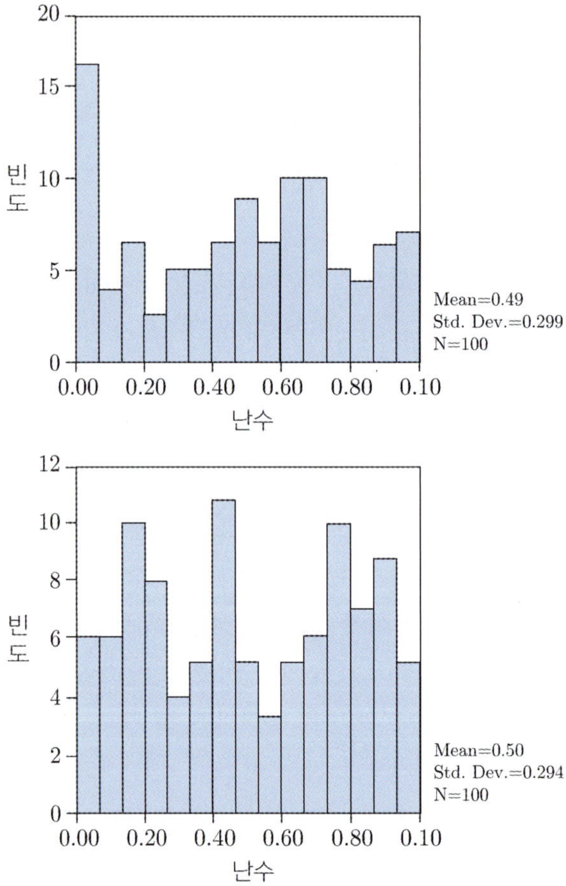

그림 3-19 난수의 히스토그램

연습문제

3-1 한 개의 동전을 세 번 던지는 시행에서 뒷면이 적어도 한 번 나오는 사건을 A라고 하고 뒷면의 수가 앞면의 수보다 많게 나타나는 사건을 B라고 하자.

(a) 사건 A, B의 확률을 각각 구하여라.

(b) 사건 A와 B는 서로 배반인지 판단하여라.

3-2 세 개의 주사위를 던지는 시행에서 같은 눈이 정확히 두 번 나올 확률을 구하여라.

3-3 어떤 상자에 15개의 테니스 공이 들어 있다. 이 중 9개는 사용한 적이 없는 새 공이라고 한다. 이 상자에서 3개의 공을 임의로 꺼내어 사용한 후, 다시 상자에 넣었다. 그리고 다시 3개의 공을 임의로 꺼내었을 때, 이들 3개의 공이 모두 새 공일 확률을 구하여라.

3-4 어떤 의학 연구소에서는 조류 독감을 진단하기 위하여 새로운 혈액 검사 방법을 개발하였다. 이 방법을 조류 독감 환자들에게 적용한 결과 95%의 환자에 대하여 양성 반응을 보였고, 그 외 사람들에게 적용하였을 때에는 1%의 사람들에 대하여 양성 반응을 나타냈다고 한다. 어떤 지역의 0.5%의 주민들이 실제로 독감 환자라고 한다. 그 지역의 한 주민에게 새로운 검사법으로 테스트한 결과 양성 반응이 나타났을 때, 실제로 그 사람이 독감 환자일 확률을 구하여라.

3-5 확률변수 X의 확률분포가 다음과 같다.

x	1	2	3	4
$p(x)$	2/12	4/12	1/12	5/12

(a) $P(X \geq 2)$을 계산하여라.

(b) $E(X)$를 구하여라.

(c) $E[(2X+1)^2]$을 구하여라.

3-6 공중으로 던졌을 때 나온 면이 앞면일 확률이 0.25이고 뒷면일 확률이 0.75인 가상의 동전이 있다. 총 3번을 던졌을 때 앞면이 나온 횟수를 X라고 하자.

(a) $P(X=2)$를 계산하여라.

(b) X의 기댓값을 계산하여라. 기댓값이 (던진 횟수) × (앞면이 나올 확률) 임을 확인하여라.

(c) X의 분산을 계산하여라. 분산이 (던진 횟수) × (앞면이 나올 확률) × (뒷면이 나올 확률)임을 확인하여라.

3-7 연속확률변수 X의 확률밀도함수가 다음과 같을 경우에 아래 물음에 답하여라.

$$p(x)=\begin{cases} k(4-x^2), & |x| \le 2 \text{ 일 때} \\ 0, & \text{아닐 때} \end{cases}$$

(a) 상수 k의 값을 구하여라.

(b) $P(\ |X| \le 1\ )$을 구하여라.

(c) $E(X)$, $E(X^2)$, $\mathrm{Var(X)}$를 구하여라.

3-8 금속판을 생산하는 공장이 있다. 생산된 금속판의 두께를 X라고 하자. X의 확률밀도함수는 다음과 같다. X^2의 기댓값과 X의 분산을 계산하여라.

$$p(x)=\begin{cases} \dfrac{1}{4}(x-10) & 10 < x \le 12\text{일 때} \\ \dfrac{1}{4}(14-x) & 12 < x \le 14\text{일 때} \end{cases}$$

3-9 전구를 생산하는 공장이 있다. 그동안의 생산 경험으로 미루어, 전구 수명(life time) X의 확률밀도함수는 다음과 같다.

$$p(x)=\frac{1}{100}e^{-x/100}, \qquad x>0\text{일 때}$$

(a) $P(X>110)$을 계산하여라.

(b) 전구 수명의 평균과 분산을 계산하여라.

3-10 확률변수 X와 Y의 결합분포가 다음의 표로 주어질 때 아래 물음에 답하여라.

x \ y	2	4	6
1	0.2	0	0.2
2	0	0.2	0
3	0.2	0	0.2

(a) Cov(X, Y)를 구하여라.

(b) $p(3,\ 6)$과 $p_1(3)p_2(6)$을 구하여라.

(c) X와 Y는 서로 독립인가? 그 이유는?

3-11 X와 Y의 결합확률밀도함수가 다음과 같을 때 물음에 답하여라.

$$p(x,\ y)=\frac{1}{3},\quad (x,\ y)\in\{(-1,\ 0),\ (0,\ 1),\ (1,\ 0)\}$$

(a) X와 Y는 서로 독립인가?

(b) Cov(X, Y) = 0인가?

3-12 두 확률변수 X와 Y의 결합확률밀도함수가 다음과 같을 때 물음에 답하여라.

$$p(x,\ y)=\frac{x+2y}{18},\quad x=1,\ 2,\quad y=1,\ 2.$$

(a) X와 Y의 주변확률밀도함수를 구하여라.

(b) X와 Y의 공분산과 상관계수를 구하여라.

3-13 확률분포가 다음과 같고, $Y=1-X^2$으로 정의할 때, 다음 물음에 답하여라.

x	-1	0	1
$P(X=x)$	$\frac{1}{3}$	$\frac{1}{3}$	$\frac{1}{3}$

(a) Y의 확률분포를 구하여라.

(b) Cov(X,Y)를 구하여라.

3-14 두 확률변수 X와 Y의 결합확률분포가 다음과 같다.

y \ x	0	1	행의 합
0	p	a	0.5
1	b	c	d
열의 합	0.4	e	1

(a) 위의 a,b,c,d,e의 값을 p를 이용하여 표현하여라.

(b) 두 확률변수가 독립이기 위한 p의 조건을 구하고, 그 이유를 설명하여라.

3-15 class.sav 파일에서 SPSS를 이용하여 다음 물음에 답하여라.

(a) 20명 가운데 10명을 랜덤하게 뽑고, 뽑힌 10명에 대하여 '키'의 표본평균, 표본표준편차를 구하여라.

(b) 20명 가운데 10명을 다시 랜덤하게 뽑고, 뽑힌 10명에 대하여 '키'의 표본평균, 표본표준편차를 구하여라. (a)의 결과와 어떻게 다른가?

3-16 SPSS를 이용하여 균등분포 $U(0,1)$ 에서 200개의 난수를 생성하고, 이들의 적당한 히스토그램을 그려라.

제 4 장

여러 가지 분포

4-1 이산확률분포

이산확률분포는 확률변수의 값이 이산적으로 나오는 분포이다. 예를 들어, 주사위를 굴려서 나오는 값을 생각해 보면 그 값은 1에서 6 사이의 값이 될 것이고 각각의 값이 나올 확률은 1/6이다. 이에 대하여 확률변수의 값이 어느 구간의 모든 값을 취할 수 있을 때 이 확률변수의 분포를 **연속확률분포**라고 한다.

이 절에서는 대표적인 이산확률분포인 이항분포를 다루고, 이와 연관된 베르누이 분포와 초기하분포를 소개할 예정이다.

4-1-1 베르누이 분포

동전을 던지는 실험을 생각해 보자. 동전을 던지면 1/2의 확률로 앞면 혹은 뒷면만 나오게 된다. 이와 같이 시행의 결과가 두 가지 뿐일 때 이를 **베르누이 시행**(Bernoulli trial)이라고 하며, 베르누이 시행에서 시행 결과를 '성공(s)'과 '실패(f)'로 나타내면 표본공간은

$$S=\{s,\ f\}$$

로 나타낼 수 있다. 베르누이 시행에서 성공(s)의 확률은 p, 실패(f)의 확률은 $q=1-p$로 나타내기로 한다.

베르누이 시행에서 성공을 1로, 실패를 0으로 대응시키는 확률변수를 **베르누이 확률변수**라고 한다. 즉, 베르누이 확률변수 X의 분포는 $X=1$일 확률이 p이고, $X=0$일 확률이 $(1-p)$이다. 이런 확률분포를 **베르누이 분포**라고 한다. 베르누이 분포의 확률밀도함수는 다음과 같다.

$$p(x)=p^{x}(1-p)^{1-x},\quad x=0,1\quad (0<p<1)$$

이와 같은 베르누이 분포를 표로 나타내면 <표 4-1>와 같다.

표 4-1 베르누이 분포

x	0	1
$p(x)$	$1-p$	p

예 4.1 동전을 던지는 경우를 생각해 보자. 동전의 앞면이 나올 경우를 성공(1), 뒷면이 나올 경우를 실패(0)로 생각하면, 이것은 성공확률이 1/2인 베르누이 시행이 된다. 이 베르누이 시행과 대응되는 확률변수 X의 평균과 분산을 계산해 보면 다음과 같다.

$$E(X) = 0 \cdot \frac{1}{2} + 1 \cdot \frac{1}{2} = \frac{1}{2}$$
$$\mathrm{Var}(X) = E(X^2) - \{E(X)\}^2 = \frac{1}{2} - \frac{1}{4} = \frac{1}{4}$$

일반적으로 베르누이 분포의 평균과 분산을 계산하면 다음과 같다.

$$E(X) = 0 \cdot (1-p) + 1 \cdot p = p$$
$$\mathrm{Var}(X) = E(X^2) - \{E(X)\}^2 = p - p^2 = p(1-p)$$

베르누이 분포와 그의 성질을 요약하면 다음과 같다.

베르누이 분포와 그의 성질

(1) 베르누이 분포의 확률밀도함수

$$p(x) = p^x(1-p)^{1-x}, \quad x = 0, 1 \quad (0 < p < 1)$$

(2) $E(X) = p$, $\mathrm{Var}(X) = p(1-p)$

4-1-2 초기하분포

품질검사를 받는 제품의 로트(lot, 무더기)를 생각해 보자. N개의 제품 가운데 D개의 불량품이 있는 로트에서 n개의 표본을 추출할 때

$$X = n\text{개의 표본 가운데 있는 불량품 개수}$$

로 정의하면, X는 확률변수이다. N개 가운데서 n개의 표본을 추출하는 경우의 수는 $\binom{N}{n}$이며, 이 가운데 정확히 x개가 불량품인 경우의 수는 $\binom{D}{x}\binom{N-D}{n-x}$이다. 따라서 확률변수 X의 확률밀도함수는 다음과 같다.

$$p(x) = P(X = x) = \frac{\binom{D}{x}\binom{N-D}{n-x}}{\binom{N}{n}}, \quad x = 0, 1, \cdots, \min(n, D)$$

이와 같이 정의된 확률변수 X의 분포를 **초기하분포**(hypergeometric distribution)라고 한다.

N개 가운데 D개가 불량품인 로트의 불량률은 $p = D/N$이다. $p = D/N$를 모수로 사용할 때 초기하분포에서 평균과 분산은 각각 다음과 같다.

$$E(X) = np, \quad \mathrm{Var(X)} = \mathrm{np(1-p)} \cdot \frac{\mathrm{N-n}}{\mathrm{N-1}}$$

초기하분포와 그의 성질을 요약하면 다음과 같다.

초기하분포와 그의 성질

(1) 초기하분포의 확률밀도함수

$$p(x) = \frac{\binom{D}{x}\binom{N-D}{n-x}}{\binom{N}{n}}, \quad x = 0, 1, \cdots, \min(n, D)$$

(2) $E(X) = np, \quad \mathrm{Var(X)} = \mathrm{np(1-p)} \cdot \frac{\mathrm{N-n}}{\mathrm{N-1}}$

예 4.2 어느 전구 생산 공정에서 50개의 전구를 생산했으며, 그 중에 3개가 불량품이 있다고 한다. 이들 전구에서 크기가 5인 랜덤표본을 뽑는다고 하자. 그러면 표본에 포함된 불량품 개수 X의 분포는 초기하분포를 따른다. X의 확률밀도는 위의 밀도함수 식을 사용해서 계산할 수 있고 결과는 다음과 같다.

불량품의 수	0	1	2	3
확률	0.7240	0.2525	0.0230	0.0005

불량품 개수의 기댓값 $E(X)$는 다음과 같이 계산된다.

$$E(X) = 0 \cdot 0.7240 + 1 \cdot 0.2525 + 2 \cdot 0.0230 + 3 \cdot 0.005 = 0.3$$

또 같은 방법으로 $E(X^2) = 0.3490$를 얻을 수 있으며, 이를 이용해 분산을 구하면 다음과 같다.

$$\mathrm{Var}(X) = E(X^2) - \{E(X)\}^2 = 0.259$$

평균과 분산의 공식을 이용하여 구해도 같은 결과를 얻음을 확인할 수 있다.

$$E(X) = np = 5 \cdot \frac{3}{50} = 0.3$$

$$\mathrm{Var}(X) = np(1-p) \cdot \frac{N-n}{N-1} = 5 \cdot \frac{3}{50} \cdot \frac{47}{50} \cdot \frac{45}{49} = 0.259$$

4-1-3 이항분포

이항분포는 베르누이 확률변수의 합으로 정의할 수 있다. $Y_1, Y_2, \cdots, Y_n$이 성공률 p인 베르누이 분포에서 랜덤표본일 때 확률변수 X를

$$X = Y_1 + Y_2 + \cdots + Y_n$$

으로 정의하자. 각 Y_i는 성공이면 1, 아니면 0인 확률변수이므로 Y_i들의 합인 X는 n회의 베르누이 시행에서 성공횟수에 해당된다. 즉,

$$X = n\text{회의 베르누이 시행에서 성공횟수}$$

로 표현될 수 있으며, 이와 같은 확률변수 X의 분포를 **이항분포(binomial distribution)**라고 한다. 이항분포는 기호 $B(n,p)$로 나타내며, 확률밀도함수는 다음과 같다.

$$p(x) = \binom{n}{x} p^x (1-p)^{n-x}, \quad n = 1,2,\cdots,n$$

$Y_1, Y_2, \cdots, Y_n$은 서로 독립이며, 각 Y_i의 평균은 p, 분산은 $p(1-p)$이므로 X의 평균과 분산은 각각 다음과 같다.

$$E(X) = E(Y_1 + Y_2 + \cdots + Y_n) = E(Y_1) + E(Y_2) + \cdots + E(Y_n) = np$$

$$\mathrm{Var}(X) = \mathrm{Var}(Y_1 + Y_2 + \cdots + Y_n) = \mathrm{Var}(Y_1) + \mathrm{Var}(Y_2) + \cdots + \mathrm{Var}(Y_n) = np(1-p)$$

이와 같은 이항분포의 성질을 정리하면 다음과 같다.

이항분포와 그의 성질

(1) 이항분포의 확률밀도함수

$$p(x) = \binom{n}{x} p^x (1-p)^{n-x}, \quad n = 1,2,\cdots,n$$

(2) $X \sim B(n,p)$일 때

$$E(X) = np, \quad \mathrm{Var(X)} = \mathrm{np(1-p)}$$

이항분포는 초기하분포에서 모집단 크기가 무한일 때의 분포와 같다. 즉, 불량률 p인 무한모집단에서 n개의 표본을 추출할 때

$$X = n\text{개의 표본 가운데 있는 불량품 개수}$$

로 정의하면, 각 표본의 검사 결과는 베르누이 시행과 같은 개념이 된다. 즉, 불량품은 1로, 양호품은 0으로 대응시키는 베르누이 분포에서 추출된 베르누이 랜덤표본의 합이므로 X는 이항분포 $B(n,p)$를 따른다.

이항분포의 모양은 n과 p에 따라 달라진다. [그림 4-1]은 $n=7$일 때 (a) $p=0.2$, (b) $p=0.5$, (c) $p=0.8$일 때의 이항분포 그래프이다. p가 증가하면서 그래프의 모양은 오른쪽으로 쏠리는 모습임을 확인할 수 있다.

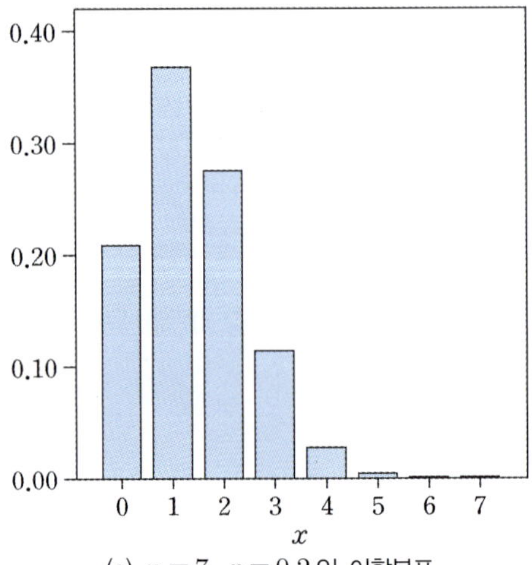

(a) $n=7$, $p=0.2$인 이항분포

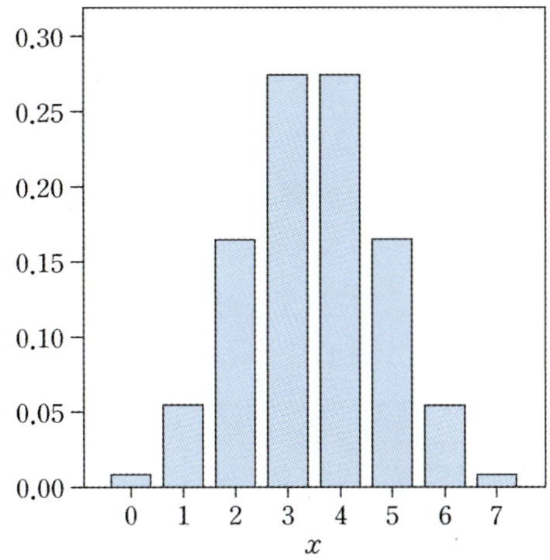

(b) $n=7,\ p=0.5$ 인 이항분포

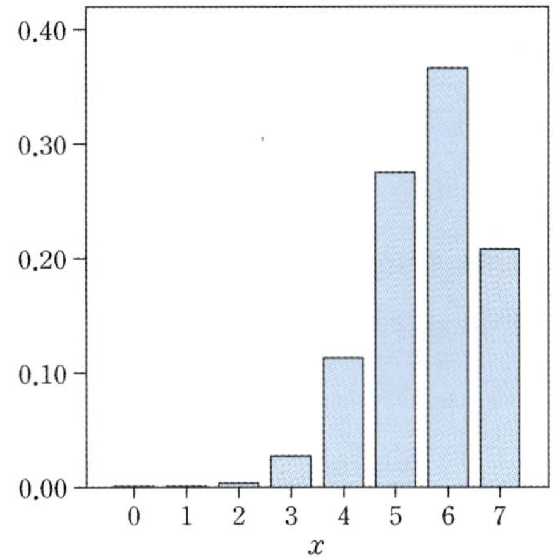

(c) $n=7,\ p=0.8$ 인 이항분포

그림 4-1 $\boldsymbol{n=7}$일 때 여러 $\boldsymbol{p}$ 값에 대한 이항분포 그래프

이항분포에서 확률을 밀도함수로부터 구하는 것은 복잡하므로, 부록의 표 2에는 **누적이항분포표**가 수록되어 있다. 즉, 선택된 n과 p 및 c에 대하여

$$P(X \le c) = \sum_{x=0}^{c} \binom{n}{x} p^x (1-p)^{n-x}$$

의 값이 수록되어 있다. 이항분포는 이산형이므로 누적이항분포표를 이용하여 확률을 구할 때는 다음 성질을 이용하면 편리한다.

$$P(a) = P(X \le a) - P(X \le (a-1))$$
$$P(X \ge a) = 1 - P(X \le (a-1))$$
$$P(a \le X \le b) = P(X \le b) - P(X \le (a-1))$$

예 4.3 $X \sim B(20, 0.2)$ 일 때

(a) $P(X=1) = P(X \le 1) - P(X \le 0) = 0.069 - 0.012 = 0.057$

(b) $P(X \ge 4) = 1 - P(X \le 3) = 1 - 0.411 = 0.589$

(c) $P(1 \le X \le 4) = P(X \le 4) - P(X \le 0) = 0.630 - 0.012 = 0.618$

예제 4.1 2005년의 우리나라의 연령별 인구 구성비는 9세 이하는 12%, 10대는 13%, 20대는 15%, 30대는 18%, 40대는 17%, 50세 이상은 25%였다. 그렇다면 2005년에 우리나라 사람 20명을 랜덤하게 뽑았을 때 다음 물음에 답하여라.

(1) 20~40대가 10명 이상 뽑힐 확률을 구하여라.

(2) 30세 이상이 12명 뽑힐 확률을 구하여라.

풀이 랜덤표본에서 20~40대의 사람수를 나타내는 확률변수를 X, 30세 이상의 사람수를 나타내는 확률변수를 Y라고 하자. 그러면 20~40대가 뽑힐 확률은 0.50 (=0.15+0.18+0.17)이므로 X는 이항분포 $B(20, 0.50)$을 따르게 된다. 마찬가지로 $Y \sim B(20, 0.60)$을 따름을 알 수 있다. 그러므로 각 경우 확률은 누적이항분포표를 이용하면 다음과 같다.

(1) $P(X \ge 10) = 1 - P(X \le 9) = 1 - 0.412 = 0.588$

(2) $P(Y=12) = P(Y \le 12) - P(Y \le 11) = 0.228 - 0.113 = 0.115$

초기하분포에서 모집단 크기 N이 매우 커서, n/N의 비율이 0에 가까우면 초기하분포는 $p = D/N$인 이항분포 $B(n, p)$에 가까워진다. 그러므로 이항분포는 초기하분포의 근사로 사용될 수 있다.

예 4.4 상자 속에 흰 공과 검은 공이 각각 5,000개씩 들어 있다. 상자에서 공 30개를 뽑는 경우를 생각해 보자. 이 경우는 유한모집단의 단순랜덤비복원추출이므로 흰 공 개수의 분포는 초기하분포를 따르게 된다. 모집단은 $N=10000$으로 매우 크고, 모수는 $p=D/N=0.5$이다. 이제 초기하분포와 이항분포 $B(30, 0.5)$를 비교해 보자. [그림 4-2]는 초기하분포와 이항분포의 그래프를 나타낸다. 두 그래프를 비교하면 거의 차이가 없음을 확인할 수 있고, 위의 초기하분포를 $B(30, 0.5)$로 근사시키는 데 큰 무리가 없음을 알 수 있다.

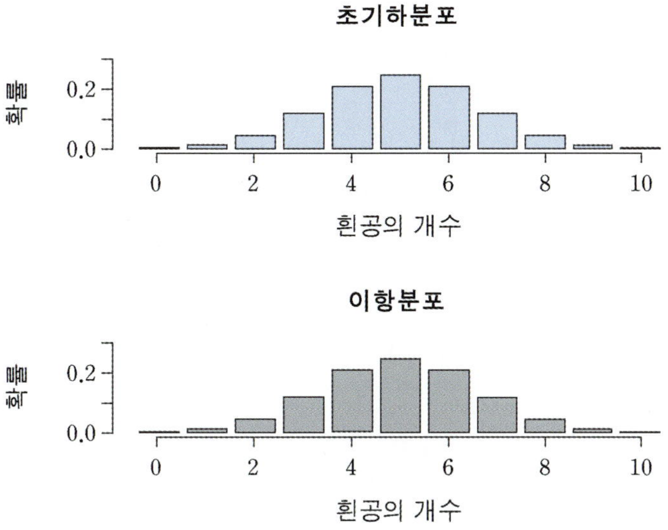

그림 4-2 초기하분포의 이항분포 근사

예제 4.2 10,000가구가 살고 있는 어떤 지역의 신문구독률이 40%라고 한다. 이 지역에서 10가구를 표본으로 뽑아 신문구독 여부를 조사할 경우 6가구 이상이 신문을 구독할 확률은 얼마인가?

풀이 표본에서 신문구독 가구수는 $N=10000$이고, $D=4000$, $n=10$인 초기하분포를 따른다. 이 경우에는 N이 매우 크고, n도 N에 비해 충분히 작다. $p=D/N=0.40$이므로 표본의 신문구독 가구의 수 X의 분포는 $B(10, 0.4)$로 근사시킬 수 있다. 따라서 구하는 확률은 다음과 같다.

$$P(X \geq 6) = 1 - P(X \leq 5) \approx 1 - 0.834 = 0.166$$

4-2 정규분포

연속확률분포의 가장 대표적인 분포인 **정규분포**(normal distribution)에 대해서 알아보자. 정규분포는 가우스(Gauss)에 의해서 만들어져서 **가우스 분포**(Gaussian distribution)라고도 한다. 초기의 통계학자들은 정규분포를 이상적인 분포로 생각하고, 자료의 히스토그램이 정규분포와 유사하지 않으면 비정상적인 자료로 간주하였다. 그래서 이 분포에 "정규(normal)"라는 이름이 붙게 되었다.

평균이 μ이고 표준편차가 $\sigma(>0)$인 정규분포를 $N(\mu, \sigma^2)$으로 표시한다. 정규분포의 밀도함수는 μ를 중심으로 좌우 대칭이고, 대칭점에서 가장 큰 값을 가지며 대칭점에서 멀어질수록 작아진다. 그리고 변곡점은 모평균에서 σ만큼 떨어져 있다. 정규분포 $N(\mu, \sigma^2)$의 확률밀도함수는 다음과 같다.

평균이 μ이고 표준편차가 σ인 정규분포의 확률밀도함수

$$p(x) = \frac{1}{\sqrt{2\pi}\,\sigma} e^{-\frac{1}{2\sigma^2}(x-\mu)^2}, \qquad -\infty < x < \infty,\ \sigma > 0$$

정규분포 중에서 평균이 0이고 표준편차가 1인 것을 특별히 **표준정규분포**(standard normal distribution)라고 한다. [그림 4-3]은 표준정규분포의 확률밀도함수의 그래프이다.

[그림 4-4]는 분산은 같고 평균이 다른 세 정규분포의 모양이다. 즉, 평균이 변하면 밀도함수는 x축에서 평행이동이 된 모양이다. 이에 대하여 [그림 4-5]는 평균이 같고 분산이 다른 세 정규분포의 모양이다. 그림에서 볼 수 있듯이 정규분포에서 평균은 정규분포의 중심을 나타낸다. 분산이 작으면 평균 쪽에 많이 몰려 있고, 크면 넓게 퍼져있음을 알 수 있다. 정규분포의 분산은 분포가 넓게 퍼진 정도를 나타낸다.

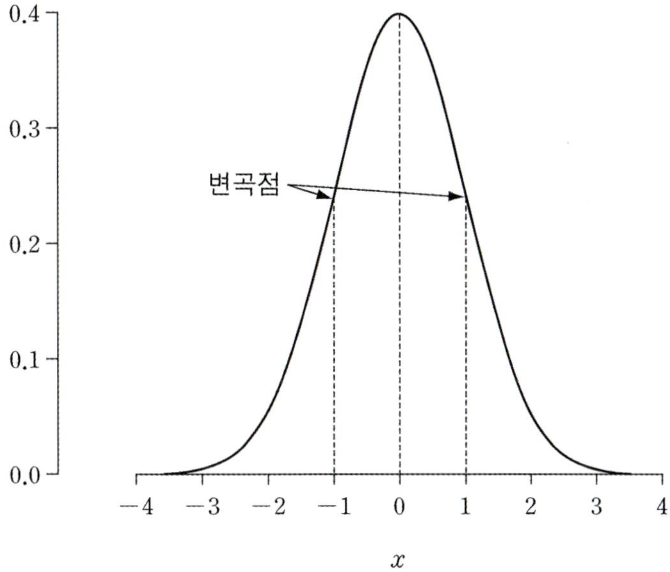

그림 4-3 표준정규분포 N(0, 1)의 확률밀도함수

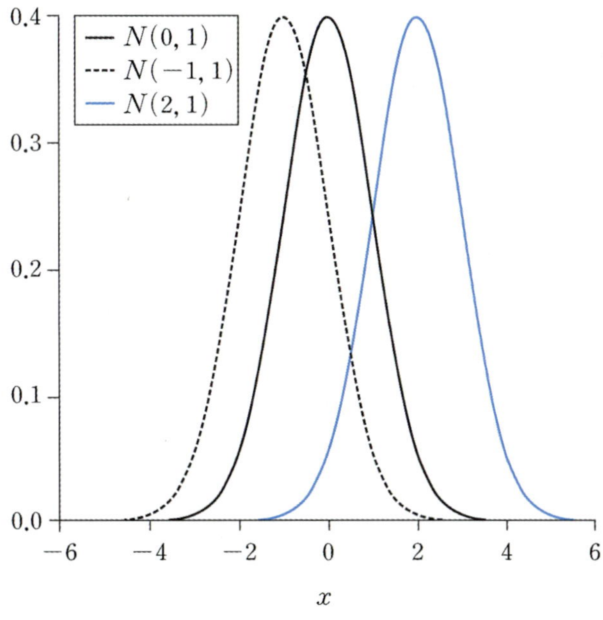

그림 4-4 평균의 변화에 따른 정규분포의 밀도함수

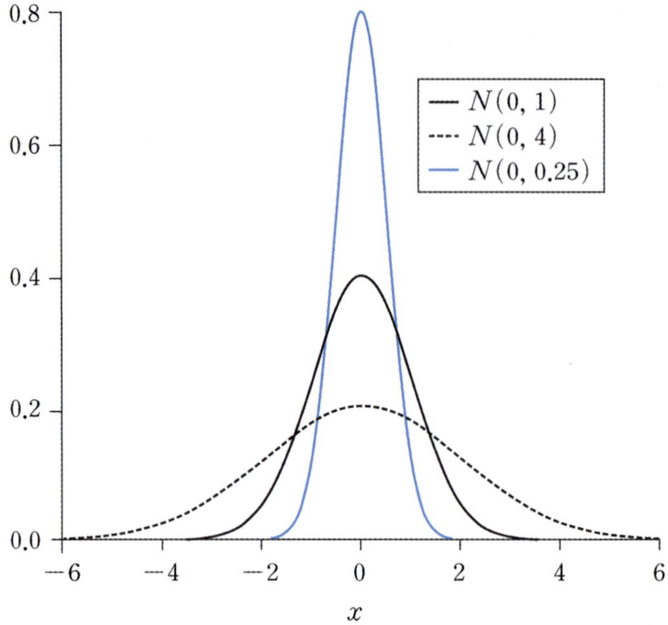

그림 4−5 분산의 변화에 따른 정규분포의 밀도함수

표준정규분포를 따르는 확률변수를 Z로 표기하는 경우가 많다. 부록의 표 3은 **표준정규분포표**로서 누적확률 $P(Z \le z)$의 값이 표로 주어져 있다. 정규분포는 연속형이므로 한 점에서의 확률은 0이다. 즉, 임의의 상수 a에 대하여 $P(Z=a)=0$이다. 또한 표준정규분포에서 확률을 구할 때는 다음 사실을 이용하면 편리하다.

표준정규분포표를 이용한 확률의 계산

(1) $P(Z \ge z) = 1 - P(Z < z)$

(2) $P(a \le Z \le b) = P(Z \le b) - P(Z < a)$

예 4.5 $P(Z > 1)$과 $P(0 < Z < 1.95)$를 표준정규분포표를 이용하여 구해 보자.

(1) $P(Z > 1) = 1 - P(Z \le 1) = 1 - 0.8413 = 0.1587$

(2) $P(0 < Z < 1.95) = P(Z < 1.95) - P(Z \le 0) = 0.9744 - 0.5 = 0.4744$

표준정규분포에서 오른쪽 꼬리의 넓이가 α가 되는 점을 z_α로 나타내기로 한다. 즉, z_α는

$$P(Z > z_{\alpha}) = \alpha$$

를 만족하는 점이며, 이를 100(1−α)백분위수 또는 (1−α)분위수라고 한다.

> **기호** z_{α}
>
> $P(Z > z_{\alpha}) = \alpha$를 만족하는 점을 z_{α}로 나타낸다.

z_{α}의 위치는 [그림 4-6]과 같다. 그림에서와 같이 오른쪽 꼬리의 넓이는 α이다.

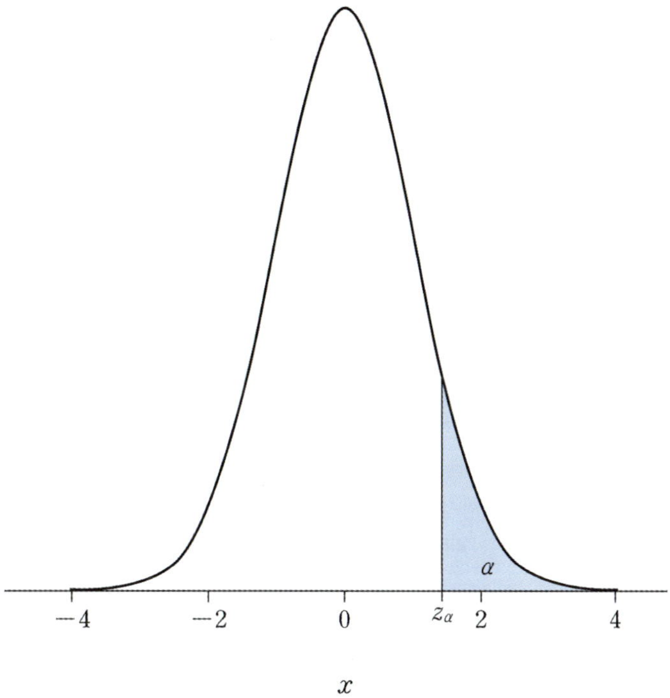

그림 4-6 표준정규분포의 $(1-\alpha)$ 분위수 z_{α}

대표적인 z_{α}값은 다음과 같다.

$$z_{0.005} = 2.576, \quad z_{0.01} = 2.326, \quad z_{0.025} = 1.96, \quad z_{0.05} = 1.645, \quad z_{0.10} = 1.282$$

이제 표준정규분포표를 이용하여 임의의 정규분포에서 확률을 구하는 방법을 알아보자. 확률변수 X가 평균 μ, 분산 σ^2인 정규분포 $N(\mu, \sigma^2)$를 따를 때 임의의

상수 a, b에 대하여

$$aX+b \sim N(a\mu+b,\ a^2\sigma^2)$$

가 성립한다. 이 성질을 이용하면 확률변수 $X \sim N(\mu, \sigma^2)$를 표준화시키면 표준정규분포를 따르며, 이 사실을 이용하여 임의의 정규분포에 대한 확률은 표준정규분포표를 이용하여 구할 수 있다.

표준화된 정규확률변수

$X \sim N(\mu, \sigma^2)$일 때 표준화된 확률변수는 표준정규분포 $N(0, 1)$를 따른다. 즉,

$$Z = \frac{X-\mu}{\sigma} \sim N(0, 1)$$

표준화된 정규확률변수는 표준정규분포를 따르므로, 임의의 정규분포에 대한 확률은 다음 변환식을 이용하면 쉽게 구할 수 있다.

$$P(X \le b) = P\left(\frac{X-\mu}{\sigma} \le \frac{b-\mu}{\sigma}\right) = P\left(Z \le \frac{b-\mu}{\sigma}\right)$$

$$P(a \le X \le b) = P\left(\frac{a-\mu}{\sigma} \le \frac{X-\mu}{\sigma} \le \frac{b-\mu}{\sigma}\right) = P\left(\frac{a-\mu}{\sigma} \le Z \le \frac{b-\mu}{\sigma}\right)$$

예제 4.3 $X \sim N(3,4)$일 때 $P(-1 \le X < 5)$의 값을 구하여라.

풀이 $Z = \dfrac{X-3}{2} \sim N(0, 1)$이므로 구하는 확률은 다음과 같다.

$$P(-1 \le X < 5) = P\left(\frac{-1-3}{2} \le \frac{X-3}{2} < \frac{5-3}{2}\right)$$

$$= P(-2 \le Z < 1) = 0.8413 - 0.0228 = 0.8185$$

예제 4.4 우유 공장에서 200 mL 우유 통에 우유를 담는 기계가 있다. 이 기계가 통에 담는 우유의 양은 $N(200, 25)$를 따른다고 한다. 이 우유를 하나 샀을 때, 들어 있는 우유의 양이 190 mL보다 적을 확률을 구하여라.

풀이 우유의 양을 X라고 하면, X는 $N(200,\ 25)$를 따르는 확률변수이다. 따라서

$$Z = \frac{X-200}{\sqrt{25}} \sim N(0,1)$$

이다. 따라서 구하는 확률은 다음과 같다.

$$P(X \le 190) = P(\frac{X-200}{5} \le \frac{190-200}{5})$$
$$= P(Z \le -2) = 0.0228$$

서로 독립인 두 확률변수 X_1과 X_2가 각각 정규분포 $N(\mu_1,\ \sigma_1^2)$과 $N(\mu_2,\ \sigma_2^2)$을 따를 때 X_1과 X_2의 일차결합인 $a_1X_1 + a_2X_2$도 다시 정규분포를 따름이 알려져 있다. 또한

$$E(a_1X_1 + a_2X_2) = a_1E(X_1) + a_2E(X_2) = a_1\mu_1 + a_2\mu_2$$
$$\mathrm{Var}(a_1X_1 + a_2X_2) = a_1^2\mathrm{Var}(X_1) + a_2^2\mathrm{Var}(X_2) = a_1^2\sigma_1^2 + a_2^2\sigma_2^2$$

이므로 $a_1X_1 + a_2X_2$의 분포는 다음과 같다.

$$a_1X_1 + a_2X_2 \sim N(a_1\mu_1 + a_2\mu_2,\ a_1^2\sigma_1^2 + a_2^2\sigma_2^2)$$

두 정규확률변수의 일차결합은 다시 정규분포를 따름을 확장하면 n개의 정규확률변수의 일차결합도 다시 정규분포를 따른다. 따라서 다음이 성립한다.

정규확률변수의 일차결합의 분포

$X_1, \cdots, X_n$은 서로 독립이며, $X_i \sim N(\mu_i, \sigma_i^2)$, $i = 1, \cdots, n$ 일 때

$$a_1X_1 + \cdots + a_nX_n \sim N(a_1\mu_1 + \cdots + a_n\mu_n,\ a_1^2\sigma_1^2 + \cdots + a_n^2\sigma_n^2)$$

예제 4.5 A가 집에서 학교로 버스를 타고 간다. 집에서 버스 정류장까지는 걸어서 3분이 걸린다. 버스 정류장에서 버스를 기다리는 시간은 평균이 5분이고, 표준편차가 1분이다. 그리고 버스 정류장에서 버스를 타고 학교에 도착할 때까지 걸리는 시간은 평균이 30분이고 표준편차가 10분이다. 기다리는 시간과 버스를 타고 학교까지 가는 데 걸리는 시간이 모두 정규분포를 따른다고 가정했을 때, 다음 질문에 답하여라.

(1) 집에서 학교까지 가는 데 걸리는 시간의 분포를 구하여라.
(2) 집에서 학교까지 가는 데 50분 이상 걸릴 확률을 구하여라.

풀이 (1) 버스를 기다리는 시간을 X_1, 버스를 타고 학교로 가는 데 걸리는 시간을 X_2라고 하면, 집에서 학교까지 가는 데 걸리는 시간은 $X = 3 + X_1 + X_2$이다. 한편 X의 평균은 $3+5+30=38$이며, 분산은 $1+100=101$이므로 X의 분포는 다음과 같다.

$$X \sim N(38,\ 101)$$

(2) 집에서 학교까지 가는 데 50분 이상 걸릴 확률은 다음과 같다.

$$P(X \geq 50) = P\left(\frac{X-38}{\sqrt{101}} \geq \frac{50-38}{\sqrt{101}}\right) = P(Z \geq 1.19)$$
$$= 1 - P(Z < 1.19) = 0.1170$$

4-3 표본분포

4-3-1 표본분포의 개념

우리나라의 통계청에서는 각종 통계자료를 작성하여 발표한다. 예를 들어, 2006년 2사분기에 전국의 평균 가계소득은 299만원이며, 평균 가계지출은 240만원인 것으로 조사되었다. 이와 같은 조사는 전국의 모든 가구를 조사하여 얻은 것이 아니고, 표본가구를 뽑아 조사하고 이를 기초로 추정한 결과이다. 이 경우에 모집단 전체를 조사하여 모평균 μ를 구하는 것은 시간적으로나 경제적으로 부적절한 방법이므로, 전국에서 표본가구를 뽑고 이들로부터 표본평균 $\overline{x}$ 의 값을 구하여 모평균 μ를 추정한 것이다.

그러면 표본평균 $\overline{x}$ 를 이용하여 모평균 μ를 추정할 경우에 얼마나 정확한 추정이 될 수 있을까? 오차의 한계는 얼마가 될까? 이런 질문에 대한 답을 하기 위해서는 표본평균의 분포를 알아야 한다.

다음 예에서 유한모집단에서 표본을 추출할 때 표본평균의 분포를 구해 보자.

예 4.6 유한모집단 {1, 2, 3, 4, 5}에서 크기가 2인 표본을 랜덤하게 뽑을 때, 비복원추출인 경우와 복원추출인 경우에 표본평균의 분포를 알아보자.

(1) 비복원추출인 경우

비복원추출을 시행할 때 표본과 대응되는 표본평균 및 확률은 <표 4-2>와 같다.

표 4-2 예 4.6에서 비복원추출인 경우 표본평균과 확률

표본	표본평균	확률
{1, 2}	1.5	1/6
{1, 3}	2.0	1/6
{1, 4}	2.5	1/6
{2, 3}	2.5	1/6
{2, 4}	3.0	1/6
{3, 4}	3.5	1/6

<표 4-2>에서 표본평균의 확률분포를 구하면 <표 4-3>과 같다.

표 4-3 예 4.7에서 비복원추출인 경우 표본평균의 확률분포

$\overline{x}$	1.5	2.0	2.5	3.0	3.5
$p(\overline{x})$	1/6	1/6	2/6	1/6	1/6

(2) 복원추출인 경우

복원추출을 시행할 때는 다음과 같은 16가지 경우들이 각각 1/16의 확률로 추출된다.

$$
\begin{array}{cccc}
\{1,\ 1\} & \{1,\ 2\} & \{1,\ 3\} & \{1,\ 4\} \\
\{2,\ 1\} & \{2,\ 2\} & \{2,\ 3\} & \{2,\ 4\} \\
\{3,\ 1\} & \{3,\ 2\} & \{3,\ 3\} & \{3,\ 4\} \\
\{4,\ 1\} & \{4,\ 2\} & \{4,\ 3\} & \{4,\ 4\}
\end{array}
$$

따라서 복원추출인 경우 표본평균의 확률분포를 구하면 <표 4-3>과 같다.

표 4-4 예 4.6에서 복원추출인 경우 표본평균의 확률분포

$\bar{x}$	1.0	1.5	2.0	2.5	3.0	3.5	4.0
$p(\bar{x})$	1/16	2/16	3/16	4/16	3/16	2/16	1/16

예를 들어, 전구의 생산 공정에서 확률변수 X를

$$X = \text{전구의 수명}$$

으로 정의하면, 이 공정에서 생산되는 전구의 평균수명 μ는 $E(X)$에 해당된다. μ를 추정하기 위하여 n개의 표본을 추출할 때

$$
\begin{aligned}
X_1 &= \text{첫 번째 전구의 수명} \\
X_2 &= \text{두 번째 전구의 수명} \\
&\ \vdots \\
X_n &= n\ \text{번째 전구의 수명}
\end{aligned}
$$

으로 정의하면, 실제로 표본을 추출하여 수명을 측정하기 전에는 $X_1, X_2, \cdots, X_n$은 모두 X와 같은 확률변수이다. 이와 같이 확률변수로 표현되는 표본 $\{X_1, X_2, \cdots, X_n\}$을 크기 n인 **랜덤표본**(random sample)이라고 한다. 각 전구의 수명을 측정하여 얻게 되는 관측값 $x_1, x_2, \cdots, x_n$을 **자료** 또는 **데이터**(data)라고 한다. 흔히 랜덤표본은 대문자로 나타내고 랜덤표본의 관측값인 자료는 소문자로 나타낸다.

예 4.6에서 보는 바와 같이 유한모집단에서는 복원추출을 하는 경우와 비복원추출을 하는 경우에 표본의 분포가 다르다. 특히 비복원추출의 경우에는 추정량의 분포를 구하기가 어렵다. 그러나 모집단의 크기가 충분히 클 때에는 유한모집단을 무한모집단으로 간주해도 좋을 것이다. 따라서 통계이론에서는 대부분 무한모집단을 간주하고 이론을 전개한다.

랜덤표본으로 계산되는 표본의 특성값을 **통계량**(statistic)이라고 하며, 특히 모수의 추정에 사용되는 통계량을 **추정량**(estimator)이라고 한다. 따라서 추정량은 통계량이다. 또한 통계량의 분포를 **표본분포**(sampling distribution)라고 한다.

유한모집단에서 랜덤표본은 12장에서 다루는 표본조사 이론에서만 사용하므로, 이 책에서는 특별히 언급이 없으면 무한모집단에서의 랜덤표본을 간주하기로 한다. 이 절에서 다룬 용어를 정리하면 다음과 같다.

랜덤표본 · 통계량 · 표본분포

(1) 서로 독립이며, 같은 분포를 갖는 확률변수의 집합 $X_1, X_2, \cdots, X_n$을 크기 n인 **랜덤표본**이라고 한다.
(2) 랜덤표본으로 계산되는 표본의 특성값을 **통계량**이라고 한다.
(3) 통계량의 분포를 **표본분포**라고 한다.

위의 용어에서 랜덤표본은 무한모집단을 가정할 때 또는 유한모집단에서 복원추출을 할 때의 표본으로 다음 두 조건을 만족한다.

(1) $X_1, X_2, \cdots, X_n$은 서로 독립이다.
(2) $X_1, X_2, \cdots, X_n$은 모두 모집단의 분포와 같은 본포를 갖는다.

추정량은 통계량으로서 확률변수의 함수이므로 다시 확률변수가 된다. 따라서 추정량 또는 통계량의 확률분포를 구하는 것이 표본분포의 주요 과제가 된다. 대표적인 추정량으로는

① 표본평균 $\overline{X}$, ② 표본분산 S^2, ③ 표본비율 $\hat{p}$

등이 있다. 이들 추정량을 랜덤표본의 함수로 나타내면 통계량이므로, 이와 관련된

분포는 표본분포가 된다. 또한 앞에서 다룬 이항분포는 베르누이 확률변수의 합으로 표현되므로 통계량이며, 따라서 이항분포도 표본분포의 한 예라고 할 수 있다.

4-3-2 표본평균의 분포

2장에서 다룬 표본평균은 자료(또는 데이터)의 평균이었으나, 이제부터 표본평균은 랜덤표본의 함수인 추정량으로 다음과 같이 정의하기로 한다.

표본평균

$$\overline{X} = \frac{1}{n}(X_1 + X_2 + \cdots + X_n) = \frac{1}{n}\sum_{i=1}^{n} X_i$$

$X_1, X_2, \cdots, X_n$ 이 평균이 μ, 분산이 σ^2인 모집단에서의 랜덤표본일 때 $\overline{X}$의 기댓값과 분산은 각각 다음과 같다.

$$E(\overline{X}) = \frac{1}{n}E(X_1 + X_2 + \cdots + X_n) = \frac{1}{n}[E(X_1) + E(X_2) + \cdots + E(X_n)]$$

$$= \frac{1}{n}(n\mu) = \mu$$

$$\mathrm{Var}(\overline{\mathrm{X}}) = \frac{1}{\mathrm{n}^2}\mathrm{Var}(\mathrm{X}_1 + \mathrm{X}_2 + \cdots + \mathrm{X}_\mathrm{n}) = \frac{1}{\mathrm{n}^2}[\mathrm{Var}(\mathrm{X}_1) + \mathrm{Var}(\mathrm{X}_2) + \cdots + \mathrm{Var}(\mathrm{X}_\mathrm{n})]$$

$$= \frac{1}{n^2}(n\sigma^2) = \frac{\sigma^2}{n}$$

이를 요약하면 다음과 같다.

표본평균의 기댓값과 분산

$X_1, X_2, \cdots, X_n$ 이 평균 μ, 분산 σ^2인 모집단에서 랜덤표본일 때

(1) $E(\overline{X}) = \mu$

(2) $\mathrm{Var}(\overline{\mathrm{X}}) = \frac{\sigma^2}{\mathrm{n}}$, $\quad \mathrm{sd}(\overline{\mathrm{X}}) = \frac{\sigma}{\sqrt{\mathrm{n}}}$

표본평균 $\overline{X}$는 계수 a_i가 모두 $1/n$ 인 일차결합이므로, 모집단 분포가 정규분포

일 때 표본평균 $\overline{X}$의 분포도 다시 정규분포를 따른다. 따라서 다음이 성립한다.

표본평균 $\overline{X}$의 분포

$X_1, X_2, \cdots, X_n$ 이 평균 μ, 분산 σ^2인 정규분포 $N(\mu, \sigma^2)$에서 랜덤표본일 때 표본평균 $\overline{X}$의 분포는 다음과 같다.

(1) $\overline{X} \sim N(\mu, \frac{\sigma^2}{n})$

(2) $Z = \frac{\overline{X} - \mu}{\sigma / \sqrt{n}} \sim N(0, 1)$

모집단의 분포가 정규분포가 아니면 $\overline{X}$의 분포는 정규분포를 따르지 않으며, 정확한 분포를 구하는 것이 어렵다. 그러나 표본크기 n이 충분히 클 때는 $\overline{X}$의 분포가 정규분포에 가까워진다는 사실이 알려져 있다. 이와 같은 사실을 **중심극한정리**(central limit theorem)라고 한다.

중심극한정리

$X_1, X_2, \cdots, X_n$ 이 평균 μ, 분산 σ^2인 임의의 무한모집단에서 랜덤표본일 때, 표본크기 n이 충분히 크면 표본평균 $\overline{X}$의 분포는 다음과 같다.

(1) $\overline{X} \approx N(\mu, \frac{\sigma^2}{n})$

(2) $Z = \frac{\overline{X} - \mu}{\sigma / \sqrt{n}} \approx N(0, 1)$

중심극한정리에서 $\overline{X}$의 분포가 정규분포에 가까워지는 정도는 모집단의 분포와 표본크기에 따라 다르다. 일반적으로 모집단의 형태가 정규분포에 가까울수록, 또한 표본크기가 클수록 오차는 줄어든다. 일반적으로 표본크기가 $n > 30$이면 오차가 작다고 알려져 있다.

정규분포는 이론적인 분포이므로 실제 문제에서 데이터가 얻어진 모집단이 정확히 정규분포를 따르는 경우는 없지만 중심극한정리 때문에 정규분포를 가정하고 얻은 이론을 적용시켜도 무리가 없게 된다. 따라서 앞으로 대부분의 이론들은 모집단에 대하여 정규성을 가정하고 결과를 얻게될 것이다.

예 4.7 주사위를 여러 번 던졌을 때, 주사위를 던져서 나온 값의 평균의 분포를 중심극한정리에서 대응되는 정규분포와 비교해 보자. 이 경우 모집단은 평균 3.5, 분산 2.916인 균등분포를 따른다. 표본크기(즉, 주사위를 던지는 횟수)를 1에서 4까지 늘려갈 때, 각 경우의 표본평균의 분포와 함께 중심극한정리에서 대응되는 정규분포의 밀도함수를 그림으로 나타내면 [그림 4-7]과 같다. 그림에서 직사각형은 표본평균 $\overline{X}$의 분포이며, 곡선은 대응되는 정규분포를 나타낸다. 표본크기가 커질수록 $\overline{X}$의 분포는 정규분포에 가까워짐을 확인할 수 있다.

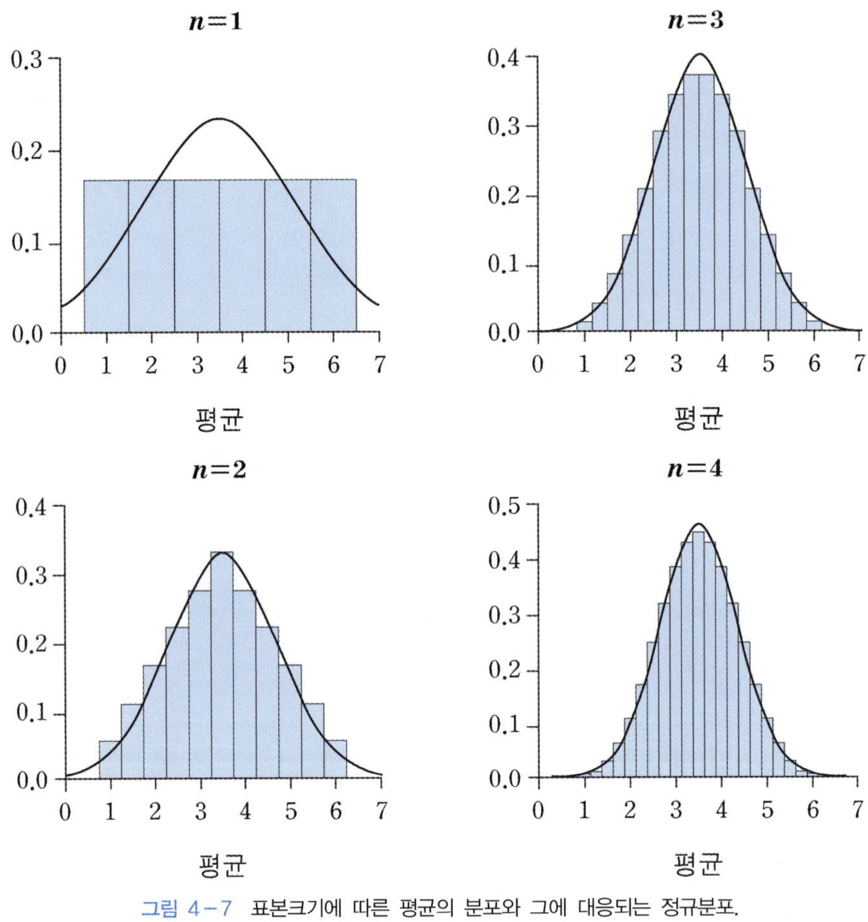

그림 4-7 표본크기에 따른 평균의 분포와 그에 대응되는 정규분포.

예제 4.6 어떤 컴퓨터의 부팅시간은 평균이 30초이고 표준편차는 2초라고 알려져 있다. 이 컴퓨터를 100회 부팅하면서 시간을 기록할 때, 기록된 시간의 평균이 29.5초 이하일 확률을 구하여라.

풀이 이 경우 표본의 크기가 충분히 크므로 중심극한정리를 사용할 수 있다. 부팅시간의 표본평균인 $\overline{X}$는 평균이 $\mu = 30$초, 표준편차가 $\sigma = 2/10$초인 정규분포를 따른다고 할 수 있다. 따라서 구하는 확률은 다음과 같다.

$$P(\overline{X} \le 29.5) = P\left(\frac{\overline{X} - 30}{0.2} \le \frac{29.5 - 30}{0.2}\right)$$
$$= P(Z \le -2.5) = 0.0062$$

다음은 이항분포의 정규분포근사에 대하여 알아보자.

4-1-3절에서 다룬 이항분포는 베르누이 확률변수의 합의 분포로 표현될 수 있으므로 표본분포임을 앞에서 언급하였다. 즉, $Y_1, Y_2, \cdots, Y_n$이 베르누이 분포에서 랜덤표본일 때

$$X = Y_1 + Y_2 + \cdots + Y_n$$

는 이항분포 $B(n, p)$를 따른다. 따라서 이항분포나 표본비율의 분포는 중심극한정리에 기초한 정규근사가 가능하다. $X \sim B(n, p)$일 때

$$\hat{p} = \frac{X}{n}$$

을 **표본비율**(sample proportion)이라고 하며, 표본비율은 모비율 p의 추정에 사용된다. 표본비율 $\hat{p}$의 기댓값과 분산은 각각 다음과 같다.

$$E(\hat{p}) = E\left(\frac{X}{n}\right) = \frac{np}{n} = p$$
$$\mathrm{Var}(\hat{p}) = \mathrm{Var}\left(\frac{X}{n}\right) = \frac{np(1-p)}{n^2} = \frac{p(1-p)}{n}$$

한편, 표본비율을 베르누이 랜덤표본의 표본평균인 $\overline{Y}$에 해당되므로 n이 충분히 클 때 중심극한정리에 의해 다음과 같은 정규근사가 성립한다. 다만, n이 충분히 크다는 것에 대한 판단은 "$np \ge 5$이고 $n(1-p) \ge 5$"인 기준을 흔히 사용한다.

$$Z = \frac{\hat{p} - p}{\sqrt{p(1-p)/n}} = \frac{X - np}{\sqrt{np(1-p)}} \approx N(0,1)$$

이들을 요약하면 다음과 같다.

이항분포의 정규근사

확률변수 X가 이항분포 $B(n,p)$를 따르며, n이 충분히 클 때(즉, $np \geq 5$이고 $n(1-p) \geq 5$ 일 때) 다음과 같은 정규근사가 성립한다.

$$Z = \frac{X - np}{\sqrt{np(1-p)}} \frac{\hat{p} - p}{\sqrt{p(1-p)/n}} \approx N(0,1)$$

표본크기 n이 매우 커서 이항분포로부터 확률을 직접 구할 수 없을 때는 정규분포로 근사시켜서 원하는 확률을 구할 수 있다.

예 4.8 이항분포의 확률을 구할 때, 정규근사에 의한 근삿값과 참값으로 구하여 그의 차이를 알아보자. 확률변수 X가 이항분포 $B(400, 0.2)$를 따르는 경우 $P(X \leq 84)$의 확률을 구해 보자. 먼저 통계계산 소프트웨어를 사용하여 이항분포에서 구한 참값은 다음과 같다.

$$P(X \leq 84) = 0.7160$$

X의 평균은 $np = 400 \times 0.2 = 80$이고 분산은 $np(1-p) = 400 \times 0.2 \times 0.8 = 64$이므로 정규근사에 의한 확률을 구하면 다음과 같다.

$$P(X \leq 84) = P\left(\frac{X - 80}{\sqrt{64}} \leq \frac{84 - 80}{\sqrt{64}}\right)$$
$$\approx P(Z \leq 0.5) = 0.6915$$

따라서 오차는 0.0245로 작은 값이다.

예 4.9 앞면이 나올 확률이 1/2인 동전을 100회 던졌을 때, 앞면이 나온 횟수가 40회 이상 55회 이하일 확률을 구해 보자. 앞면이 나온 횟수 X는 이항분포 $B(100, 0.5)$를 따르게 된다. 이항분포를 정규분포로 근사시키면 확률은 다음과 같이 계산된다.

$$P(40 \leq X \leq 55) = P\left(\frac{40 - 50}{5} \leq \frac{X - 50}{5} \leq \frac{55 - 50}{5}\right)$$
$$\approx P(-2 \leq Z \leq 1) = 0.8413 - 0.0228 = 0.8185$$

이 확률을 직접 이항분포로부터 구하면 그 값은 0.8467이다. [그림 4-8]은 $B(100, 0.5)$의 히스토그램과 $N(50, 25)$의 확률밀도함수 그래프이다.

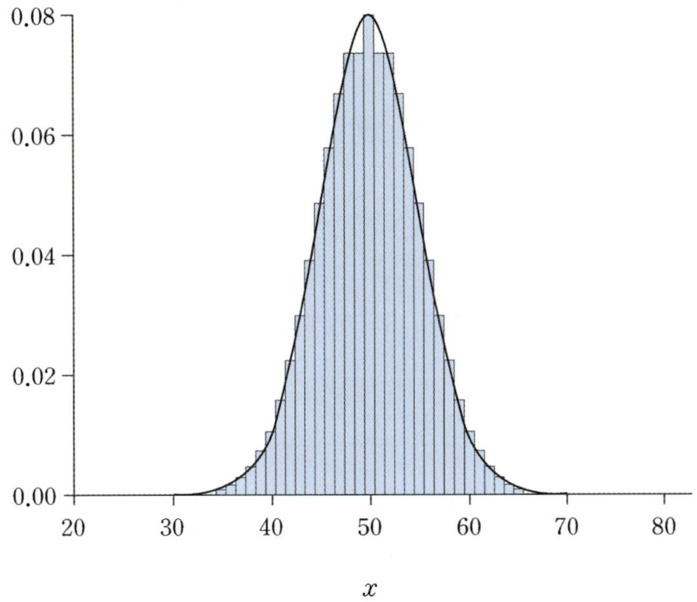

그림 4-8 정규분포 $N(50, 25)$와 이항분포 $B(100, 0.5)$

예제 4.7 어떤 야구 선수의 타율이 0.25라고 한다. 이 선수가 120타석에서 안타를 35회 이상 칠 확률을 구하여라.

풀이 이 야구 선수가 120타석에서 칠 안타의 수 X는 이항분포 $B(120, 0.25)$를 따르는 확률변수이다. 이 분포를 정규분포로 근사시키면 $N(30, 22.5)$이다. 따라서 구하는 확률의 근삿값은 다음과 같다.

$$P(X \geq 35) = P\left(\frac{X-30}{\sqrt{22.5}} \geq \frac{35-30}{\sqrt{22.5}}\right)$$
$$\approx P(Z \geq 1.05) = 0.146$$

4-3-3 카이제곱분포

지금까지 다룬 대표적인 표본분포는 표본평균 $\overline{X}$, 이항확률변수 X, 표본비율 $\hat{p}$를 표준화시킨 Z−통계량의 분포이었다. 이 절에서는 표본분산 S^2과 관련된 분포를 알아보기로 한다.

$X_1, X_2, \cdots, X_n$이 정규분포 $N(\mu, \sigma^2)$에서 랜덤표본일 때, 표본분산

$$S^2 = \frac{1}{n-1}\sum_{i=1}^{n}(X_i - \overline{X})^2$$

은 모분산 σ^2을 추론하는 데 유용하게 쓰인다. 추론을 위해서는 표본분산의 분포를 알아야 한다. 이와 관련된 분포로서 다음과 같이 정의되는 **카이제곱분포(chi-squared distribution)**에 대하여 알아보자.

> **카이제곱분포**
>
> $Z_1, Z_2, \cdots, Z_k$가 표준정규분포에서 랜덤표본일 때,
>
> $$V = Z_1^2 + Z_2^2 + \cdots + Z_k^2$$
>
> 의 분포를 자유도 k인 **카이제곱분포**라고 하며, 기호 $V \sim \chi^2(k)$로 나타낸다.

카이제곱분포는 자유도에 따라서 분포의 형태가 달라진다. [그림 4-9]에서와 같이 자유도가 작을 때는 오른쪽으로 긴 꼬리를 갖는 분포이며, 자유도가 증가하면서 분포의 모양은 오른쪽으로 이동하면서 대칭에 가까운 모양으로 변함을 확인할 수 있다.

자유도 k인 카이제곱분포에서 오른쪽 꼬리의 넓이가 α가 되는 점을 $\chi_\alpha^2(k)$로 나타내기로 한다. 즉, $\chi_\alpha^2(k)$는 $V \sim \chi_\alpha^2(k)$일 때

$$P(V > \chi_\alpha^2(k)) = \alpha$$

를 만족하는 점이며, 이를 카이제곱분포의 100(1−α)백분위수 또는 (1−α)분위수라고 한다.

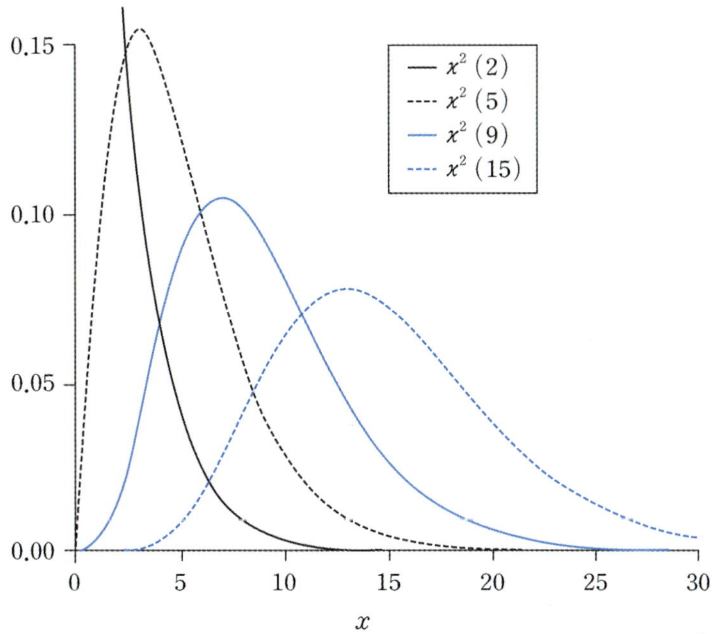

그림 4-9 자유도에 따른 카이제곱분포의 확률밀도함수

기호 $\chi^2_\alpha(k)$

$V \sim \chi^2_\alpha(k)$ 일 때 $P(V > \chi^2_\alpha(k)) = \alpha$를 만족하는 점을 $\chi^2_\alpha(k)$로 나타낸다.

$\chi^2_\alpha(k)$의 위치는 [그림 4-10]과 같다. 그림에서와 같이 오른쪽 꼬리의 넓이는 α이다. 왼쪽 꼬리의 넓이가 α인 점은 오른쪽 꼬리의 넓이가 $1-\alpha$이므로 다음 식이 성립한다.

$$P(V < \chi^2_{1-\alpha}(k)) = \alpha$$

부록 표 5에는 카이제곱분포표가 수록되어 있다. 즉, 선택된 자유도 k와 분위수 α에 대하여 $\chi^2_\alpha(k)$ 값이 수록되어 있다. 예를 들어, 자유도 9인 카이제곱분포에서 다음을 확인할 수 있다.

$$\chi^2_{0.95}(9) = 3.325, \quad \chi^2_{0.05}(9) = 16.919, \quad \chi^2_{0.01}(9) = 21.666$$

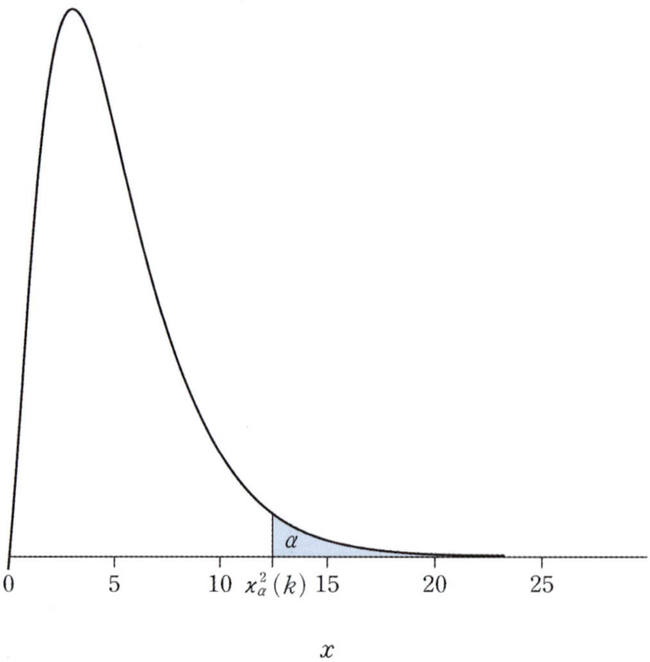

그림 4-10 $\chi^2(k)$ 분포의 $(1-\alpha)$분위수 $\chi_\alpha^2(k)$

서로 독립인 카이제곱분포를 따르는 확률변수의 합은 카이제곱분포를 따름을 카이제곱분포의 정의로부터 쉽게 확인할 수 있다.

카이제곱분포의 가법성

서로 독립인 확률변수 $V_1 \sim \chi^2(k_1)$, $V_2 \sim \chi^2(k_2)$에 대하여 다음이 성립한다.

$$V_1 + V_2 \sim \chi^2(k_1 + k_2)$$

이제 표본분산 S^2의 분포에 대하여 알아보자. $\dfrac{X_i - \mu}{\sigma} \sim N(0, 1)$이므로 카이제곱분포의 정의와 가법성에 의해서

$$\sum_{i=1}^{n}\left(\frac{X_i - \mu}{\sigma}\right)^2 \sim \chi^2(n)$$

이 성립한다. 한편

$$\sum_{i=1}^{n}\left(\frac{X_i-\mu}{\sigma}\right)^2=\sum_{i=1}^{n}\left(\frac{X_i-\overline{X}}{\sigma}\right)^2+n\left(\frac{\overline{X}-\mu}{\sigma}\right)^2$$

$$=\frac{(n-1)S^2}{\sigma^2}+\left(\frac{\overline{X}-\mu}{\sigma/\sqrt{n}}\right)^2$$

로 표현될 수 있다. 또한 S^2과 $\overline{X}$는 서로 독립임을 증명할 수 있으며, 여기서는 결과만 이용하기로 한다. 한편, $\left(\frac{\overline{X}-\mu}{\sigma/\sqrt{n}}\right)^2 \sim \chi^2(1)$이므로 카이제곱의 가법성에서 다음 사실을 유추할 수 있다. (엄격한 증명은 이 책의 범위를 벗어나므로 여기서는 직관적인 결과만 설명하기로 한다.)

$$\frac{(n-1)S^2}{\sigma^2} \sim \chi^2(n-1)$$

정규모집단에서 표본분산의 분포

$X_1, X_2, \cdots, X_n$이 정규분포 $N(\mu, \sigma^2)$에서 랜덤표본일 때, 표본분산

$$S^2=\frac{1}{n-1}\sum_{i=1}^{n}(X_i-\overline{X})^2$$

에 대하여 다음이 성립한다.

$$\frac{(n-1)S^2}{\sigma^2} \sim \chi^2(n-1)$$

두 정규모집단에서 분산이 같다는 가정하에 공통분산을 추정하는 방법을 알아보자. $X_1, \cdots, X_{n_1}$과 $Y_1, \cdots, Y_{n_2}$이 서로 독립이고 각각 $N(\mu_1, \sigma^2)$, $N(\mu_2, \sigma^2)$에서 추출된 랜덤표본이라고 하자. 이때 S_1^2, S_2^2은 각각의 표본분산이라고 하면, **합동표본분산**(pooled sample variance) S_p^2은 다음과 같이 정의된다.

$$S_p^2=\frac{(n_1-1)S_1^2+(n_2-1)S_2^2}{n_1+n_2-2}$$

$$= \frac{\sum_{i=1}^{n_1}(X_i - \overline{X})^2 + \sum_{i=1}^{n_2}(Y_i - \overline{Y})^2}{n_1 + n_2 - 2}$$

이 경우 각 표본의 표본분산은 서로 독립이고

$$\frac{(n_1 - 1)S_1^2}{\sigma^2} \sim \chi^2(n_1 - 1)$$

$$\frac{(n_2 - 1)S_2^2}{\sigma^2} \sim \chi^2(n_2 - 1)$$

이므로 다음이 성립한다.

$$\frac{(n_1 + n_2 - 2)S_p^2}{\sigma^2} = \frac{(n_1 - 1)S_1^2}{\sigma^2} + \frac{(n_2 - 1)S_2^2}{\sigma^2} \sim \chi^2(n_1 + n_2 - 2)$$

분산이 같은 두 정규모집단에서의 합동표본분산의 분포

공통분산의 가정하에 **합동표본분산**을

$$S_p^2 = \frac{(n_1 - 1)S_1^2 + (n_2 - 1)S_2^2}{n_1 + n_2 - 2}$$

로 정의하면, 다음이 성립한다.

$$\frac{(n_1 + n_2 - 2)S_p^2}{\sigma^2} \sim \chi^2(n_1 + n_2 - 2)$$

4-3-4 t-분포

$X_1, X_2, \cdots, X_n$이 정규분포 $N(\mu, \sigma^2)$에서 랜덤표본일 때, $\overline{X}$를 표준화시킨

$$Z = \frac{\overline{X} - \mu}{\sigma / \sqrt{n}}$$

은 표준정규분포를 따름을 이용하여 모평균 μ에 관한 추론문제를 다루게 된다. 그러나 실제문제에서 모분산 σ^2을 아는 경우는 거의 없으며, 따라서 σ^2을 표본분산

S^2으로 추정하여 사용한다. 즉, 표본분산 S^2을 사용하여 스튜던트화한 표본평균

$$T = \frac{\overline{X} - \mu}{S/\sqrt{n}}$$

을 사용하여 모평균에 관한 추론문제를 다루게 된다. 그러나 이 T-통계량은 정규분포를 따르지 않으며, 다음과 같이 정의되는 t-**분포**(t-distribution)를 따른다.

> **t-분포**
>
> $Z \sim N(0,1)$, $V \sim \chi^2(k)$이며, Z와 V는 서로 독립일 때
>
> $$T = \frac{Z}{\sqrt{V/k}}$$
>
> 의 분포를 자유도 k인 t-**분포**라고 하며, 기호 $T \sim t(k)$로 나타낸다.

정규분포에서 표본평균과 표본분산이 서로 독립임이 알려져 있다. 또한

$$\frac{\overline{X} - \mu}{\sigma/\sqrt{n}} \sim N(0,1)$$

$$\frac{(n-1)S^2}{\sigma^2} \sim \chi^2(n-1)$$

이므로, 스튜던트화된 표본평균의 분포는 다음과 같다.

$$T = \frac{\overline{X} - \mu}{S/\sqrt{n}} = \frac{(\overline{X} - \mu)/\sqrt{\sigma^2/n}}{\sqrt{\dfrac{(n-1)S^2}{\sigma^2}/(n-1)}} \sim t(n-1)$$

> **스튜던트화된 표본평균의 분포**
>
> $X_1, X_2, \ldots, X_n$이 정규분포 $N(\mu, \sigma^2)$에서 랜덤표본일 때 다음이 성립한다.
>
> $$T = \frac{\overline{X} - \mu}{S/\sqrt{n}} \sim t(n-1)$$

이 T–통계량은 고셋(Gosset, 1876~1937)이 Student라는 가명으로 발표를 하여서 스튜던트화된 표본평균이란 이름으로 불린다. [그림 4-11]에서처럼 t–분포의 모양은 정규분포와 유사하지만 정규분포에 비해 두터운 꼬리를 가지고 있다. 그리고 자유도가 커질수록 표준정규분포에 가까워진다. 따라서 표본의 크기가 큰 경우에는 t–분포를 표준정규분포로 근사시킬 수 있다. 즉, 표본의 크기가 클 경우에는 스튜던트화된 표본평균이 표준정규분포를 따르는 것으로 간주하기도 한다.

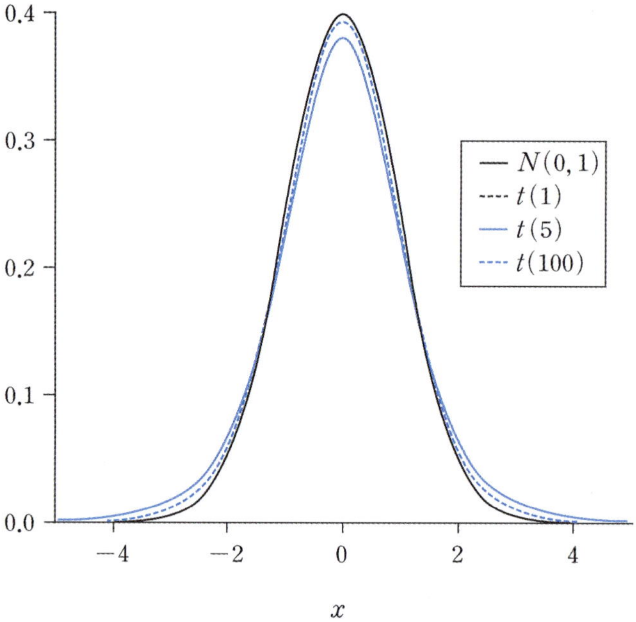

그림 4-11 표준정규분포와 t-분포

자유도 k인 t–분포에서 오른쪽 꼬리의 넓이가 α가 되는 점을 $t_\alpha(k)$로 나타내기로 한다. 즉, $t_\alpha(k)$는 $T \sim t(k)$일 때

$$P(T > t_\alpha(k)) = \alpha$$

를 만족하는 점이며, 이는 t–분포의 $(1-\alpha)$분위수에 해당된다.

기호 $t_\alpha(k)$

$T \sim t(k)$일 때 $P(T > t_\alpha(k)) = \alpha$를 만족하는 점을 $t_\alpha(k)$로 나타낸다.

$t_\alpha(k)$를 그림으로 나타내면 [그림 4-12]와 같다. 그림에서와 같이 오른쪽 꼬리의 넓이가 α가 되는 점이다.

부록의 표 4에는 여러 자유도와 선택된 α에 대하여 $t_\alpha(k)$값이 수록되어 있다. 예를 들어, 자유도 9일 때 여러 α에 대한 $t_\alpha(k)$값이 다음과 같음을 알 수 있다.

$$t_{0.005}(9) = 3.250, \quad t_{0.01}(9) = 2.821, \quad t_{0.05}(9) = 1.833, \quad t_{0.10}(9) = 1.383$$

또한 자유도가 증가하면 t-분포는 표준정규분포에 수렴하므로, 자유도 k가 ∞일 때 $t_\alpha(k)$값은 z_α값과 일치한다. 따라서 t-분포표에서 마지막 줄에 있는 $t_\alpha(\infty)$의 값은 z_α값을 나타내기도 한다.

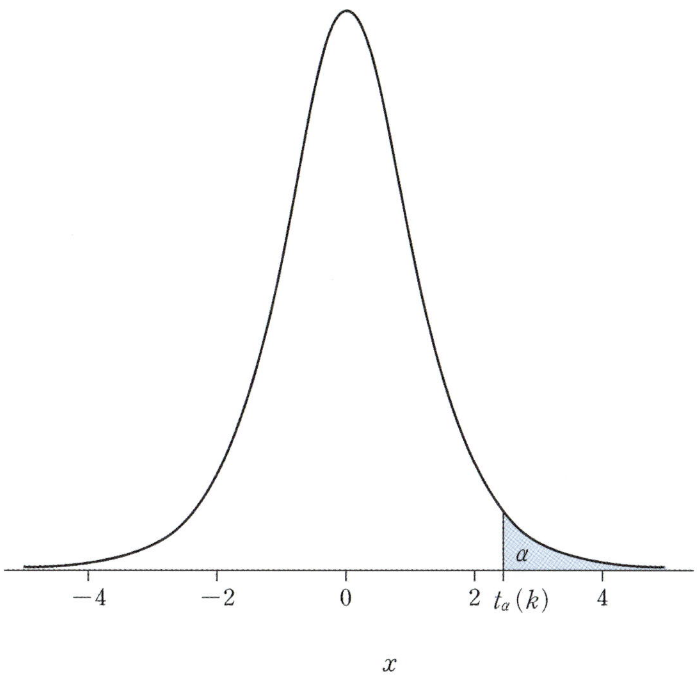

그림 4-12 $t(k)$ 분포의 $(1-\alpha)$분위수 $t_\alpha(k)$

분산이 같은 두 정규모집단 $N(\mu_1, \sigma^2)$, $N(\mu_2, \sigma^2)$에서 서로 독립인 랜덤표본을 이용하여 합동표본분산 S_p^2을 정의하면, 4-3-3절에서

$$\frac{(n_1+n_2-2)S_p^2}{\sigma^2} \sim \chi^2(n_1+n_2-2)$$

가 성립함을 보였다. 도한 두 모평균의 차에 대하여

$$\overline{X}-\overline{Y} \sim N\left(\mu_1-\mu_2,\, \sigma^2\left(\frac{1}{n_1}+\frac{1}{n_2}\right)\right)$$

가 성립하므로 이를 표준화하면 표준정규분포를 따른다. 즉,

$$\frac{(\overline{X}-\overline{Y})-(\mu_1-\mu_2)}{\sigma\sqrt{\frac{1}{n_1}+\frac{1}{n_2}}} \sim N(0,1)$$

이 성립한다. 따라서 t−분포의 정의로부터 다음 사실을 알 수 있다.

$$\frac{(\overline{X}-\overline{Y})-(\mu_1-\mu_2)}{S_p\sqrt{\frac{1}{n_1}+\frac{1}{n_2}}}=\frac{[(\overline{X}-\overline{Y})-(\mu_1-\mu_2)]/\left(\sigma\sqrt{\frac{1}{n_1}+\frac{1}{n_2}}\right)}{\sqrt{\frac{(n_1+n_2-2)S_p^2}{\sigma^2}/(n_1+n_2-2)}} \sim t(n_1+n_2-2)$$

스튜던트화한 두 표본평균의 차의 t−분포 (등분산의 가정하에)

분산이 같은 두 정규모집단 $N(\mu_1, \sigma^2)$, $N(\mu_2, \sigma^2)$에서 서로 독립인 랜덤표본을 추출할 때 다음이 성립한다.

$$T=\frac{(\overline{X}-\overline{Y})-(\mu_1-\mu_2)}{S_p\sqrt{\frac{1}{n_1}+\frac{1}{n_2}}} \sim t(n_1+n_2-2)$$

참고 위의 결과는 6장에서 두 모평균의 차인 $\mu_1-\mu_2$에 관한 추론문제에 사용될 예정이다.

4-3-5 F-분포

서로 독립인 두 정규모집단에서 추출된 표본을 이용하여, 두 모집단의 분산을 비교하려면, 각각의 표본분산을 구하고 그 크기를 비율로 비교하면 될 것이다. 이를 위해서 표본분산의 비율의 분포를 알아야 한다.

즉, $X_1, \cdots, X_{n_1}$과 $Y_1, \cdots, Y_{n_2}$이 각각 $N(\mu_1, \sigma_1^2)$, $N(\mu_2, \sigma_2^2)$에서 추출된 서로 독립인 랜덤표본일 때, 모분산의 비 σ_1^2/σ_2^2를 추정하기 위해서는 두 표본분산의 비 S_1^2/S_2^2를 이용해야 한다. 이와 관련된 분포는 구하기 위해서는 서로 독립인 두 카이제곱 확률변수의 비의 분포인 F-분포(F-distribution)를 알아야 한다.

F-분포

$V_1 \sim \chi^2(k_1)$, $V_2 \sim \chi^2(k_2)$이고 V_1과 V_2가 서로 독립일 때

$$F = \frac{V_1/k_1}{V_2/k_2}$$

의 분포를 자유도 (k_1, k_2)인 F-**분포**라고 하며, 기호 $F \sim F(k_1, k_2)$로 나타낸다.

F-분포의 모양은 자유도에 따라 달라지지만, 대략적인 형태는 [그림 4-13]과 같다. [그림 4-13]은 $F(10, 10)$의 확률밀도함수이다.

표준정규분포와 카이제곱분포에서 오른쪽 꼬리의 넓이가 α인 점을 각각 z_α, $\chi_\alpha^2(k)$로 나타내었던 것과 같이, F-분포에서도 오른쪽 꼬리의 넓이가 α인 점을 기호 $F_\alpha(k_1, k_2)$로 나타내어 다음과 같이 정의하기로 한다.

$$P(F \geq F_\alpha(k_1, k_2)) = \alpha$$

기호 $F_\alpha(k_1, k_2)$

$F \sim F(k_1, k_2)$일 때 $P(F \geq F_\alpha(k_1, k_2)) = \alpha$를 만족하는 점을 $F_\alpha(k_1, k_2)$로 나타낸다.

[그림 4-14]는 $F_\alpha(k_1, k_2)$의 위치를 나타내며, 검게 칠해진 부분의 넓이는 α이다.

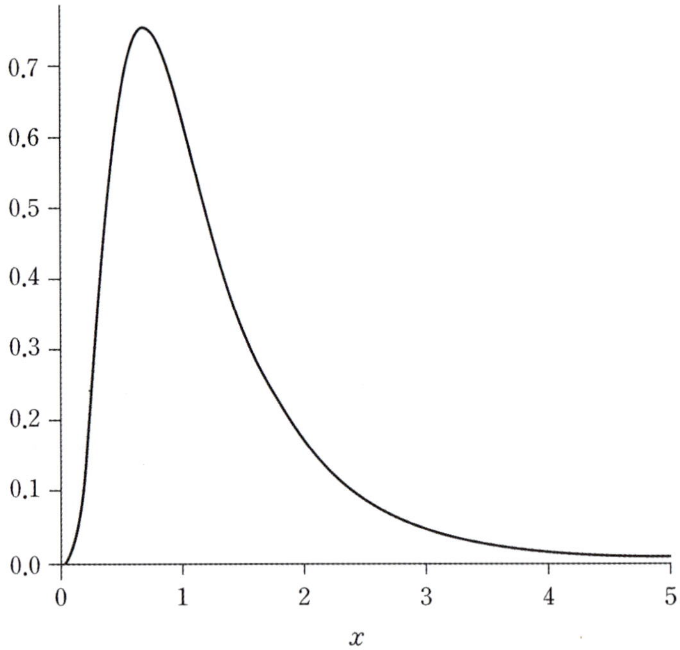

그림 4-13 $\boldsymbol{F}(10, 10)$ 분포의 확률밀도함수

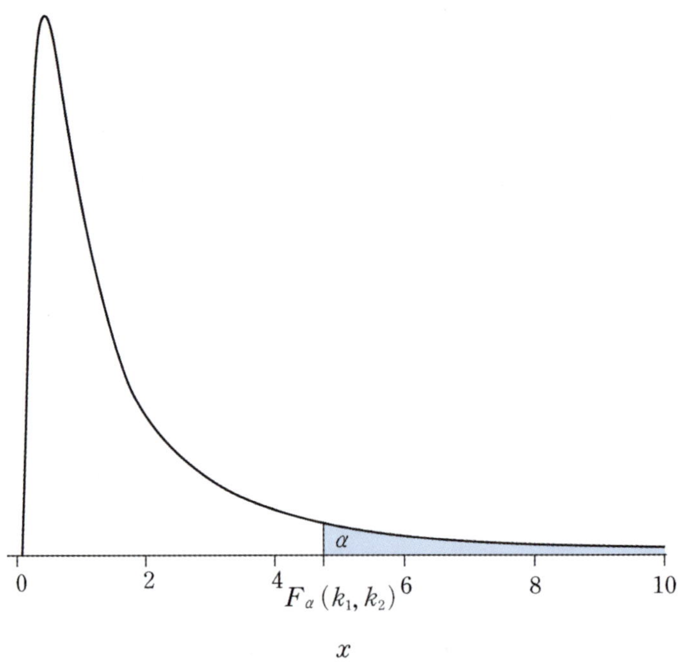

그림 4-14 $\boldsymbol{F}(k_1, k_2)$ 분포의 $(1-\alpha)$분위수

부록의 표 6에는 여러 자유도 k_1과 k_2의 조합과 선택된 α값에 대하여 $F_\alpha(k_1, k_2)$의 값이 수록되어 있다. 예를 들어 다음과 같은 값을 확인할 수 있다.

$$F_{0.01}(5,9) = 6.06, \ F_{0.05}(5,9) = 3.48, \ F_{0.01}(12,12) = 4.16, \ F_{0.05}(12,12) = 2.69$$

두 자유도가 모두 증가하면 $F_\alpha(k_1, k_2)$값은 1에 가까워지는 모습도 확인할 수 있다. 한편 표에서 α값은 0.001부터 0.01까지만 주어지므로 왼쪽 꼬리의 넓이가 α인 $F_{1-\alpha}(k_1, k_2)$에 대한 값은 없다. 따라서 $F_{1-\alpha}(k_1, k_2)$의 값은 다음 사실로부터 계산하게 된다.

F–분포의 정의에 의해서

$$\frac{1}{F} = \frac{V_2/k_2}{V_1/k_1} \sim F(k_2, k_1)$$

이 성립함을 알 수 있다. 즉, F의 역수는 다시 F–분포를 따르며, 자유도의 순서만 바뀜을 뜻한다.

F–분포의 성질

$F \sim F(k_1, k_2)$일 때

$$\frac{1}{F} \sim F(k_2, k_1)$$

예 4.10 위의 사실로부터 왼쪽 꼬리의 분위수는 오른쪽 꼬리의 분위수를 이용하여 다음과 같이 구한다.

(1) $F_{0.95}(3,5) = \dfrac{1}{F_{0.05}(5,3)} = \dfrac{1}{9.01} = 0.11$

(2) $F_{0.90}(10,5) = \dfrac{1}{F_{0.10}(5,10)} = \dfrac{1}{2.52} = 3.40$

이제 t–분포와 F–분포의 관계를 알아보자. t–분포는 그의 정의에서 서로 독립인 두 확률변수 $Z \sim N(0,1)$과 $V \sim \chi^2(k)$를 이용하여

$$T = \frac{Z}{\sqrt{V/k}} \sim t(k)$$

로 표현되었으므로, T^2은 다음과 같이 나타낼 수 있다.

$$T^2 = \frac{Z^2}{V/k} \sim F(1,\ k)$$

F-분포와 t-분포

확률분수 T가 자유도 k인 t-분포를 따를 때 다음이 성립한다.

$$T^2 \sim F(1,\ k)$$

두 표본분산의 분포는 다음과 같다.

$$\frac{(n_1-1)S_1^2}{\sigma_1^2} \sim \chi^2(n_1-1)$$

$$\frac{(n_2-1)S_2^2}{\sigma_2^2} \sim \chi^2(n_2-1)$$

또한 이들은 서로 독립이므로 다음이 성립한다.

$$\frac{S_1^2/\sigma_1^2}{S_2^2/\sigma_2^2} \sim F(n_1-1,\ n_2-1)$$

두 정규모집단에서 표본분산 비에 대한 분포

정규모집단에서 서로 독립인 두 표본분산에 대하여 다음이 성립한다.

$$F = \frac{S_1^2/\sigma_1^2}{S_2^2/\sigma_2^2} \sim F(n_1-1,\ n_2-1)$$

4-4 정규분포 분위수대조도

앞으로 다루는 통계적 추론에는 대부분 모집단의 정규성이 가정되어 있다. 따라서 정규분포에서 얻어진 추론방법을 사용하려면 정규모집단이어야 된다. 그러므로 표본을 이용해서 모집단이 정규분포를 따르는지를 알아봐야 한다. 여기서 모집단의 정규성을 검토하는 방법 중의 하나인 정규분포 분위수대조도(quantile-quantile plot) 또는 Q−Q 도표(Q−Q plot)를 알아보자.

분위수대조도는 지정된 확률분포의 분위수(quantile)와 자료들로 이루어지는 자료분포의 분위수를 산점도로 나타낸 것으로, Q−Q 도표라고도 한다. 자료의 분포가 지정된 분포와 같으면 두 분위수들의 산점도는 직선에 가까울 것이며, 지정된 분포와 다를수록 직선에서 거리가 멀어지게 된다.

대표적인 분위수대조도는 정규분포 분위수대조도이다. 자료를 크기순으로 정렬한 것을

$$x_{(1)} \le x_{(2)} \le \cdots \le x_{(n)}$$

이라고 하자. 그러면 $x_{(i)}$는 이들 자료의 분포에서 대략 (i/n) 분위수라고 할 수 있다. 이제 자료들의 표본평균과 표본분산인 $\overline{x}$와 s^2을 사용하여 정규분포 $N(\overline{x},\, s^2)$에서 분위수를 생각하자. 정규분포에서는 분위수의 대칭성을 유지하기 위하여 흔히 $(i-\frac{3}{8})/(n+\frac{1}{4})$ 분위수를 사용한다. 정규분포에서 이들 분위수를

$$y_{(1)} \le y_{(2)} \le \cdots \le y_{(n)}$$

이라고 하자. 이제 (x,y) 평면 위에

$$(x_{(1)},\, y_{(1)}),\ (x_{(2)},\, y_{(2)}),\ \cdots,\ (x_{(n)},\, y_{(n)})$$

을 산점도로 나타낸 것이 정규분포 분위수대조도(또는 Q−Q 도표)이다.

[그림 4−15]~[그림 4−17]은 SPSS를 사용하여 여러 분포에서 각각 50개의 난수를 생성하고, 이들의 분위수대조도를 그린 것이다. 정규분포에서는 산점도가 직선에 가깝지만, 정규분포보다 두터운 꼬리를 갖거나 한쪽으로 치우친 분포에서는 산

점도의 모양이 직선에서 멀리 떨어져 있음을 확인할 수 있다.

참고 통계 소프트웨어 패키지에 따라 Q-Q 도표를 출력시키는 방법이 조금씩 다르다. 예를 들어, SAS에서는 가로축에 정규분포 분위수를, 세로축에 자료분포 분위수를 나타내어 Q-Q 도표를 그린다.

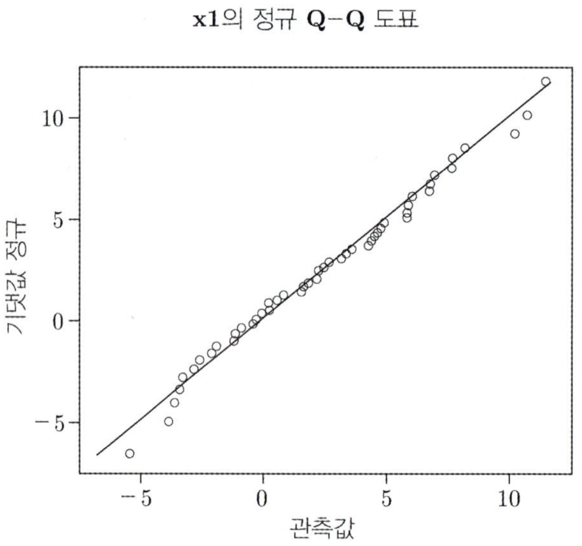

그림 4-15 정규분포 $N(2, 4)$에서 생성된 난수의 Q-Q 도표

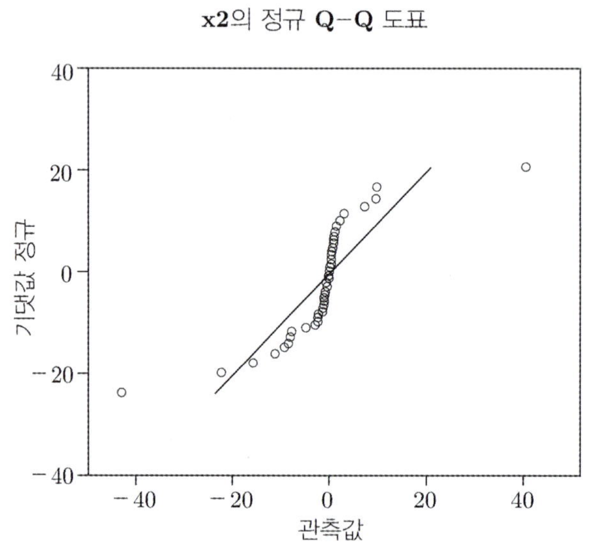

그림 4-16 두터운 꼬리를 갖는 t-분포인 $t(1)$에서 생성된 난수의 Q-Q 도표

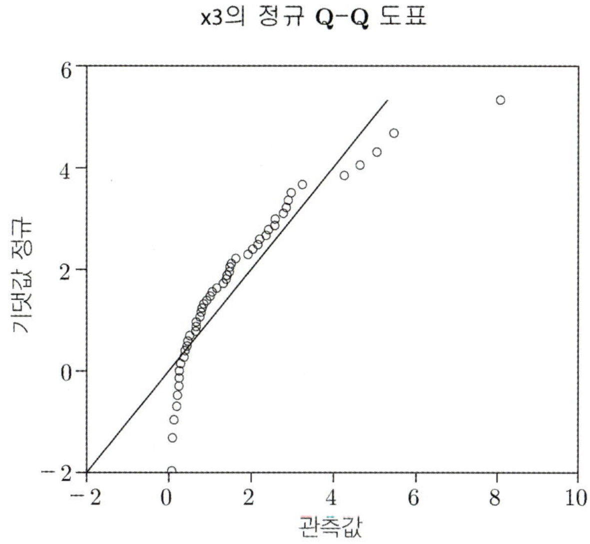

그림 4-17 오른쪽으로 긴 꼬리를 갖는 χ^2-분포인 $\chi^2(2)$에서 생성된 난수의 Q-Q 도표

4-5 SPSS 실습

이 절에서는 SPSS를 이용하여 표본분포 이론을 확인하는 예들을 다루고, SPSS의 함수를 이용하여 확률 구하기 등의 방법을 다루기로 한다.

(1) 중심극한 정리의 모의실험

표본평균의 분포에 관한 성질로서 $\overline{X}$의 분포는 표본크기 n이 커질 때 정규분포에 수렴하며, 실제로 표본의 크기가 충분히 크지 않아도 정규분포에 매우 가까움을 본문에서 보았다. 이와 같은 사실을 이제 SPSS에서 모의실험을 통하여 확인해 보자.

사례 4.1

균등분포 U(0,1)에서 크기가 5인 난수를 생성하고 이들의 표본평균을 구하는 일을 100회 반복한 다음, 난수와 표본평균의 히스토그램을 그려 보자.

풀이 먼저 SPSS의 '변수 보기' 탭에서 변수 이름을 지정한다. 예를 들어, 난수를 기억할 변수를 u1~u5로 하고, 평균을 기억할 변수를 avg로 하자. 3장의 [사례

3-11]에서와 같이 데이터 보기 탭에서 변수 u1의 열에 100개의 난수를 생성하여 기억시키자.

이를 위해 40행, 80행, 100행에 임의의 숫자를 입력하면 6개의 모든 변수들이 결측치로 채워질 것이다. 이제 u1~u5 변수의 데이터 또는 결측치를 난수로 변환시키기 위해 메뉴에서 변환 → 변수 계산을 선택한다.

변수 계산 창에서 '목표변수' 난에 'u1'을 입력하고 오른쪽의 '함수 집단'에서 난수를 선택한 후, '함수 및 특수변수'에서 Rv.Uniform을 선택하여 활성화한 다음 위쪽으로 된 화살표를 클릭하여 '숫자표현식'으로 보낸다. 이곳에서 다시 최솟값, 최댓값에 0과 1을 입력하고 '확인'을 클릭한다. 이어서 나오는 '기존변수를 바꾸시겠습니까?'라는 질문에 '확인'을 클릭하면 u1에 100개의 난수가 생성된다.

u2에 100개의 난수를 생성하기 위해서는 다시 변환 → 변수 계산을 선택하여 나타나는 '변수 계산' 창에서 '목표변수' 난의 'u1'을 'u2'로 바꾸어 '확인'을 클릭만 하면 된다. 이들을 반복하여 u1~u5의 각각에 100개의 난수를 생성한다. 이제 각 행에서 5개 난수의 평균을 구해 변수 avg에 기억시키자. 이를 위해 다시 '변수 계산' 창을 띄운 다음 '목표변수'에 avg를 입력하고, 오른쪽의 '함수 집단'에서 통계를 선택한 후, 평균을 구하는 함수인 Mean을 선택하여 '숫자표현식'으로 보낸다. 이곳에서 '숫자표현식' 자리에 u1, u2, u3, u4, u5를 입력하고 '확인'을 클릭한다. 이어서 나오는 '기존변수를 바꾸시겠습니까?'라는 질문에 '확인'을 클릭하면 avg에 [그림 4-19]와 같이 평균이 얻어진다.

이들 난수와 100개의 평균을 히스토그램으로 나타내 보자. 메뉴에서 그래프 → 차트작성기를 선택하고, 갤러리에서 단순 히스토그램을 선택한다. 예를 들어 'u3'를 끌기에 의해 빈도변수로 선택하고, '모수설정' 탭에서 '구간 수'를 7로 입력한다. 데이터와 같은 평균과 분산을 갖는 정규곡선과 비교하기 위해 '히스토그램' 탭에서 '정규곡선'을 체크한다. 이어서 '확인'을 클릭하면 [그림 4-20]의 히스토그램을 얻을 수 있다.

마찬가지로 표본평균의 히스토그램을 얻기 위해 'avg'를 빈도변수로 선택하고 '확인'을 클릭하면 [그림 4-21]과 같은 히스토그램을 얻는다. 두 그림을 비교하면 크기 5인 $\overline{x}$의 히스토그램이 정규분포에 매우 가까워짐을 알 수 있다.

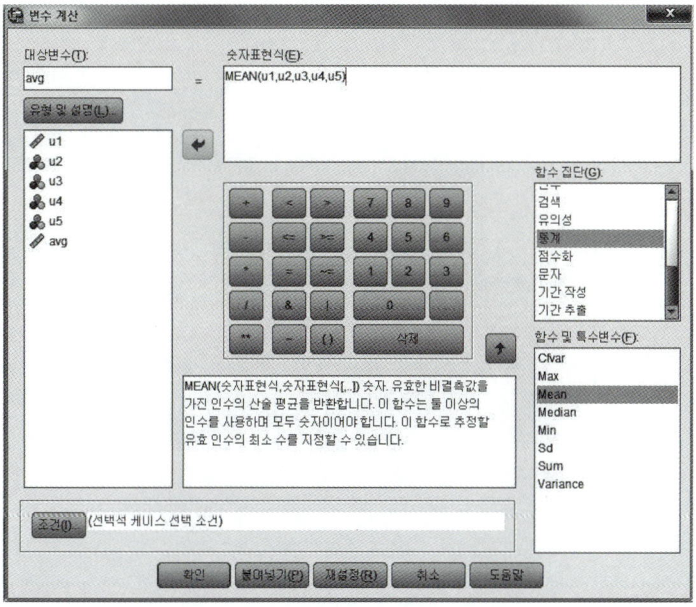

그림 4－18　평균을 구하는 변수 계산

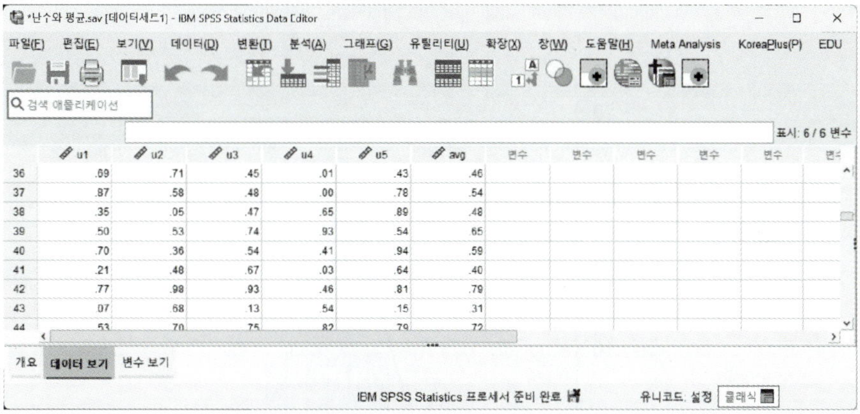

그림 4－19　난수와 평균이 생성된 결과

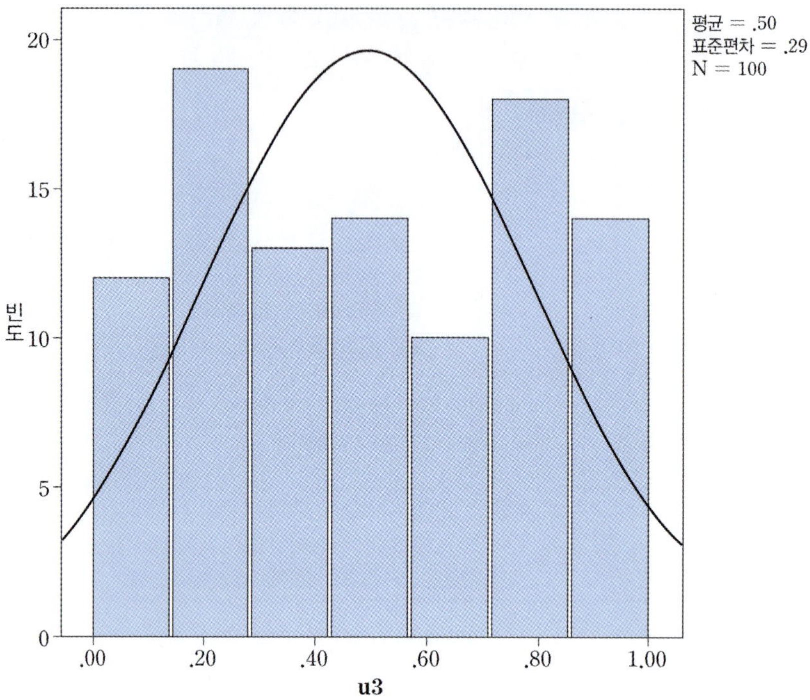

그림 4-20 난수의 히스토그램

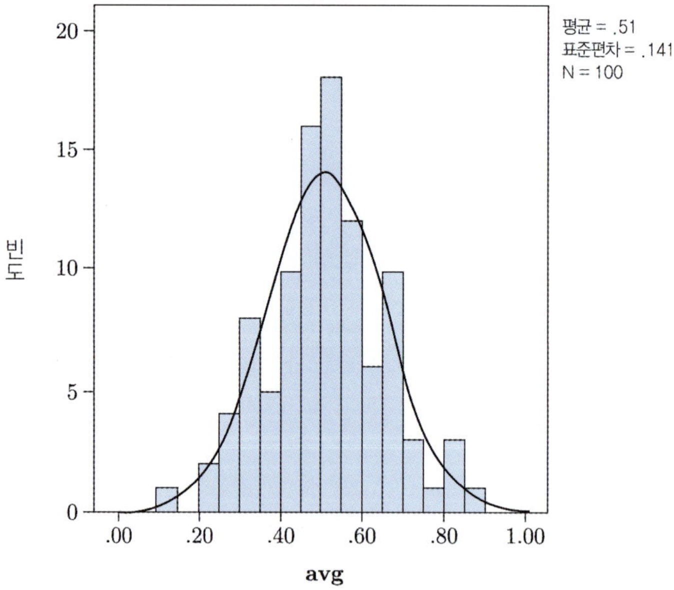

그림 4-21 크기 5인 표본평균의 히스토그램

(2) χ^2, t, F 분포의 그래프

표본분포로서 χ^2, t, F 분포의 확률밀도함수 그래프를 그려 보자.

사례 4.2

자유도 5, 10, 20인 카이제곱분포에서 $x=1\sim 20$에 대하여 확률밀도함수의 값을 구하고 이들을 산점도로 나타내 보자.

풀이 변수보기 탭에서 네 변수 y1, y2, y3, x를 지정한다. 다시 데이터 보기 탭에서 x의 값으로 1부터 20까지 차례로 입력한다. 이제 각 x값에 대한 자유도 5, 10, 20인 카이제곱 밀도함수의 값을 각각 y1, y2, y3에 다음과 같이 저장한다.

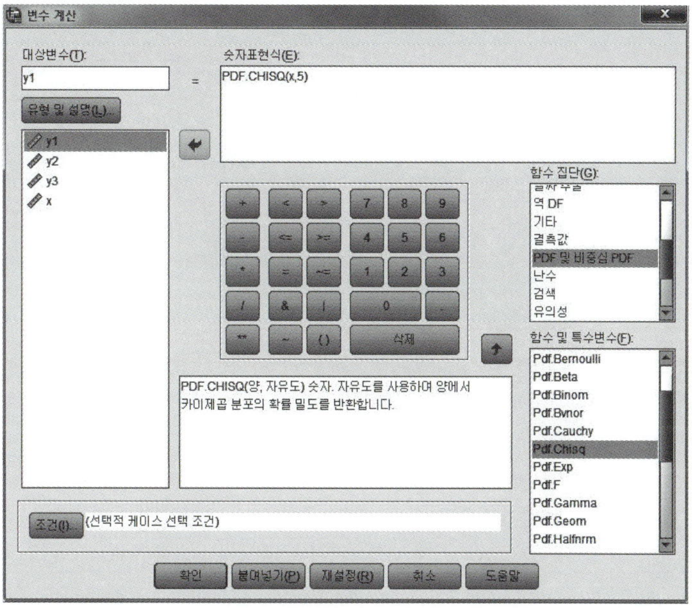

그림 4-22 카이제곱 밀도함수의 값을 계산

메뉴에서 변환 → 변수 계산을 선택하여 나타나는 '변수 계산' 창에서, [그림 4-22]와 같이 '목표변수' 난에 'y1'을 입력하고, '함수 집단'에서 PDF 및 비중심 PDF를 선택한 후, Pdf.Chisq를 선택하여 '숫자표현식'으로 올린 후에, 양에 x를 자유도에 5를 입력한다. 이어서 '확인'을 클릭하면 y1에 자유도 5인 카이제곱분포에 대한 확률밀도함수의 값이 기억된다.

다시 y2에 대하여는 자유도만 10으로 바꾸고, y3에 대하여는 자유도를 20으로 바꾸어 변수 계산을 실행하면 각각에 밀도함수 값이 계산된다. 결과는 [그림 4-23](a)와 같다.

이와 같이 계산된 함숫값을 한 그래프 위에 산점도로 나타내 보자. 메뉴에서 그래프 → 산점도/점도표를 선택하고, '산점도/점도표' 창에서 '겹쳐 그리기 산점도'를 클릭하여 선택한다. 이어서 나오는 '겹쳐 그리기 산점도' 창에서 y1과 x를 선택하고 화살표 ➡를 이용하여 Y–X 대응 창으로 보낸다. 마찬가지로 y2와 x, y3와 x를 선택하여 Y–X 대응 창으로 보낸 후에 '확인'을 클릭하면 [그림 4-23](b)와 같은 그래프를 얻는다. 그림에서 자유도가 증가할수록 그래프의 모양은 오른쪽으로 이동하는 모습임을 확인할 수 있다.

	y1	y2	y3	x
1	.081	.001	.000	1
2	.138	.008	.000	2
3	.154	.024	.000	3
4	.144	.045	.000	4
5	.122	.067	.000	5
6	.097	.084	.001	6
7	.074	.094	.003	7
8	.055	.098	.007	8
9	.040	.095	.012	9
10	.028	.088	.018	10
11	.020	.078	.026	11
12	.014	.067	.034	12
13	.009	.056	.043	13
14	.006	.046	.051	14
15	.004	.036	.057	15
16	.003	.029	.062	16
17	.002	.022	.065	17
18	.001	.017	.066	18
19	.001	.013	.065	19
20	.001	.009	.063	20

(a) 카이제곱 밀도함수 값

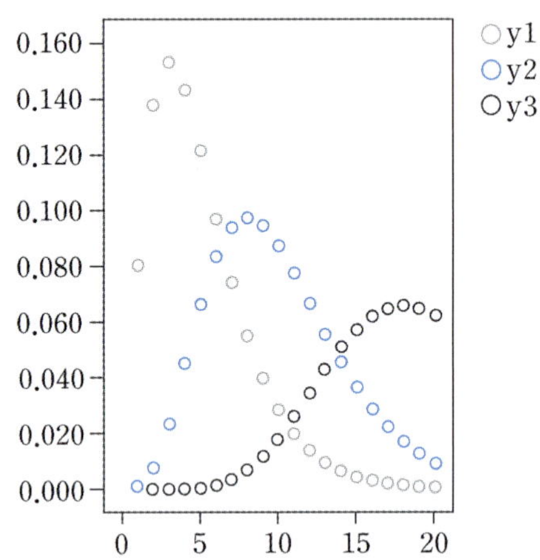

(b) 세 카이제곱 밀도함수의 산점도

그림 4-23 카이제곱분포의 밀도함수 값과 산점도

사례 4.3

자유도 3 및 20인 t-분포에서 $x=-3(0.2)3$ (즉, $x=-3$에서 0.2씩 증가시켜 $x=3$까지의 x)에 대하여 확률밀도함수의 값을 구하고 이들을 산점도로 나타내 보자.

풀이 변수보기 탭에서 세 변수 y1, y2, x를 지정한다. 다시 데이터 보기 탭에서

x의 값으로 −3.0부터 0.2씩 증가시키며 3.0까지 차례로 입력한다. 이제 각 x값에 대한 자유도 5, 20인 t−분포 밀도함수의 값을 각각 y1, y2에 저장하기로 한다.

메뉴에서 변환 → 변수 계산을 선택하여 나타나는 '변수 계산' 창에서, '목표변수' 난에 'y1'을 입력하고, '함수 집단'에서 PDF 및 비중심 PDF를 선택한 후, Pdf.t를 선택하여 숫자표현식으로 올린 후에, 양에 x를 자유도에 3을 입력한다. 이어서 '확인'을 클릭하면 y1에 자유도 3인 t−분포에 대한 확률밀도함수의 값이 기억된다. 다시 y2에 대하여는 자유도만 20으로 바꾸고 변수 계산을 실행하면 각각에 밀도함수 값이 계산된다.

이와 같이 계산된 함숫값을 한 그래프 위에 산점도로 나타내 보자. 메뉴에서 그래프 → 산점도/점도표를 선택하고, '산점도/점도표' 창에서 '겹쳐 그리기 산점도'를 클릭하여 선택한다. 이어서 나오는 '겹쳐 그리기 산점도' 창에서 y1과 x를 선택하고 화살표 [➔]를 이용하여 Y−X 대응 창으로 보낸다. 마찬가지로 y2와 x를 선택하여 Y−X 대응 창으로 보낸 후에 '확인'을 클릭하면 [그림 4−24]와 같은 그래프를 얻는다. 그림에서 자유도가 증가하면 그래프의 모양은 중앙으로 모이는 모습임을 확인할 수 있다.

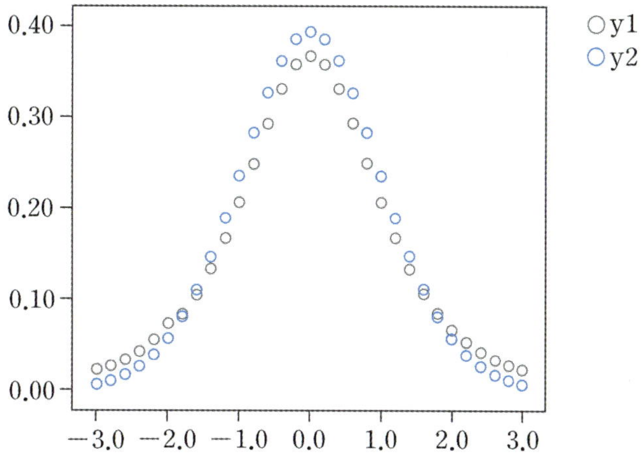

그림 4−24 자유도 3과 20인 t−분포의 그래프

사례 4.4

자유도 (5, 5), (20, 20)인 F-분포에서 $x = 0(0.1)1.0(0.2)4.0$에 대하여 확률밀도함수의 값을 구하고 이들을 산점도로 나타내 보자.

풀이 변수 보기 탭에서 세 변수 y1, y2, x를 지정한다. 다시 데이터 보기 탭에서 x의 값으로 0부터 0.1씩 증가시키며 1.0까지, 다시 0.2씩 증가시키며 4.0까지 차례로 입력한다.

메뉴에서 변환 → 변수 계산을 선택하여 나타나는 '변수 계산' 창에서, '목표변수' 난에 'y1'을 입력하고, '함수 집단'에서 PDF 및 비중심 PDF를 선택한 후, Pdf.F를 선택하여 숫자표현식으로 올린 후에, 양에 x를 자유도에 5, 5를 입력한다. 이어서 '확인'을 클릭하면 y1에 자유도 (5, 5)인 F-분포에 대한 확률밀도함수의 값이 기억된다. 다시 y2에 대하여는 자유도만 (20, 20)으로 바꾸고 변수 계산을 실행하면 각각에 밀도함수 값이 계산된다.

이와 같이 계산된 함수값을 한 그래프 위에 산점도로 나타내보자. 메뉴에서 그래프 → 산점도/점도표를 선택하고, '산점도/점도표' 창에서 '겹쳐 그리기 산점도'를 클릭하여 선택한다. 이어서 나오는 '겹쳐 그리기 산점도' 창에서 y1과 x를 선택하고 화살표 ➔를 이용하여 Y-X 대응 창으로 보낸다. 마찬가지로 y2와 x를 선택하여 Y-X 대응 창으로 보낸 후에 '확인'을 클릭하면 [그림 4-25]와 같은 그래프를 얻는다. 그림에서 자유도가 증가하면 그래프의 모양은 1의 근방으로 모이는 모습임을 확인할 수 있다.

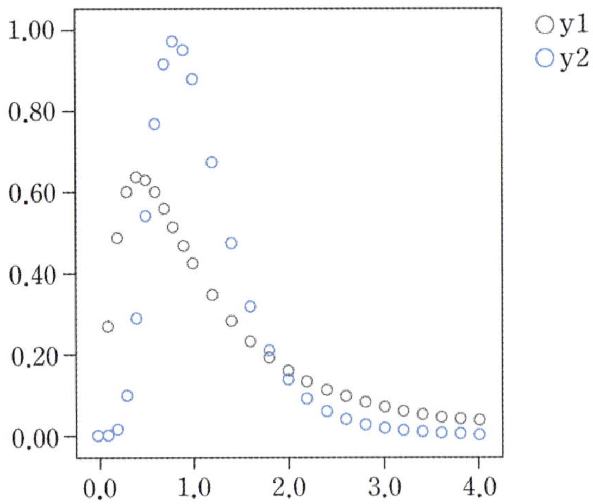

그림 4-25 자유도 (5, 5)와 (20, 20)인 F-분포의 그래프

(3) 분위수대조도(Q-Q 도표)

사례 4.5

표준정규분포와 자유도 3인 t-분포에서 각각 40개의 난수를 생성한 다음 이들의 Q-Q 도표를 그려 보자.

풀이 난수를 생성하기 위해 변수 보기 탭에서 두 변수 x1과 x2를 입력하고, 데이터 보기 탭에서 x2의 40행에 임의의 숫자를 입력한다. 이제 메뉴의 변환 → 변수 계산을 이용하여 x1에는 40개의 표준정규분포에서의 난수를, x2에는 자유도 3인 t-분포에서 난수를 생성하여 저장한다.

Q-Q 도표를 그리기 위하여 메뉴에서 분석 → 기술통계량 → Q-Q 도표를 선택하고, 'Q-Q 도표' 대화상자에서 x1을 변수로 선택한다. '검정분포'는 '정규'를 선택하고 '확인'을 클릭한다. 결과는 [그림 4-26]과 같다. 마찬가지로 x2에 대한 Q-Q 도표를 그리면 [그림 4-27]과 같다.

[그림 4-26]의 왼쪽에 있는 Q-Q 도표에서는 점들이 거의 직선에 밀집해 있으며, 직선과의 편차인 오른쪽 그림은 ±0.4 범위에서 랜덤에 가까운 모양이다. 한편, 정규분포보다 꼬리가 두꺼운 t-분포에서의 Q-Q 도표인 [그림 4-27]에서는 직선과 많이 떨어져 있으며, 편차의 그림은 −4에서 +2의 범위에서 곡선의 모양임을 확인할 수 있다.

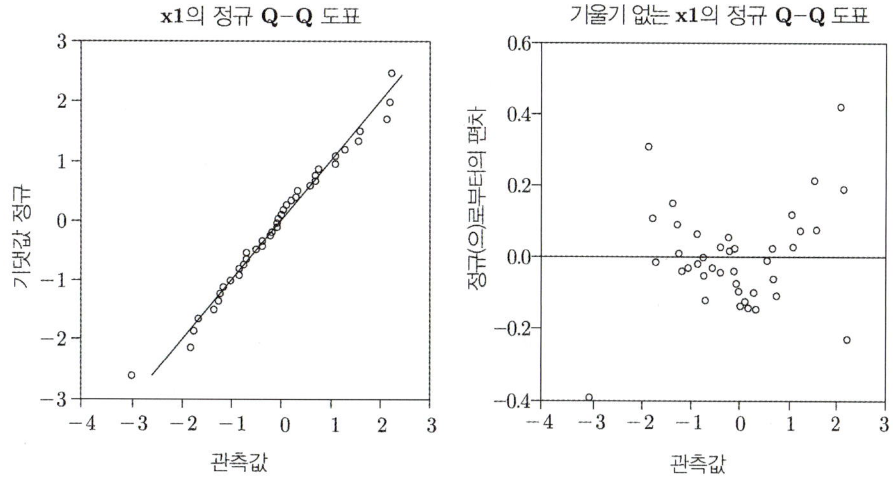

그림 4-26 정규분포 난수의 Q-Q 도표

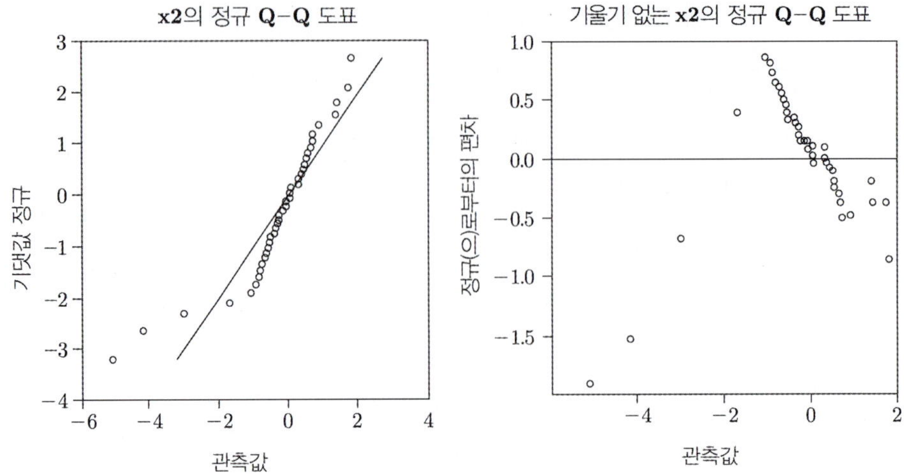

그림 4-27 t-분포 난수의 Q-Q 도표

(4) 이항분포의 정규근사

사례 4.6

표본크기 $n = 100$ 이고 모비율 $p = 0.3$ 인 이항분포에서 80개의 표본을 추출하고, 이들을 히스토그램으로 나타내어 정규분포 곡선과 비교해 보자.

풀이 이항분포 $B(100, 0.3)$ 에서 표본을 추출하기 위해 변수 보기 탭에서 변수 x를 입력하고, 데이터 보기 탭에서 80번째 행에 임의의 숫자를 입력한다.

메뉴에서 변환 → 변수 계산을 선택하여 나타나는 '변수 계산' 창에서, '목표변수' 난에 'x'를 입력하고, 오른쪽의 '함수 집단'에서 난수를 선택한 후, '함수 및 특수변수'에서 Rv.Binom을 선택하여 '숫자표현식'으로 올린 후에, n과 확률을 각각 100, 0.3으로 바꾼다. 이어서 '확인'을 클릭하면 변수 x에 이항분포에서 추출된 표본이 입력된다.

다시 메뉴에서 그래프 → 차트 작성기를 선택하고, 변수 x에 대한 히스토그램으로 '구간 수'를 7로 선택하면 [그림 4-28]과 같은 결과를 얻는다. 그림에서 보는 바와 같이 히스토그램은 정규분포와 매우 가까움을 확인할 수 있다. 이런 정규근사는 난수를 이용하기 때문에 실험 때마다 다른 그림이 나온다.

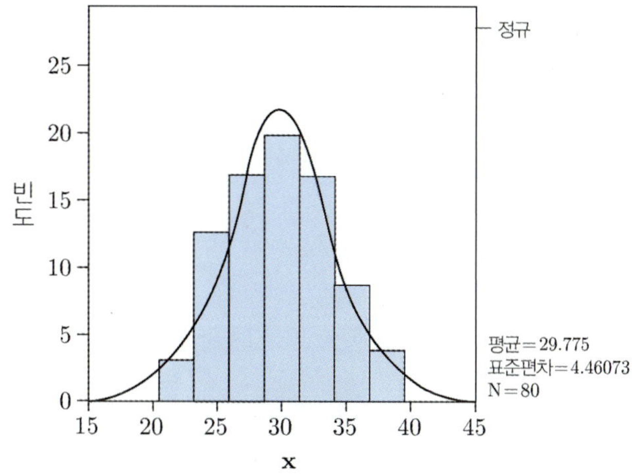

그림 4-28 이항분포의 정규근사 히스토그램

사례 4.7

$X \sim B(400, 0.2)$일 때 확률 $P(X \leq 90)$의 값을 이항분포와 정규근사에 의해 구하고 오차를 구하여라.

풀이 X의 평균과 분산을 각각 80과 64이다. 이제 SPSS를 이용하여 이항분포에서 $P(X \leq 90)$의 값을 구하기 위하여 '변수 보기' 탭에서 prob1과 prob2라는 변수를 만들고, '데이터 보기' 탭에서 prob1과 prob2의 첫 행에 임의의 값을 입력한다.

메뉴에서 변환 → 변수 계산을 선택하여 나타나는 '변수 계산' 창에서, '목표변수' 난에 'prob1'을 입력하고, 오른쪽의 '함수 집단'에서 CDF 및 비중심 CDF를 선택한 후, '함수 및 특수변수'에서 Cdf.Binom을 선택하여 '숫자표현식'으로 올린 후에, (양, n, 확률)을 (90, 400, 0.2)로 바꾼다. 이어서 '확인'을 클릭하면 변수 prob1에 확률값 '0.9039'가 출력됨을 확인할 수 있다.

마찬가지로 '변수 계산' 창에서 'prob2'를 입력하고, Cdf.Normal(양, 평균, 표준편차)를 선택하여 '숫자표현식'으로 올린 후에, (양, 평균, 표준편차)를 (90, 80, 8)로 바꾼다. 이어서 '확인'을 클릭하면 변수 prob2에 확률값 '0.8944'가 출력됨을 확인할 수 있다. 따라서 정규근사에 의한 오차는 0.0095이다.

연습문제

4-1 확률변수 X가 이항분포 $B(5,\ 0.3)$을 따를 때 다음 확률을 계산하여라.

(a) $P(X=2)$

(b) $P(X=4$ 또는 $X=5)$

4-2 확률변수 X가 이항분포 $B(4,\ 0.25)$를 따를 때 다음 확률을 계산하여라.

(a) $P(X\leq 2)$

(b) $P(X\leq 1$ 또는 $X\geq 3)$

4-3 확률변수 X가 이항분포 $B(3,\ 0.25)$를 따를 때, X의 분포를 구하고, 밀도함수의 그래프를 그려 보아라.

4-4 표준정규분포를 따르는 확률변수 Z에 대하여 다음 확률을 구하여라.

(a) $P(Z\leq 1.75)$

(b) $P(-1.2<Z\leq 1.95)$

(c) $P(Z\leq 0.2$ 또는 $Z>1.23)$

4-5 확률변수 X가 정규분포 $N(2,4)$를 따를 때, 다음 확률을 구하여라.

(a) $P(X<4.92)$

(b) $P(0\leq X<2)$

4-6 서로 독립인 두 확률변수 $X_1 \sim N(3,2^2)$, $X_2 \sim N(-2.1,1)$가 있다. 다음 확률변수의 분포를 구하여라.

(a) $2X_1+3$

(b) $\frac{1}{3}X_2-1$

(c) $2X_1-1.5X_2-1$

4-7 서로 독립인 두 확률변수 $X \sim N(0,4)$와 $V \sim \chi^2(3)$이 있다. 다음 물음에 답하여라.

(a) $c_1\frac{X}{\sqrt{V}} \sim t(c_2)$에서 c_1과 c_2를 구하여라.

(b) $\frac{X}{c_1}+V \sim \chi^2(c_2)$에서 c_1과 c_2를 구하여라.

4-8 확률변수 X가 평균이 15이고 표준편차가 3인 정규분포를 따른다. 다음 경우의 x를 구하여라.

(a) $P(X \le x)=0.95$

(b) $P(0<X \le x)=0.475$

4-9 분포표를 이용하여 다음 값을 구하여라.

(a) $\chi^2_{0.05}(12)$와 $\chi^2_{0.95}(12)$

(b) $t_{0.05}(20)$과 $t_{0.05}(\infty)$

(c) $F_{0.05}(5,8)$과 $F_{0.95}(5,8)$

4-10 어떤 농구선수의 자유투 성공률이 70%라고 한다. 이 선수가 자유투를 20개 던졌을 때, 16개 이상 들어갈 확률을 구하여라.

4-11 각각의 경우 X의 평균과 분산을 구하여라.

(a) 통계학 수업의 수강인원이 30명이다. 이 중에서 재수강을 하는 학생의 수가 4명이라고 한다. X는 수강생 중 5명을 뽑는 경우 재수강을 하는 사람의 수이다.

(b) 인터넷 쇼핑몰에 한 시간에 접속자가 50명이 들어왔다. 이 쇼핑몰에 접속한 사람이 물건을 살 확률은 0.35이다. X는 한 시간에 팔리는 물건의 수이다.

4-12 음악 사이트에서 음악 파일을 구입하여 다운받으려고 한다. 인터넷에서 파일을 전송할 때는 패킷이라는 단위로 전송을 하게 된다. 음악파일을 전송할 때 50,000개의 패킷이 필요하다고 하고, 패킷에 전송오류가 생길 확률이 1×10^{-7}라고 할 때, 파일을 다운 받았을 때 오류가 없을 확률은 얼마인가?

4-13 암 치료에서 완치율은 치료 후 5년 이상 생존할 확률이다. 대장암 3기 이후에 치료를 하게 되면 완치율이 30% 정도로 알려져 있다. 100명이 대장암 3기 이후에 치료를 받았을 때, 치료 후 5년 이상 살아남은 사람의 비율이 25% 이상일 확률을 구하여라.

4-14 어떤 지역에 나무가 10,000그루가 있고 그 중 2,000그루가 소나무이다. 이 사실을 모르고 있어서, 소나무의 비율을 추정하려고 한다. 크기가 50인 랜덤표본을 뽑아 조사할 때 표본에서 소나무의 비율이 20%보다 낮을 확률을 구하여라.

4-15 모집단이 {−2, −1, 0, 0, 1, 2} 일 때 크기가 2 인 랜덤표본을 추출할 때, 표본평균의 확률분포를 구하여라.

4-16 정규분포 $N(100,\ 36)$에서 크기 9인 랜덤표본의 표본평균 $\overline{X}$에 대하여 확률 $P(96 \le \overline{X} \le 104)$를 구하여라.

4-17 어느 통조림은 함량의 평균이 300 g이며, 표준편차가 8 g이라고 한다. 이들 통조림 가운데 16개를 랜덤하게 추출하여 평균함량을 구할 때, 평균함량이 295 g 미만일 확률을 구하여라.

4-18 한 사람이 매일 1회씩 100 m 달리기를 해서 기록을 측정한다. 이 사람이 100 m 달리는 데 걸리는 시간을 장기간 측정한 결과 기록이 근사적으로 평균이 12초이고 표준편차가 0.4초인 정규분포를 따르는 것을 알게 되었다.

(a) 이 사람이 10일 동안 기록을 측정한다면, 기록이 11.5초와 12.5초 사이로 나오는 날은 평균 며칠이 되겠는가?

(b) 지금까지의 최단기록이 11.34초였다면, 다음 달리기에서 이 기록이 갱신될 확률은 얼마인가?

4-19 카이제곱분포의 정의를 이용하여, 확률변수 $X \sim \chi^2(k)$의 평균을 구하여라.

4-20 표준정규분포를 따르는 모집단에서 추출된 크기가 10인 랜덤표본의 표본분산의 기댓값을 구하여라.

4-21 정규분포를 따르는 모집단에서 추출된 랜덤표본 $X_1, \cdots, X_{10}$이 있다. 표본분산이 모분산보다 1.5배 이상 나올 확률을 구하여라.

4-22 분산이 10이고 서로 독립인 두 개의 정규모집단에서 추출된 랜덤표본 $X_1, \cdots, X_7$ 및 $Y_1, \cdots, Y_8$에 대해서 다음 물음에 답하여라. 여기서 S_p^2는 합동표본분산이고, S_1^2, S_2^2은 각각 표본의 분산이다.

(a) $P(S_1^2 < x) = 0.90$인 x를 구하여라.

(b) $P\left(\dfrac{S_2^2}{S_1^2} < a\right) = 0.95$를 만족하는 a를 구하여라.

4-23 다음 문제들을 SPSS를 이용하여 풀어라.

(a) $X \sim B(400, 0.1)$일 때 확률 $P(390 \le X \le 410)$의 값을 이항분포와 정규근사를 이용하여 구하고, 결과를 비교하여라.

(b) 0과 10 사이에서 균등분포를 따르는 $U(0, 10)$에서 크기 6인 난수를 생성하여 평균을 구하는 일을 120번 반복한 다음, 이들 표본평균의 히스토그램을 대응되는 정규곡선과 함께 그려라.

(c) 자유도 6인 카이제곱분포 $\chi^2(6)$에서 크기 10인 난수를 생성하여 평균을 구하는 일을 80번 반복한 다음, 이들 표본평균의 히스토그램을 대응되는 정규곡선과 함께 그려라.

(d) 이항분포 $B(60, 0.4)$에서 120개의 표본을 추출하고, 이들을 히스토그램으로 나타내어 정규곡선과 비교하여라.

제 5 장

통계적 추론의 원리

5-1 추정의 원리
5-2 가설검정의 원리
5-3 SPSS 실습

5-1 추정의 원리

미래에 나타날 불확실한 현상이나 미지의 값에 대해서 정확하게 추측해야 하는 일은 일상생활에서 흔히 나타난다. 예를 들어, 어느 특정 지역에 거주하는 지역주민의 평균 수명, 어느 전구공장에서 생산되는 60 kw 전구의 수명에 대한 평균과 산포의 정도, 각 정당에 대한 유권자들의 지지율 등은 우리가 주변에서 흔히 볼 수 있는 예들이다. 이러한 값들은 한 모집단의 특성치들로서, 모집단의 평균, 분산, 표준편차, 비율 등으로 나타낼 수 있다.

관심이 있는 모수에 대한 추측을 하기 위해 모집단에서 표본을 추출하고, 통계적 이론에 입각하여 추출된 표본을 바탕으로 결론을 내리게 되는데, 이와 같은 추측의 과정을 **통계적 추론**(statistical inference)이라고 한다. 통계적 추론은 크게 **추정**(estimation)과 **가설검정**(hypothesis testing)으로 나누어진다. 가설검정은 다음 절에서 다루기로 하고, 이 절에서는 추정에 대해 알아보기로 한다. 추정은 다시 모수를 한 개의 값으로 추정하는 **점추정**(point estimation)과 모수가 포함되리라고 기대되는 구간으로 추정하는 **구간추정**(interval estimation)으로 나누어진다.

추정의 개념을 이해하기 위하여 모평균(μ)의 추정을 다음의 예에서 생각해 보자.

예 5.1 전구를 생산하는 어느 회사에서 새로 개발 중인 공법을 적용하면 기존의 공법에 비하여 전구의 평균 수명을 증가시킬 것으로 기대하고 있다. 이때 전구 평균 수명의 표준편차는 기존 공정의 표준편차 $\sigma = 400$(시간)이 그대로 유지하리라고 기대된다. 새로운 공정에 의한 전구 시제품을 $n = 100$개 생산하여 실험한 결과 수명 자료의 표본평균이 $\overline{x} = 1,400$(시간)이었다. 새로운 공정에 의한 전구의 평균 수명 μ의 참값은 얼마일까?

모평균 μ를 추정하기 위해 흔히 표본평균 $\overline{x}$를 사용한다. 추정에 사용되는 통계량을 **추정량**(estimator)이라고 하며, 추정량의 관측값을 **추정값**(estimate)이라고 한다. 예 5.1에서 평균 수명 μ의 추정량을 $\hat{\mu}$로 나타내면 μ의 추정값은 다음과 같이 나타낼 수 있다.

$$\hat{\mu} = \overline{x} = 1,400(\text{시간})$$

대표적인 모수인 μ, σ^2, σ에 대하여 흔히 사용되는 추정량은 다음과 같다.

$\hat{\mu} = \overline{X}$ (표본평균)

$\hat{\sigma}^2 = S^2$ (표본분산)

$\hat{\sigma} = S$ (표본표준편차)

모집단의 특성을 나타내는 모수를 흔히 θ로 나타낸다. 예를 들어, 모평균 μ, 모표준편차 σ, 모비율 p 등을 통틀어 θ로 나타내면, θ를 추정하는 추정량을 $\hat{\theta}$로 나타낸다. $\hat{\theta}$의 성질로서 다음과 같은 불편성은 매우 중요하다.

불편추정량

모수 θ의 추정량 $\hat{\theta}$에 대하여 $E(\hat{\theta}) = \theta$일 때, $\hat{\theta}$을 θ의 **불편추정량**(unbiased estimator)이라고 한다.

모평균 μ의 추정량으로 흔히 사용되는 표본평균 $\overline{X}$의 성질에 대하여 살펴보도록 하자.

$X_1, \cdots, X_n$이 랜덤표본일 때, 각 X_i들의 평균은 μ, 분산은 σ^2이므로 이로부터 $\overline{X}$의 기댓값과 분산을 계산할 수 있다. 먼저 $\overline{X}$의 기댓값은 다음과 같다.

$$\begin{aligned} E(\overline{X}) &= E\left(\frac{X_1 + \cdots + X_n}{n}\right) \\ &= \frac{1}{n}[E(X_1) + \cdots + E(X_n)] \\ &= \frac{1}{n}(n\mu) = \mu \end{aligned}$$

즉, $\hat{\mu} = \overline{X}$는 μ의 불편추정량이다. 표본평균 $\overline{X}$는 모평균 μ의 불편추정량으로 좋은 성질을 많이 가지고 있다. 그러나 이러한 점추정만으로 추정값이 얼마나 정확한지 알 수가 없다. 이때 추정량의 표준편차를 이용하여 추정량의 오차한계를 제시할 수 있는데, 특히 추정량의 표준편차를 **표준오차**(standard error)라고 하며, 기호 SE로 나타낸다.

랜덤표본의 독립성으로부터 표본평균의 분산은 다음과 같이 구할 수 있다.

$$\begin{aligned}\mathrm{Var}(\bar{X}) &= \mathrm{Var}\left(\frac{X_1 + \cdots + X_n}{n}\right) \\ &= \frac{1}{n^2}[\mathrm{Var}(X_1) + \cdots + \mathrm{Var}(X_n)] \\ &= \frac{1}{n^2}(n\sigma^2) = \frac{\sigma^2}{n}\end{aligned}$$

따라서 표본평균의 표준오차는 다음과 같다.

$$\mathrm{SE}(\bar{X}) = \sqrt{\mathrm{Var}(\bar{X})} = \frac{\sigma}{\sqrt{n}}$$

예 5.1에서 표본평균의 표준오차는 $\sigma/\sqrt{n} = 400/10 = 40$(시간)으로 주어진다. 이와 같은 $\bar{X}$의 성질을 요약하면 다음과 같다.

표본평균 $\bar{X}$의 기댓값과 표준오차

$$E(\bar{X}) = \mu, \quad \mathrm{SE}(\bar{X}) = \frac{\sigma}{\sqrt{n}}$$

이제 모평균 μ에 대한 구간추정에 대해 알아보도록 하자. 구간추정을 하기 위해서는 표본평균을 반복적으로 구하여 사용할 때 $\bar{X}$의 분포에 대한 정보를 필요로 한다. 표본평균의 분포는 근사적으로 정규분포임을 알고 있으므로, 예 5.1에서 $n = 100$개의 표본평균의 분포는 근사적으로 $N(\mu, \sigma^2/100)$이고, 여기서 $\sigma^2 = 400^2$이다. 표본평균의 분포를 그려 보면 [그림 5-1]과 같다.

모평균에 대한 추정량으로 제시된 표본평균의 분포가 평균이 μ이고, 분산이 σ^2/n인 정규분포로 근사할 수 있다는 사실을 이용하여 다음과 같은 사실들이 성립함을 확인할 수 있다.

① 표본평균 $\bar{X}$가 모평균 μ로부터 $\pm 1.96\,\sigma/\sqrt{n} = \pm 78.4$ 이내에 있을 확률은 약 0.95이다.

② 부등식 $\mu - 78.4 < \bar{X} < \mu + 78.4$은 다음과 같이 나타낼 수 있다.

$$|\bar{X} - \mu| < 78.4 \quad \text{또는} \quad \mu \in (\bar{X} - 78.4, \bar{X} + 78.4)$$

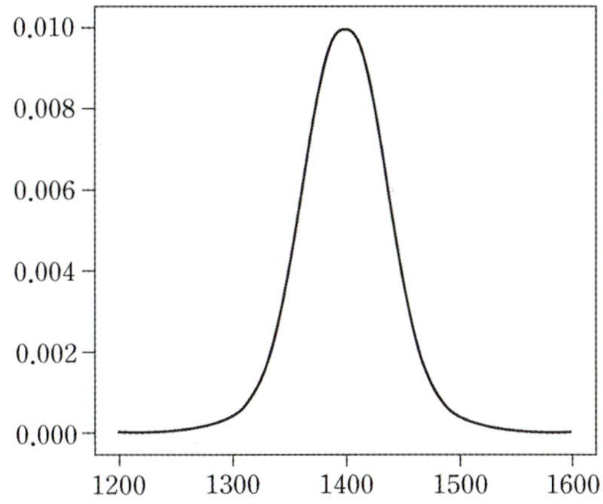

그림 5-1 $\overline{X}$ 의 분포

③ $n = 100$개의 시제품의 표본평균 $\overline{x}$를 구하는 작업을 무한히 반복한다고 하자. 그러면 표본에서 관측된 $\overline{x}$를 이용하여 다음과 같은 구간을 구한다면 이들 가운데 약 95%는 μ를 포함할 것이다.

$$\overline{x} \pm 78.4 = (\overline{x} - 78.4,\ \overline{x} + 78.4)$$

이들 ①~③의 의미에 대하여 생각해 보자. 새로운 표본을 반복해서 추출하여 $\overline{x}$를 구하고, 이를 이용하여 구간 $(\overline{x} - 78.4,\ \overline{x} + 78.4)$를 구하면, 100개에 약 95꼴로 μ를 포함하리라 기대된다. 따라서 $(\overline{x} - 78.4,\ \overline{x} + 78.4)$를 μ의 95% **신뢰구간**(confidence interval)이라고 하며, 95%를 이 신뢰구간의 **신뢰수준**(confidence level)이라고 한다. 예 5.1에서는 $\overline{x} = 1,400$이므로 μ의 95% 신뢰구간은 다음과 같다.

$$(\overline{x} - 78.4,\ \overline{x} + 78.4) = (1321.6,\ 1478.4)$$

또한 이러한 신뢰구간에서 $1.96\,\sigma/\sqrt{n} = 78.4$를 $\hat{\mu} = \overline{x}$의 95% **오차한계**(limit of error)라고 한다.

일반적으로 모평균 μ의 신뢰구간은 다음과 같이 구할 수 있다. α가 0과 1 사이의 수라고 하자. $\overline{X}$의 분포로부터 다음이 성립한다.

$$
\begin{aligned}
1-\alpha &= P(-z_{\alpha/2} < \frac{\overline{X}-\mu}{\sigma/\sqrt{n}} < z_{\alpha/2}) \\
&= P(\overline{X}-z_{\alpha/2}\frac{\sigma}{\sqrt{n}} < \mu < \overline{X}+z_{\alpha/2}\frac{\sigma}{\sqrt{n}})
\end{aligned}
$$

따라서 모평균 μ의 신뢰수준 $100(1-\alpha)\%$의 신뢰구간은 다음과 같다.

$$
\overline{x}\pm z_{\alpha/2}\frac{\sigma}{\sqrt{n}} = (\overline{x}-z_{\alpha/2}\frac{\sigma}{\sqrt{n}},\quad \overline{x}+z_{\alpha/2}\frac{\sigma}{\sqrt{n}})
$$

일반적으로 신뢰수준은 90%, 95%, 99%를 많이 사용하며, 이에 대응되는 α값은 0.1, 0.05, 0.01이다. 각각의 경우에 사용되는 표준정규분포의 분위수는

$$
z_{.05}=1.645 \quad z_{.025}=1.96 \quad z_{.005}=2.576
$$

으로 주어진다. 지금까지 설명한 내용을 요약하면 다음과 같다.

모평균 μ에 대한 추정(모표준편차 σ를 알 때)

μ의 추정량 : $\hat{\mu}=\overline{X}$

$\overline{X}$의 표준오차 : $\mathrm{SE}(\hat{\mu})=\frac{\sigma}{\sqrt{n}}$

$\overline{X}$의 $100(1-\alpha)\%$의 오차한계 : $z_{\alpha/2}\times \mathrm{SE}(\hat{\mu})=z_{\alpha/2}\frac{\sigma}{\sqrt{n}}$

μ의 $100(1-\alpha)\%$ 신뢰구간 : $(\overline{x}-z_{\alpha/2}\frac{\sigma}{\sqrt{n}},\ \overline{x}+z_{\alpha/2}\frac{\sigma}{\sqrt{n}})$

이제 신뢰구간의 의미에 대하여 좀 더 자세히 생각해 보자. 앞의 예에서와 같이 95% 신뢰구간을 다음과 같이 얻었다고 하자.

$$
\overline{x}\pm 1.96\frac{\sigma}{\sqrt{n}}
$$

만일 크기 n인 표본을 통해 $\overline{x}$를 구하는 과정을 무수히 반복한다고 가정해 보자. 그러면, 이러한 과정마다 표본이 각각 달리 추출될 것이므로 $\overline{x}$의 값도 각각 다를 것이고 신뢰구간도 각각 다르게 설정될 것이다. 다만 각 과정마다 오차한계가 동일

하므로 신뢰구간의 길이는 $2\times1.96\sigma/\sqrt{n}$로서 동일할 것이다. 이러한 구간들을 그림으로 나타내면 [그림 5-2]와 같이 나타낼 수 있다. 신뢰구간의 의미는 이러한 구간들을 무수히 만들어 갈 때, 그중 약 95%는 참값 μ를 포함하리라 기대할 수 있다는 것이다.

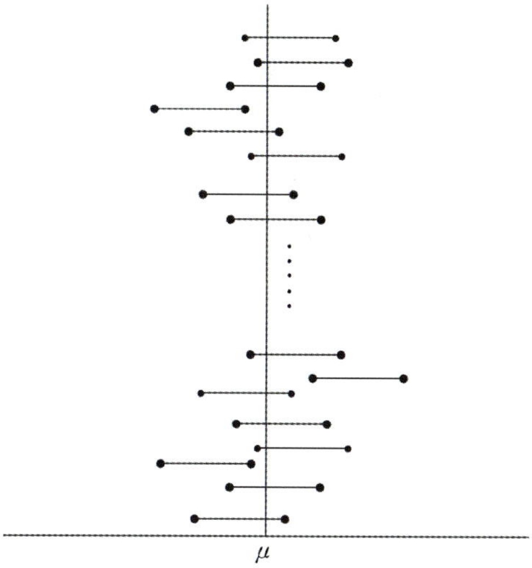

그림 5-2 μ의 95% 신뢰구간

신뢰구간의 길이와 오차한계는 표본크기 n을 적절히 선택함으로써 조절할 수 있다. $100(1-\alpha)\%$ 오차한계는 $z_{\alpha/2}\,\sigma/\sqrt{n}$이므로

$$z_{\alpha/2}\cdot\sigma/\sqrt{n} = d$$

로 놓고, 이를 n에 관하여 풀면 다음과 같은 결과를 얻을 수 있다.

모평균 추정에서 표본크기의 결정(모표준편차 σ를 알 때)

$100(1-\alpha)\%$의 오차한계를 d 이하로, 즉 신뢰구간의 길이를 $2d$ 이하로 하기 위한 표본의 크기는 다음과 같다.

$$n \ge \left(\frac{z_{\alpha/2}\,\sigma}{d}\right)^2$$

예 5.2 모표준편차 $\sigma = 15$인 정규모집단에서 $n = 40$개의 표본을 택한 결과 표본평균이 $\bar{x} = 45$이었다. 이때 모평균 μ의 추정값은 $\hat{\mu} = \bar{x} = 45$이고, 90% 오차한계는 다음과 같다.

$$1.645\sigma/\sqrt{n} = 1.645 \times 15/\sqrt{40} = 3.90$$

따라서 μ의 90% 신뢰구간은

$$\bar{x} \pm 1.645 \frac{\sigma}{\sqrt{n}} = 45 \pm 3.9 = (41.1,\ 48.9)$$

이다. 이때 90%의 오차한계를 3 이내로 하기 위해 필요한 표본크기는

$$n \geq (1.645 \times 15/3)^2 = (8.225)^2 = 67.6506$$

이므로, 필요한 표본크기는 $n = 68$이다.

만일 99%의 오차한계를 3 이내로 하기 위해서는

$$n \geq (2.576\sigma/3)^2 = (12.88)^2 = 165.89$$

로서 필요한 표본크기는 166으로 90%인 경우보다 2.4배 이상으로 표본의 크기가 커지게 된다.

이제까지 소개된 모평균 추정에 대한 공식은 모표준편차 σ를 아는 것을 전제한 것이다. 물론 실제 문제에서는 대부분의 경우 σ와 같은 모집단 특성치는 알려져 있지 않다. 이와 같이 일반적인 경우의 모평균의 추론은 다음 장에서 다룰 것이다.

모분산 σ^2 또는 모표준편차 σ를 모를 때 많이 사용되는 점추정량은 다음과 같이 정의된 **표본분산** S^2과 **표본표준편차** S이다.

$$\widehat{\sigma^2} = S^2 = \frac{1}{n-1}\sum_{i=1}^{n}(X_i - \overline{X})^2$$

$$\hat{\sigma} = S = \sqrt{\frac{1}{n-1}\sum_{i=1}^{n}(X_i - \overline{X})^2}$$

예제 5.1 서울 소재 한 대학의 석사과정 선발과정에서는 지원자들의 학사과정 성적을 4.3점 만점으로 환산하여 활용한다. 과거의 자료를 통해 지원자들 성적의 표준편차는 $\sigma = 0.37$임이 알려져 있다. 해당년도에 지원한 지원자들의 평균 학점을 알아보기 위해 학교에서는 지원자 30명을 임의로 추출하여 학점 자료를 조사

하였다. 이 조사를 통해 이들 표본의 평균 학점은 3.4로 계산되었다. 지원자들에 대한 평균 학점의 95% 신뢰구간을 구하고, 오차한계가 0.1 이하가 되기 위하여 필요한 표본의 크기를 구하여라.

풀이 모평균의 신뢰구간의 공식에서, 구하는 신뢰구간은 $\alpha = 0.05$인 경우이므로 오차한계를 계산하면 다음과 같다.

$$1.96\sigma/\sqrt{n} = 1.96 \times 0.37/\sqrt{30} = 0.132$$

따라서 95% 신뢰구간은

$$\overline{x} \pm 1.96\frac{\sigma}{\sqrt{n}} = 3.4 \pm 1.3 = (3.27,\ 3.53)$$

이다. 이제 95% 신뢰수준에서 오차한계를 0.1 이하로 하기 위한 표본크기를 구하면

$$n \ge (1.96 \times 0.37/0.1)^2 = (7.252)^2 = 52.59...$$

이므로, $n = 53$ 이상이 필요하다.

예제 5.2 10명의 경제전문가를 선정하여 해당 분기에서의 국내 경제성장률에 대한 예측치를 조사하였다. 다음의 자료는 이들 10명의 경제전문가들이 제시한 해당 분기에서의 국내 경제성장률에 대한 예측치이며, 단위는 %이다.

2.1 2.3 3.0 2.7 2.5 2.4 2.6 2.7 3.1 2.8

이들 전문가들이 예측한 국내 경제성장률의 평균과 표준편차의 추정값을 구하고, 전문가들의 경제성장률 평균 예측값에 대한 95% 신뢰구간의 근삿값을 구하여라.

풀이 크기가 $n = 10$인 표본이므로 이들이 예측한 경제성장률의 표본평균을 구하면,

$$\overline{x} = (2.1 + 2.3 + \cdots + 2.8)/10 = 2.62$$

이고, 표본분산은

$$s^2 = \{(2.1-2.62)^2+(2.3-2.62)^2+\cdots+(2.8-2.62)^2\}/(10-1)=0.095$$

이다. 따라서 모표준편차 σ의 추정값을 구하면 다음과 같다.

$$\hat{\sigma}= s = \sqrt{0.095}=0.308$$

95% 신뢰구간은 $\bar{x}\pm 1.96\sigma/\sqrt{n}$의 공식으로부터, 미지의 모수인 표준편차 σ 자리에 추정치 $\hat{\sigma}$를 대신 사용하여 근삿값을 구할 수 있다. 그러면 95% 오차한계는

$$1.96\frac{\hat{\sigma}}{\sqrt{n}}=0.191$$

이므로 평균 경제성장률 예측값에 대한 95% 신뢰구간의 근삿값을 다음과 같이 구할 수 있다.

$$\bar{x} \pm 1.96\frac{\hat{\sigma}}{\sqrt{n}} = 2.62 \pm 0.191 = (2.43,\ 2.81)$$

참고 [예제 5-2]에서는 σ가 미지일 때 이의 추정값을 사용하여 신뢰구간의 근삿값을 구했으나, 다음 장에서는 t-분포를 이용한 구간추정방법을 다루게 된다.

5-2 가설검정의 원리

지금까지 우리는 모집단으로부터 추출된 표본을 이용한 추정의 방법에 대하여 알아보았다. 이 절에서는 이를 더 확장하여 주어진 명제를 표본을 통해 증명할 수 있는지 생각해 보자. 이러한 예는 여러 분야에서 흔히 나타난다. 예를 들어, 과학적인 탐구와 실험을 통한 과학적 가설검증, 특정집단의 사회정치적 행동원인 사이의 인과성 증명, 신기술 제조공법을 적용한 생산품의 품질변화 여부 등 과학적이며, 합리적인 추론을 요구하는 많은 문제들이 이에 해당된다.

다음의 예들을 통해 가설검정의 의미를 생각해 보자.

예 5.3 표장용 종이박스를 제조하는 A 회사의 기존 제품의 평균 중량은 500 g이다. 최근에 연구개발팀에서 새로운 공법을 이용하여 경량화시킨 신제품을 개발하였다. 새로운 공법이 과연 제품을 경량화시키는지 알아보기 위해 10개의 표본제품에 대한 무게를 측정하고, 이를 기초로 제품의 평균 중량이 500 g 이하라는 연구개발팀의 주장을 검증해 보자.

예 5.3에서 검증하고자 하는 것은 새로운 공정이 기존의 공정과 다름이 없는지 아니면 경량의 제품을 생산하는지 확인하는 것이다. 새로운 공정에 의해 생산된 종이박스의 평균 중량을 μ라고 할 때, 위의 두 개의 상반된 가설을 다음과 같이 나타낸다.

$$H_0 : \mu = 500$$
$$H_1 : \mu < 500$$

여기서 H_0를 **귀무가설**(null hypothesis), H_1을 **대립가설**(alternative hypothesis)이라고 한다. 대립가설은 표본으로부터 입증하고자 하는 가설이고 귀무가설은 대립가설에 대한 확실한 증거가 없을 때 받아들이는 가설이다. 귀무가설에 대한 반증의 강도를 제공하는 과정을 **유의성검증**(test of significance)이라고 한다.

예 5.3에서 만약 새로운 공법이 제품을 경량화시킨다는 확실한 증거가 없다면 기존의 공법을 그대로 사용할 것이므로 제품의 생산과 판매에 아무런 변화가 없을 것이다. 반대로 새로운 공법이 제품을 경량화시킨다는 것이 확실하다면 회사는 새로운 공법을 사용하는 생산라인을 새로 구축하려 할 것이고, 결국 많은 노동력과 비용을 투자하게 될 것이다. 이에 따라 새로운 공법이 제품을 경량화한다는 가설은 확실한 증거가 필요하다. 따라서 이 경우에 새로운 공정이 제품을 경량화시킨다는 가설, 즉 $\mu < 500$을 대립가설로 놓고, 새로운 공정이 기존의 공정과 다름없다는 가설, 즉 $\mu = 500$을 귀무가설로 설정한다.

귀무가설과 대립가설의 의미를 좀 더 정확히 이해하기 위하여 다음의 예들을 살펴보도록 하자.

예 5.4 한 생물학자가 자신이 유전공학적 기법으로 변종시킨 식물의 단위 면적당 평균수확량이 기존의 수확량인 70 kg보다 매우 높을 것이라 주장한다. 이를 증명하기 위하여 변종된 식물을 재배하여 단위면적당 수확량을 측정하여 향상 여부를 알아보려 한다.

연구자가 증명하고자 하는 가설은 변종된 식물의 평균 수확량이 70 kg보다 많다는 것이므로 이를 대립가설로 상정하고, 기존의 수확량과 다름이 없다는 것을 귀무가설로 상정하게 된다. 따라서 단위 면적당 평균 수확량을 μ라고 하면, 귀무가설과 대립가설은 각각

$$H_0 : \mu = 70, \quad H_1 : \mu > 70$$

이 되며, 새로운 품종에 대한 단위 수확량을 조사하여 70 kg 이상이라는 강력한 증거를 얻을 경우 대립가설을 받아들이게 된다.

예 5.5 한 광역시 단체장은 최근 논쟁의 여지가 있는 지역개발 프로젝트를 수행하고 있다. 과거 자신의 지지율은 약 40%였는데 이 지역개발 프로젝트의 수행을 통해서 자신의 지지율에 변화가 있는지 여론조사를 통해서 알아보고 싶어 한다. 이때 지지율을 p라고 하면 자신의 지지율 변화에 대한 뚜렷한 증거가 있는지 알아보는 것이므로 귀무가설과 대립가설은 각각 다음과 같다.

$$H_0 : p = 0.4, \quad H_1 : p \neq 0.4$$

예 5.5의 대립가설과 같이 비교하는 값의 양쪽을 나타내는 가설을 **양측가설**(two-sided hypothesis)이라고 하고 예 5.4의 대립가설과 같이 비교하는 값의 한쪽을 나타내는 가설을 **단측가설**(one-sided hypothesis)이라고 한다.

논리적인 측면에서 예 5.4에서와 같이 대립가설이 $H_1 : \mu > 70$로 주어질 때, 귀무가설을 H_1의 부정인 $H_0 : \mu \leq 70$로 설정하는 것이 모든 가능한 모평균의 값을 고려한다는 점에서 타당하지만, 대립가설 $H_1 : \mu > 70$과 가장 구분하기 어려운 경우인 경곗값 $\mu = 70$을 귀무가설로 하여도 유의성검증의 절차가 마찬가지임이 알려져 있다. 따라서 대립가설이 단측인 경우 그와 가장 구분하기 어려운 경우의 값인 경곗값을 귀무가설로 사용하기로 한다.

이제 유의성검증의 목적이 대립가설을 지지하는 증거를 찾는 데 있음을 염두에 두고, 구체적인 방법론에 대하여 생각해 보자. 유의성검증에서 찾는 증거는 앞에서 살펴본 바와 같이 모수의 추정량을 이용한다. 대립가설에 대한 증거는 귀무가설 H_0로부터 대립가설 H_1의 방향으로 추정값이 멀리 떨어질수록 강해진다는 사실을 이용한다.

예 5.6 예 5.3에서 귀무가설과 대립가설이 각각 다음과 같이 설정되었다.

$$H_0 : \mu = 500, \quad H_1 : \mu < 500$$

대립가설에 대한 증거는 μ의 추정량인 표본평균 $\overline{X}$를 이용한다. 표본평균 $\overline{X}$의 관측값이 500보다 작으면 작을수록 대립가설을 지지하는 증거가 강해지는 것이다.

예 5.6에서 표본평균과 같이 유의성검증을 위해 사용하는 통계량을 **검정통계량**(test statistic)이라고 한다. 다음 예에서는 검정통계량을 사용하여 유의성검증에서 증거의 강도를 표현하는 방법을 생각해 보자.

예 5.7 예 5.3에서 새로운 공정이 제품을 경량화하는지 확인하기 위한 가설은 다음과 같았다.

$$H_0 : \mu = 500, \ H_1 : \mu < 500$$

새로운 공법으로 생산된 제품 가운데 10개의 표본을 랜덤하게 뽑아 조사한 결과 표본평균이 $\overline{x} = 478$g이었다. 새로운 공정의 모표준편차는 기존의 공정과 같이 $\sigma = 30$으로 가정할 수 있다고 한다.

이 경우 표본평균이 귀무가설하에서의 모평균의 값으로부터 떨어진 정도는 $\overline{x} - 500 = -22$이다. 이러한 조사를 무한히 반복한다면 귀무가설이 사실이라는 가정하에서 현재 관측된 $\overline{x} = 478$보다 더 대립가설을 지지하는 결과가 나올 가능성은 얼마인가? 이러한 확률은 다음과 같이 나타낼 수 있다.

$$\begin{aligned} & P(\overline{X} \leq 478 \mid \mu = 500) \\ &= P\left(\frac{\overline{X} - 500}{\sigma / \sqrt{n}} \leq \frac{478 - 500}{30 / \sqrt{10}} \middle| \mu = 500 \right) \\ &= P(Z \leq -2.319) = 0.0102 \end{aligned}$$

이 확률은 귀무가설이 참일 때 실제 관측된 $\overline{x} = 478$보다 더 작은 관측값을 얻을 확률을 나타내므로, 이 확률이 0에 가까울수록 대립가설이 참이라는 근거를 제시한다고 할 수 있다. 이 경우에는 귀무가설이 참일 때 $\overline{x} = 478$과 같이 작은 값이 관측될 가능성은 100번에 1번 꼴이라는 뜻이다. 따라서 실험결과는 귀무가설 $H_0 : \mu = 500$이 사실이 아님을 강력하게 시사한다고 할 수 있다.

예 5.7에서와 같이 실제 관측결과보다 더욱 강하게 H_0에 대한 반증을 얻게 될 확률을 일컬어 **유의확률**(significance probability) 또는 ***P* 값**(P value)이라고 한다. 유의확률은 유의성검증을 통해 보이고자 하는 반증의 강도를 확률로 나타낸 것이다. 따라서 유의확률이 매우 작다면 반증의 정도가 강한 것으로 대립가설이 지지된다고 할 수 있고, 만일 유의확률이 그다지 작지 않다면 반증의 정도가 약한 것으로 대립가설이 지지되지 않음을 의미한다.

유의확률(P 값)

유의확률은 검정통계량이 귀무가설 H_0하에서 실제 관측된 값보다 대립가설을 지지하는 방향으로 더욱 치우칠 확률로서, 유의확률이 작을수록 대립가설이 참이라는 확실한 근거가 된다.

예제 5.3 신종 바이러스성 질환에 걸린 환자들의 증상을 연구한 의학연구자들은 새로운 질병이 환자의 체온을 증가시키는지 확인하고자 한다. 이를 위하여 이 질환에 걸린 환자들 중 10명을 추출하여 체온을 측정하였다. 측정 결과 이들의 평균 체온은 $\bar{x} = 37.1$℃이었다. 환자들의 체온의 표준편차는 $\sigma = 1.5$℃이고, 평균 체온의 분포는 정규분포를 따른다고 한다. 환자들의 평균 체온이 정상 체온인 36.5℃보다 높다고 할 수 있는가? 유의확률을 구하여라.

풀이 환자들의 평균 체온을 μ라고 할 때, 문제의 뜻에 맞는 귀무가설과 대립가설은 각각 다음과 같다.

$$H_0 : \mu = 36.5,\ \ H_1 : \mu > 36.5$$

10명의 환자에 대한 관측값에서 $\bar{x} = 37.1$ 이므로 유의확률은 다음과 같이 계산한다.

$$\begin{aligned} & P(\overline{X} \geq 37.1 \mid \mu = 36.5) \\ &= P\left(\frac{\overline{X} - 36.5}{\sigma / \sqrt{n}} \geq \frac{37.1 - 36.5}{1.5/\sqrt{10}} \,\middle|\, \mu = 36.5 \right) \\ &= P(Z \geq 1.26) = 1 - 0.8962 = 0.104 \end{aligned}$$

일반적으로 통계적 가설검정에서 귀무가설 H_0에 대한 반증의 정도에 대한 기준을 미리 정해놓고 이를 유의확률과 비교를 한다. 이러한 정해진 기준값을 **유의수준**(significance level)이라고 하며 보통 α로 표현한다. 흔히 많이 쓰는 기준값은 신뢰구간에서와 마찬가지로 $\alpha =$ 0.01, 0.05, 0.1이다. 조사 결과에서 유의확률의 값이 지정된 유의수준 α 이하로 나타나게 되면

"조사 결과가 유의수준 α에서 통계적으로 유의하다"

라고 표현한다.

유의수준

귀무가설 H_0에 대한 반증의 정도를 나타내는 기준값을 **유의수준**이라고 하며, 기호 α로 나타낸다. 유의확률(P 값)이 유의수준(α)보다 작으면 H_0에 대한 반증의 정도가 강함을 뜻하며, 따라서 조사 결과가 통계적으로 유의하다고 한다.

SPSS와 같은 통계계산 소프트웨어를 사용하면 검정의 결과로 흔히 유의확률(P 값)이 출력된다. 이와 같이 얻어진(또는 계산된) 유의확률을 기초로 하는 유의성검증의 절차를 정리하면 <표 5-1>과 같다.

표 5-1 유의성검증 절차

1. 귀무가설 H_0와 대립가설 H_1을 설정

⇩

2. 유의수준 α를 지정

⇩

3. 자료로부터 검정통계량의 관측값을 계산

⇩

4. 유의확률(P 값)을 계산

⇩

5. P 값과 α와의 비교를 통해 조사 결과의 통계적 유의성을 판단
(P 값이 α 이하이면 유의수준 α에서 조사 결과가 통계적으로 유의하다고 결론)

지금까지 구체적인 예를 통하여 모평균의 유의성검증의 개념에 대해서 살펴보았는데 이제 일반적인 검정법에 대하여 좀 더 자세히 살펴보자. 귀무가설과 대립가설이 각각 다음과 같이 주어졌다고 하자.

$$H_0 : \mu = \mu_0, \qquad H_1 : \mu > \mu_0$$

모평균 μ에 대한 가설의 유의성검증에서 사용되는 통계량은 표본평균 $\overline{X}$이고, 이를 이용한 계산과정에서는 $\overline{X}$를 표준화한 통계량을 사용한다. 즉, 표본평균 $\overline{X}$는 귀무가설 $H_0 : \mu = \mu_0$가 사실이라면 근사적으로 $N(\mu_0\,, \sigma^2/n)$을 따르므로, 이를 표준화한 통계량 Z는 표준정규분포를 따른다. 즉, 다음이 성립한다.

$$Z = \frac{\overline{X} - \mu_0}{\sigma/\sqrt{n}} \sim N(0,1)$$

따라서 표본평균 $\overline{X}$의 관측치가 $\overline{x}$로 주어졌다면, Z의 관측값은

$$z = \frac{\overline{x} - \mu_0}{\sigma/\sqrt{n}}$$

로 주어지고 유의확률은 다음과 같이 구할 수 있다.

$$P(\overline{X} \geq \overline{x} \mid \mu = \mu_0) = P(Z \geq z)$$

마찬가지로, 모평균에 대한 가설이

$$H_0 : \mu = \mu_0, \qquad H_1 : \mu < \mu_0$$

로 주어진다면 유의확률은 부등호의 방향만 바꾸어서 다음과 같이 계산할 수 있다.

$$P(\overline{X} \leq \overline{x} \mid \mu = \mu_0) = P(Z \leq z)$$

대립가설이 양측가설로

$$H_0 : \mu = \mu_0, \qquad H_1 : \mu \neq \mu_0$$

와 같이 주어졌을 경우에는 유의확률을

$$P(|\overline{X} - \mu_0| \geq |\overline{x} - \mu_0| \mid \mu = \mu_0) = P(|Z| \geq |z|)$$

로 계산할 수 있다. 결국 표본평균을 표준화한 통계량

$$Z = \frac{\overline{X} - \mu_0}{\sigma/\sqrt{n}}$$

으로 세 가지 다른 대립가설의 유의확률을 구할 수 있다. 이러한 이유로 Z를 검정통계량이라고 하고, Z-통계량에 기초한 검정법을 **Z-검정**(Z-test)이라고 한다.

모평균 μ에 대한 유의성검증에서 유의확률을 구하는 방법을 요약하면 다음과 같다.

모평균(μ)에 대한 Z-검정에서 유의확률의 계산(모표준편차 σ를 알 때)

귀무가설 $H_0 : \mu = \mu_0$의 검정통계량은

$$Z = \frac{\overline{X} - \mu_0}{\sigma / \sqrt{n}}$$

이고, Z의 관측값을 z라고 할 때 유의확률 P는 다음과 같다.

(a) $H_1 : \mu > \mu_0$일 때, $P = P(Z \geq z)$

(b) $H_1 : \mu < \mu_0$일 때, $P = P(Z \leq z)$

(c) $H_1 : \mu \neq \mu_0$일 때, $P = P(|Z| \geq |z|)$

예제 5.4 어느 병원에서 실시하는 비만 환자들을 대상으로 한 체중감량 치료 프로그램을 통해 체중감량 정도를 측정하였다. 병원 담당자는 이 프로그램에 참여하면 적어도 평균 10 kg 이상의 체중감량 효과가 있다고 주장하였다. 실제로 이에 참가한 비만환자를 대상으로 감량된 체중을 측정하여 기록하였고, 다음은 이들 중 임의로 선택된 10명의 환자에 대한 체중감량 자료이다. (단위: kg)

8.9	11.9	11.2	10.8	9.8	12.7	9.4	10.3	8.1	12.2

관련 자료에 의하면 감량된 체중의 분포는 정규분포를 따르고 표준편차는 $\sigma = 3$ kg으로 알려져 있다. 이 치료 프로그램에 의해 병원 측이 주장하는 바와 같이 10 kg 이상의 체중감량 효과가 있는가를 유의수준 5%에서 검정하여라.

풀이 검증하고자 하는 모평균 특성치인 체중감량의 평균을 μ라고 하면, 문제의 뜻에 맞는 귀무가설과 대립가설은 각각 다음과 같다.

$$H_0 : \mu = 10 , \quad H_1 : \mu > 10$$

σ를 알 때 μ에 대한 검정이므로 검정통계량은 다음과 같다.

$$Z = \frac{\overline{X} - \mu_0}{\sigma / \sqrt{n}} = \frac{\overline{X} - 10}{3 / \sqrt{10}}$$

표본평균의 관측값이 $\overline{x} = 10.53$이므로 Z의 관측값 z를 계산하면

$$z = \frac{\overline{x} - 10}{3 / \sqrt{10}} = \frac{10.53 - 10}{3 / \sqrt{10}} = 0.559$$

이고, 대립가설이 단측가설이므로 유의확률은 다음과 같이 계산된다.

$$P = P(\overline{X} \geq \overline{x} \mid \mu = 10) = P(Z \geq 0.559)$$

한편 정규분포표에서 $P(Z \geq 0.56) = 1 - 0.7123 = 0.2877$이므로 유의확률은 약 $P = 0.288$이다. 이는 유의수준 5%에 비하여 매우 큰 값이며, 그만큼 통계적인 유의성은 기대하기 힘든 결과이다. 관측결과로부터 평균 체중감량이 10 kg 이상이라는 증거는 약하다고 할 수 있다.

예제 5.5 어느 여성용 의류업체에서는 여자 대학생들을 대상으로 하는 신상품 출시를 계획하고 있다. 각 치수에 따른 생산량을 조절하기 위하여 업체에서는 여대생들의 신체조건에 대한 관련 자료를 확보하여 이를 의사결정에 활용하고자 한다. 다음은 랜덤하게 뽑힌 12명의 여대생들에 대한 허리둘레에 대한 자료이다. (단위: 인치)

29 26 32 28 25 26 27 26 25 26 27 26

회사의 지난 경험에 의하면 허리둘레는 평균이 26인치이고 표준편차가 $\sigma = 2.5$인치인 정규분포를 따른다고 한다. 최근의 경향으로 평균 허리둘레가 변했다고 할 수 있는지 유의수준 5%에서 검정하여라.

풀이 검증하고자 하는 모평균 특성치인 허리둘레의 평균을 μ라고 하면, 문제에 맞는 귀무가설과 대립가설은 각각 다음과 같다.

$$H_0 : \mu = 26, \quad H_1 : \mu \neq 26$$

검정통계량 Z는 다음과 같다.

$$Z = \frac{\overline{X} - 26}{2.5/\sqrt{12}}$$

표본평균 $\overline{X}$의 관측치인 $\overline{x}$를 계산하면 $\overline{x} = 26.92$이므로 Z의 관측값 z를 계산하면

$$z = \frac{\overline{x} - 26}{2.5/\sqrt{12}} = \frac{26.92 - 26}{2.5/\sqrt{12}} = 1.27$$

이고, 대립가설이 양측가설이므로 유의확률은 다음과 같다.

$$P = P(|Z| \ge 1.27) = 2P(Z \ge 1.27) = 2(1 - 0.8980) = 0.204$$

이는 유의수준 5%에 비해 매우 큰 값이므로 유의성이 약하다. 즉, 관측결과로부터 평균 허리둘레가 26인치가 아니라는 증거는 없다고 결론을 내린다.

유의수준 α가 주어진 경우에 유의확률을 구하지 않고도 유의성검증을 할 수 있다. 다음의 예를 살펴보자.

예 5.8 σ를 알 때 유의수준 5%에서 다음의 가설을 검정한다고 하자.

$$H_0 : \mu = \mu_0, \quad H_1 : \mu < \mu_0$$

이때 유의확률은 검정통계량의 관측값 z에 대하여 $P(Z \le z)$로 주어지므로

$$P(Z \le z) \le 0.05$$

이면 귀무가설 H_0에 대한 반증이 통계적으로 유의하다고 할 수 있다. 위의 부등식은 z와 $z_{0.05}$를 비교하여 판단할 수 있다. 즉,

$$z \le -1.645$$

이면 귀무가설 H_0에 대한 반증이 유의수준 5%에서 통계적으로 유의하다고 결론을 내린다.

예 5.8에서 $z \leq -1.645$와 같이 지정된 유의수준에서 귀무가설 H_0에 대한 반증으로 통계적 유의성이 있는 검정통계량의 영역을 귀무가설 H_0의 **기각역**(rejection region)이라고 하고, 검정통계량의 값이 기각역 속에 들어가면 H_0를 기각하는 결정을 내린다. 이와 같은 H_0의 기각 여부를 다음과 같이 표현한다.

"유의수준 α에서 귀무가설 H_0를 기각한다."

"유의수준 α에서 귀무가설 H_0를 기각할 수 없다."

유의성검증은 이렇게 유의수준이 정해진 후에 검정통계량의 관측값에 따라 귀무가설 H_0의 기각여부를 판명하는 것으로 생각할 수 있다. 그러므로 유의성검증을 **가설검정**(hypothesis testing)이라고 하기도 한다. 모평균의 가설검정에서 기각역을 정리하면 다음과 같다.

모평균(μ)의 가설검정(모표준편차 σ를 알 때)

귀무가설 $H_0 : \mu = \mu_0$의 검정통계량

$$Z = \frac{\overline{X} - \mu_0}{\sigma / \sqrt{n}}$$

이고, Z의 관측값을 z라 할 때 유의수준 α에서 기각역은 다음과 같다.

(a) $H_1 : \mu > \mu_0$일 때, $z \geq z_\alpha$

(b) $H_1 : \mu < \mu_0$일 때, $z \leq -z_\alpha$

(c) $H_1 : \mu \neq \mu_0$일 때, $|z| \geq z_{\alpha/2}$

예제 5.6 A 교사는 자신이 새로 담임을 맡은 학급 학생들의 휴대전화 사용실태를 조사하는 과정에서 월평균 휴대전화 문자메시지(SMS) 사용횟수에 대한 자료를 얻었다. A 교사의 지난 조사 결과에 의하면 학생들의 SMS 사용횟수는 평균 30, 표준편차 $\sigma = 10$인 정규분포를 따른다고 한다. A 교사는 이러한 자료를 이용하여 학생들의 휴대전화 사용 실태에 대한 보고서를 작성할 계획이다. 다음은 랜덤하게 추출된 11명 학생들의 평균 SMS 사용횟수 자료이다. 이 학생들의 평균 SMS 사용횟수가 30회와 다르다고 할 수 있는지 유의수준 5%에서 검정하여라.

5 20 55 40 10 25 35 25 30 25 40

풀이 학생들의 SMS 사용횟수의 모평균을 μ라고 표기할 때, 검정하고자 하는 바를 귀무가설과 대립가설로 나타내면 다음과 같다.

$$H_0 : \mu = 30 \qquad H_1 : \mu \neq 30$$

한편 $\mu_0 = 30$이고 $n = 11$이며, 자료에서 표본평균이 $\bar{x} = 28.18$이므로 검정통계량 Z의 관측값은 다음과 같다.

$$z = \frac{\bar{x} - 30}{10/\sqrt{11}} = \frac{28.18 - 30}{10/\sqrt{11}} = -0.603$$

대립가설이 양측가설이므로 유의수준 $\alpha = 0.05$에 대한 기각역은

$$|z| \geq z_{0.025}$$

이며, 관측값으로부터 $|z| = 0.603 < z_{0.025} = 1.96$ 이므로 관측값이 기각역에 속하지 않는다. 따라서 유의수준 5%에서 귀무가설 H_0를 기각할 수 없다. 즉, SMS 사용횟수의 평균이 30이 아니라는 근거가 없다고 할 수 있다.

예제 5.7 어느 도시의 국민주택형 신축 아파트 한 채당 분양가는 15,000만 원으로 알려져 있다. 부동산 업자 H는 동일한 평형대의 주변 아파트의 실거래 가격은 이보다 더 높을 것으로 믿고 있다. 이를 입증하기 위해 아파트 가격의 실거래 가격을 조사하여 다음과 같은 자료를 얻었다.

15,500	15,500	15,500	16,500	16,300	17,000
15,600	16,500	16,350	16,500	16,000	15,500

아파트 실거래 가격은 표준편차 $\sigma = 2{,}000$만원인 정규분포를 따른다고 가정할 때, H의 의견에 대한 타당성 여부를 유의수준 5%에서 검정하여라.

풀이 아파트 가격의 모평균을 μ라 할 때, 문제에서 귀무가설과 대립가설은 각각

$$H_0 : \mu = 15{,}000 \qquad H_1 : \mu > 15{,}000$$

이다. $\mu_0 = 15,000$이므로 검정통계량은 다음과 같다.

$$Z = \frac{\overline{X} - 15000}{2000/\sqrt{12}}$$

데이터에서 $\overline{x} = 16062.5$이므로 검정통계량 Z의 관측값 z는 다음과 같다.

$$z = \frac{\overline{x} - 15000}{2000/\sqrt{12}} = \frac{16062.5 - 15000}{2000/\sqrt{12}} = 1.84$$

한편, 대립가설이 단측가설이므로 유의수준 $\alpha = 0.05$에 대한 기각역을 구하면

$$z \geq z_{0.05} = 1.645$$

이며, $z = 1.84 > 1.645$이므로 유의수준 5%에서 귀무가설 H_0를 기각한다. 즉, 실제 거래가격은 15,000만 원 이상이라고 믿을 수 있다.

주어진 유의수준하에서 가설검정의 결과는 귀무가설 H_0와 대립가설 H_1 중 하나를 채택하는 것으로 보면 검정의 결과에 따라서 두 가지의 오류를 범할 수 있다. 이를 표로 정리해 보면 <표 5-2>와 같다.

표 5-2 오류의 종류

검증결과 \ 실제상황	H_0가 참	H_1이 참
H_0를 채택	옳은 결정	제2종의 오류
H_1을 채택	제1종의 오류	옳은 결정

참고 H_0를 기각시키지 못할 때는 흔히 'H_0를 채택한다'는 표현을 사용한다. 이때 H_0를 채택한다는 것은 H_0를 기각시킬 확실한 근거가 없다는 뜻이며, H_0를 채택하는 것이 $\mu = \mu_0$라고 결론을 내리는 것은 아니다.

예 5.9 예 5.7에서 가설

$$H_0 : \mu = 500,\ H_1 : \mu < 500$$

에 대한 유의수준 α의 기각역은

$$Z = \frac{\overline{X} - 500}{30/\sqrt{10}} \le -z_\alpha$$

이므로, 이러한 검정법에 의해 제1종의 오류를 범할 확률은 다음과 같이 유의수준 α와 같음을 확인할 수 있다.

$$P\left(\frac{\overline{X} - 500}{30/\sqrt{10}} \le -z_\alpha \,\middle|\, \mu = 500\right) = P(Z \le -z_\alpha) = \alpha$$

예 5.9에서는 제1종의 오류를 범할 확률과 유의수준이 같음을 확인하였다. 즉, 제1종의 오류는 유의수준에 의해 통제가 가능하다.

다음은 제2종의 오류에 대하여 알아보자. 대립가설에 속하는 한 모수값이 주어질 때 그 점에서 대응되는 제2종의 오류를 범할 확률을 구할 수 있다. 다음 예제에서 구체적인 예를 들어 살펴보자.

예제 5.8 [예제 5-3]에서 신종 바이러스성 질환에 걸린 환자들의 평균 체온에 대한 문제를 다루었다. 10명의 환자에 대한 측정 결과 $\overline{x} = 37.1$℃이었으며, $\sigma = 1.5$℃를 가정할 수 있었다. 환자들의 평균 체온이 정상 체온보다 높다고 할 수 있는지를 검정하기 위한 가설은 다음과 같았다.

$$H_0 : \mu = 36.5,\ H_1 : \mu > 36.5$$

유의수준 5%에서 검정할 때 $\mu = 38.5$ 에서 제2종의 오류를 범할 확률을 구하여라.

풀이 유의수준 5%에서 기각역은 다음과 같다.

$$Z = \frac{\overline{X} - 36.5}{1.5/\sqrt{10}} \ge z_{0.05} = 1.645$$

$\mu = 38.5$ 일 때 제2종의 오류를 범하는 것은 귀무가설을 채택하는 것이므로, $\mu = 38.5$ 에서 제2종의 오류를 범할 확률은 다음과 같다.

$$P\left(\frac{\overline{X}-36.5}{1.5/\sqrt{10}} < 1.645 \,\middle|\, \mu = 38.5\right)$$

$$= P\left(\frac{\overline{X}-38.5}{1.5/\sqrt{10}} < \frac{36.5-38.5}{1.5/\sqrt{10}} + 1.645 \,\middle|\, \mu = 39\right)$$

$$= P(Z < -2.57) = 1 - P(Z < 2.57) = 1 - 0.9949$$

$$= 0.0051$$

예제 5.9 볼베어링을 생산하는 공정이 정상적으로 수행되면 볼베어링의 무게는 평균이 $\mu = 30$g이고 표준편차가 $\sigma = 1.2$g인 정규분포를 따른다. 공정상 보정이 있은 후 관리자는 볼베어링 공정의 이상 여부를 확인하기 위하여 생산된 완제품 중 16개의 표본을 추출하여 무게를 측정한 결과 $\overline{x} = 30.38$g를 얻었다. 유의수준 5%에서 공정의 이상 여부를 검증하고, $\mu = 31$g에서 제2종의 오류를 범할 확률을 구하여라.

풀이 평균무게를 μ라고 하면 문제에 대한 가설은 다음과 같다.

$$H_0 : \mu = 30, \quad H_1 : \mu \neq 30$$

검정통계량과 기각역은 다음과 같이 표현할 수 있다.

$$|Z| = \left|\frac{\overline{X}-30}{\sigma/\sqrt{n}}\right| \geq z_{0.025} = 1.96$$

한편 $\overline{x} = 30.38$이므로 검정통계량의 관측값은 다음과 같다.

$$z = \frac{\overline{x}-30}{\sigma/\sqrt{n}} = \frac{30.38-30}{1.2/\sqrt{16}} = 1.27 < 1.96$$

따라서 유의수준 5%에서 귀무가설을 기각할 수 없다. 한편 $\mu = 31$g에서 제2종의 오류를 범하는 것은 귀무가설 H_0를 채택하는 것이므로 제2종의 오류를 범할 확률은 다음과 같다.

$$
\begin{aligned}
& P\left(\left|\frac{\overline{X}-30}{\sigma/\sqrt{n}}\right| < z_{\alpha/2} \,\middle|\, \mu=31\right) \\
&= P\left(\left|\frac{\overline{X}-30}{1.2/\sqrt{16}}\right| < 1.96 \,\middle|\, \mu=31\right) \\
&= P\left(-1.96 < \frac{\overline{X}-30}{1.2/\sqrt{16}} < 1.96 \,\middle|\, \mu=31\right) \\
&= P\left(\frac{30-31}{1.2/\sqrt{16}}-1.96 \le \frac{\overline{X}-31}{1.2/\sqrt{16}} \le \frac{30-31}{1.2/\sqrt{16}}+1.96 \,\middle|\, \mu=31\right) \\
&= P(-5.3 < Z < -1.4) \approx P(Z < -1.4) \\
&= 0.0808
\end{aligned}
$$

지금까지 제2종의 오류를 범할 확률을 구하는 방법을 다루었다. 이제 제2종의 오류를 통제(관리)하는 방법에 대하여 알아보자.

가설검정에서 제1종의 오류는 유의수준으로 관리하며, 제2종의 오류 또는 검정력은 표본크기에 의해 관리할 수 있다. 이에 대하여 알아보자.

귀무가설과 대립가설이 각각

$$H_0 : \mu = \mu_0, \quad H_1 : \mu > \mu_0$$

로 주어지는 검정 문제에서, $\mu = \mu_1$ (다만, $\mu_1 > \mu_0$)에서 참이 아닌 귀무가설을 기각시키지 못하는(즉, 대립가설이 참일 때 귀무가설을 채택하는) 오류를 제2종의 오류라고 하였다. 이제 제2종의 오류를 범할 확률을 β로 나타내면 $1-\beta$는 $\mu = \mu_1$에서 참인 대립가설을 채택할 확률이며, 이를 검정력이라고 한다. 일반적으로 대립가설의 한 모수값에서 귀무가설을 기각하고 참인 대립가설을 채택할 확률을 **검정력**(power of test)이라고 하며, 흔히 기호 $1-\beta$로 나타낸다. 또한 검정력을 모수(μ)의 함수로 나타낸 것을 **검정력 함수**(power function)라고 한다.

이제 유의수준 α에서 가설 $H_0 : \mu = \mu_0$, $H_1 : \mu > \mu_0$을 검정할 때, $\mu = \mu_1$에서 검정력이 $1-\beta$가 되기 위한 표본크기를 구해 보자. [그림 5-3]은 제1종의 오류를 범할 확률 α와 제2종의 오류를 범할 확률 β를 나타낸다.

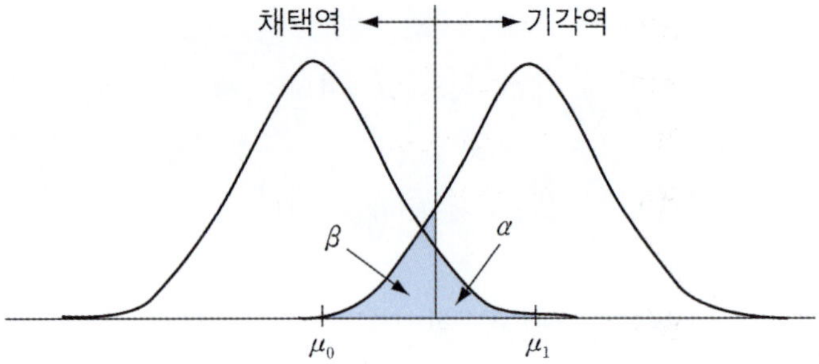

그림 5-3 오류의 크기

검정통계량은

$$Z = \frac{\overline{X} - \mu_0}{\sigma / \sqrt{n}}$$

이며, 기각역이 $z \geq z_\alpha$이므로 $\mu = \mu_1$에서 제2종의 오류를 범할 확률을 다음과 같이 나타낼 수 있다.

$$\begin{aligned} \beta &= P\left(\frac{\overline{X} - \mu_0}{\sigma / \sqrt{n}} < z_\alpha \middle| \mu = \mu_1\right) \\ &= P\left(\frac{\overline{X} - \mu_1}{\sigma / \sqrt{n}} < \frac{\mu_0 - \mu_1}{\sigma / \sqrt{n}} + z_\alpha \middle| \mu = \mu_1\right) \\ &= P\left(Z < \frac{\mu_0 - \mu_1}{\sigma / \sqrt{n}} + z_\alpha\right) \end{aligned}$$

한편, 표준정규분포에서 왼쪽 꼬리의 면적이 β인 점은 $-z_\beta$이므로 다음 식이 성립한다.

$$\frac{\mu_0 - \mu_1}{\sigma / \sqrt{n}} + z_\alpha \leq -z_\beta$$

따라서 구하는 표본크기는 다음과 같다.

$$n \geq \left(\frac{z_\alpha + z_\beta}{(\mu_1 - \mu_0) / \sigma}\right)^2$$

이들을 요약하면 다음과 같다.

모평균의 검정에서 표본크기 :

가설 $H_0 : \mu = \mu_0,\ H_1 : \mu > \mu_0$ (또는 $H_1 : \mu < \mu_0$)의 검정에서, 대립가설하의 한 점 $\mu = \mu_1$에서 검정력이 $1-\beta$ 이상이 되기 위한 표본크기는 다음과 같다.

$$n \geq \left(\frac{z_\alpha + z_\beta}{(\mu_1 - \mu_0)/\sigma} \right)^2$$

예제 5.10 어느 원사 생산 공정에서는 평균 인장강도 9 kg/mm², 표준편차 0.1 kg/mm²으로 생산관리를 하고 있다. 공정에 이상이 있는지 판단하기 위해서는 가설

$$H_0 : \mu = 9.0, \quad H_1 : \mu < 9.0$$

을 검정한다. 유의수준 5%에서 검정할 때, $\mu = 8.9$에서 제2종의 오류를 범할 확률이 10% 이내가 되기 위한 표본크기를 구하여라.

풀이 $z_{0.05} = 1.645$, $z_{0.10} = 1.282$이므로 구하는 표본크기는 다음 부등식을 만족한다.

$$n \geq \left(\frac{z_\alpha + z_\beta}{(\mu_1 - \mu_0)/\sigma} \right)^2 = \left(\frac{1.645 + 1.282}{(8.9 - 9.0)/0.2} \right)^2 = 34.3$$

따라서 구하는 표본크기는 35개이다.

예제 5.11 예 5.3에서 새로운 유전공학적 기법으로 생산되는 식물의 단위 면적당 수확량이 기존의 70 kg보다 높은지를 확인하는 문제를 다루었다. 유의수준 5%에서 가설

$$H_0 : \mu = 70, \quad H_1 : \mu > 70$$

을 검정할 때, $\mu = 73$에서 제2종의 오류를 범할 확률이 10% 이하가 되도록 하기 위한 표본크기를 구하여라. 다만 수확량은 표준편차가 $\sigma = 4.5$ kg인 정규분포를 따른다고 한다.

풀이 $z_{0.05} = 1.645$, $z_{0.10} = 1.282$ 이므로 구하는 표본크기는 다음 부등식을 만족한다.

$$n \geq \left(\frac{z_\alpha + z_\beta}{(\mu_1 - \mu_0)/\sigma} \right)^2 = \left(\frac{1.645 + 1.282}{(70 - 73)/4.5} \right)^2 = 19.3$$

따라서 구하는 표본크기는 20개이다.

5-3 SPSS 실습

모평균 μ에 관한 추론문제에서 모표준편차인 σ를 알 때는 표본평균 $\overline{X}$를 표준화시킨

$$Z = \frac{\overline{X} - \mu}{\sigma / \sqrt{n}}$$

이 표준정규분포를 따름을 이용하여 μ에 관한 신뢰구간도 구하고 μ에 관한 검정문제도 다루었다. 그러나 실제문제에서 σ를 미리 아는 경우는 거의 없으며, 대부분의 경우에 데이터로부터 표본표준편차 S를 구하고, 이를 σ 자리에 대입하여 사용한다. 따라서 SPSS에서는 위의 Z-통계량을 이용한 추정이나 검정에 관한 메뉴들이 거의 없다.

한편 Z-통계량에서 σ를 S로 추정하여 대입하면 결과는 T-통계량이 되고, 이를 이용한 검정은 다음 장에서 다룰 t-검정이 된다. 따라서 이 절에서는 SPSS에 관한 다른 유용한 절차들을 살펴보기로 한다.

이 절에서는 SPSS에서 제공하는 'Cars' 데이터를 이용해서 여러 가지 절차를 연습하기로 한다. 이 데이터는 SPSS의 폴더에서 찾을 수 있으며, 이를 약간 수정해서 'cars_new'라는 이름으로 다른 데이터들과 함께 'data_sav'에 포함시켰다. 이 데이터는 405개의 케이스들로 이루어져 있으며, 변수들은 <표 5-3>과 같다.

표 5-3 cars_new 데이터의 변수 설명

변 수	설 명	참 고
연비	갤론당 마일	gas mileage(단위: 마일)
엔진크기	엔진크기(인치)	engine size(단위: 인치)
마력	마력	horsepower
차중량	차중량	car weight(단위: 파운드)
출발속도	시속 60마일을 내는 시간	단위: 초
출고년도	차 연식	70~82년형(순서형)
생산국가	생산국가	1:미국, 2:유럽국가, 3:일본(명목형)
실린더수	기통수(실린더)	3~8 기통(순서형)

(1) 변환

데이터가 정규분포와 다른 모양일 때 이들에 적당한 변환을 시행하여 정규분포와 가까운 모양으로 만들고, 변환된 데이터에 정규이론에 의한 통계적 방법을 적용시키는 경우가 많다. 적당한 변환을 찾는 방법을 생각해 보자.

연봉과 같은 데이터는 흔히 오른쪽으로 긴 꼬리를 갖는다. 이와 같은 데이터를 대칭에 가까운 모양으로 변환시키기 위하여 흔히 log 변환이나 $\sqrt{x}$ 변환을 사용한다.

사례 5.1

cars_new 데이터에서 '연비'의 log 변환인 'ln_연비'를 구하고, 이들 두 자료의 히스토그램을 비교해 보자.

풀이 '연비'의 log 변환을 구하기 위하여 메뉴에서 변환 → 변수 계산을 선택한 다음 변수 계산 대화상자에서 목표변수 난에 'ln_연비'를, 오른쪽의 숫자표현식에 'LN(연비)'를 입력한 후 '확인'을 클릭한다. 그러면 '연비'의 log 변환된 새로운 변수 'ln_연비'가 생성된다. 변수 보기 탭에서 설명에 '연비의 로그변환'을 입력하였다. 이제 이들 두 변수 '연비'와 'ln_연비'의 히스토그램을 그리면 [그림 5-4]와 같다. 히스토그램은 그래프 → 차트 작성기에서 히스토그램을 이용했으며, 구간 수는 10으로 하였다. 오른쪽으로 긴 꼬리를 갖던 자료가 대칭에 가까운 모양으로 변환되었음을 확인할 수 있다.

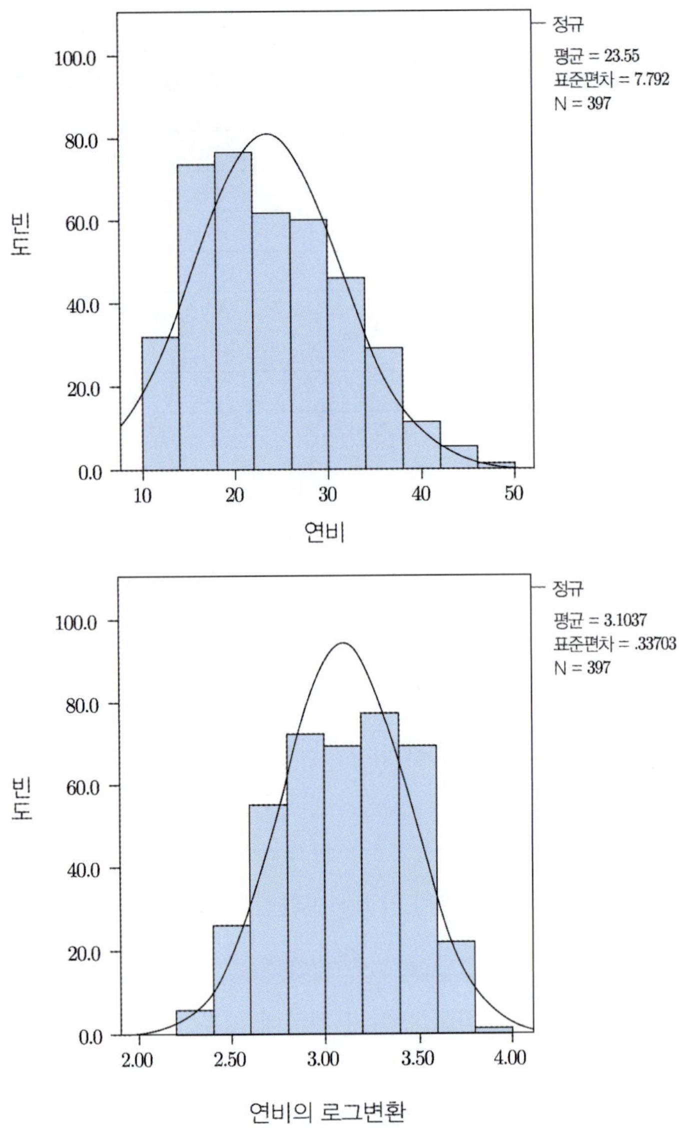

그림 5-4 연비 자료와 로그변환된 자료의 히스토그램

사례 5.2

cars_new 데이터에서 '마력'의 log 변환인 'ln_마력'을 구하고, 이들 두 자료의 히스토그램을 비교해 보자.

풀이 '마력'의 log 변환을 'ln_마력'이라고 하고 [사례 5-1]과 같은 방법으로 히스토그램을 그리면 [그림 5-5]와 같다.

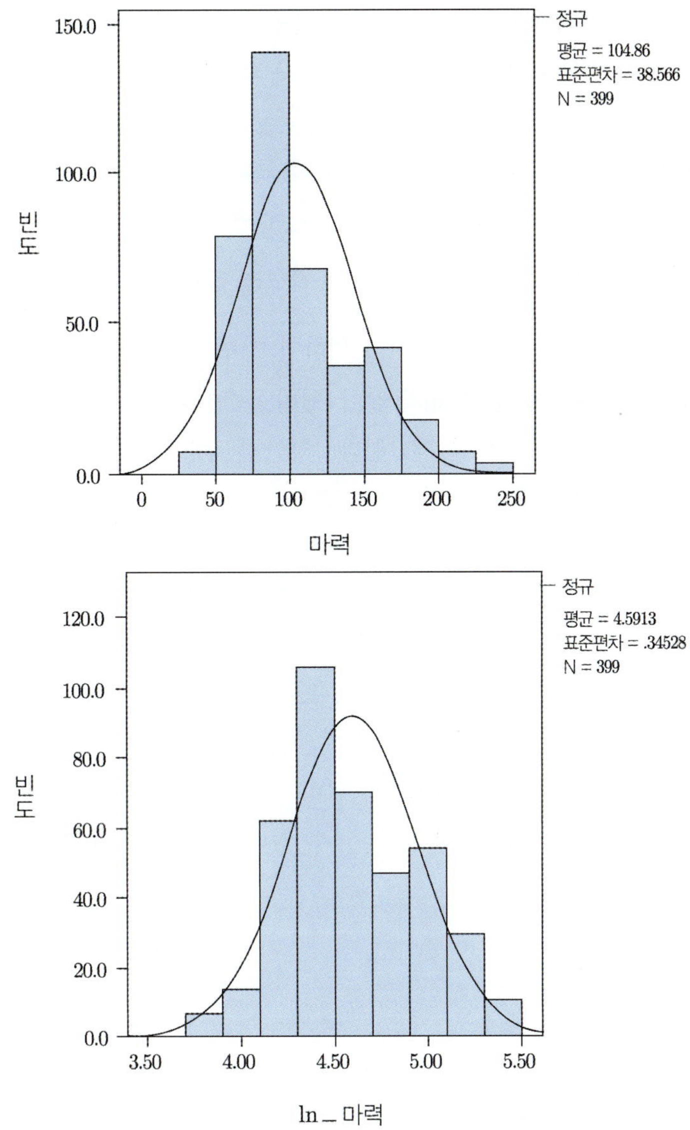

그림 5-5 마력 자료와 로그변환된 자료의 히스토그램

자료의 **z-점수**(z-score)는 자료의 표준화된 점수를 뜻한다. 즉, 자료에서 자료의 평균을 빼고 표준편차로 나눈 값으로 다음과 같이 정의된다.

$$z = \frac{x - \overline{x}}{s}$$

이와 같이 정의된 z-점수는 표준정규분포에서 데이터 x의 위치를 나타낸다. 다음 예에서 z-점수를 구하고 표준정규분포에서 위치인 분위수를 구하는 방법을 알아보자.

사례 5.3

cars_new 데이터에서 '연비'의 z-점수를 구하고, z-점수의 분위수를 구해 보자. 예를 들어 연비 15의 z-점수와 분위수는 얼마인가?

풀이 '연비'의 z-점수를 구하기 위하여 메뉴에서 분석 → 기술통계량 → 기술통계를 선택하고 [그림 5-6]과 같이 '연비'를 '변수'로 선택한 후 왼쪽 아래의 '표준화 값을 변수로 저장'을 체크한다. '확인'을 누르면 변수 'Z연비' 아래 z-점수들이 계산되어 있음을 확인할 수 있다.

z-점수의 분위수를 구하기 위해 CDF 함수를 이용하기로 한다. 메뉴에서 변환 → 변수 계산을 선택한 다음 변수 계산 대화상자에서 목표변수 난에 'Z연비_분위수'를, 오른쪽의 숫자표현식에 함수 'Cdf.Normal'을 선택하고 괄호 속에 'Z연비, 0, 1'을 차례로 입력한다. 즉, 표준정규분포에서 'Z연비'의 누적분포함수 값을 구한다는 뜻이다. [그림 5-7]은 지금까지 계산된 결과의 일부이다.

예를 들어, 두 번째 케이스의 연비는 15이며, 이의 z-점수는 −1.097이고, 이 z-점수의 분위수는 0.136임을 알 수 있다. 즉, 표준정규분포에서 13.6%에 해당하는 점이란 뜻이다.

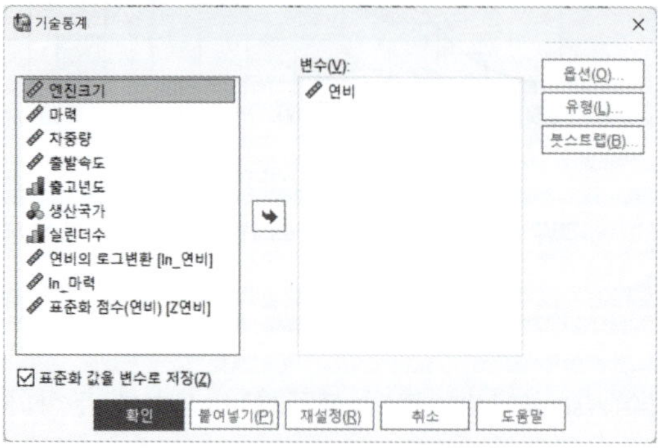

그림 5-6 연비의 z-점수 구하기

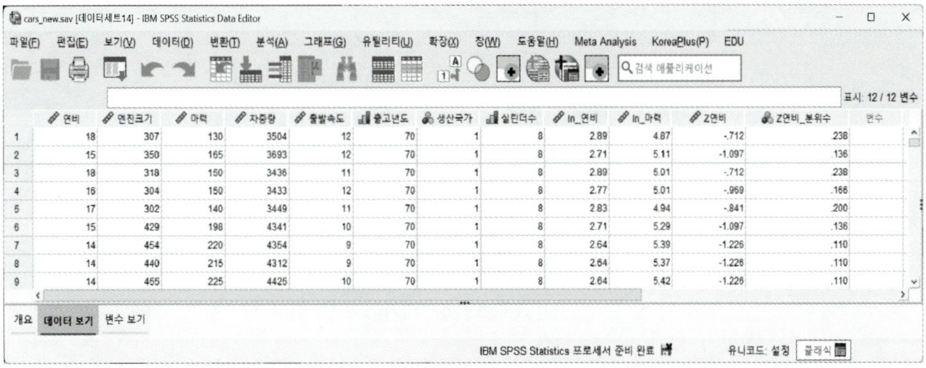

그림 5-7 변환된 자료의 화면

(2) 정렬

주어진 데이터 세트를 특정 변수의 크기순으로 재배열하는 것을 **정렬**(sorting)이라고 하며, SPSS의 메뉴를 이용하면 이를 쉽게 실행할 수 있다.

사례 5.4

cars_new 데이터에서 케이스들을 '연비', '출발속도', '차중량'에 의해 정렬해 보자.

풀이 정렬을 위해 SPSS의 메뉴에서 데이터 → 케이스 정렬을 선택한다. 이어서 나오는 [그림 5-8]의 '케이스 정렬' 창에서 '연비', '출발속도', '차중량'을 '정렬기준' 변수로 선택하고 '정렬순서'는 '오름차순'을 선택한 후에 '확인'을 클릭한다. 결과는 [그림 5-9]와 같다. 그림에서는 결측치를 제외한 9번째 케이스부터 나타나도록 한 것이다.

그림에서 보는 바와 같이 '연비'의 크기순으로 재배열하면서 '연비'의 값이 같으면 '출발속도'의 크기 순으로, '출발속도'도 같으면 '차중량' 크기순으로 재배열한다.

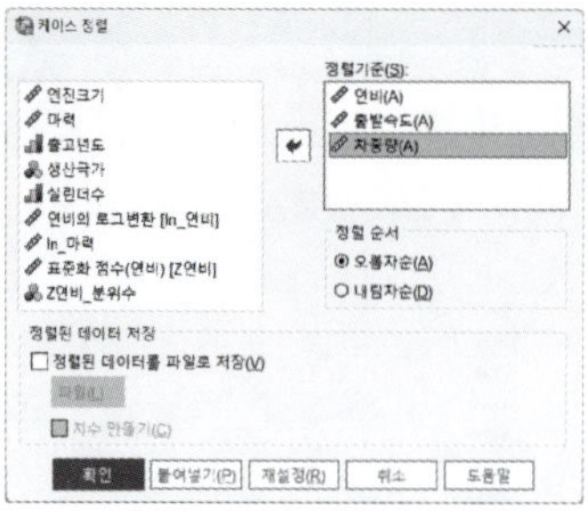

그림 5-8 케이스 정렬 입력 창

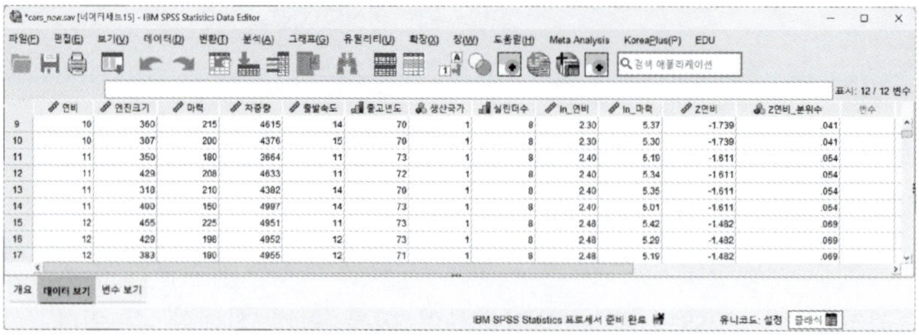

그림 5-9 '연비', '출발속도', '차중량'에 의해 정렬된 결과

(3) 그래프

① 상자도표

2장의 SPSS 실습에서 다룬 상자도표는 특히 여러 집단의 데이터 특성을 비교하는 데 유용하다.

사례 5.5

cars_new 데이터에서 '생산국가'에 따라 '차중량'이 어떻게 다른지, 또한 '실린더수'에 따라 '연비'의 분포를 알아보기 위해 상자도표를 그려 보자.

풀이 상자도표는 SPSS의 메뉴에서 그래프 → 상자도표를 선택하여 그린다. 상자도표 창에서 '정의' 버튼을 누르고 변수에 '차중량'을, 범주축에 '생산국가'를 입력한 후 '확인'을 클릭하면 상자도표를 얻는다. 마찬가지로 '실린더수'에 따라 '연비'의 상자도표를 그리면 [그림 5-10]과 같은 결과를 얻는다.

'차중량'에서는 미국에서 생산되는 차의 중량이 유럽이나 일본에서 생산되는 차의 중량보다 상당히 큼을 알 수 있다. 연비에서는 4기통 차량의 연비가 일반적으로 좋고, 실린더의 수가 증가하면서 연비가 감소하는 모습을 볼 수 있다.

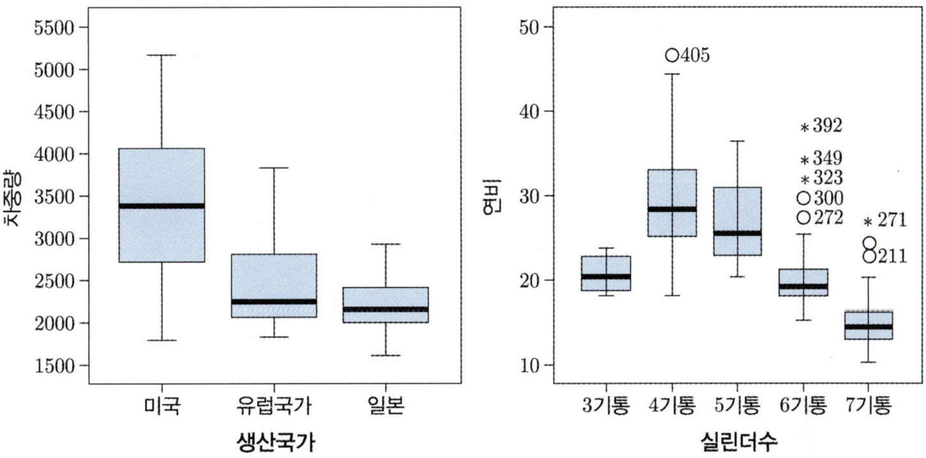

그림 5-10 상자도표

② 파레토 도표

파레토 도표는 흔히 명목형 변수의 범주별 막대도표를 빈도(또는 합계)가 큰 순서로 나열하여 각 범주가 차지하는 비율을 쉽게 알 수 있도록 작성된 도표이다. 예를 들어, 품질관리에서 불량 요인을 찾고 대책을 세우는 과정에서 유용하게 사용되기도 한다.

사례 5.6

cars_new 데이터에서 '실린더수'에 대한 파레토 도표를 그려 보자.

풀이 파레토 도표는 SPSS의 메뉴에서 분석 → 품질 관리 → 파레토 도표를 선택하여 그린다. 파레토 도표 창에서 '정의'를 눌러 '막대표시'는 '빈도'를 선택하고, '범주축'으로 '실린더수'를 선택하면 [그림 5-11]과 같은 파레토 도표를 얻는다.

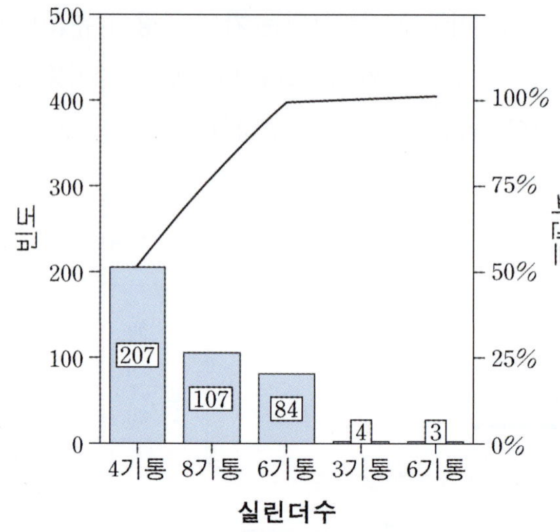

그림 5-11 '실린더수'에 대한 파레토 도표

(4) 평균비교

여러 집단의 평균을 비교하는 그래프적 방법으로는 상자도표가 유용함을 보았다. 여기서는 평균을 비롯한 여러 기술통계의 값을 구하여 비교하는 절차를 알아보기로 한다.

사례 5.7

cars_new 데이터에서 '차중량'의 평균을 '실린더수'에 따라, 같은 실린더 개수 내에서는 '생산국가'별로 비교해 보자.

풀이 메뉴에서 분석 → 평균 및 비율 비교 → 평균분석을 선택하고 종속변수로 '차중량'을 선택한다. 독립변수로는 '실린더수'를 선택하고, 다시 '다음' 버튼을 누른 후에 '생산국가'를 선택한다. 확인을 하면 [그림 5-12]와 같은 결과를 얻는다. 옵션의 선택에 따라 여러 가지 기술통계를 같이 출력할 수 있다.

보고서

차중량

기통수(실린더)	생산국가	평균	N	표준편차
3기통	일본	2398.50	4	247.566
	합계	2398.50	4	247.566
4기통	미국	2437.17	72	301.491
	유럽국가	2343.32	66	416.653
	일본	2153.49	69	264.307
	합계	2312.69	207	351.241
5기통	유럽국가	3103.33	3	374.344
	합계	3103.33	3	374.344
6기통	미국	3213.91	74	332.995
	유럽국가	3382.50	4	316.478
	일본	2882.00	6	56.267
	합계	3198.23	84	332.297
8기통	미국	4099.34	107	442.994
	합계	4099.34	107	442.994
합계	미국	3367.33	253	788.612
	유럽국가	2431.49	73	490.884
	일본	2221.23	79	320.497
	합계	2975.09	405	843.546

그림 5－12 평균비교 보고서

연습문제

5-1 어느 고등학교에서 9명의 남학생을 랜덤하게 뽑아 신장을 측정한 결과 다음과 같은 자료를 얻었다. 아래 물음에 답하여라.

172 165 178 170 175 168 183 169 173

(a) 신장의 평균 μ와 표준편차 σ를 추정하여라.

(b) 표본평균 $\overline{X}$의 표준오차를 추정하여라.

(c) (a)에서 추정한 μ와 σ를 참값으로 가정할 때, 확률 $P(\overline{X} > 175)$은 얼마인가?

5-2 $X_1, X_2, \cdots, X_9$는 평균이 $\mu = 50$이고 표준편차가 $\sigma = 15$인 크기 $n = 9$인 랜덤표본이다. 표본평균 $\overline{X}$에 대하여 다음 물음에 답하여라.

(a) $E(\overline{X})$는 얼마인가?

(b) $\overline{X}$의 표준오차는 얼마인가?

(c) $P(\overline{X} > 52)$일 확률을 근사적으로 구하여라.

5-3 우리나라 네티즌들의 인터넷 이용시간을 조사하기 위하여, 사용자 85명에 대하여 조사한 결과,

$$\bar{x} = 12.1(\text{시간/주}),\ s = 3.3(\text{시간/주})$$

이었다. 이 결과를 이용하여 주당 평균 인터넷 이용시간의 90% 신뢰구간을 구하여라.

5-4 확률변수 X의 평균 μ_X에 대한 $100(1-\alpha)\%$ 신뢰구간이 다음과 같을 때,

$$\bar{x} \pm z_{\alpha/2} \frac{\sigma}{\sqrt{n}}$$

임의의 수 a, b에 대하여 확률변수 $Y = aX + b$에 대한 평균, 분산, 그리고 Y의 평균에 대한 $100(1-\alpha)\%$ 신뢰구간을 구하여라.

5-5 A 이동통신회사는 각 대리점별 휴대전화 판매대수에 대한 통계를 통해 경영지침을 확립하기 위한 조사작업을 수행하였다. 회사에서는 전국의 대리점 중 9곳을 표본으로 선정하여 이들의 판매량을 조사하였다. 다음은 판매대수에 대한 자료이다. 아래의 물음에 답하여라.

59 67 46 51 67 41 69 54 44

(a) 판매대수의 평균과 표준편차의 추정값을 구하여라.
(b) (a)에서 구한 표준편차의 추정값을 모표준편차로 가정하고, 평균 판매량에 대한 95% 신뢰구간을 구하여라.

5-6 시중에 유통되는 시리얼들의 한 컵에 포함된 칼로리의 양을 조사한 결과 다음의 자료를 얻었다 (자료출처: USDA – Nutrient Data Lab). 아래 물음에 답하여라.

177.5	426.0	477.5	436.5	496.0	389.0	162.5	105.5	133.5	149.0
242.5	115.5	185.0	201.0	242.0	115.0	116.5	248.5	156.5	

(a) 시리얼 1컵에 포함된 평균 칼로리를 추정하여라.
(b) (a)에서 구한 평균의 표준오차를 구하여라.
(c) 주어진 자료가 정규분포를 따른다는 가정하에 모평균의 95% 신뢰구간을 구하여라.

5-7 다음은 초등학교 3학년 학생들의 읽기 능력을 검사하기 위해서 랜덤하게 뽑힌 16명의 학생에 대한 DRP(Degree of Reading Power) 점수이다. 아래 물음에 답하여라.

35	26	43	19	46	32	53	48
33	23	35	29	35	41	44	52

(a) DRP의 평균과 분산의 추정값을 구하여라.
(b) 평균의 추정에서 95% 오차한계를 구하여라.
(c) 주어진 자료가 정규분포를 따른다는 가정하에 모평균의 95% 신뢰구간을 구하여라.

5-8 다음은 어느 회사에서 랜덤하게 추출된 18명의 신입사원들에 대한 연봉 자료이다(천원 단위). 아래 물음에 답하여라.

23,771	24,081	23,474	24,232	23,873	24,229	22,924	23,221	23,442
23,306	23,750	22,868	23,926	24,433	24,975	24,127	24,279	23,252

(a) 연봉의 평균과 분산의 추정값을 구하여라.
(b) 평균의 추정에서 95% 오차한계를 구하여라.
(c) 주어진 자료가 정규분포를 따른다는 가정하에 모평균의 95% 신뢰구간을 구하여라.

5-9 기업체에서 신입사원들을 뽑아서 실무에 투입할 수 있도록 교육하는 신입사원교육은 많은 시간과 비용이 들어가는 중요한 업무이다. 한 제조업체에서 신입사원을 이 업체의 조립공정에 익숙하도록 교육시키는데 새로운 교육방법이 기존의 교육방법보다 우수한지를 통계적으로 검정하고자 한다. 기존의 교육방법은 신입사원을 실무에 투입할 수 있을 때까지의 평균 교육시간이 29일이라고 한다. 새로운 교육방법으로 32명의 신입사원을 교육시켜 실무에 투입할 수 있을 때까지 교육시간을 측정하였더니 표본평균이 27.2일, 표준편차가 5.2일이었다. 새로운 교육방법이 교육시간을 단축시킨다고 할 수 있는지 유의수준 5%에서 검정하여라.

5-10 새롭게 출시예정인 MP3 플레이어 구매자의 연령대를 추정하기 위하여 예비 구매자 115명에 대한 조사 결과 $\bar{x}=20.3$세였다. 구매자 평균 연령의 표준편차는 $\sigma=3.1$세라고 알려져 있다. 평균 연령의 분포는 정규분포를 따른다고 가정할 때,

(a) $\bar{X}$의 표준오차를 구하여라.

(b) 평균 연령대가 20세 이상이라는 가설에 대하여 유의수준 $\alpha=0.05$에서 검정하여라.

5-11 어느 보건학자는 A 지역의 기혼 여성의 결혼 후 첫 출산 연령을 조사하기 위해 랜덤하게 추출된 기혼 여성 32명에 대한 결혼 후 첫 출산 연령에 대한 조사를 수행하였다. 그 결과 평균 연령은 28.1세였다. 국내 첫 출산의 평균 연령은 27.2세이고, 표준편차는 2.1세라고 할 때 다음 물음에 답하여라.

(a) A 지역 여성들의 첫 출산 평균 연령이 국내 평균 연령보다 높다고 할 수 있는지 유의수준 $\alpha=0.05$에서 검정하여라.

(b) 첫 출산 평균 연령이 28.5세인 경우의 제2종의 오류율을 구하여라.

5-12 이산형 확률변수 X는 0부터 6까지의 값을 취하고 P_0와 P_1 두 개의 분포 중 어떤 분포를 따른다. 각각의 분포는 다음과 같다.

X	0	1	2	3	4	5	6
P_0	0.01	0.1	0.1	0.3	0.3	0.1	.0.09
P_1	0.05	0.05	0.15	0.4	0.1	0.1	0.15

하나의 X를 관측하고, 이를 기초로 아래의 가설을 검정하려고 한다.

$$H_0 \ : \ X\text{는 } P_0\text{분포를 따름.}$$
$$H_1 \ : \ X\text{는 } P_1\text{분포를 따름.}$$

관측값으로 $X=0$ 또는 $X=6$을 얻었을 때 H_0를 기각하고, 다른 경우에는 H_0를 채택한다고 하자. 이 경우

(a) 제1종 오류율을 구하여라.

(b) 제2종 오류율을 구하여라.

5-13 지난 해의 조사에 의하면 우리나라의 가구당 월평균 교육비지출의 표준편차는 약 25만원이었다고 한다. 정규분포를 가정할 때, 95% 오차한계가 5,000원 이내가 되도록 하려면 몇 가구를 조사해야 하는가?

5-14 정규분포에서 $\sigma=3.0$을 가정하고, 가설 $H_0:\mu=60$, $H_1:\mu>60$을 유의수준 5%에서 검정하려고 한다. $\mu=62$에서 제2종의 오류를 범할 확률이 10% 이내가 되기 위한 표본크기를 구하여라.

5-15 새로운 민원서류 발급시스템을 도입한 한 지방자치단체에서는 민원인들의 서류 발급시간이 기존의 평균 8.5분이었던 것이 새로운 체계도입으로 5.5분으로 단축되었다고 보고하였다. 이를 알아보기 위하여 지역주민으로 구성된 조사단은 새로운 발급시스템을 통한 민원인 서류발급 시간을 조사한 결과, 총 39명의 민원인이 서류 발급에 소요된 평균 발급시간은 6.1분으로 조사되어, 자치단체가 보고한 서류 발급시간 5.5분보다는 더 길다고 주장하였다. 서류발급 시간의 표준편차는 약 1.3분이라고 할 때, 다음에 대하여 답하여라.

(a) 조사단의 주장은 통계적으로 신빙성이 있는가? 적절한 가설을 세우고 유의수준 $\alpha=0.05$에서 검정하여라.

(b) 평균 발급시간에 대한 90% 신뢰구간을 구하여라.

(c) 6.5분에서 검정력이 90% 이상 되기 위해 필요한 표본의 크기를 구하여라.

5-16 A 회사 제품의 전구는 평균수명이 1,500시간이라고 한다. 새로 개발한 제품의 수명이 기존의 제품보다 길다고 할 수 있는지를 유의수준 5%에서 검정하기 위해 시제품을 $n=100$개 생산하여 검사하려고 한다. 전구의 수명은 $\sigma=150$인 정규분포를 따른다고 가정할 때, 임의의 μ에 대하여 제2종의 오류율과 검정력 함수를 구하고 이를 그래프로 나타내어라.

5-17 정규분포에서 $\sigma = 1.0$을 가정하고, 가설 $H_0 : \mu = 0$, $H_1 : \mu > 0$을 유의수준 5%에서 검정하려고 한다. $n = 10$인 경우와 $n = 100$인 경우에 대한 검정력 함수를 구하여라.

5-18 [사례 1-2]의 class.sav 자료에서 SPSS를 이용하여 아래 물음에 답하여라.

(a) '키' 데이터의 상자그림을 성별에 따라 그리고 결과를 설명하여라.

(b) '키' 데이터의 z-점수를 구하여라. 키가 170 cm인 학생의 z-점수와 분위수는 각각 얼마인가?

(c) 케이스들을 '몸무게', '키'의 크기 순서에 따라 내림차순으로 정렬하여라. 특히 14번 학생의 순위는 얼마인가?

제 6 장

통계적 추론의 방법

6-1 한 모평균에 관한 추론

한 모평균에 관한 추론 문제는 흔히 **일표본 문제**(one-sample problem)라고 한다. 이 절에서는 한 모평균 μ에 관한 추정·검정 문제를 다루기로 한다.

모평균 μ를 추정하기 위해 표본평균 $\overline{X}$의 값을 구한다. 그러나 μ에 관한 구간추정이나 유의성검증 문제를 다루기 위해서는 $\overline{X}$의 분포를 알아야 한다. 즉, 모집단이 정규분포 $N(\mu, \sigma^2)$를 따른다는 가정하에 $\overline{X}$의 분포는 $N(\mu, \sigma^2/n)$을 따르며, 이를 표준화한 $Z-$통계량은 표준정규분포를 따름을 이용한다. 즉,

$$Z = \frac{\overline{X} - \mu}{\sigma / \sqrt{n}} \sim N(0,1)$$

을 이용하여 μ에 관한 구간추정이나 검정문제를 다루는 방법을 5장에서 소개하였다.

그러나 실제 문제에서는 σ를 아는 경우보다는 모르는 경우가 대부분이다. 따라서 σ가 미지인 경우에는 σ를 표본표준편차인 S로 추정해서 대입한 $T-$통계량을 이용한다. 즉,

$$T = \frac{\overline{X} - \mu}{S / \sqrt{n}} \sim t(n-1)$$

임을 이용하여 σ가 미지일 때 μ에 관한 추론문제를 다룰 수 있다. 4장의 표본분포에서 다룬 바와 같이 S를 사용하여 $\overline{X}$의 분포를 표준화하는 과정을 **스튜던트화**(Studentize)한다고 한다.

이와 같이 $\overline{X}$를 스튜던트화한 $T-$통계량의 분포로부터 다음이 성립한다. $t-$분포에서 정의한 바와 같이 t_α는 $t-$분포에서 오른쪽 꼬리의 면적(확률)이 α가 되는 점이므로 다음이 성립한다.

$$P\left(-t_{\alpha/2}(n-1) \le \frac{\overline{X} - \mu}{S / \sqrt{n}} \le t_{\alpha/2}(n-1)\right) = 1 - \alpha$$

위 식을 μ에 관해 풀어 쓰면 다음과 같다.

$$P\left(\overline{X}-t_{\alpha/2}(n-1)\frac{S}{\sqrt{n}} \le \mu \le \overline{X}+t_{\alpha/2}(n-1)\frac{S}{\sqrt{n}}\right)=1-\alpha$$

따라서 μ에 대한 신뢰구간은 다음과 같이 주어진다.

모평균의 구간추정(σ가 미지인 정규 모집단에서)

모평균 μ의 100(1−α)% 신뢰구간은 다음과 같다.

$$\left(\overline{x}-t_{\alpha/2}(n-1)\frac{s}{\sqrt{n}},\ \ \overline{x}+t_{\alpha/2}(n-1)\frac{s}{\sqrt{n}}\right)$$

예제 6.1 어느 전자 제품의 수명을 추정하기 위해 가속시험을 실행하였으며, 10개의 시료에 대한 가속수명이 <표 6-1>과 같았다. 평균 가속수명의 95% 신뢰구간을 구하여라.

표 6-1 가속수명 자료

번호	1	2	3	4	5	6	7	8	9	10
수명	130	138	142	140	133	139	144	142	136	156

풀이 주어진 자료로부터 표본평균과 표본분산을 구하면 다음과 같다.

$$\overline{x} = \sum x_i/n = (130+138+\cdots+156)/10 = 140.0$$
$$s^2 = \sum(x_i-\overline{x})^2/(n-1) = [(130-140)^2+\cdots+(156-140)^2]/(10-1) = 50.0$$
$$s = \sqrt{50} = 7.07$$

한편 t−분포표로부터 $t_{0.025}(9)=2.262$이므로, μ의 95% 신뢰구간은 다음과 같다.

$$\overline{x}\pm t_{0.025}(9)\frac{s}{\sqrt{n}} = 140.0\pm(2.262)\frac{7.07}{\sqrt{10}}$$
$$= 140.0\pm 5.1 = (134.9,\ 145.1)$$

이제 모평균 μ에 관한 검정문제를 알아보자. 구간추정에서와 마찬가지로 σ가 미지일 때는 T−통계량을 이용하며, T−통계량을 이용한 검정을 t−검정이라고 한다. t-검정은 다음과 같이 주어진다.

모평균의 유의성검증: t-검정(σ가 미지일 때)

귀무가설 $H_0 : \mu = \mu_0$ 의 검정통계량은

$$T = \frac{\overline{X} - \mu_0}{S/\sqrt{n}}$$

이며, 관측값을 t라고 할 때 유의수준 α에서 기각역과 유의확률은 다음과 같다.

대립가설	기각역	유의확률
(a) $H_1 : \mu > \mu_0$ 일 때	$t \geq t_{\alpha}(n-1)$	$p = P(T \geq t)$
(b) $H_1 : \mu < \mu_0$ 일 때	$t \leq -t_{\alpha}(n-1)$	$p = P(T \leq t)$
(c) $H_1 : \mu \neq \mu_0$ 일 때	$\lvert t \rvert \geq t_{\alpha/2}(n-1)$	$p = P(\lvert T \rvert \geq \lvert t \rvert)$

예제 6.2 어느 자동차는 연비(1리터당 주행거리)가 15 km라고 주장한다. 이를 확인하기 위해 8대를 시험주행하였으며, 다음 결과를 얻었다. 연비가 15 km에 미치지 못한다고 확신할 수 있는지 유의수준 5%에서 검정하여라.

15.3   14.5   13.2   12.8   13.6   13.9   15.5   14.8

풀이 연비가 15 km 미만인지를 확인하는 문제이므로 귀무가설과 대립가설은 각각

$$H_0 : \mu = 15, \; H_1 : \mu < 15$$

이며, 유의수준 5%에서 기각역은 $t < -t_{0.05}(7)$이다. 주어진 자료에서 표본의 평균, 분산, 표준편차를 구하면 다음과 같다.

$$\overline{x} = (15.3 + 14.5 + \cdots + 14.8)/8 = 14.2$$
$$s^2 = [(15.3 - 14.2)^2 + (14.5 - 14.2)^2 + \cdots + (14.8 - 14.2)^2]/(8-1) = 0.9657$$
$$s = \sqrt{0.9657} = 0.9827$$

따라서 T-통계량의 값은 다음과 같다.

$$t = \frac{\overline{x} - \mu_0}{s/\sqrt{n}} = \frac{14.2 - 15}{0.9827/\sqrt{8}} = -2.303$$

한편 $t_{0.05}(7) = 1.895$ 이므로 다음이 성립한다.

$$t = -2.303 < -t_{0.05}(7) = -1.895$$

따라서 유의수준 5%에서 귀무가설을 기각한다. 즉, 평균 연비가 15 km 미만이라고 결론을 내린다.

예제 6.3 어느 전구 생산회사의 품질관리 팀에서는 새로운 공법에 의한 전구의 수명이 기존의 평균 수명인 1500시간보다 더 길다고 주장한다. 이를 확인하기 위해 10개의 제품을 시험생산하였으며, 이들의 수명시간은 다음과 같다. 품질관리 팀의 주장을 인정할 수 있는지 유의수준 5%에서 검정하여라.

1520, 1495, 1850, 1635, 1455, 1580, 1725, 1530, 1500, 1610

풀이 평균 수명이 1500시간 이상인지 확인하는 문제이므로 귀무가설과 대립가설은 각각

$$H_0 : \mu = 1500, \; H_1 : \mu > 1500$$

이며, 유의수준 5%에서 기각역은 $t > t_{0.05}(9)$이다. 주어진 자료에서 표본의 평균, 분산, 표준편차를 구하면 다음과 같다.

$$\overline{x} = (1520 + \cdots + 1610)/10 = 1590.0$$
$$s^2 = [(1520 - 1590)^2 + \cdots + (1610 - 1590)^2]/(10 - 1) = 14688.9$$
$$s = \sqrt{14688.9} = 121.2$$

따라서 T-통계량의 값은 다음과 같다.

$$t = \frac{\overline{x} - \mu_0}{s/\sqrt{n}} = \frac{1590 - 1500}{121.2/\sqrt{10}} = 2.348$$

한편 $t_{0.05}(9) = 1.833$이므로 다음이 성립한다.

$$t = 2.348 > t_{0.05}(9) = 1.833$$

따라서 유의수준 5%에서 귀무가설을 기각한다. 즉, 평균 수명이 1500시간 이상이라고 결론을 내린다.

다음에는 t-검정의 정규근사에 대하여 알아보자.

t-분포의 확률밀도함수는 표준정규분포보다 긴 꼬리를 가지며, 따라서 같은 α에 대하여 t_α값이 z_α값보다 크다. 그러나 자유도가 증가하면 t-분포는 표준정규분포에 수렴하므로 t_α값도 z_α값에 수렴한다. 예를 들어, $\alpha = 0.05$에서 t_α값들은 다음과 같다.

$$t_{0.05}(3) = 2.353, \quad t_{0.05}(10) = 1.812,$$
$$t_{0.05}(50) = 1.676, \quad t_{0.05}(\infty) = 1.645 = z_{0.05}$$

따라서 표본크기가 충분히 클 때 t_α 대신 z_α를 사용해서 기각역을 나타낼 수 있다.

예제 6.4 반도체의 전기적 특성은 제조 과정에서 첨가되는 불순물의 양에 따라 정해진다. 반도체의 한 종류인 실리콘 다이오드는 0.60볼트의 가동전압이 요구되며, 이 기준에서 벗어나면 불순물 조절장치에 조정이 필요하다고 한다. 실리콘 다이오드의 제조공정에서 200개의 시료를 랜덤추출하여 가동전압을 조사한 결과 다음 결과를 얻었다. 가동전압이 0.60볼트에서 심각하게 벗어났다고 할 수 있는가? 유의수준 1%에서 검정하여라.

$$\overline{x} = 0.62, \qquad s = 0.09$$

풀이 가동전압의 평균을 μ라고 하면 문제의 뜻에 맞는 귀무가설과 대립가설은 각각 다음과 같다.

$$H_0 : \mu = 0.60, \quad H_1 : \mu \neq 0.60$$

표본의 크기가 200으로 충분히 크므로 정규근사가 가능하며, 유의수준 1%에서 기각역은 $|t| \geq z_{0.005}$로 나타낼 수 있다. 한편 관측값에서 T-통계량의 값은 다음과 같다.

$$t = \frac{\overline{x} - \mu_0}{s/\sqrt{n}} = \frac{0.62 - 0.60}{0.09/\sqrt{200}} = 3.14 > z_{0.005} = 2.576$$

따라서 귀무가설을 기각시키고 가동전압이 0.60볼트에서 벗어났다고 결론을 내린다.

6-2 두 모평균에 관한 추론

두 모평균을 비교하는 문제를 **이표본 문제**(two-sample problem)라고 하며, 실제 현장에서는 자주 접하게 되는 문제이다. 예를 들어 두 교육방법을 비교하는 문제, 두 종류의 전구의 수명을 비교하는 문제, 어느 실험에서 아무런 처리를 하지 않은 **통제그룹**(control group)과 처리를 시행한 **처리그룹**(treatment group)의 효과를 비교하는 문제 등 무수히 많은 사례를 생각할 수 있다.

두 모집단의 평균을 비교하기 위해서는 각 모집단에서 서로 독립인 랜덤표본을 추출하고, 이들 표본으로부터 구한 표본평균을 비교하여 두 모평균을 비교할 수 있다. 이와 같이 독립표본을 이용한 이표본 문제를 특히 **독립표본비교**(independent-sample comparison) 또는 간단히 **독립비교**라고 한다. 두 모집단의 특성치를 나타내는 확률변수를 각각 X_1, X_2라고 할 때 독립비교의 자료구조는 다음과 같다.

독립비교의 자료구조

1. $X_{11}, X_{12}, \cdots, X_{1n_1}$ 은 $N(\mu_1, \sigma_1^2)$에서 추출된 크기 n_1 인 랜덤표본이다.
   $X_{21}, X_{22}, \cdots, X_{2n_2}$ 는 $N(\mu_2, \sigma_2^2)$에서 추출된 크기 n_2 인 랜덤표본이다.
2. X_1과 X_2는 서로 독립이다.

두 모평균의 비교는 $\mu_1 - \mu_2$에 관한 추론문제로 나타낼 수 있다. 예를 들어, '두 모평균이 같다고 할 수 있는가?'는 '$\mu_1 - \mu_2 = 0$ 라고 할 수 있는가?'로 나타낼 수 있다.

두 모평균의 차에 관한 추론문제는 두 표본평균의 차를 이용할 것이므로 표본평균과 표본분산을 각각 다음과 같이 나타내기로 한다.

$$\overline{X}_1 = \frac{X_{11} + \cdots + X_{1n_1}}{n_1}, \qquad S_1^2 = \frac{1}{n_1 - 1}\sum_{j=1}^{n_1}(X_{1j} - \overline{X}_1)^2$$

$$\overline{X}_2 = \frac{X_{21} + \cdots + X_{2n_2}}{n_2}, \qquad S_2^2 = \frac{1}{n_2 - 1}\sum_{j=1}^{n_2}(X_{2j} - \overline{X}_2)^2$$

두 모평균의 차인 $\mu_1 - \mu_2$의 추정량으로 $\overline{X}_1 - \overline{X}_2$를 사용하는 것은 매우 자연스럽다. 즉,

$$\widehat{\mu_1 - \mu_2} = \overline{X}_1 - \overline{X}_2$$

와 같이 나타낼 수 있다. 따라서 $\mu_1 - \mu_2$의 구간추정이나 검정문제를 다루기 위해서는 $\overline{X}_1 - \overline{X}_2$의 분포를 알아야 한다. $\overline{X}_1$와 $\overline{X}_2$는 서로 독립이며, 각각의 분포가 $N(\mu_1, \sigma_1^2)$, $N(\mu_2, \sigma_2^2)$이므로 다음이 성립한다.

$$\overline{X}_1 - \overline{X}_2 \sim N\left(\mu_1 - \mu_2,\ \frac{\sigma_1^2}{n_1} + \frac{\sigma_2^2}{n_2}\right)$$

따라서 $\overline{X}_1 - \overline{X}_2$를 표준화시킨 분포는 다음과 같다.

$$Z = \frac{(\overline{X}_1 - \overline{X}_2) - (\mu_1 - \mu_2)}{\sqrt{\dfrac{\sigma_1^2}{n_1} + \dfrac{\sigma_2^2}{n_2}}} \sim N(0,1)$$

그러나 σ_1^2과 σ_2^2을 실제 문제에서는 모르는 경우가 대부분이므로, 각각을 추정해서 $\overline{X}_1 - \overline{X}_2$를 스튜던트화시킬 필요가 있다. 이때 σ_1^2과 σ_2^2이 같다는 가정하에서는 공통분산 σ^2을 추정해서 스튜던트화시킨다. 등분산을 가정할 수 없을 때는 σ_1^2과 σ_2^2을 따로 추정해서 대입해야 하며, 이 경우에는 분포가 달라지므로 다음에서 '등분산'을 가정한 경우와 '이분산'을 가정한 경우로 나누어 설명하기로 한다.

(1) 등분산을 가정할 때

σ_1^2과 σ_2^2이 미지이지만 같다는 가정하에서는 공통분산인 σ^2을 추정해야 한다. 즉,

$$\sigma^2 = \sigma_1^2 = \sigma_2^2$$

이며, σ^2이 미지일 때 이를 추정해서 사용해야 한다. 이에 관한 이론은 4-3절에서 '분산이 동일한 두 정규모집단의 t-분포'라는 주제로 다루었으나, 여기서는 직관적인 접근으로 $\overline{X}_1 - \overline{X}_2$를 스튜던트화시키는 방법을 알아보기로 한다.

일반적으로 편차의 제곱합을 자유도로 나누면 σ^2의 불편추정량을 얻는다. 따라서 정규성의 가정하에 S_1^2과 S_2^2은 각각 σ_1^2과 σ_2^2의 불편추정량이 된다. 이제 공통분산의 가정하에서는 전체의 편차제곱합을 총자유도로 나누어 공통분산 σ^2을 추정한다. 즉, 공통분산 σ^2의 추정량은 다음과 같이 정의된다.

$$\begin{aligned} S_p^2 &= \frac{\sum_{j=1}^{n_1}(X_{1j} - \overline{X}_1)^2 + \sum_{j=1}^{n_2}(X_{2j} - \overline{X}_2)^2}{n_1 + n_2 - 2} \\ &= \frac{(n_1 - 1)S_1^2 + (n_2 - 1)S_2^2}{n_1 + n_2 - 2} \end{aligned}$$

공통분산 σ^2의 추정량인 S_p^2을 **합동표본분산**(pooled-sample variance)이라고 하며, 4장에서 이미 소개된 바 있다.

다시 $\overline{X}_1 - \overline{X}_2$를 표준화시킨 Z-통계량을 보자. σ_1^2과 σ_2^2을 모두 σ^2으로 놓면 다음이 성립한다.

$$Z = \frac{(\overline{X}_1 - \overline{X}_2) - (\mu_1 - \mu_2)}{\sqrt{\sigma^2\left(\frac{1}{n_1} + \frac{1}{n_2}\right)}} \sim N(0, 1)$$

이제 σ^2을 합동표본분산인 S_p^2으로 추정하여 대입한 T-통계량은 자유도 $n_1 + n_2 - 2$인 t-분포를 따름이 알려져 있다. 즉, 다음이 성립한다.

이표본 T-통계량의 분포

등분산과 정규성의 가정하에 다음이 성립한다.

$$T = \frac{(\overline{X}_1 - \overline{X}_2) - (\mu_1 - \mu_2)}{S_p\sqrt{\dfrac{1}{n_1} + \dfrac{1}{n_2}}} \sim t(n_1 + n_2 - 2)$$

$\mu_1 - \mu_2$의 신뢰구간을 얻기 위하여는

$$P\left(-t_{\alpha/2}(n_1 + n_2 - 2) \le \frac{(\overline{X}_1 - \overline{X}_2) - (\mu_1 - \mu_2)}{S_p\sqrt{\dfrac{1}{n_1} + \dfrac{1}{n_2}}} \le t_{\alpha/2}(n_1 + n_2 - 2)\right) = 1 - \alpha$$

을 $\mu_1 - \mu_2$에 관하여 풀면 된다. $\mu_1 - \mu_2$에 관한 추정과 검정방법을 요약하면 다음과 같다.

등분산일 때 $\mu_1 - \mu_2$에 관한 추론

(1) $\mu_1 - \mu_2$의 100(1−α)% 신뢰구간은 다음과 같다.

$$\left((\overline{x}_1 - \overline{x}_2) - t_{\alpha/2}(n_1 + n_2 - 2)\, s_p\sqrt{\frac{1}{n_1} + \frac{1}{n_2}},\ \ (\overline{x}_1 - \overline{x}_2) + t_{\alpha/2}(n_1 + n_2 - 2)\, s_p\sqrt{\frac{1}{n_1} + \frac{1}{n_2}}\right)$$

(2) $H_0 : \mu_1 - \mu_2 = \delta_0$에 대한 검정통계량은

$$T = \frac{(\overline{X}_1 - \overline{X}_2) - \delta_0}{S_p\sqrt{\dfrac{1}{n_1} + \dfrac{1}{n_2}}}$$

이며, 관측값을 t라고 할 때 유의수준 α에서 기각역과 유의확률은 다음과 같다.

대립가설	기각역	유의확률
(a) $H_1 : \mu_1 - \mu_2 > \delta_0$ 일 때	$t \ge t_\alpha(n_1 + n_2 - 2)$	$p = P(T \ge t)$
(b) $H_1 : \mu_1 - \mu_2 < \delta_0$ 일 때	$t \le -t_\alpha(n_1 + n_2 - 2)$	$p = P(T \le t)$
(c) $H_1 : \mu_1 - \mu_2 \ne \delta_0$ 일 때	$\lvert t\rvert \ge t_{\alpha/2}(n_1 + n_2 - 2)$	$p = P(\lvert T\rvert \ge \lvert t\rvert)$

등분산성의 검증 방법은 6-4절에서 다룰 예정이므로 아직은 '등분산' 또는 '이분산'의 판단이 쉽지 않다. 그러나 직관적으로 쉽게 판단하는 방법을 알아보자. 두 모집단에서 표본의 크기가 각각 20개 이내로서 소표본일 때는 두 표본분산의 크기가 2배 이상 차이가 날 때 이분산을 의심하는 것이 좋다. (표본크기가 10 미만일 때는 3배까지도 등분산으로 허용된다.) 대표본에서는 SPSS 같은 소프트웨어에 의존하게 되며, 대부분의 통계 패키지에서는 등분산일 때와 이분산일 때의 추론 결과가 같이 출력된다.

예제 6.5 어느 나일론실 생산공정에서 새 공법이 개발되었으며, 새 공법에 의한 나일론실의 인장강도(kg/cm²)가 기존의 나일론실보다 더 높은지 확인하기 위해 각각에서 10개의 시료를 추출했다. <표 6-2>는 이들의 관측 자료이다. 새 공법이 기존의 공법보다 우수하다고 할 수 있는지 유의수준 5%에서 검정하여라. 또한 평균 인장강도의 차에 대한 95% 신뢰구간도 구하여라.

표 6-2 나일론실의 인장강도

새 공법	7.6	7.8	8.1	8.5	7.5	7.2	8.0	7.9	7.4	7.7
기존 공법	7.5	7.4	6.9	7.3	6.8	7.0	7.1	7.4	6.7	7.4

풀이 새 공법을 X_1, 기존 공법을 X_2로 나타내면 문제의 질문에 맞는 귀무가설과 대립가설은 각각 다음과 같다.

$$H_0 : \mu_1 = \mu_2, \qquad H_1 : \mu_1 > \mu_2$$

주어진 자료에서 표본평균과 표본분산을 구하면 다음과 같다.

$$\bar{x}_1 = (7.6 + \cdots + 7.7)/10 = 7.77,$$

$$s_1^2 = \frac{1}{10-1}[(7.6 - 7.77)^2 + \cdots + (7.7 - 7.77)^2] = 0.1423$$

$$\bar{x}_2 = (7.5 + \cdots + 7.4)/10 = 7.15,$$

$$s_2^2 = \frac{1}{10-1}[(7.5 - 7.15)^2 + \cdots + (7.4 - 7.15)^2] = 0.0828$$

두 표본분산의 비가 크지 않으므로 등분산을 가정하기로 한다. 합동표본분산 및 T–통계량의 값은 다음과 같다.

$$s_p^2 = \frac{9(0.1423 + 0.0828)}{18} = 0.11255$$

$$t = \frac{(\overline{X}_1 - \overline{X}_2)}{\sqrt{s_p^2\left(\frac{1}{n_1} + \frac{1}{n_2}\right)}} = \frac{7.77 - 7.15}{\sqrt{0.11255\left(\frac{1}{10} + \frac{1}{10}\right)}} = 4.132$$

한편 단측검정이므로 유의수준 5%에서 기각역은 $t > t_{0.05}(18) = 1.734$이다. 따라서

$$t = 4.132 > t_{0.05}(18) = 1.734$$

이므로 유의수준 5%에서 귀무가설을 기각시키고, 새 공법이 기존의 공법보다 우수하다고 결론을 내린다.

$t_{0.025}(18) = 2.101$이므로 $\mu_1 - \mu_2$의 95% 신뢰구간은 다음과 같다.

$$(\overline{x}_1 - \overline{x}_2) \pm t_{\alpha/2}(n_1 + n_2 - 2)s_p\sqrt{\frac{1}{n_1} + \frac{1}{n_2}} = (7.77 - 7.15) \pm 2.101(0.15)$$

$$= (0.305,\ 0.935)$$

예제 6.6 마리화나에 있는 두 가지 주성분 Δ^9THS(A로 표시)와 11–OH–Δ^9THC (B로 표시)가 환각효과에 미치는 영향을 조사하는 실험을 하였다. 건강상태가 비슷한 12명의 지원자를 랜덤하게 6명씩 두 그룹으로 나누고, 이들 각각에 A와 B를 정맥주사하였다. <표 6–3>의 자료는 환각을 느끼기 시작하는 순간까지의 주사량을 나타낸다. 데이터는 체중 1 kg당 10^{-6} gr 단위로 나타낸 것이다. 환각에 필요한 두 주사량에 차이가 있는지 유의수준 5%에서 검정하여라. 또한 평균 주사량의 차에 대한 95% 신뢰구간을 구하여라.

표 6–3 환각에 필요한 주사량

A	19.54	14.47	16.00	24.83	26.39	11.49
B	15.95	25.89	20.53	15.52	14.18	16.00

풀이 환각에 필요한 A와 B의 평균 주사량을 각각 μ_1, μ_2 라고 하면 문제에 맞는 귀무가설과 대립가설은 각각 다음과 같다.

$$H_0 : \mu_1 = \mu_2, \quad H_1 : \mu_1 \neq \mu_2$$

한편 자료로부터 A와 B의 표본평균, 표본분산을 구하면 다음과 같다.

$$\bar{x}_1 = 18.787, \quad s_1^2 = 34.908$$
$$\bar{x}_2 = 18.012, \quad s_2^2 = 19.519$$

두 표본분산에서 합동표본분산을 구하면 다음과 같다.

$$s_p^2 = \frac{5(34.908 + 19.519)}{10} = 27.214$$

따라서 등분산성의 가정하에 t-통계량을 구하면 다음과 같다.

$$t = \frac{(\bar{X}_1 - \bar{X}_2)}{\sqrt{s_p^2\left(\frac{1}{n_1} + \frac{1}{n_2}\right)}} = \frac{18.787 - 18.012}{\sqrt{27.214\left(\frac{1}{6} + \frac{1}{6}\right)}} = 0.257$$

양측검정이므로 기각역은 $|t| > t_{0.025}(10) = 2.228$ 이며, $t = 0.257$은 기각역에 들어가지 않으므로 귀무가설을 기각하지 못한다. 즉, 두 성분의 효과가 다르다는 근거는 없다.

한편 $\mu_1 - \mu_2$의 95% 신뢰구간은 다음과 같다.

$$\begin{aligned}(18.787 - 18.012) \pm (2.228)\sqrt{27.214\left(\frac{1}{6} + \frac{1}{6}\right)} &= 0.775 \pm 6.710 \\ &= (-5.935,\ 7.485)\end{aligned}$$

(2) 이분산을 가정할 때

$\overline{X}_1 - \overline{X}_2$를 표준화시킨 Z-통계량

$$Z = \frac{(\overline{X}_1 - \overline{X}_2) - (\mu_1 - \mu_2)}{\sqrt{\dfrac{\sigma_1^2}{n_1} + \dfrac{\sigma_2^2}{n_2}}}$$

에서 σ_1^2과 σ_2^2이 같지 않을 때는 각각을 따로 추정해야 할 것이다. 그러나 σ_1^2과 σ_2^2의 추정량인 S_1^2과 S_2^2을 대입할 경우에 T-통계량은 정확한 t-분포를 따르는 것은 아니며, 근사적으로 t-분포를 따른다. 즉,

$$T = \frac{(\overline{X}_1 - \overline{X}_2) - (\mu_1 - \mu_2)}{\sqrt{\dfrac{S_1^2}{n_1} + \dfrac{S_2^2}{n_2}}}$$

은 근사적으로 자유도(df)가 다음과 같이 주어지는 t-분포를 따른다.

$$df = \frac{(s_1^2/n_1 + s_2^2/n_2)^2}{\dfrac{(s_1^2/n_1)^2}{n_1 - 1} + \dfrac{(s_2^2/n_2)^2}{n_2 - 1}}$$

이와 같은 근사식을 새터스웨이트(Satterthwaite)의 근사식이라고 한다. 이 결과를 이용하여 두 모분산이 다른(즉, 이분산의) 경우에 $\mu_1 - \mu_2$에 관한 추론문제는 다음과 같이 할 수 있다.

이분산일 때 $\mu_1 - \mu_2$에 관한 추론

(1) $\mu_1 - \mu_2$의 100(1−α)% 신뢰구간은 다음과 같다.

$$\left((\overline{x}_1 - \overline{x}_2) - t_{\alpha/2}(df)\sqrt{\frac{s_1^2}{n_1} + \frac{s_2^2}{n_2}},\ \ (\overline{x}_1 - \overline{x}_2) + t_{\alpha/2}(df)\sqrt{\frac{s_1^2}{n_1} + \frac{s_2^2}{n_2}} \right)$$

다만 자유도는 다음과 같이 계산한다.

$$df = \frac{(s_1^2/n_1 + s_2^2/n_2)^2}{\dfrac{(s_1^2/n_1)^2}{n_1 - 1} + \dfrac{(s_2^2/n_2)^2}{n_2 - 1}}$$

(2) H_0 : $\mu_1 - \mu_2 = \delta_0$에 대한 검정통계량은

$$T = \frac{(\overline{X}_1 - \overline{X}_2) - \delta_0}{\sqrt{\frac{s_1^2}{n_1} + \frac{s_2^2}{n_2}}}$$

이며, 관측값을 t라고 할 때 유의수준 α에서 기각역과 유의확률은 다음과 같다.

대립가설	기각역	유의확률
(a) $H_1 : \mu_1 - \mu_2 > \delta_0$ 일 때	$t \geq t_\alpha(df)$	$p = P(T \geq t)$
(b) $H_1 : \mu_1 - \mu_2 < \delta_0$ 일 때	$t \leq -t_\alpha(df)$	$p = P(T \leq t)$
(c) $H_1 : \mu_1 - \mu_2 \neq \delta_0$ 일 때	$\lvert t \rvert \geq t_{\alpha/2}(df)$	$p = P(\lvert T \rvert \geq \lvert t \rvert)$

위의 추론법에서 자유도 df는 정수가 아니다. 따라서 $t_\alpha(df)$의 값은 보간법으로 계산하거나, df와 가까운 정수를 사용한다. 특히 주어진 유의수준에서 검정할 때는 $t_\alpha(df)$의 정확한 값을 계산하지 않고도 유의성 판정을 할 수 있는 경우가 많다. 다음 예제에서 이를 알아보기로 한다.

예제 6.7 질산칼륨의 과다 섭취가 성장을 저해하는지 알아보기 위해 동물실험을 시행하였다. 16마리의 쥐를 랜덤하게 두 그룹으로 나누고, 한 그룹은 처리그룹으로 2,000 ppm의 질산칼륨을 섭취하도록 하였으며, 다른 그룹은 통제그룹으로 일상적인 식사를 하게 하였다. <표 6-4>의 자료는 일정기간 후에 체중 증가율(%)을 조사한 결과이다. 질산칼륨의 과다섭취가 성장을 저해하는지 유의수준 5%에서 검정하여라.

표 6-4 체중 증가율(%) 자료

처리그룹	15.2	12.5	11.7	14.3	15.1	13.5	16.2	12.8
통제그룹	10.8	18.5	35.8	18.2	16.9	11.4	28.4	25.3

풀이 처리그룹과 통제그룹의 평균을 각각 μ_1, μ_2라고 하면 문제에 맞는 귀무가설과 대립가설은 각각 다음과 같다.

$$H_0 : \mu_1 = \mu_2, \ H_1 : \mu_1 < \mu_2$$

자료로부터 처리그룹과 통제그룹의 표본평균, 표본분산을 구하면 다음과 같다.

$$\overline{x}_1 = 13.9125, \quad s_1^2 = 2.393$$

$$\overline{x}_2 = 20.6625, \quad s_2^2 = 74.068$$

두 분산의 비가 3배를 훨씬 넘어 등분산을 가정할 수 없다. 따라서 이분산의 가정하에 T-통계량의 값을 구하면 다음과 같다.

$$t = \frac{(\overline{x}_1 - \overline{x}_2)}{\sqrt{\frac{s_1^2}{n_1} + \frac{s_2^2}{n_2}}} = -2.183$$

한편 자유도는 다음과 같이 계산한다.

$$df = \frac{(s_1^2/n_1 + s_2^2/n_2)^2}{\frac{(s_1^2/n_1)^2}{n_1 - 1} + \frac{(s_2^2/n_2)^2}{n_2 - 1}} \fallingdotseq 7.45$$

기각역은 $t \le -t_\alpha(df)$이다. 한편 분포표에서 $t_{0.05}(7) = 1.895$, $t_{0.05}(8) = 1.860$이므로 $t_{0.05}(7.45)$의 값은 1.895와 1.860 사이의 값이다. 따라서 $t < -t_{0.05}(7.45)$가 성립하므로 귀무가설을 기각하고 질산칼륨의 과다섭취가 성장을 저해한다고 결론을 내린다.

(3) 대표본 근사

자유도가 증가하면 t-분포는 표준정규분포에 수렴하여, 따라서 t_α값은 z_α값에 수렴함을 앞에서 언급하였다. 같은 원리에 의해 이표본 문제에서도 정규근사에 의한 추정과 검정이 가능하다. 즉, 표본크기 n_1과 n_2가 모두 충분히 클 때

$$Z = \frac{(\overline{X}_1 - \overline{X}_2) - (\mu_1 - \mu_2)}{\sqrt{\frac{S_1^2}{n_1} + \frac{S_2^2}{n_2}}} \; \dot{\sim} \; N(0,1)$$

임을 이용하여 $\mu_1 - \mu_2$에 관한 추론문제를 다룰 수 있다. 이를 요약하면 다음과 같다.

대표본일 때 $\mu_1 - \mu_2$ 에 관한 추론

(1) $\mu_1 - \mu_2$ 의 100(1−α)% 신뢰구간은 다음과 같다.

$$\left((\overline{x}_1 - \overline{x}_2) - z_{\alpha/2}\sqrt{\frac{s_1^2}{n_1} + \frac{s_2^2}{n_2}},\ (\overline{x}_1 - \overline{x}_2) + z_{\alpha/2}\sqrt{\frac{s_1^2}{n_1} + \frac{s_2^2}{n_2}} \right)$$

(2) $H_0 \ :\ \mu_1 - \mu_2 = \delta_0$에 대한 검정통계량은

$$Z = \frac{(\overline{X}_1 - \overline{X}_2) - \delta_0}{\sqrt{\frac{S_1^2}{n_1} + \frac{S_2^2}{n_2}}}$$

이며, 관측값을 z라고 할 때 유의수준 α에서 기각역과 유의확률은 다음과 같다.

대립가설	기각역	유의확률
(a) $H_1 : \mu_1 - \mu_2 > \delta_0$ 일 때	$z \geq z_\alpha$	$p = P(Z \geq z)$
(b) $H_1 : \mu_1 - \mu_2 < \delta_0$ 일 때	$z \leq -z_\alpha$	$p = P(Z \leq z)$
(c) $H_1 : \mu_1 - \mu_2 \neq \delta_0$ 일 때	$\lvert z\rvert \geq z_{\alpha/2}$	$p = P(\lvert Z\rvert \geq \lvert z\rvert)$

예제 6.8 두 지역의 중학생 학력에 차이가 있는지 확인하기 위해 각 지역에서 120명씩 랜덤하게 선발하여 같은 시험을 시행하였다. 결과는 다음과 같았다. 두 지역의 학력이 다르다고 할 수 있는지 유의수준 5%에서 검정하여라. 또한 평균 성적의 차에 대한 95% 신뢰구간을 구하여라.

	지역 A	지역 B
표본평균	$\overline{x}_1 = 82.3$	$\overline{x}_2 = 78.2$
표본표준편차	$s_1 = 13.6$	$s_2 = 10.4$

풀이 두 지역 A, B의 평균을 각각 μ_1, μ_2 라고 하면 문제에 맞는 귀무가설과 대립가설은 각각 다음과 같다.

$$H_0 : \mu_1 = \mu_2, \quad H_1 : \mu_1 \neq \mu_2$$

표본크기가 충분히 크므로 Z−통계량의 값을 구하면 다음과 같다.

$$z = \frac{(\overline{x}_1 - \overline{x}_2)}{\sqrt{\frac{s_1^2}{n_1} + \frac{s_2^2}{n_2}}} = 2.62$$

한편 유의수준 5%에서 양측검정의 기각역은 $|z| > z_{0.025} = 1.96$ 이므로 귀무가설을 기각하고 두 지역의 학력이 다르다고 결론을 내린다.

평균 성적의 차에 대한 95% 신뢰구간을 다음과 같다.

$$(\overline{x_1} - \overline{x_2}) \pm z_{\alpha/2} \sqrt{\frac{s_1^2}{n_1} + \frac{s_2^2}{n_2}} = (82.3 - 78.1) \pm (1.96) \sqrt{\frac{13.6^2}{120} + \frac{10.4^2}{120}}$$

$$= 4.1 \pm 3.1 = (1.0,\ 7.2)$$

6-3 대응비교

두 모집단의 평균을 비교하는 문제에서 실험대상이 동질적이지 못한 경우를 생각해 보자. 예를 들어, A, B 두 진통제의 효과를 비교하는 문제에서 진통제를 투여할 환자의 건강상태, 연령, 통증의 정도 등이 많이 다를 수 있다. 이와 같은 경우에는 진통제의 효과에 차이가 있어도 전체적인 분산이 커져서 효과의 차이를 감지하지 못할 수 있다.

실험대상이 동질적이지 못하다는 것은 처리효과 이외의 다른 요인들이 섞여 있음(교락됨)을 뜻한다. 이와 같은 경우에는 실험대상을 동질적인 쌍끼리 묶어서 각 쌍에 두 처리 A와 B를 랜덤하게 적용시키고, 각 쌍 내에서 관측값의 차를 이용하여 두 처리효과를 비교하는 방법을 **대응비교**(paired comparison) 또는 **쌍체비교**라고 한다. 위의 예에서는 건강상태, 연령, 통증의 정도 등이 비슷한 환자들끼리 묶어서 쌍을 이루고, 각 쌍 내에서는 A와 B의 순서를 랜덤하게 정해서 적용하는 방법이다. 한 쌍 내에서 A와 B의 순서를 랜덤하게 적용하는 방법을 **랜덤화**(randomization) 과정이라고 한다.

n개의 쌍으로 된 관측값을 $(X_1, Y_1), (X_2, Y_2), \cdots, (X_n, Y_n)$이라고 하자. X와 Y의 모평균인 $\mu_1 = E(X)$와 $\mu_2 = E(Y)$의 차이에 대한 추론문제를

$$D_i = X_i - Y_i, \quad i = 1, \cdots, n$$

을 이용하는 것이 대응비교의 착상이다. 즉, $\mu = \mu_1 - \mu_2$로 놓면

$$E(D) = \mu = \mu_1 - \mu_2$$

이므로 D_i들의 평균 및 표준편차인 $\overline{D}$와 S_D를 이용하여 한 모평균에 대한 추론문제(즉, 일표본 문제)로 간주하고 $\mu = \mu_1 - \mu_2$에 관한 추론을 할 수 있다. 이제

$$\overline{D} = \sum D_i / n, \quad S_D^2 = \sum (D_i - \overline{D})^2 / (n-1)$$

로 놓면 대응비교에 의한 두 모평균의 비교는 다음과 같이 요약할 수 있다.

모평균의 구간추정

모평균의 차 $\mu = \mu_1 - \mu_2$의 100(1−α)% 신뢰구간은 다음과 같다.

$$\bar{d} - t_{\alpha/2}(n-1)\frac{s_D}{\sqrt{n}}, \quad \bar{d} + t_{\alpha/2}(n-1)\frac{s_D}{\sqrt{n}})$$

모평균의 유의성검증(대응비교)

귀무가설 $H_0 \ : \ \mu_1 - \mu_2 = \delta_0$의 검정통계량은

$$T = \frac{\overline{D} - \delta_0}{S_D / \sqrt{n}}$$

이며, 관측값을 t라고 할 때 유의수준 α에서 기각역과 유의확률은 다음과 같다.

대립가설	기각역	유의확률
(a) $H_1 : \mu_1 - \mu_2 > \delta_0$ 일 때	$t \geq t_{\alpha}(n-1)$	$p = P(T \geq t)$
(b) $H_1 : \mu_1 - \mu_2 < \delta_0$ 일 때	$t \leq -t_{\alpha}(n-1)$	$p = P(T \leq t)$
(c) $H_1 : \mu_1 - \mu_2 \neq \delta_0$ 일 때	$\lvert t \rvert \geq t_{\alpha/2}(n-1)$	$p = P(\lvert T \rvert \geq \lvert t \rvert)$

예제 6.9 A, B 두 진정제의 효과를 비교하기 위하여 12명의 환자를 건강상태가 비슷한 환자끼리 묶어서 A와 B를 랜덤하게 적용하고 숙면시간을 조사하였다. <표 6-5>는 조사 결과이다. 두 진정제의 효과가 다르다고 할 수 있는지 유의수준 5%에서 검정하여라.

표 6-5 숙면시간 자료

진정제 A	5.2	4.5	5.7	6.3	3.0	3.5
진정제 B	6.8	5.5	5.8	6.2	4.9	4.4

풀이 <표 6-5>의 각 쌍에서 차를 구하면 <표 6-6>과 같다.

표 6-6 $d_i = x_i - y_i$의 계산표

x_i	5.2	4.5	5.7	6.3	3.0	3.5
y_i	6.8	5.5	5.8	6.2	4.9	4.4
$d_i = x_i - y_i$	-1.6	-1.0	-0.1	0.1	-1.9	-0.9

<표 6-6>에서 d_i의 평균과 표준편차를 구하면 다음과 같다.

$$\bar{d} = -0.9, \quad s_D = 0.7925$$

한편 문제에 맞는 귀무가설과 대립가설은 각각

$$H_0 : \mu_1 = \mu_2, \quad H_1 : \mu_1 \neq \mu_2$$

과 같으며, 기각역은 $|t| > t_{0.025}(5) = 2.571$이므로 다음이 성립한다.

$$t = \frac{\bar{d}}{s_D / \sqrt{n}} = -2.782 < t_{0.025}(5) = -2.571$$

따라서 귀무가설을 기각하고 두 진정제의 효과가 다르다고 결론을 내린다.

[예제 6-9]에서 독립표본을 가정하고 검정을 해 보자. 자료로부터 평균과 분산은 각각 다음과 같다.

$$\bar{x}_1 = 4.7, \qquad s_1^2 = 1.636$$
$$\bar{x}_2 = 5.6, \qquad s_2^2 = 0.756$$

따라서 합동표본분산은 다음과 같다.

$$s_p^2 = \frac{(6-1)(1.636+0.756)}{6+6-2} = 1.196$$

한편, 양측검정이므로 기각역은 $|t| > t_{0.025}(10) = 2.228$이며, 다음이 성립한다.

$$t = \frac{4.7-5.6}{\sqrt{1.196\left(\frac{1}{6}+\frac{1}{6}\right)}} = -1.425 > -t_{0.025}(10) = -2.228$$

따라서 귀무가설을 기각시키지 못한다. 독립표본의 경우 자유도가 5에서 10으로 증가하면 t_α값은 2.571에서 2.228로 감소하여 기각역의 크기가 커지지만, 표준오차는

$$s_D/\sqrt{n} = 0.7925/\sqrt{6} = 0.3235$$

에서

$$\sqrt{s_p^2(1/n_1+1/n_2)} = \sqrt{1.196(1/6+1/6)} = 0.6314$$

로 증가한다. 따라서 T–통계량의 값이 기각역에 들어가지 못한다.

대응비교에서 각 쌍은 동질적인 실험대상에서 얻은 것이므로 X_i와 Y_i는 독립이 아니다. 그러나 각 쌍들은 서로 독립이므로 $D_i = X_i - Y_i$들은 서로 독립이다. 한편 D_i의 분산을 나타내면 다음과 같다.

$$\mathrm{Var}(D_i) = \mathrm{Var}(X_i - Y_i) = \mathrm{Var}(X_i) + \mathrm{Var}(Y_i) - 2\mathrm{Cov}(X_i, Y_i)$$

따라서 X_i와 Y_i가 동질적인 쌍에서 관측되어 공분산인 $\mathrm{Cov}(X_i, Y_i)$가 커지면 D_i

의 분산은 감소하여 자유도의 감소에서 발생하는 불이익을 상쇄하고, 평균의 차이를 더 잘 감지할 수 있게 된다.

예제 6.10 어느 자동차 관련 연구소에서는 휘발유에 새로운 첨가제를 넣을 경우 주행거리가 증가하는지 알아보기 위해 10종류의 자동차에 실험을 시행하였다. <표 6-7>은 이 실험에서 얻어진 1리터당 주행거리를 나타낸다. 첨가제의 사용이 주행거리를 증가시킨다고 할 수 있는지 유의수준 5%에서 검정하여라.

표 6-7 주행거리 자료

번호	1	2	3	4	5	6	7	8	9	10
첨가 전	15.0	12.5	9.5	8.7	10.3	9.0	11.3	13.1	10.5	11.0
첨가 후	14.8	13.8	10.7	9.8	11.2	8.7	12.0	12.9	10.9	12.5

풀이 첨가 전을 x_i, 첨가 후를 y_i로 나타낼 때 $d_i = x_i - y_i$의 값들은 다음과 같다.

$$0.2,\quad -1.3,\quad -1.2,\quad -1.1,\quad -0.9,\quad 0.3,\quad -0.7,\quad 0.2,\quad -0.4,\quad -1.5$$

따라서 $\overline{d} = -0.64$, $s_D = 0.6769$이며, 대응비교 T-통계량의 값은 다음과 같다.

$$t = \frac{\overline{d}}{s_D/\sqrt{n}} = -2.990$$

한편 문제에 맞는 귀무가설과 대립가설은 각각

$$H_0 : \mu_1 = \mu_2, \qquad H_1 : \mu_1 < \mu_2$$

이며, 기각역은 $t < -t_{0.05}(9) = -1.833$이므로 귀무가설을 기각하고, 첨가제가 주행거리를 증가시킨다고 결론을 내린다.

6-4 모분산에 관한 추론

모집단에서 가장 관심이 있는 모수는 모평균이지만, 산포의 정도를 나타내는 모분산도 관심의 대상인 경우가 많다. 예를 들어, 일정한 규격의 볼베어링 생산 공정에서는 평균 지름의 크기가 규격에 맞도록 생산하는 것도 중요하지만 지름의 크기가 일정해야 할 것이다. 즉, 평균 지름의 크기가 규격에 맞을지라도 산포가 커서 지름의 크기가 볼베어링마다 차이가 많이 난다면 불량품으로 분류될 것이다.

한 모분산뿐만 아니라 두 모분산의 비교 문제는 더욱 자주 접하게 된다. 두 모평균의 비교에서 등분산성을 가정하는 경우와 이분산을 가정하는 경우에 사용하는 통계량과 추론법이 달라지므로 등분산성의 검정은 자주 접하는 문제이다. 이와 같은 모분산에 관한 추론 문제를 한 모분산 문제와 두 모분산의 비교 문제로 나누어 알아보자.

(1) 한 모분산에 관한 추론

모분산 σ^2의 추정량은 다음과 같이 정의되는 표본분산이다.

$$\hat{\sigma}^2 = S^2 = \frac{1}{n-1}\sum_{i=1}^{n}(X_i - \overline{X})^2$$

이제 σ^2에 관한 구간추정이나 유의성검증 문제를 다루기 위해서는 S^2과 관련된 분포를 이용한다. 즉, 4장의 표본분포에서 다룬 바와 같이

$$\frac{(n-1)S^2}{\sigma^2} \sim \chi^2(n-1)$$

임을 이용하여 σ^2에 관한 추론 문제를 다룰 수 있다.

카이제곱분포에서 오른쪽 꼬리의 면적(확률)이 α인 점을 χ^2_α로 나타내면 다음 등식이 성립한다.

$$P(\chi^2_{1-\alpha/2}(n-1) \le \frac{(n-1)S^2}{\sigma^2} \le \chi^2_{\alpha/2}(n-1)) = 1-\alpha$$

위 식을 σ^2에 관하여 풀어쓰면 다음 식을 얻는다.

$$P\left(\frac{(n-1)S^2}{\chi^2_{\alpha/2}(n-1)} \le \sigma^2 \le \frac{(n-1)S^2}{\chi^2_{1-\alpha/2}(n-1)}\right) = 1-\alpha$$

따라서 모분산 σ^2에 관한 추론 문제는 다음과 같이 요약할 수 있다.

모분산의 구간추정

모분산 σ^2의 100(1−α)% 신뢰구간은 다음과 같다.

$$\left(\frac{(n-1)s^2}{\chi^2_{\alpha/2}(n-1)},\ \frac{(n-1)s^2}{\chi^2_{1-\alpha/2}(n-1)}\right)$$

모분산의 유의성검증(카이제곱검정)

귀무가설 H_0 : $\sigma^2 = \sigma_0^2$의 검정통계량은 다음과 같다.

$$\chi_0^2 = \frac{(n-1)S^2}{\sigma_0^2}$$

관측값을 χ_0^2이라 할 때 유의수준 α에서 기각역은 다음과 같다.

대립가설	기각역
(a) $H_1 : \sigma^2 > \sigma_0^2$일 때	$\chi_0^2 \ge \chi^2_{\alpha}(n-1)$
(b) $H_1 : \sigma^2 < \sigma_0^2$일 때	$\chi_0^2 \le \chi^2_{1-\alpha}(n-1)$
(c) $H_1 : \sigma^2 \ne \sigma_0^2$일 때	$\chi_0^2 \le \chi^2_{1-\alpha/2}(n-1)$ 또는 $\chi_0^2 \ge \chi^2_{\alpha/2}(n-1)$

예제 6.11 어느 볼베어링 생산 공정에서 지름의 크기를 $\sigma = 0.05$ mm로 품질관리를 하고 있다. 다음은 10개의 시료에서 얻은 지름의 크기 자료이다. σ가 0.05보다 크다는 근거가 있는지 유의수준 1%에서 검정하여라. 또한 σ의 95% 신뢰구간을 구하여라.

7.41 7.44 7.65 7.46 7.48 7.38 7.42 7.55 7.54 7.61

풀이 문제에 맞는 귀무가설과 대립가설은 각각 다음과 같다.

$$H_0 \;:\; \sigma^2 = (0.05)^2,\; H_1 \;:\; \sigma^2 > (0.05)^2$$

한편 주어진 자료에서 표본분산은 다음과 같다.

$$S^2 = \frac{1}{n-1}\sum_{i=1}^{n}(X_i - \overline{X})^2 = 0.0081$$

따라서 검정통계량의 값은 다음과 같다.

$$\chi_0^2 = \frac{(n-1)S^2}{\sigma_0^2} = \frac{(10-1)(0.0081)}{(0.05)^2} = 29.16$$

유의수준 1%에서 기각역은 $\chi_0^2 > \chi_{0.01}^2(9)$이며, 카이제곱 분포표에서 $\chi_{0.01}(9) = 21.67$ 이므로 귀무가설을 기각하고 공정에 이상이 있다고 결론을 내린다.

분포표에서 $\chi_{0.025}(9) = 19.0228$, $\chi_{0.975}(9) = 2.7004$ 이므로 σ^2 의 95% 신뢰구간은 다음과 같다.

$$\left(\frac{(n-1)s^2}{\chi_{\alpha/2}^2(n-1)},\ \frac{(n-1)s^2}{\chi_{1-\alpha/2}^2(n-1)}\right) = \left(\frac{(9)(0.0081)}{19.0228},\ \frac{(9)(0.0081)}{2.7004}\right)$$

$$= (0.003832,\ 0.026996)$$

따라서 σ 의 95% 신뢰구간은 다음과 같다.

$$(\sqrt{0.003832},\ \sqrt{0.026996}\,) = (0.062,\ 0.164)$$

(2) 두 모분산에 관한 추론

두 모평균을 비교하는 t-검정을 시행하기 위해서는 흔히 등분산성의 검정을 먼저 시행하고 결과에 따라 t-검정의 방법이 선택된다. 즉, 등분산을 나타내는 귀무가설을 기각시키지 않으면 두 분산이 심각하게 다르지 않다는 뜻이며, 따라서 합동표본분산 S_p^2 을 사용하여 $\overline{X}_1 - \overline{X}_2$ 를 스튜던트화시킨 T-통계량을 이용하여 t-검정을 시행한다.

두 분산의 동일성 자체에 관심이 있는 경우도 있다. 예를 들어, 두 기계에서 생산되는 제품의 품질이 특성치의 변이도인 경우에 두 분산의 동일성을 검정하게 된다. 이제 두 모분산을 비교하는 추론방법을 알아보자.

두 모분산을 비교하는 문제에서 자료구조는 독립비교에서의 자료구조와 같다.

두 모분산 비교문제에서 자료구조

1. $X_{11}, X_{12}, \cdots, X_{1n_1}$ 은 $N(\mu_1, \sigma_1^2)$ 에서 추출된 크기 n_1 인 랜덤표본이다.
   $X_{21}, X_{22}, \cdots, X_{2n_2}$ 는 $N(\mu_2, \sigma_2^2)$ 에서 추출된 크기 n_2 인 랜덤표본이다.
2. X_1과 X_2는 서로 독립이다.

σ_1^2과 σ_2^2에 대한 추정량은 각각 다음의 표본분산이다.

$$\hat{\sigma}_1^2 = S_1^2 = \frac{1}{n_1 - 1} \sum_{j=1}^{n_1} (X_{1j} - \overline{X}_1)^2$$

$$\hat{\sigma}_2^2 = S_2^2 = \frac{1}{n_2 - 1} \sum_{j=1}^{n_2} (X_{2j} - \overline{X}_2)^2$$

따라서 두 모분산의 비인 σ_1^2 / σ_2^2은 S_1^2 / S_2^2으로 추정되며, S_1^2 / S_2^2과 관련된 분포는 4장의 표본분포에서 다루었다. 즉,

$$F = \frac{S_1^2 / \sigma_1^2}{S_2^2 / \sigma_2^2} \sim F(n_1 - 1, n_2 - 1)$$

임을 이용하여 σ_1^2 / σ_2^2에 관한 추론 문제를 다룬다.

먼저 σ_1^2 / σ_2^2의 신뢰구간을 구해 보자. F-분포에서 오른쪽 꼬리의 면적(확률)이 α인 점을 F_α라고 하면 다음 등식이 성립한다.

$$P\left(F_{1-\alpha/2}(n_1 - 1, n_2 - 1) \le \frac{S_1^2 / \sigma_1^2}{S_2^2 / \sigma_2^2} \le F_{\alpha/2}(n_1 - 1, n_2 - 1\right) = 1 - \alpha$$

괄호 속의 부등식을 σ_1^2 / σ_2^2에 관하여 풀면 다음 식이 성립한다.

$$P\left(\frac{S_1^2}{S_2^2} \cdot \frac{1}{F_{\alpha/2}(n_1 - 1, n_2 - 1)} \le \frac{\sigma_1^2}{\sigma_2^2} \le \frac{S_1^2}{S_2^2} \cdot \frac{1}{F_{1-\alpha/2}(n_1 - 1, n_2 - 1)}\right) = 1 - \alpha$$

한편 F-분포표는 오른쪽 꼬리에 대한 F_α값만 수록되어 있다. 따라서 왼쪽 꼬리

$F_{1-\alpha/2}$ 값을 오른쪽 꼬리 F_{α}로 나타내면 편리하다. F-분포의 성질에서 $F \sim F(k_1, k_2)$ 일 때 $\frac{1}{F} \sim F(k_2, k_1)$이므로 왼쪽 꼬리 $F_{1-\alpha/2}$를 오른쪽 꼬리 F_{α}로 나타내면 다음과 같다.

$$F_{1-\alpha/2}(n_1-1, n_2-1) = \frac{1}{F_{\alpha/2}(n_2-1, n_1-1)}$$

이를 이용하면 σ_1^2/σ_2^2에 대한 신뢰구간과 검정법은 다음과 같이 요약할 수 있다.

모분산의 비에 대한 구간추정

모분산의 비 $\frac{\sigma_1^2}{\sigma_2^2}$의 100(1−$\alpha$)% 신뢰구간은 다음과 같다.

$$\left(\frac{S_1^2}{S_2^2} \cdot \frac{1}{F_{\alpha/2}(n_1-1, n_2-1)},\ \frac{S_1^2}{S_2^2} \cdot F_{\alpha/2}(n_2-1, n_1-1)\right)$$

모분산 비에 대한 유의성검증(F−검정)

귀무가설 H_0 : $\sigma_1^2 = \sigma_2^2$의 검정통계량은 다음과 같다.

$$F = \frac{S_1^2}{S_2^2}$$

관측값을 f라 할 때 유의수준 α에서 기각역은 다음과 같다.

	기각역
(a) $H_1 : \sigma_1^2 > \sigma_2^2$일 때	$f \ge F_{\alpha}(n_1-1, n_2-1)$
(b) $H_1 : \sigma_1^2 < \sigma_2^2$일 때	$f \le 1/F_{\alpha}(n_2-1, n_1-1)$
(c) $H_1 : \sigma_1^2 \ne \sigma_2^2$일 때	$f \le 1/F_{\alpha/2}(n_2-1, n_1-1)$ 또는 $f \ge F_{\alpha/2}(n_1-1, n_2-1)$

예제 6.12 공기 중의 수은농도를 측정하는 기기인 A와 B의 정밀도를 비교하고자 한다. A와 B의 각각으로 8번씩 측정하여 <표 6-8>의 결과를 얻었다. B가 A보다 더 정밀하다고 할 수 있는지 유의수준 5%에서 검정하여라.

표 6-8 수은 농도 측정 자료

A	0.72	0.85	0.92	0.88	0.75	0.96	0.75	0.81
B	0.82	0.78	0.83	0.81	0.79	0.85	0.74	0.78

풀이 B가 A보다 더 정밀한지를 확인하는 문제이므로 귀무가설과 대립가설은 각각 다음과 같다.

$$H_0 : \sigma_1^2 = \sigma_2^2, \quad H_1 : \sigma_1^2 > \sigma_2^2$$

두 자료로부터 $\overline{x}_1 = 0.83$, $\overline{x}_2 = 0.80$이며, 표본분산은 각각 다음과 같다.

$$s_1^2 = \frac{1}{n_1 - 1} \sum_{j=1}^{n_1} (x_{1j} - \overline{x}_1)^2 = 0.0076$$

$$s_2^2 = \frac{1}{n_2 - 1} \sum_{j=1}^{n_2} (x_{2j} - \overline{x}_2)^2 = 0.0012$$

따라서 F-통계량의 값은

$$f = \frac{s_1^2}{s_2^2} = \frac{0.0076}{0.0012} = 6.33$$

이며, 유의수준 5%에서 기각역이 $f \geq F_{0.05}(7,7) = 3.79$이므로 귀무가설을 기각하고 B가 A보다 더 정밀하다고 결론을 내린다.

예제 6.13 A 회사 제품의 디지털 혈압계는 정확도가 떨어지는 단점이 있었다. B 회사에서는 이에 대응하여 새로운 디지털 혈압계를 생산하였다. 두 제품을 비교하기 위해 한 개인에 대하여 두 혈압계로 수축혈압을 6회씩 반복 측정한 결과 <표 6-9>의 자료를 얻었다. B 회사 제품의 산포가 A 회사 제품보다 적다고 할 수 있는가? 또한 두 평균 혈압은 같다고 할 수 있나? 유의수준 5%에서 검정하여라.

표 6-9 수축혈압 자료

A	125	128	132	141	105	122
B	123	125	128	121	117	124

풀이 먼저 등분산성의 가설은 다음과 같다.

$$H_0 : \sigma_1^2 = \sigma_2^2, \quad H_1 : \sigma_1^2 \neq \sigma_2^2$$

두 자료로부터 $\bar{x}_1 = 125.5$, $\bar{x}_2 = 123.0$이며, 표본분산은 다음과 같다.

$$s_1^2 = \frac{1}{n_1 - 1} \sum_{j=1}^{n_1} (x_{1j} - \bar{x}_1)^2 = 144.3$$

$$s_2^2 = \frac{1}{n_2 - 1} \sum_{j=1}^{n_2} (x_{2j} - \bar{x}_2)^2 = 14.0$$

따라서 F-통계량의 값은

$$f = \frac{s_1^2}{s_2^2} = \frac{144.3}{14.0} = 10.3$$

이며, 유의수준 5%에서 기각역이 $f \geq F_{0.05}(5,5) = 5.05$이므로 귀무가설을 기각하고 A와 B의 산포가 다르다고 결론을 내린다.

두 모분산이 다르므로 이분산의 가정하에 근사 t-검정을 시행한다. 평균 혈압이 같은지를 검정하는 귀무가설과 대립가설은 각각 다음과 같다.

$$H_0 : \mu_1 = \mu_2, \quad H_1 : \mu_1 \neq \mu_2$$

이분산의 가정하에 검정통계량의 값은

$$t = \frac{(\bar{x}_1 - \bar{x}_2)}{\sqrt{\dfrac{s_1^2}{n_1} + \dfrac{s_2^2}{n_2}}} = 0.487$$

이며, 새터스웨이트의 자유도는 다음과 같다.

$$df = \frac{(s_1^2/n_1 + s_2^2/n_2)^2}{\frac{(s_1^2/n_1)^2}{n_1 - 1} + \frac{(s_2^2/n_2)^2}{n_2 - 1}} \fallingdotseq 6.0$$

따라서 기각역은 $|t| \geq t_{0.025}(6) = 2.447$ 이며, 귀무가설을 기각할 수 없다. 즉, 두 계기의 평균혈압이 다르다고 할 수 없다.

6-5 SPSS 실습

모평균의 추론문제에서 분산을 아는 경우는 거의 없으며, 따라서 Z-통계량보다는 T-통계량을 이용하여 신뢰구간 문제나 검정문제를 다루게 된다.

(1) 한 모평균에 관한 추론

모집단이 정규분포를 따른다는 가정하에 T-통계량인

$$T = \frac{\overline{X} - \mu}{S/\sqrt{n}}$$

은 자유도 $n-1$인 t-분포 $t(n-1)$를 따름을 이용하여 모평균에 관한 추론 문제를 다룬다. SPSS에서도 이를 위한 절차가 있다.

사례 6.1

다음은 A 상표의 전구 가운데 9개를 랜덤하게 뽑아 조사한 수명 자료이다. 평균수명이 1950시간 이상이라고 할 수 있는지 SPSS를 이용하여 검정하여라. 평균수명의 95% 신뢰구간도 구하여라.

1950, 1850, 1950, 2100, 1975, 2000, 1975, 1900, 2000

풀이 SPSS에서 자료를 입력하고, 변수명을 'life', 파일 이름을 '사례 6-1'로 저장한다. 메뉴에서 분석 → 평균 및 비율 비교 → 일표본 T검정을 선택한다. 일표본

T검정 대화상자에서 life를 검정변수로 선택하고, 검정값에 1950을 입력한다. 또한 '옵션' 버튼을 눌러 95% 신뢰구간이 체크되어 있는지 확인한다. 계속과 확인 버튼을 누르면 [그림 6-1]과 같은 결과를 얻는다.

T-통계량의 값은 0.718이며, 양측검정의 유의확률이 0.493이므로 단측검정의 유의확률은 0.247이다. 따라서 유의주준 10%에서도 귀무가설을 기각할 수 없다. 모평균과 1950과의 차에 대한 95% 신뢰구간이 (−36.8, 70.2)이므로, 평균 수명의 95% 신뢰구간은 $(1950-36.8,\ 1950+70.2)=(1913.2,\ 2020.2)$이다.

일표본 검정

	검정값=1950					
	t	자유도	유의확률 (양쪽)	평균차	차이의 95% 신뢰구간 하한	차이의 95% 신뢰구간 상한
life	.718	8	.493	16.66667	−36.8304	70.1637

그림 6-1 일표본 T검정 결과

사례 6.2

class 자료에서 몸무게의 95% 신뢰구간을 구하고, 평균 몸무게가 45 kg 이상이라고 할 수 있는지 검정하여라.

풀이 class 자료를 띄워놓고 [사례 6-1]에서와 같이 분석 → 평균 및 비율 비교 → 일표본 T검정을 선택한다. '몸무게'를 검정변수로 선택하고, 검정값에 45를 입력한다. 또한 '옵션' 버튼을 눌러 95% 신뢰구간이 체크되어 있는지 확인한다. 계속과 확인 버튼을 누르면 [그림 6-2]와 같은 결과를 얻는다.

양측검정의 유의확률이 0.120이므로 단측검정의 유의확률은 0.060(즉, 6%)이다. 따라서 약한 유의성이 있다. 모평균과 45와의 차에 대한 95% 신뢰구간이 (−0.96, 7.66)이므로, 평균 몸무게의 95% 신뢰구간은 $(45-0.96, 45+7.66)=(44.04, 52.66)$이다.

일표본 검정

	검정값=45					
	t	자유도	유의확률 (양쪽)	평균차	차이의 95% 신뢰구간 하한	차이의 95% 신뢰구간 상한
몸무게	1.626	19	.120	3.350	−.96	7.66

그림 6-2 몸무게의 일표본 T검정 결과

(2) 독립표본에 의한 두 모평균의 비교

두 모평균의 차인 $\mu_1 - \mu_2$의 추정은 두 표본평균의 차인 $\overline{X}_1 - \overline{X}_2$를 이용한다. 따라서 $\mu_1 - \mu_2$의 추론 문제는 $\overline{X}_1 - \overline{X}_2$의 분포를 이용하게 된다. 즉, 두 모집단이 정규분포를 따르고 서로 독립이며, 공통분산을 갖는다는 가정하에 T–통계량인

$$T = \frac{(\overline{X}_1 - \overline{X}_2) - (\mu_1 - \mu_2)}{S_p\sqrt{\dfrac{1}{n_1} + \dfrac{1}{n_2}}}$$

은 자유도 $n_1 + n_2 - 2$인 t–분포 $t(n_1 + n_2 - 2)$를 따름을 이용한다.

두 모분산이 심각하게 달라서 공통분산을 가정할 수 없을 때는 두 모분산을 따로 추정해서 대입해야 한다. 즉, 이 경우에는

$$T = \frac{(\overline{X}_1 - \overline{X}_2) - (\mu_1 - \mu_2)}{\sqrt{\dfrac{S_1^2}{n_1} + \dfrac{S_2^2}{n_2}}}$$

이 근사적으로 t–분포를 따름을 이용한다.

SPSS에서는 이들 두 결과가 모두 출력되며, 따라서 등분산성 검정 결과에 따라 평균의 동일성에 대한 검정 결과를 선택해서 사용해야 한다.

사례 6.3

class 자료에서 남학생과 여학생의 몸무게가 같다고 할 수 있는지 검정하여라.

풀이 메뉴에서 분석 → 평균 및 비율 비교 → 독립표본 T검정을 선택하고, '몸무게'를 검정변수로 선택한다. 남녀별 비교이므로 '성별'을 집단변수로 선택하고 '집단정의' 버튼을 눌러 '집단1'에 1(즉 남학생)을 '집단2'에 2(즉 여학생)를 입력한 후 '계속'을 누른다. 옵션 버튼을 누르면 신뢰구간은 디폴트로 체크되어 있음을 알 수 있다. 이어서 '확인'을 클릭하면 [그림 6-3]과 같은 결과가 출력된다.

먼저 집단통계량에서 남, 여 각각에 대한 기술통계가 출력되고 독립표본검정에서는 검정결과가 출력된다. 등분산성의 검정결과 유의확률이 0.289로서 유의성이 없으므로 등분산을 가정한 첫 번째 결과를 이용한다. 양측검정의 유의확률

이 0.016이므로 강한 유의성이 있다. 즉, 성별에 따라 몸무게에 차이가 있다고 결론을 내린다.

집단통계량

	성별	N	평균	표준편차	평균의 표준오차
몸무게	남	10	53.10	9.085	2.873
	여	10	43.60	6.818	2.156

독립표본 검정

		Levene의 등분산 검정		평균의 동일성에 대한 t-검정						
									차이의 95% 신뢰구간	
		F	유의확률	t	자유도	유의확률 (양쪽)	평균차	차이의 표준오차	하한	상한
몸무게	등분산이 가정됨	1.194	.289	2.645	18	.016	9.500	3.592	1.953	17.047
	등분산이 가정되지 않음			2.645	16.696	.017	9.500	3.592	1.911	17.089

그림 6-3 독립표본 T검정 출력 결과

사례 6.4

어느 페인트 제조회사에서는 새로운 공법으로 유성페인트를 개발했으며, 새 상품은 기존의 상품에 비해 건조속도가 빠르기를 기대한다. 이를 확인하기 위해 <표 6-10>과 같은 건조시간(단위: 분)의 자료를 얻었다. 새 상품의 평균 건조시간이 기존의 인기 상품보다 빠르다고 할 수 있는지 SPSS를 이용하여 검정하여라.

표 6-10 건조시간 자료

인기 상품	48	45	47	44	46	41	47	45	45	42
새 상품	43	41	45	44	43	39	41	40	40	42

풀이 자료를 SPSS의 데이터 보기 창에 입력할 때 집단변수와 검정변수를 같이 입력해야 한다. 즉, 집단변수로 1은 '인기상품'을, 2는 '새 상품'을 나타내기로 한다. 입력된 결과는 [그림 6-4]와 같다.

메뉴에서 분석 → 평균 및 비율 비교 → 독립표본 T검정을 선택하고, '건조시간'을 검정변수로, '상품'을 집단변수로 선택한 후에 집단정의에 1과 2를 입력하면 [그림 6-5]와 같은 결과를 얻는다. 문제에서 대립가설이 단측검정이므로 출력 결과에서 유의확률은 출력된 값의 1/2이다. 즉, 유의확률은 0.005이므로 매우 유의성이 강하며, 따라서 새 상품이 인기상품보다 건조시간이 빠르다고 할 수 있다.

	상품	건조시간
1	1	48
2	1	45
3	1	47
4	1	44
5	1	46
6	1	41
7	1	47
8	1	45
9	1	45
10	1	42
11	2	43
12	2	41
13	2	45
14	2	44
15	2	43
16	2	39
17	2	41
18	2	40
19	2	40
20	2	42

	이름	유형	너비	소수점이...	레이블	값	결측값	열	맞춤	측도	역할
1	상품	숫자	8	0		{1, 인기상품...	지정않음	11	오른쪽	척도	입력
2	건조시간	숫자	8	0		지정않음	지정않음	11	오른쪽	척도	입력

그림 6-4 데이터 보기와 변수보기 창에 입력된 형식

독립표본 검정

		Levene의 등분산 검정		평균의 동일성에 대한 t-검정						
									차이의 95% 신뢰구간	
		F	유의확률	t	자유도	유의확률 (양쪽)	평균차	차이의 표준오차	하한	상한
건조시간	등분산이 가정됨	.000	1.000	3.446	18	.003	3.200	.929	1.249	5.151
	등분산이 가정되지 않음			3.446	17.682	.003	3.200	.929	1.247	5.153

그림 6-5 검정 결과

(3) 대응비교에 의한 두 모평균의 비교

실험 대상이 동질적이지 못하거나 다른 요인이 혼합되어 있을 때에는 독립표본에 의한 모평균의 비교가 효과적이지 못한 경우가 있다. 즉, 두 표본평균의 차인 $\overline{X}_1 - \overline{X}_2$가 상당히 큼에도 불구하고 공통분산의 합동추정량인 S_p^2이 커서 T-통계량이 작아지고 따라서 두 모평균의 차이를 감지하지 못하는 경우가 있다. 이런 경우에는 독립표본에 의한 추론보다는 대응비교를 시행하는 것이 더 효과적이다. 즉, 실험대상을 동질적인 쌍끼리 묶어서 각 쌍에 두 처리를 랜덤하게 적용시키는 실험을 하며, 쌍으로 된 자료 $(X_1, Y_1), \cdots, (X_n, Y_n)$에서 관측값의 차인

$$D_i = X_i - Y_i, \quad n = 1, 2, \cdots, n$$

을 구하여 $\mu_1 - \mu_2$에 대한 추론 문제를 다루게 된다.

SPSS에서는 **대응비교**를 **쌍체비교**라고 한다.

사례 6.5

A, B 두 수면제의 효과를 비교하기 위하여 6명의 불면증 환자에게 실험을 시행하였다. <표 6-11>은 A와 B를 복용했을 때의 숙면시간을 나타낸다. 다만 A와 B의 복용 순서는 동전던지기에 의해 랜덤하게 정하였다. 두 진통제의 효과가 다르다고 할 수 있는지 SPSS를 이용하여 검정하여라. 두 진통효과의 차에 대한 95% 신뢰구간도 구하여라.

표 6-11 숙면시간 자료

환자	1	2	3	4	5	6
진통제 A	4.8	4.0	5.8	4.9	5.3	7.4
진통제 B	4.0	4.2	5.2	4.9	5.6	7.1

풀이 자료를 입력할 때 독립비교와는 달리 집단변수가 없이 두 변수의 쌍으로 입력되어야 한다. 두 변수 이름을 각각 A와 B로 하였으며, 자료를 입력한 결과는 [그림 6-6]과 같다.

메뉴에서 분석 → 평균 및 비율 비교 → 대응표본 T검정을 선택하고, 변수 A와 B를 차례로 선택하면 순서대로 오른쪽의 '대응변수'로 보낸다. 선택 순서에 따라 'A−B'에 대한 검정과 구간추정을 하겠다는 뜻이다. 출력 결과는 [그림 6-7]과 같다. 유의확률은 0.855로서 유의성이 없다. 즉, 두 진통제의 효과가 다르다는 근거는 없다. 진통효과의 차에 대한 95% 신뢰구간은 (−0.6162, 0.7162)이다.

	A	B
1	4.8	4.0
2	4.0	4.2
3	5.8	5.2
4	4.9	4.9
5	5.3	5.6
6	7.4	7.1

그림 6-6 대응비교 자료의 입력

대응표본 검정

	대응차					t	자유도	유의확률 (양쪽)
	평균	표준편차	평균의 표준오차	차이의 95% 신뢰구간				
				하한	상한			
대응 1 A-B	.2000	.4427	.1807	-.2646	.6646	1.107	5	.319

그림 6-7 대응비교의 출력 결과

사례 6.6

A, B 두 종류의 구두창에 대한 마모 정도를 비교하려고 한다. 이를 위해 10명의 지원자에게 한쪽 발에는 A 제품을, 다른 발에는 B 제품을 사용하여 만든 구두를 일정 기간 동안 신은 후에 마모 정도를 조사하였다. 다만 양쪽 발에서 A, B의 선택은 랜덤하게 하였다. 조사 결과는 <표 6-12>와 같다. 두 제품의 마모 정도가 다르다고 할 수 있는지 SPSS를 이용하여 검정하여라.

표 6-12 구두창의 마모 정도

제품	1	2	3	4	5	6	7	8	9	10
A	13.2	8.2	10.9	14.3	10.7	6.6	9.5	9.8	8.8	13.3
B	14.0	8.8	11.2	14.2	11.8	6.4	9.8	11.3	9.3	13.6

풀이 두 회사의 데이터를 각각 A와 B라는 변수 이름으로 입력하고 [사례 6-5]에서와 같은 방법으로 분석한 결과는 [그림 6-8]과 같다. 유의확률이 0.013이므로 두 제품의 마모정도는 상당히 다르다고 할 수 있다.

대응표본 검정

	대응차					t	자유도	유의확률 (양쪽)
	평균	표준편차	평균의 표준오차	차이의 95% 신뢰구간				
				하한	상한			
대응 1 A-B	−.5100	.5195	.1643	−.8816	−.1384	−3.104	9	.013

그림 6-8 마모정도의 차에 대한 대응비교

연습문제

6-1 다음 자료는 어느 도시의 6개 지역에서 측정된 아황산가스 오염값(ppm)이다. 아래 물음에 답하여라.

0.065　0.072　0.098　0.113　0.125　0.085

(a) 표본평균, 표본표준편차 및 $\overline{X}$의 표준오차를 구하여라.

(b) 평균 오염값의 95% 신뢰구간을 구하여라.

6-2 어느 도시의 10개 지역에서 공기 중의 수은 농도($\mu g/cm^3$)를 측정하여 다음 결과를 얻었다. 평균 수은농도의 95% 신뢰구간을 구하여라.

$$\overline{x} = 0.65, \quad s = 0.045$$

6-3 다음은 시내 주행에서 어느 자동차의 연비(km/리터)를 조사한 자료이다. 아래 물음에 답하여라.

8.9　11.5　9.8　10.7　9.5　11.1　10.3　9.0

(a) 평균 연비의 95% 신뢰구간을 구하여라.

(b) 평균 연비가 11.0 미만이라고 할 수 있나? 유의수준 5%에서 검정하여라.

6-4 다음은 어느 전자 기기의 수명을 조사한 자료이다(단위: 100시간). 아래 물음에 답하여라.

128　130　125　110　138　126　131　105　112　128

(a) 평균 수명의 95% 신뢰구간을 구하여라.

(b) 평균 수명이 120 이상이라고 할 수 있는가? 유의수준 5%에서 검정하여라.

6-5 새로운 학습법이 기존의 학습법보다 초등학생의 독해력을 향상시키는지 확인하기 위해 12명의 학생을 랜덤하게 두 그룹으로 나누고 한 그룹에는 기존의 방법을, 다른 한 그룹에는 새로운 방법을 적용한 후에 독해력 테스트를 하였다. 결과는 다음과 같다. 아래 물음에 답하여라.

기존의 방법	68	75	82	55	47	69
새로운 방법	72	87	66	84	79	73

(a) 두 방법의 분산이 다르다고 할 수 있는지 유의수준 5%에서 검정하여라.
(b) 두 학습법에 의한 평균 성적 차의 95% 신뢰구간을 구하여라.
(c) 새로운 학습법이 기존의 학습법보다 독해력을 향상시킨다고 할 수 있는지 유의수준 5%에서 검정하여라.

6-6 A, B 두 공법에서 생산되는 철선의 인장강도를 조사하여 다음 자료를 얻었다. 아래 물음에 답하여라.

A	65	62	58	65	73	66	55	61
B	68	57	65	53	58	62	53	55

(a) 두 공법의 분산이 다르다고 할 수 있는지 유의수준 5%에서 검정하여라.
(b) 두 공법에 의한 평균 인장강도 차의 95% 신뢰구간을 구하여라.
(c) 두 공법의 평균 인장강도는 같다고 할 수 있는지 유의수준 5%에서 검정하여라.

6-7 핵산을 통하여 학습 효과가 전달되는지의 여부를 알아보기 위하여 20마리의 쥐를 랜덤하게 두 그룹으로 나누었고, 첫 그룹의 10마리에 대하여 미로 찾기 훈련을 시켰으며, 나머지는 훈련시키지 않았다. 다시 20마리의 쥐를 랜덤하게 두 그룹으로 나누어 10마리에는 훈련된 쥐로부터 핵산을 추출하여 주입하고, 나머지 10마리에는 훈련시키지 않은 10마리에서 핵산을 추출하여 주입하였다. 이들 20마리 쥐에 미로 찾기 실험을 반복하여 평균 시간을 계산할 결과 다음 자료(단위: 초)를 얻었다.

훈련된 쥐	11	9	15	5	8	22	9	16	8	18
훈련되지 않은 쥐	6	15	12	25	11	8	20	7	5	16

(a) 두 그룹의 미로 찾기 평균 시간의 차에 대한 95% 신뢰구간을 구하여라.
(b) 핵산을 통하여 학습효과가 전달된다고 할 수 있는지 유의수준 5%에서 검정하여라.

6-8 A, B 두 방법으로 만든 밧줄의 장력을 비교하기 위하여 다음 자료를 얻었다. 아래 물음에 답하여라.

A	20	21	25	23	22	21	25	23
B	23	15	18	14	28	11	16	17

(a) 두 방법의 분산이 다르다고 할 수 있는지 유의수준 5%에서 검정하여라.
(b) 두 밧줄의 평균 장력의 차에 대한 95% 신뢰구간을 구하여라.

(c) A 방법의 평균 장력이 B 방법의 평균 장력보다 크다고 할 수 있는지 유의수준 5% 에서 검정하여라.

6-9 120명의 심장병 환자에 대한 조사에서 콜레스테롤 수치를 조사한 결과 다음과 같았다. 아래 물음에 답하여라.

$$\overline{x} = 245.3, \qquad s = 20.5$$

(a) 평균 콜레스테롤 수치의 95% 신뢰구간을 구하여라.

(b) 평균이 240 이상이라고 할 수 있나? 유의수준 5%에서 검정하여라.

6-10 A 자동차에 사용되는 타이어의 평균 수명을 알아보기 위하여 200대에 대한 타이어 교환 시기를 조사한 결과 다음과 같았다. 아래 물음에 답하여라.

$$\overline{x} = 62{,}000 \text{ km} \ , \qquad s = 5{,}400 \text{ km}$$

(a) 타이어 평균 수명의 95% 신뢰구간을 구하여라.

(b) 평균이 60,000 km 이상이라고 할 수 있는가? 유의수준 5%에서 검정하여라.

6-11 연령이 비슷한 정상인(x_1) 10명과 정신장애인(x_2) 10명에 대하여 뇌세포 조직을 조사하였다. 즉, 특정 효소활동에 의해 1시간 동안 생성되는 물질의 양을 조사한 결과 다음 자료를 얻었다. 아래 물음에 답하여라.

$$\overline{x}_1 = 42.3, \qquad s_1 = 12.1$$
$$\overline{x}_2 = 36.5, \qquad s_2 = 5.1$$

(a) 두 그룹의 분산이 다르다고 할 수 있는지 유의수준 5%에서 검정하여라.

(b) 정상인의 평균 수치가 정신장애인의 평균수치보다 크다고 할 수 있는지 유의수준 5%에서 검정하여라.

6-12 어느 산부인과에서는 신생아의 경우 남아와 여아의 체중에 차이가 있는지 알아보기 위하여 다음의 자료(단위: kg)를 얻었다. 아래 물음에 답하여라.

	표본크기	표본평균	표본표준편차
남아	20	3.25	0.6
여아	20	3.05	0.4

(a) 남아와 여아의 분산이 다르다고 할 수 있는지 유의수준 5%에서 검정하여라.

(b) 남아의 평균 체중이 여아의 평균 체중보다 크다고 할 수 있는지 유의수준 5%에서 검정하여라.

6-13 A, B 두 청량음료를 7명의 시음 전문가가 평가한 결과 다음 자료를 얻었다. 두 청량음료의 맛이 차이가 있다고 할 수 있는지 유의수준 5%에서 검정하여라.

	1	2	3	4	5	6	7
A	85	78	77	90	88	86	78
B	80	79	74	84	86	89	72

6-14 A, B 두 자동차에 대하여 운전 용이성을 평가하기 위하여 8명의 운전자가 각 자동차를 주차하는 데 걸리는 시간(단위: 초)을 측정하였으며, 결과는 다음과 같다. B가 A보다 주차가 용이하다고 할 수 있는지 유의수준 5%에서 검정하여라.

운전자	1	2	3	4	5	6	7	8
A	18	25	22	32	36	15	24	29
B	15	22	24	30	30	17	20	24

6-15 100여 년 전에 처음으로 빛의 속도를 측정하는 시도를 하였다. 빛의 속도를 측정하기 위해 일정한 거리에 떨어진 거울을 이용하여 7,400 km 떨어진 거리를 이동하는 데 걸리는 시간을 측정하였다. 다음 자료는 측정시간(단위: 초)을

$$(\text{소요시간} - 24{,}800 \times 10^{-9}) \times 10^{9}$$

으로 변환하여 얻은 것이다. 변환된 값의 평균에 대한 95% 신뢰구간을 SPSS를 이용하여 구하여라.

28	22	36	26	28	28	26	24	32	30	27	24
33	21	36	32	31	25	24	25	28	36	27	32
34	30	25	26	26	25	23	21	30	33	29	27
29	28	22	26	27	16	31	29	36	32	28	40
19	37	23	32	29	24	25	27	24	16	29	20
28	27	39	23								

6-16 건강한 사람의 심장지수(cardiac index)는 평균 3.50 liters/min m^2임이 알려져 있다. 심장 질환 경험이 있는 사람들은 이보다 떨어지는지 알아보기 위해 30명에 대하여 조사했으며, 결과는 다음과 같다. 아래 물음에 답하여라.

3.25	2.84	1.95	1.40	3.32	3.80	3.25	2.32	1.90	1.15
1.95	3.66	3.21	2.65	2.85	1.86	2.55	3.95	4.25	2.45
4.18	3.28	1.36	2.57	2.95	3.26	3.11	2.85	1.65	3.69

(a) 심장 질환 경험자의 평균 심장지수에 대한 95% 신뢰구간을 구하여라.

(b) 심장 질환 경험자의 평균 심장지수가 3.50 미만이라고 할 수 있는지 유의수준 1%에서 검정하여라.

6-17 A, B 두 식이요법에 차이가 있는지 알아보기 위해 모든 건강상태가 비슷한 20명의 지원자를 랜덤하게 10명씩 두 그룹으로 나누어 4주간 식이요법을 시행하였다. 다음은 이들에 대한 체중감소 자료들이다. 두 방법에 차이가 있는가? SPSS를 이용하여 유의확률을 구하고 적당한 결론을 내려라.

A	2.2	2.5	4.8	3.5	3.3	1.5	6.5	4.2	3.5	5.2
B	4.3	3.8	4.5	6.5	3.4	2.8	3.8	5.8	5.2	4.8

6-18 자외선 차단용 썬크림을 새로 개발하였으며, 이를 기존의 제품과 비교하기 위해 9명의 실험 대상자를 선정하여 왼쪽 팔과 오른쪽 팔에 두 제품을 바르고 일정 시간 햇빛에 노출시켰다. 다음 자료는 이들이 햇빛에 탄 정도를 측정하여 얻은 것이다. 새 제품이 기존의 제품보다 자외선을 더 잘 차단한다고 할 수 있는가? SPSS를 이용하여 유의확률을 구하고 적당한 결론을 내려라.

새 제품	45	56	75	32	57	47	85	77	65
기존 제품	48	50	67	38	45	38	78	70	60

제 7 장

이산자료의 분석

앞에서 소개했던 대부분의 방법들은 몸무게, 온도, 무게 등과 같이 연속적인 값을 갖는 자료들의 분석에 적합한 방법이었다. 그러나 공정에서 발생하는 불량품의 개수, 범죄 형태별 발생 빈도, 학력에 따른 당뇨병 발병실태를 나타내는 분할표(교차표) 등과 같이 이산적인 값을 갖는 자료 또는 범주의 빈도(도수)로 주어지는 자료에 대하여는 다른 방법들이 필요하다.

이 장에서는 이항분포의 모비율에 대한 추론과 범주형자료의 추론과 관련된 방법들에 대하여 알아보기로 한다.

7-1 모비율에 대한 추론

이 절에서는 이산자료 중에서 가장 많이 사용되는 이항분포를 따르는 모집단의 비율의 추론에 대해 다루고자 한다.

성공률, 불량률, 지지율과 같이 모집단의 특성값이 "성공" 또는 "실패", "양호" 또는 "불량", "찬성" 또는 "반대" 등과 같이 두 가지로만 분류되는 경우 한 가지 특성값이 나타날 확률 p가 관측순서에 관계없이 일정하다고 하자. 이러한 관측을 n번 실시한 후 특정한 속성이 나타난 횟수를 X라고 하면 X는 이항분포 $B(n,p)$를 따른다는 것은 이미 4장에서 설명하였다. 이항분포의 모비율 p의 추정량으로는 표본비율

$$\hat{p} = \frac{X}{n}$$

을 이용한다. 표본비율 $\hat{p}$의 분산은

$$\mathrm{Var}(\hat{p}) = \mathrm{Var}\left(\frac{X}{n}\right) = \frac{\mathrm{Var}(X)}{n^2} = \frac{p(1-p)}{n}$$

로 주어지고, 표준오차는 다음과 같다.

$$\mathrm{SE}(\hat{p}) = \sqrt{\mathrm{Var}(\hat{p})} = \sqrt{\frac{p(1-p)}{n}}$$

그러나 모비율 p가 미지이므로 표본비율 $\hat{p}$을 대입하여 다음과 같은 표준오차의 추정량을 사용한다.

$$\widehat{\mathrm{SE}}(\hat{\mathrm{p}}) = \sqrt{\frac{\hat{\mathrm{p}}(1-\hat{\mathrm{p}})}{\mathrm{n}}}$$

표본크기 n이 큰 경우에는 이항분포를 이용하는 대신에 X 또는 $\hat{p}$의 정규근사를 이용하여 모비율 p에 관한 추론을 한다. 즉, $n\hat{p}$와 $n(1-\hat{p})$이 모두 5 이상이 되도록 n이 충분히 클 때

$$\frac{X-np}{\sqrt{np(1-p)}} = \frac{\hat{p}-p}{\sqrt{p(1-p)_{/n}}} \sim N(0,\ 1)$$

임을 이용하여 모비율 p의 신뢰구간은 다음과 같이 구한다.

$$\begin{aligned} 1-\alpha &= P\left(-z_{\alpha/2} \le \frac{\hat{p}-p}{\sqrt{p(1-p)/n}} \le z_{\alpha/2}\right) \\ &= P\left(\hat{p}-z_{\alpha/2}\sqrt{\frac{p(1-p)}{n}} \le p \le \hat{p}+z_{\alpha/2}\sqrt{\frac{p(1-p)}{n}}\right) \\ &\fallingdotseq P\left(\hat{p}-z_{\alpha/2}\sqrt{\frac{\hat{p}(1-\hat{p})}{n}} \le p \le \hat{p}+z_{\alpha/2}\sqrt{\frac{\hat{p}(1-\hat{p})}{n}}\right) \end{aligned}$$

모비율 p의 추정(표본크기 n이 클 때)

추정량: 표본비율 $\hat{p} = \frac{X}{n}$

표준오차: $\widehat{\mathrm{SE}}(\hat{\mathrm{p}}) = \sqrt{\frac{\hat{\mathrm{p}}(1-\hat{\mathrm{p}})}{\mathrm{n}}}$

$100(1-\alpha)\%$ 오차한계: $z_{\alpha/2}\widehat{\mathrm{SE}}(\hat{\mathrm{p}}) = \mathrm{z}_{\alpha/2}\sqrt{\frac{\hat{\mathrm{p}}(1-\hat{\mathrm{p}})}{\mathrm{n}}}$

$100(1-\alpha)\%$ 신뢰구간: $\hat{p} \pm z_{\alpha/2}\sqrt{\frac{\hat{p}(1-\hat{p})}{n}}$

예제 7.1 어느 공정에서 생산되는 제품의 불량률을 조사하기 위하여 200개의 시료를 랜덤추출하여 조사하였더니 10개의 불량품이 발견되었다. 불량률의 95% 신뢰구간을 구하여라.

풀이 불량률 p의 추정값은

$$\hat{p} = = \frac{10}{200} = 0.05$$

이고, 그 표준오차의 추정값은

$$\widehat{\mathrm{SE}}(\hat{\mathrm{p}}) = \sqrt{\frac{0.05(1-0.05)}{200}} = 0.0154$$

이다. $n\hat{p} \geq 5$와 $n(1-\hat{p}) \geq 5$이 만족되므로 불량률 p의 95% 신뢰구간은 다음과 같다.

$$(0.05 - 1.96 \times 0.0154,\ 0.05 + 1.96 \times 0.0154) = (0.0198,\ 0.0802)$$

신문이나 TV 등의 언론기관에서는 정부의 정책이나 정부의 현안에 대한 여론조사를 실시하며, 이와 같은 여론조사에서는 표본추출 모집단과 오차한계 등을 반드시 명시하게 된다. 다음은 어느 신문에서 여론조사 결과를 보도하면서 조사방법에 대한 설명을 한 예이다.

"이번 조사는 제주도를 제외한 전국의 유권자를 대상으로 조사하였으며,
층화추출법으로 1,000명을 뽑아 전화조사를 실시하였다.
조사 결과에 대한 오차한계는 95% 신뢰수준에서 ±3.1%이다."

표본조사를 설계하는 과정에서는 조사의 비용이나 추정량이 요구하는 정밀도를 고려하여 표본의 크기를 정하게 된다. 이 기사에서는 1000명을 조사했을 때 95% 신뢰수준에서 정밀도가 3.1%라는 것을 의미한다. 많은 여론조사의 경우 요구되는 정밀도를 오차한계로 사전에 정한 후 이에 맞추어 표본의 크기를 결정한다. 모비율을 추정하기 위한 표본조사에서 표본크기를 결정하는 방법에 대해 알아보자.

추정량의 $100(1-\alpha)\%$ 오차한계를 d 이하로 하기 위해서는

$$z_{\alpha/2}\mathrm{SE}(\hat{\mathrm{p}}) \le \mathrm{d}, \quad 즉\ z_{\alpha/2}\sqrt{\frac{p(1-p)}{n}} \le d$$

가 만족되도록 표본크기 n을 정한다. 그러나 추정하고자 하는 모비율 p를 모르기 때문에 위의 부등식이 항상 성립하도록 하기 위해서는 $\sqrt{p(1-p)}$의 최댓값을 대입하여 표본크기의 상한 값을 구한다. 즉, $p=1/2$일 때 $p(1-p)=1/4$이 최댓값이므로

$$z_{\alpha/2}\sqrt{\frac{1/4}{n}} \le d, \quad 즉\ n \ge \frac{1}{4}\left(\frac{z_{\alpha/2}}{d}\right)^2$$

에 의해 표본의 크기를 결정한다. 만일 사전조사 또는 과거의 경험에 의해 p에 대한 사전추정값이 p^*로 주어진 경우에는

$$z_{\alpha/2}\sqrt{\frac{p^*(1-p^*)}{n}} \le d, \quad 즉,\ n \ \ge\ p^*(1-p^*)\left(\frac{z_{\alpha/2}}{d}\right)^2$$

가 만족되도록 표본크기 n을 정한다. 이들을 정리하면 다음과 같다.

모비율의 추정에서 표본크기의 결정

모비율 p를 추정할 때 $100(1-\alpha)\%$ 신뢰수준에서 오차한계가 d 이내, 또는 신뢰구간의 길이를 $2d$ 이내로 하기 위한 표본크기는 다음 식을 만족하는 최소의 정수이다.

(a) 모비율 p의 사전추정값이 p^*로 주어진 경우:

$$n \ \ge\ p^*(1-p^*)\left(\frac{z_{\alpha/2}}{d}\right)^2$$

(b) 모비율 p값에 대한 사전정보가 없는 경우:

$$n \ge \frac{1}{4}\left(\frac{z_{\alpha/2}}{d}\right)^2$$

예제 7.2 앞의 신문기사에서는 1,000명을 대상으로 조사한 결과 신뢰수준 95%에서 오차한계가 3.1%라고 보도되고 있다. 만약 오차한계를 2.5% 이내로 하려면 필요한 표본의 크기는 얼마이겠는가?

풀이 사전정보가 전혀 없다고 가정할 경우 표본크기 n은

$$n \geq \frac{1}{4}\left(\frac{1.96}{0.025}\right)^2 = 1536.64$$

을 만족해야 한다. 적어도 1,537명을 조사해야 오차한계를 2.5% 이내로 할 수 있다.

만약 사전조사 또는 과거의 경험에 의해 p^*의 값이 0.35 정도라는 것을 안다면 필요한 표본의 크기는

$$n \geq p^*(1-p^*)\left(\frac{z_{\alpha/2}}{d}\right)^2 = 0.35 \times 0.65 \times \left(\frac{1.96}{0.025}\right)^2 = 1398.3$$

을 만족해야하므로 1,399명을 조사하면 되고 전혀 정보가 없을 때에 비해 138명 정도 적은 숫자의 표본만을 조사하여도 된다.

다음은 X가 이항분포 $B(n,p)$를 따를 때 모비율 p에 대한 가설검정에 대해 알아보자. 가설검정은 소표본인 경우와 대표본인 경우에 검정법이 다르다. 즉, 소표본일 때는 이항분포를 이용하여 정확한 검정을 하며, 대표본일 때는 이항분포의 정규근사를 이용하여 근사검정을 시행한다. 대표본의 기준은 흔히 "$np \geq 5$ 이고 $n(1-p) \geq 5$"를 사용한다.

먼저 소표본에서 검정법을 알아보기 위해 다음과 같은 단측검정을 생각해 보자.

$$H_0 : p = p_0, \ H_1 : p > p_0$$

X의 관측값 x가 클수록 대립가설 $H_1 : p > p_0$가 참이라는 근거가 되므로 유의수준 α에서 기각역은 "$X \geq x_\alpha$" 형태로 주어진다. 즉, 이항분포에서 오른쪽 꼬리의 확률이 α가 되는 영역이다. 그러나 이항분포는 이산형이므로 꼬리의 확률이 정확히 α가 되는 점이 없는 것이 보통이다. 예를 들어,

$$X \sim B(20, 0.1)$$

일 때

$$P(X \geq 4) = 1 - P(X \leq 3) = 1 - 0.867 = 0.133$$
$$P(X \geq 5) = 1 - P(X \leq 4) = 1 - 0.957 = 0.043$$

이므로, $\alpha = 0.1$ 또는 $\alpha = 0.05$에 대응되는 x_α가 없다. 따라서 실제 문제에서는 유의확률을 이용하는 것이 편리하다.

X의 관측값이 x일 때 대립가설 $H_1 : p > p_0$에 대한 유의확률은 다음과 같다.

$$P = P(X \geq x)$$

따라서 이 $P-$값이 α보다 작으면 H_0를 기각한다. 이와 같이 유의확률을 이용한 기각역은 대립가설이 $H_1 : p < p_0$ 또는 $H_1 : p \neq p_0$인 경우에도 같으므로 이항분포를 이용한 검정법을 다음과 같이 요약할 수 있다.

모비율의 유의성 검정(소표본의 경우)

귀무가설 $H_0 : p = p_0$을 검정하기 위한 검정통계량은 표본 중에서 특정한 속성을 나타내는 도수 X이며, X의 관측값을 x라고 할 때, 유의수준 α에서 기각역은 다음과 같다.

	기각역
(a) $H_1 : p > p_0$일 때	$P = P(X \geq x) \leq \alpha$
(b) $H_1 : p < p_0$일 때	$P = P(X \leq x) \leq \alpha$
(c) $H_1 : p \neq p_0$일 때	$\begin{cases} P = 2P(X \geq x) \leq \alpha, & x \geq np_0 \text{일 때} \\ P = 2P(X \leq x) \leq \alpha, & x < np_0 \text{일 때} \end{cases}$

예제 7.3 2002년도 대통령 선거의 투표율은 약 70%였으며, 연령층이 낮아질수록 투표율이 낮다고 알려져 있다. 통계학 수업을 수강하는 학생 20명을 대상으로 지난번 대선에서 투표 여부를 무기명으로 알아보았더니 10명이 투표한 것으로 나타났다. 수업을 수강하는 20명이 20대 연령층을 대표한다고 가정할 때, 과연 연령층이 낮아질수록 투표율이 낮아진다는 주장이 옳다고 생각하는가?

풀이 20대의 투표율을 p라고 하면 검정하고자 하는 가설은 다음과 같다.

$$H_0 : p = 0.7 \qquad H_1 : p < 0.7$$

조사대상 $n = 20$명 중에서 10명이 투표하였으므로 $x = 10$이 되고, 대립가설이 왼쪽 단측이므로 유의확률은

$$P = P(X \leq 10), \quad X \sim B(20, 0.7)$$

에 의해 구할 수 있다. 부록의 이항분포표에 의해 구한 유의확률은

$$P = P(X \leq 10) = 0.048$$

이므로 유의수준 5%에서 연령층이 낮을수록 투표율이 낮다는 주장은 근거가 있다고 결론을 내린다.

다음은 np_0와 $n(1-p_0)$가 모두 5 이상이 되도록 n이 충분히 클 때 정규근사를 이용한 검정법에 대하여 알아보자. 귀무가설 $H_0 : p = p_0$를 검정하기 위한 검정통계량은

$$Z = \frac{\hat{p} - p_0}{\sqrt{\frac{p_0(1-p_0)}{n}}}$$

가 귀무가설 H_0하에서 근사적으로 표준정규분포 $N(0,1)$을 따름을 이용한다. 대표본의 경우 검정법을 요약하면 다음과 같다.

모비율의 검정(대표본의 경우, $np_0 \geq 5$, $n(1-p_0) \geq 5$)

귀무가설 $H_0 : p = p_0$를 검정하기 위한 검정통계량은

$$Z = \frac{\hat{p} - p_0}{\sqrt{\frac{p_0(1-p_0)}{n}}}$$

이고, 관측값을 z라고 할 때 유의수준 α에서 기각역과 유의확률은 다음과 같다.

	기각역	유의확률
(a) $H_1 : p > p_0$일 때	$z \geq z_{\alpha}$	$P = P(Z \geq z)$
(b) $H_1 : p < p_0$일 때	$z \leq -z_{\alpha}$	$P = P(Z \leq z)$
(c) $H_1 : p \neq p_0$일 때	$\|z\| \geq z_{\alpha/2}$	$P = P(\|Z\| \geq \|z\|)$

예제 7.4 우리나라의 흡연율은 세계적으로 높으나 점차로 낮아지고 있다고 한다. 1980년도 통계에 의하면 20세 이상의 성인남자의 흡연율은 79.3%라고 한다. 2002년도 한 여론조사기관에서 성인 남자 738명을 대상으로 한 여론조사 결과를 보면 553명이 지난 1주일간 흡연을 한 적이 있다고 답하고 있다. 과연 20세 이상의 성인남자의 흡연율이 1980년도에 비해 낮아졌다고 할 수 있는지 유의수준 1%에서 검정하여라.

풀이 20세 이상 성인남자의 흡연율을 p라고 하면 검정하고자 하는 귀무가설과 대립가설은 다음과 같다.

$$H_0 : p = 0.793, \qquad H_1 : p < 0.793$$

표본의 크기가 $n = 738$명이므로 np_0와 $n(1-p_0)$는 모두 5보다 크다. 따라서 정규근사에 의한 검정이 가능하다. 검정통계량의 관측값은

$$z = \frac{553/738 - 0.793}{\sqrt{\frac{0.793 \times 0.207}{738}}} = -2.9286$$

이며, 유의수준 1%에서 기각역은 다음과 같다.

$$z \leq -z_{0.01} = -2.327$$

따라서 관측값 z는 이 기각역에 속해 유의수준 1%에서 귀무가설을 기각할 수 있다. 즉, 표본조사 결과 흡연율이 1980년보다 낮아졌다는 증거가 뚜렷하다.

7-2 두 모비율에 대한 추론

성인 남녀의 흡연율의 비교, 서로 다른 두 제조 공정에서의 불량률의 비교 등과 같이 두 모집단의 모비율 차에 대한 추론 문제를 생각해 보자. 즉, X_1 이 이항분포 $B(n_1, p_1)$을 따르고 X_2가 이항분포 $B(n_2, p_2)$를 따를 때, 두 모집단에서 서로 독립적으로 표본을 추출하고 이를 이용하여 두 모비율의 차인 $p_1 - p_2$에 관한 추정과 검정의 문제를 알아보자.

두 모비율 p_1과 p_2의 추정량은 각각 다음과 같다.

$$\hat{p}_1 = \frac{X_1}{n_1} \qquad \hat{p}_2 = \frac{X_2}{n_2}$$

X_1과 X_2가 각각 이항분포 $B(n_1, p_1)$과 $B(n_2, p_2)$를 따르며 서로 독립이므로, 두 모비율의 차인 $p_1 - p_2$의 추정량으로는

$$\widehat{p_1 - p_2} = \hat{p}_1 - \hat{p}_2 = \frac{X_1}{n_1} - \frac{X_2}{n_2}$$

을 사용한다. 또한 이 추정량의 분산은

$$\mathrm{Var}(\hat{p}_1 - \hat{p}_2) = \frac{p_1(1-p_1)}{n_1} + \frac{p_2(1-p_2)}{n_2}$$

가 되고, 표준오차는 p_1과 p_2의 추정량 $\hat{p}_1$와 $\hat{p}_2$을 대입하여 다음과 같이 추정한다.

$$\widehat{\mathrm{SE}}(\hat{p}_1 - \hat{p}_2) = \sqrt{\frac{\hat{p}_1(1-\hat{p}_1)}{n_1} + \frac{\hat{p}_2(1-\hat{p}_2)}{n_2}}$$

표본크기 n_1과 n_2가 충분히 큰 경우에는 $\hat{p}_1$와 $\hat{p}_2$가 근사적으로 각각 정규분포 $N(p_1, p_1(1-p_1)/n_1)$과 $N(p_2, p_2(1-p_2)/n_2)$를 따르고 서로 독립이므로 두 추정량의 차인 $\hat{p}_1 - \hat{p}_2$도 근사적으로 정규분포

$$N\left(p_1 - p_2,\ \frac{p_1(1-p_1)}{n_1} + \frac{p_2(1-p_2)}{n_2}\right)$$

을 따름을 이용하여 두 모비율의 차인 $p_1 - p_2$에 대한 신뢰구간을 구할 수 있다. 추정법을 요약하면 다음과 같다.

두 모비율 $p_1 - p_2$ 에 대한 추정(표본크기 n_1 과 n_2 가 클 때)

(a) $p_1 - p_2$ 의 추정량 :

$$\widehat{p_1 - p_2} = \hat{p}_1 - \hat{p}_2$$

(b) $p_1 - p_2$ 의 추정량의 표준오차 :

$$\widehat{\mathrm{SE}}(\widehat{\mathrm{p}_1 - \mathrm{p}_2}) = \sqrt{\frac{\hat{\mathrm{p}}_1(1-\hat{\mathrm{p}}_1)}{\mathrm{n}_1} + \frac{\hat{\mathrm{p}}_2(1-\hat{\mathrm{p}}_2)}{\mathrm{n}_2}}$$

(c) $p_1 - p_2$ 에 대한 $100(1-\alpha)$ % 신뢰구간 :

$$(\hat{p}_1 - \hat{p}_2)\ \pm\ z_{\alpha/2}\sqrt{\frac{\hat{p}_1(1-\hat{p}_1)}{n_1} + \frac{\hat{p}_2(1-\hat{p}_2)}{n_2}}$$

예제 7.5 건강에 대한 관심이 높아짐에 따라 육식보다는 채식을 선호하는 성향이 늘고 있다. 얼마나 많은 사람들이 식당에서 육류가 들어 있지 않은 채식을 선호하는지를 알아보기 위해 설문조사를 실시하였다. 20세 이상의 남자 747명과 여자 434명을 랜덤추출하여 조사한 결과 276명의 남자와 195명의 여자가 채식을 선호한다고 답하였다. 채식을 선호하는 남자와 여자의 비율을 각각 p_1, p_2라고 할 때 두 비율의 차 $p_1 - p_2$의 추정값과 95% 신뢰구간을 구하여라.

풀이 채식을 선호하는 남자와 여자의 모비율 p_1과 p_2의 추정값은 각각

$$\hat{p}_1 = \frac{276}{747} = 0.3695 \qquad \hat{p}_2 = \frac{195}{434} = 0.4493$$

이므로, $p_1 - p_2$의 추정값은

$$\widehat{p_1 - p_2} = \hat{p}_1 - \hat{p}_2 = -0.0798$$

이 되고, 이 추정값의 표준오차는 다음과 같다.

$$\widehat{\mathrm{SE}}(\hat{\mathrm{p}}_1 - \hat{\mathrm{p}}_2) = \sqrt{\frac{\hat{\mathrm{p}}_1(1-\hat{\mathrm{p}}_1)}{\mathrm{n}_1} + \frac{\hat{\mathrm{p}}_2(1-\hat{\mathrm{p}}_2)}{\mathrm{n}_2}} = 0.0297$$

따라서 $p_1 - p_2$의 95% 신뢰구간은

$$(\hat{p}_1 - \hat{p}_2) \pm z_{\alpha/2}\sqrt{\frac{\hat{p}_1(1-\hat{p}_1)}{n_1} + \frac{\hat{p}_2(1-\hat{p}_2)}{n_2}} = -0.0798 \pm 1.96 \times 0.0297$$

에 의해 (−0.138, −0.0216)이 된다.

이제 두 모비율을 비교하기 위해 귀무가설 $H_0 \ : \ p_1 = p_2$의 검정문제를 생각해 보자. 귀무가설이 사실일 때, 공통비율인 $p = p_1 = p_2$를 다음과 같이 합동으로 추정할 수 있다. 즉,

$$\hat{p} = \frac{X_1 + X_2}{n_1 + n_2}$$

를 **합동표본비율**이라고 하며, H_0 하에서는 p_1과 p_2를 모두 $\hat{p}$로 추정하게 된다. 또한 $p_1 - p_2$의 분산은

$$\mathrm{Var}(\hat{\mathrm{p}}_1 - \hat{\mathrm{p}}_2) = \frac{\mathrm{p}_1(1-\mathrm{p}_1)}{\mathrm{n}_1} + \frac{\mathrm{p}_2(1-\mathrm{p}_2)}{\mathrm{n}_2} = \mathrm{p}(1-\mathrm{p})\left(\frac{1}{\mathrm{n}_1} + \frac{1}{\mathrm{n}_2}\right)$$

이 되고 분산의 추정량은

$$\widehat{\mathrm{Var}}(\hat{\mathrm{p}}_1 - \hat{\mathrm{p}}_2) = \hat{\mathrm{p}}(1-\hat{\mathrm{p}})\left(\frac{1}{\mathrm{n}_1} + \frac{1}{\mathrm{n}_2}\right)$$

을 사용한다. 이를 이용하여 모비율의 비교를 위한 검정통계량을 만들며, 검정법을 요약하면 다음과 같다.

두 모비율의 비교를 위한 검정(표본크기가 큰 경우)

귀무가설 $H_0 \ : \ p_1 = p_2$을 검정하기 위한 검정통계량은

$$Z = \frac{\hat{p}_1 - \hat{p}_2}{\sqrt{\hat{p}(1-\hat{p})(\frac{1}{n_1}+\frac{1}{n_2})}}, \quad \text{다만 } \hat{p} = \frac{X_1 + X_2}{n_1 + n_2}$$

이고, 관측값을 z라고 할 때 유의수준 α 에서 기각역과 유의확률은 다음과 같다.

	기각역	유의확률
(a) $H_1 \ : \ p_1 > p_2$ 일 때	$z \geq z_\alpha$	$P = P(Z \geq z)$
(b) $H_1 \ : \ p_1 < p_2$ 일 때	$z \leq -z_\alpha$	$P = P(Z \leq z)$
(c) $H_1 \ : \ p_1 \neq p_2$ 일 때	$\lvert z \rvert \geq z_{\alpha/2}$	$P = P(\lvert Z \rvert \geq \lvert z \rvert)$

예제 7.6 [예제 7.5]의 자료를 이용하여 여자들이 남자들보다 건강과 미용에 더 신경을 쓰므로 채식을 선호하는 비율이 높을 것이라는 주장이 타당한지 알아보자.

풀이 여자들이 더 채식을 선호할 것이라는 주장이 옳은지를 알아보기 위한 가설은

$$H_0 \ : p_1 = p_2 \qquad H_1 : p_1 < p_2$$

로 나타낼 수 있다. 귀무가설하에서의 공통 모비율의 추정값을 구하면

$$\hat{p} = \frac{276 + 195}{747 + 434} = 0.3988$$

이고, 구하고자 하는 검정통계량의 값은 다음과 같다.

$$z = \frac{0.3695 - 0.4493}{\sqrt{0.3988(1-0.3988)(\frac{1}{747}+\frac{1}{434})}} = -2.7002$$

따라서 유의확률은

$$P = P(Z \leq -2.7002) = 1 - P(Z \geq 2.7002) = 0.0035$$

로서 매우 작다. 즉, 여자들이 남자들보다 채식을 선호한다는 주장은 근거가 있다고 판단된다.

예제 7.7 대부분의 성인병은 비만에 의해 생긴다고 알려져 있다. 의료계에서는 체질량지수(body mass index, BMI)를 비만 판정의 기준으로 사용하고 있다. 체질량지수는 체중을 키(m로 환산)의 제곱으로 나눈 값으로 단위는 kg/m²이며, 성인의 경우 BMI가 25 이상이면 비만이라고 판단한다. 학사와 석사 이상의 학력을 가진 성인 각각 750명과 500명을 랜덤추출하여 조사한 결과 각각 386명과 237명의 BMI가 25 이상이었다. "학사 학력을 가진 사람들이 석사 이상의 학력을 가진 사람들에 비해 더 비만일 가능성이 높다"라는 주장에 동의하는가? 유의수준 5%에서 검정하여라.

풀이 학사와 석사 이상의 학력을 가진 사람들 중의 비만율(BMI가 25 이상인 비율)을 각각 p_1, p_2라고 하면, 각각의 비만율의 추정값은 다음과 같다.

$$\hat{p}_1 = 0.5147, \quad \hat{p}_2 = 0.474$$

학사 학력의 사람들이 석사 이상의 학력을 가진 사람들보다 비만일 가능성이 더 높다는 가설은

$$H_0 : p_1 = p_2 \qquad H_1 : p_1 > p_2$$

로 나타낼 수 있다. 귀무가설하에서의 공통 모비율의 추정값을 구하면

$$\hat{p} = \frac{386 + 237}{750 + 500} = 0.4984$$

이고, 구하고자 하는 검정통계량의 값은 다음과 같다.

$$z = \frac{386/750 - 237/500}{\sqrt{0.4984(1 - 0.4984)(\frac{1}{750} + \frac{1}{500})}} = 1.4087$$

한편 유의수준 5%에서 기각역은 $z \geq 1.645$ 이므로 귀무가설을 기각할 수 없다. 즉, 학사 학력의 사람들이 석사 이상의 고학력인 사람에 비해 비만일 가능성이 높을 것이라는 주장은 근거가 없다. 참고로 유의확률은 다음과 같다.

$$P = P(Z \geq 1.41) = 1 - P(Z \leq 1.41) = 1 - 0.9207 = 0.0793$$

7-3 범주형자료에 의한 적합도 검정

관측값을 어떤 속성에 따라 분류하여, 각 속성별 도수로 나타낸 자료를 **범주형자료**(categorical data)라고 한다. 예를 들어 선거에서의 정당별 득표수, 요일별 교통사고 건수, 범죄 형태별 범죄 발생 횟수 등은 범주형자료이다.

도수분포표의 형태로 나타낸 자료들이 이론적인 또는 가정된 모형과 일치되는지를 검정하는 것을 **적합도 검정**(goodness of fit test)이라고 한다. 이 절에서는 적합도 검정방법에 대해 알아보기로 한다.

적합도 검정을 위한 자료의 구조는 <표 7-1>과 같다.

표 7-1 적합도 검정의 자료구조

범 주	1	2	⋯	r	합계
관측도수	n_1	n_2	⋯	n_r	n
확 률	p_1	p_2	⋯	p_r	1

<표 7-1>과 같은 도수표에서 각 범주에 속할 확률 $(p_1, p_2, \cdots, p_r)$이 가정된 확률모형과 일치하는지를 검정하기 위한 귀무가설은 다음과 같다.

$$H_0 : p_1 = p_{10},\ p_2 = p_{20},\ \cdots,\ p_r = p_{r0}$$

귀무가설을 검정하는 방법은 각 범주의 **관측도수**(Observed frequency)를 귀무가설 H_0 하에서 추정된 **기대도수**(Expected frequency)와 비교하여, 이들 사이에 차이가 많이 나면 H_0를 기각하는 것이다.

H_0 하에서 기대도수는

$$(\text{표본크기}) \times (H_0\text{하에서의 추정확률})$$

에 의해 구할 수 있으므로, 귀무가설하에서 각 범주의 기대도수는 다음과 같다.

$$E_i = np_{io}, \quad i = 1, 2, \cdots, r$$

관측도수에 대한 표현으로 n_i 대신에 O_i를 사용하면, 귀무가설이 사실일 경우 관측도수 O_i와 기대도수 E_i들의 차이를 나타내는 검정통계량으로 다음의 통계량을 사용한다.

$$\chi^2 = \sum_{i=1}^{r} \frac{(O_i - E_i)^2}{E_i}$$

표본크기가 큰 경우($E_i \geq 5$), χ^2는 근사적으로 자유도가 $r-1$인 카이제곱분포를 따른다고 알려져 있다.

적합도 검정통계량의 **자유도**(degrees of freedom)는 범주의 개수 r에서 관측도수들 사이에 존재하는 제약식의 개수를 뺀 것과 같다. r개의 범주에서의 관측도수의 총합계가 n이므로 $r-1$개의 범주에서의 관측도수를 알면 나머지 한 범주의 관측도수는 자동으로 알 수 있다. 즉, 이들 범주들 사이에는 한 개의 제약식이 있으므로 자유도는 범주의 개수에서 1을 뺀 $r-1$이 된다.

적합도 검정을 위한 카이제곱검정은 다음과 같이 요약할 수 있다.

적합도 검정(표본크기가 큰 경우: $E_i \geq 5$)

r개의 다항모집단을 비교하기 위한 가설

$$H_0 : p_1 = p_{10},\ p_2 = p_{20},\ \cdots,\ p_r = p_{r0}, \qquad H_1 : H_0\text{가 사실이 아니다}$$

의 검정통계량은

$$\chi^2 = \sum_{i=1}^{r} \frac{(O_i - E_i)^2}{E_i} \quad (\text{다만, } E_i = np_{io})$$

이고, 이의 관측값을 χ_0^2이라고 하면 유의수준 α에서 기각역과 유의확률은 다음과 같다.

기각역	유의확률
$\chi_0^2 \geq \chi_\alpha^2(r-1)$	$P = P(\chi^2 \geq \chi_0^2)$

예제 7.8 미국 FBI는 강력 범죄를 살인, 강제추행, 강도, 폭행의 4가지로 구분하고 있다. 2000년도 통계에 의하면 각종 강력범죄의 발생비율이 <표 7-2>와 같다.

표 7-2 2000년도 강력범죄의 발생비율

범 주	살인	강제추행	강도	폭행	합계
상대빈도	0.011	0.063	0.286	0.640	1

작년에 발생한 강력범죄 중에서 500건을 랜덤추출하여 조사하였더니 각 범주별 발생건수가 <표 7-3>과 같았다.

표 7-3 강력범죄 표본조사 결과

범 주	살인	강제추행	강도	폭행	합계
도 수	3	37	154	306	500

작년도의 강력범죄 발생형태가 2000년도에 비해 달라졌다고 할 수 있는가?

풀이 작년도의 강력범죄의 발생비율을 $p_1, p_2, \cdots, p_4$라고 할 때 검정하고자 하는 귀무가설은 다음과 같다.

$$H_0 \ : \ p_1 = 0.011, \ p_2 = 0.063, \ p_3 = 0.286, \ p_4 = 0.640$$

검정통계량의 계산을 위해 각 범주별로 기대도수를 구한 계산표가 <표 7-4>와 같다.

표 7-4 적합도 검정통계량 계산표

	살인	강제추행	강도	폭행	합계
상대빈도(p_i)	0.011	0.063	0.286	0.640	1.0
기대도수(E_i)	5.5	31.5	143.0	320.0	500
관측도수(O_i)	3	37	154	306	500
$(O_i - E_i)^2/E_i$	1.136	0.960	0.846	0.613	3.555

추정된 기대도수 E_i가 모두 5보다 크므로 검정통계량은 자유도가 3(=4−1)인 카이제곱분포로 근사시킬 수 있다. 관측된 검정통계량의 값은 다음과 같다.

$$\chi_0^2 = 1.136 + 0.96 + 0.846 + 0.613 = 3.555$$

한편 유의수준 5%에서의 기각역 $\chi_0^2 \geq \chi_{0.05}^2(3) = 7.81$이므로 귀무가설을 기각할 뚜렷한 증거가 없다. 즉, 작년도의 강력범죄의 발생형태는 2000년과 비교할 때 변화된 것이 없다고 생각된다.

예제 7.9 어느 지역에서 요일에 따라 교통사고 발생률이 다른지 확인하기 위해 <표 7-5>와 같은 자료를 얻었다. 요일에 따라 교통사고 발생률이 다르다고 할 수 있는가? 유의수준 5%에서 검정하여라.

표 7-5 요일별 교통사고 횟수

요일	월	화	수	목	금	합계
횟수	65	42	52	55	76	290

풀이 요일에 따른 차이가 없다는 귀무가설은 다음과 같다.

$$H_0 : p_1 = p_2 = p_3 = p_4 = p_5 = \frac{1}{5}$$

검정통계량의 계산을 위하여 각 범주별로 기대도수를 구한 계산표가 <표 7-6>과 같다.

표 7-6 적합도 검정통계량 계산표

	월	화	수	목	금	합계
상대빈도(p_i)	1/5	1/5	1/5	1/5	1/5	1
기대도수(E_i)	58	58	58	58	58	290
관측도수(O_i)	65	42	52	55	76	290
$(O_i - E_i)^2/E_i$	0.84	4.41	0.62	0.16	5.59	11.62

기대도수 E_i가 모두 5보다 크고, 범주의 개수가 5이므로 검정통계량은 자유도가 4(=5−1)인 카이제곱분포를 따른다. 관측된 검정통계량의 값은 다음과 같다.

$$\chi_0^2 = 0.84 + 4.41 + 0.62 + 0.16 + 5.59 = 11.62$$

부록의 카이제곱분포표를 이용하여 유의수준 5%의 기각역을 구하면 기각역은

$$\chi_0^2 \geq \chi_{0.05}^2(4) = 9.49$$

이다. 카이제곱통계량의 관측값이 이 기각역에 속하므로 유의수준 5%에서 귀무가설을 기각한다. 즉, 이 지역에서는 요일에 따라 교통사고 발생률이 다르다고 판단된다.

7-4 분할표 분석

이 절에서는 **분할표**(contigency table) 형식으로 주어진 자료를 분석하는 방법에 대해 알아보기로 한다. 분할표의 분석방법으로는 동질성 검정과 독립성 검정을 들 수 있다.

이항분포는 특성치의 속성이 2개만 있는 모형이다. 이를 확장하여 2개 이상의 속성이 있는 모형을 생각해 보자. 예를 들어, 결혼생활의 만족도를 (불만, 보통, 만족)으로 분류한다면 이는 속성이 3개 있는 모형이다. 이와 같은 속성을 **범주**(category)라고 하며, 속성이 2개 이상으로 나누어진 분포를 **다항분포**라고 한다.

이제 학력이 고졸, 대졸, 대학원졸인 세 모집단에서 결혼생활의 만족도가 같은지를 확인하는 문제를 생각해 보자. 이는 고졸, 대졸, 대학원졸의 3개의 다항모집단에서 (불만, 보통, 만족)의 각 범주에 대한 확률모형이 같은지를 확인하는 문제이다.

각 모집단이 c개의 범주(category)로 이루어진 r개의 다항모집단을 비교하는 문제에서 자료구조는 <표 7-7>과 같으며, 이를 $r \times c$ **분할표**(contigency table)라고 한다.

표 7-7 $r \times c$ 분할표(contigency table)

	범주 1	범주 2	…	범주 c	표본크기
모집단 1	O_{11}	O_{12}	…	O_{1c}	n_1
모집단 2	O_{21}	O_{22}	…	O_{2c}	n_2
…	…	…	…	…	…
모집단 r	O_{r1}	O_{r2}	…	O_{rc}	n_r
합계	$O_{\cdot 1}$	$O_{\cdot 2}$	…	$O_{\cdot c}$	n

i 번째 모집단의 각 범주에 대한 모비율을

$$p_{i1},\ p_{i2},\ \cdots,\ p_{ic}\ ,\quad i=1,2,\cdots,r\quad \left(\sum_{j=1}^{c} p_{ij}=1\right)$$

라고 하면 이들 모집단을 비교하기 위한 가설은 다음과 같다.

$$H_0 : p_{1j}=p_{2j}=\cdots=p_{rj}\ ,\ j=1,2,\cdots,c\ ,\qquad H_1 : H_0\text{가 사실이 아니다}$$

즉, r 개의 모집단이 동일하다는 귀무가설을 검정하는 문제이므로 **동질성 검정**(homogeneity test)이라고 한다.

이제 동질성 검정을 위한 검정법을 알아보자. 귀무가설이 참일 때 H_0 하에서 각 칸(cell)에 대한 기대도수 E_{ij} 와 실제로 관측된 관측도수 O_{ij} 는 많이 다르지 않을 것이다. 따라서 E_{ij} 와 O_{ij} 의 차이가 크면 H_0 를 기각하게 된다.

다음은 H_0 하에서 E_{ij} 를 추정하는 방법을 알아보자. H_0 하에서의 기대도수의 추정값은

$$(\text{표본크기})\times(H_0\text{하에서의 추정확률})$$

에 의해 구할 수 있으므로, H_0 하에서 각 칸의 확률을 추정할 수 있으면 된다. 한편 H_0 하에서 각 모집단의 j 번째 범주의 확률은 모두 같다. 이를 p_j 로 나타내면 다음과 같이 표현된다.

$$p_{1j}=p_{2j}=\cdots=p_{rj}=p_j\ ,\quad j=1,2,\cdots,c$$

공통비율 p_j 의 추정은 다음과 같이 정의된 **합동표본비율**을 이용한다.

$$\hat{p}_j = \frac{(O_{1j} + O_{2j} + \cdots + O_{rj})}{(n_1 + n_2 + \cdots + n_r)} = \frac{O_{\cdot j}}{n}$$

합동표본비율을 이용하여 H_0 하에서의 추정된 기대도수는 다음과 같이 구할 수 있다.

$$\begin{aligned} E_{i1} &= n_i \hat{p}_1 = n_i (O_{\cdot 1}/n) \\ E_{i2} &= n_i \hat{p}_2 = n_i (O_{\cdot 2}/n) \\ &\vdots \\ E_{ic} &= n_i \hat{p}_c = n_i (O_{\cdot c}/n) \end{aligned}$$

참고 기대도수의 계산은 두 주변합의 곱을 총합계로 나누는 것으로 이해하면 편리하다.

관측도수 O_{ij}와 추정된 기대도수 E_{ij}가 주어지면 이들의 차이를 나타내는 검정통계량으로 다음과 같이 정의된 카이제곱(χ^2) 통계량을 이용한다.

$$\chi^2 = \sum_{i=1}^{r} \sum_{j=1}^{c} \frac{(O_{ij} - E_{ij})^2}{E_{ij}}$$

표본크기가 충분히 크면 χ^2−통계량은 H_0하에서 근사적으로 자유도가 $(r-1)(c-1)$인 카이제곱분포를 따름이 알려져 있다.

적합도 검정에서와 마찬가지로 동일성 검정통계량의 자유도는 전체 범주의 개수에서 관측도수들 사이에 존재하는 제약식의 개수를 빼주면 된다. 먼저 행 범주별로 생각해 보자. 각 행 범주의 관측도수의 합은 n_i로 일정하므로 적합도 검정에서와 같이 행 범주별로 1개의 제약식이 존재하고 행 범주의 개수가 r이므로 r개의 제약식이 존재한다. 마찬가지로 c개의 열 범주가 있으므로 행 범주의 경우처럼 c개의 제약식이 존재한다. 그런데 행 범주와 열 범주의 관측도수의 합은 n으로 같으므로 실제로는 같은 제약조건을 이중으로 계산한 셈이 되므로, 이를 보완하기 위해 1을 더해 준다. 즉, 동일성 검정의 자유도는 전체 칸의 개수 $r \times c$에서 제약식의 개수 r과 c를 빼준 후 1을 더해 주면

$$r \times c - r - c + 1 = (r-1)(c-1)$$

이 된다. 이를 이용한 카이제곱검정을 정리하면 다음과 같다.

동질성 검정(표본크기가 큰 경우 : $E_{ij} \geq 5$)

c개의 범주로 나누어진 r개의 다항모집단을 비교하기 위한 가설

$$H_0 : p_{1j} = p_{2j} = \cdots = p_{rj}\ ,\quad j = 1, 2, \cdots, c\ ,\qquad H_1 : H_0\text{가 사실이 아니다}$$

의 검정통계량은

$$\chi^2 = \sum_{i=1}^{r}\sum_{j=1}^{c} \frac{(O_{ij} - E_{ij})^2}{E_{ij}} \qquad (\text{다만, } E_{ij} = n_i O_{.j}/n)$$

이고, 관측값을 χ_0^2이라고 하면 유의수준 α에서 기각역과 유의확률은 다음과 같다.

기각역	유의확률
$\chi_0^2 \geq \chi_\alpha^2((r-1)(c-1))$	$P = P(\chi^2 \geq \chi_0^2)$

예제 7.10 A 기업에서는 연령세대별 결혼생활의 만족도를 조사하기 위하여 설문조사를 실시하였다. 30대, 40대, 50대 각각에서 300명, 200명, 100명을 랜덤하게 뽑아 조사한 결과 <표 7-8>의 자료를 얻었다. 연령세대에 따라 결혼생활의 만족도가 다르다고 할 수 있나? 유의수준 5%에서 검정하여라.

표 7-8 연령세대별 결혼생활의 만족도

연령세대 \ 만족도	불만	보통	만족	합계
30대	77	120	103	300
40대	65	85	50	200
50대	20	35	45	100
합계	162	240	198	600

풀이 i번째 모집단에서 j번째 범주의 확률을 p_{ij}라고 하면 귀무가설은 다음과 같다.

$$H_0 : p_{1j} = p_{2j} = p_{3j}\ ,\quad j = 1, 2, 3$$

귀무가설하에서 연령세대 집단의 각 범주에 대한 공통비율의 추정값인 합동표본비율은 다음과 같다.

$$\hat{p}_1 = 162/600 = 0.27$$

$$\hat{p}_2 = 240/600 = 0.40$$

$$\hat{p}_3 = 198/600 = 0.33$$

따라서 귀무가설하에서 각 칸의 기대도수는 다음과 같이 추정된다.

$$E_{11} = 300 \times 0.27 = 81$$
$$E_{21} = 200 \times 0.27 = 54$$
$$\vdots$$
$$E_{33} = 100 \times 0.33 = 33$$

이와 같이 계산된 기대도수를 정리하면 <표 7-9>와 같다.

표 7-9 추정된 기대도수

연령세대 \ 만족도	불만	보통	만족	합계
30대	81	120	99	300
40대	54	80	66	200
50대	27	40	33	100
합계	162	240	198	600

따라서 검정통계량의 값은 다음과 같다.

$$\chi_0^2 = \frac{(77-81)^2}{81} + \frac{(65-54)^2}{54} + \cdots + \frac{(45-33)^2}{33} = 13.595$$

한편 자유도는 $(3-1)\times(3-1)=4$ 이며, 카이제곱 분포표에서 $\chi^2_{0.05}(4)=9.49$ 이므로 검정통계량의 값이 기각역에 속하여 유의수준 5%에서 H_0를 기각한다. 즉, 연령세대에 따라 결혼생활의 만족도가 다르다고 결론을 내린다.

예제 7.11 <표 7-10>은 예방의학잡지(Preventive Medicine)에 게재된 뉴멕시코에 사는 미국 인디언들을 학력별로 251명, 414명, 413명, 195명을 랜덤추출하여 당뇨병 발병실태를 조사한 표이다. 당뇨병의 발병 여부가 학력에 따라 다른지 유의수준 1%에서 검정하여라.

표 7-10 학력에 따른 당뇨병 발병실태

학력 \ 당뇨병 여부	당뇨병 있음	당뇨병 없음	합 계
고등학교 미만	33	218	251
고등학교 졸업	25	389	414
대학교 재학	20	393	413
대학교 졸업	17	178	195
합 계	95	1,178	1,273

풀이 i번째 모집단에서 j번째 범주의 확률을 p_{ij}라고 하면 귀무가설은 다음과 같다.

$$H_0 : \ p_{1j} = p_{2j} = p_{3j} = p_{4j} \ , \quad j = 1, 2$$

귀무가설하에서 두 범주에 대한 공통비율의 추정값인 합동표본비율은 다음과 같다.

$$\hat{p}_1 = 95/1273$$

$$\hat{p}_2 = 1178/1273$$

따라서 귀무가설하에서 각 칸의 기대도수는 다음과 같이 추정된다.

$$E_{11} = 251 \times 95/1273 = 18.73$$

$$\vdots$$

$$E_{32} = 195 \times 1178/1273 = 180.45$$

이와 같이 계산된 기대도수를 정리하면 <표 7-11>과 같다.

표 7-11 추정된 기대도수

학력 \ 당뇨병 여부	당뇨병 있음	당뇨병 없음	합 계
고등학교 미만	18.73	232.27	251
고등학교 졸업	30.90	383.10	414
대학교 재학	30.82	382.18	413
대학교 졸업	14.55	180.45	195
합 계	95	1178	1,273

따라서 검정통계량의 값은 다음과 같다.

$$\chi_0^2 = \frac{(33-18.73)^2}{18.73} + \cdots + \frac{(178-180.45)^2}{180.45} = 17.512$$

한편 자유도는 $(4-1)\times(2-1)=3$ 이며, 카이제곱분포표에서 $\chi^2_{0.01}(3)=11.345$ 이므로 검정통계량의 값이 기각역에 속하여 유의수준 1%에서 H_0를 기각한다. 즉, 학력에 따라 당뇨병 발병실태가 다르다고 결론을 내린다.

동질성 검정에서 행이 모집단을 나타내면 행별 합계 n_i는 미리 정해진 상수이다. 즉, 각 모집단에서 미리 정해진 개수만큼 표본을 뽑아 조사한 것이다. 이에 대하여 두 요인(또는 특성)의 연관성을 분석하는 문제에서는 전체 표본의 개수인 n만 사전에 결정되며, 행별 합계와 열별 합계는 모두 랜덤하게 결정되는 확률변수가 된다. 이와 같이 두 요인의 연관성을 분석하는 문제를 **독립성 검정**(independence test)이라고 한다.

독립성 검정을 위한 자료구조는 <표 7-12>와 같다. <표 7-7>에서는 각 행의 합계 n_i를 먼저 결정하고 표본을 추출하여 해당 행의 각 범주에 속하는 도수를 구하는 반면에 <표 7-12>에서는 전체 표본의 개수 n만이 사전에 결정되어 표본을 추출한 후 각 칸에 속하는 도수를 계산하므로 각 행의 합계 $O_{i.}$ 는 사전에 결정된 값이 아니다. 독립성 검정은 각 칸 A_iB_j에 속하는 개체의 수를 이용하여 <표 7-12>와 같은 분할표를 만든 후 두 요인 A, B 사이에 연관성이 있는가를 검정하는 것이다.

표 7-12 독립성 검정의 자료구조

요인 A의 범주 \ 요인 B의 범주	B_1	B_2	$\cdots$	B_c	합계
A_1	O_{11}	O_{12}	$\cdots$	O_{1c}	$O_{1\cdot}$
A_2	O_{21}	O_{22}	$\cdots$	O_{2c}	$O_{2\cdot}$
$\vdots$	$\vdots$	$\vdots$	$\cdots$	$\vdots$	$\vdots$
A_r	O_{r1}	O_{r2}	$\cdots$	O_{rc}	$O_{r\cdot}$
합계	$O_{\cdot 1}$	$O_{\cdot 2}$	$\cdots$	$O_{\cdot c}$	n

<표 7-12>에서 각 칸에 속할 확률을 p_{ij}, 범주 A_i에 속할 확률을 $p_{i\cdot}$, 범주 B_j에 속할 확률을 $p_{\cdot j}$라고 하면 두 요인 A, B가 서로 독립이라는 가설은

$$H_0 : p_{ij} = p_{i\cdot} p_{\cdot j}\,, \quad i = 1,2,\cdots,r\,, \quad j = 1,2,\,\cdots,c$$

로 나타낼 수 있다. 귀무가설하에서 (i,j) 칸의 모비율인 p_{ij}는

$$\hat{p}_{ij} = \hat{p}_i \hat{p}_j = \left(\frac{O_{i\cdot}}{n}\right)\left(\frac{O_{\cdot j}}{n}\right), \quad i = 1,2,\,\cdots,r, \quad j = 1,2,\,\cdots,c,$$

로 추정하게 된다. 따라서 귀무가설 H_0하에서의 (i,j) 칸의 추정된 기대도수는

$$E_{ij} = n\hat{p}_{ij} = \frac{O_{i\cdot} O_{\cdot j}}{n}\,, \qquad i = 1,2,\cdots,r,\; j = 1,2,\,\cdots,c$$

가 되고, 독립성 검정의 검정통계량은 다음과 같다.

$$\chi^2 = \sum_{i=1}^{r}\sum_{j=1}^{c}\frac{(O_{ij} - E_{ij})^2}{E_{ij}} \qquad \left(\text{다만, } E_{ij} = \frac{O_{i\cdot} O_{\cdot j}}{n}\right)$$

독립성 검정과 동질성 검정의 모형이 다르고 검정법의 유도과정도 다르지만 검정통계량의 계산에서는 n_i 대신 $O_{i\cdot}$를 사용한 점 외에는 동질성 검정의 검정통계량과 같음을 알 수 있다.

독립성 검정을 위한 카이제곱검정을 정리하면 다음과 같다.

독립성 검정(표본크기가 큰 경우 : $E_{ij} \geq 5$)

각각 r개와 c개의 범주로 나누어진 두 특성(요인) 사이의 독립성에 대한 가설

$$H_0 : p_{ij} = p_{i\cdot}\, p_{\cdot j}, \quad i = 1, 2, \cdots, r, \quad j = 1, 2, \cdots, c, \qquad H_1 : H_0\text{가 아니다}$$

의 검정통계량은

$$\chi^2 = \sum_{i=1}^{r}\sum_{j=1}^{c} \frac{(O_{ij} - \hat{E}_{ij})^2}{\hat{E}_{ij}} \qquad \left(\text{다만, } \hat{E}_{ij} = \frac{O_{i\cdot} O_{\cdot j}}{n}\right)$$

이고, 관측값을 χ_0^2이라고 하면 유의수준 α에서 기각역과 유의확률은 다음과 같다.

기각역	유의확률
$\chi_0^2 \geq \chi_\alpha^2((r-1)(c-1))$	$P = P(\chi^2 \geq \chi_0^2)$

예제 7.12 고등학교에서의 과학과목의 선호도와 남녀성별 사이에 관련이 있는지 알아보기 위해, 서울시내 6개 인문계 고등학교 학생들을 대상으로 각 선택과목을 배우기 이전에 과목별 선호도를 조사하였다. 자연계를 지망한 고등학교 1학년 학생들을 대상으로 수능시험에서 선택할 과목을 미리 선택하게 하였다. 이 학생들은 공통과학을 한 학기 이상 공부한 학생들로 각 선택 과목의 대략적인 내용이나 성격들은 이를 통하여 파악하고 있었으며, 또한 조사에 앞서 대학수학능력시험의 구성에 대한 대략적인 사전 교육을 실시하였다. 전체 1,309명의 학생을 대상으로 조사한 결과가 <표 7-13>과 같았다. 과학과목의 선호도와 남녀성별 사이에 연관성이 있는지 유의수준 1%에서 검정하여라.

표 7-13 선택과목 선호도 조사 결과

선택과목 \ 성 별	남 자	여 자	합 계
물 리	54	24	78
화 학	226	109	335
생 물	255	167	422
지 학	360	114	474
합 계	895	414	1,309

풀이 검정하고자 하는 가설은 다음과 같다.

H_0 : 남녀 성별과 과학과목의 선호도는 서로 독립이다.

남녀성별과 선호도가 서로 독립이라는 귀무가설하에 각 칸의 기대도수를 추정하면 <표 7-14>와 같다.

표 7-14 추정된 기대도수

선택과목 \ 성별	남 자	여 자	합 계
물 리	53.3	24.7	78
화 학	229	106	335
생 물	188.5	133.5	422
지 학	324.1	149.9	474
합 계	895	414	1,309

기대도수의 추정값이 모두 5 이상이므로 검정통계량은 근사적으로 자유도 $(4-1)\times(2-1)=3$인 카이제곱분포를 따른다. 검정통계량의 관측값은 다음과 같다.

$$\chi_0^2 = \frac{(54-53.3)^2}{53.3} + \cdots + \frac{(114-149.9)^2}{149.9} = 25.06$$

카이제곱분포표에서 유의수준 1%의 기각역을 구하면 $\chi^2_{0.01}(3) = 11.345$이므로 검정통계량의 값이 기각역에 속하여 유의수준 1%에서 H_0를 기각한다. 즉, 성별과 과학과목의 선호도는 서로 독립이 아니다.

7-5 SPSS 실습

(1) 분할표 분석

모비율의 추론문제는 주로 이항분포의 정규근사를 이용하며, SPSS에서는 이에 관한 절차가 메뉴로 마련되어 있지 않다. 따라서 이 절에서는 분할표의 분석방법에 대하여만 알아보기로 한다. 분할표의 분석은 여러 다항모집단의 동질성을 검정하는 **동질성 검정**(또는 동일성 검정)과 분할표의 두 속성이 서로 독립인지를 검정하는 **독립성 검정**으로 나눌 수 있다. 그러나 두 검정법의 유도 과정은 다르지만 검정법은 같으며, SPSS에서는 기술통계량에서 **교차분석**이란 이름으로 메뉴가 주어져 있다.

다음 사례들에서 자료의 입력방법과 검정법을 알아보기로 한다.

사례 7.1

다음은 1, 2, 3 세 지역에서 핵폐기물 저장시설 유치에 대한 주민들의 여론을 조사한 결과이다. 세 지역에서 각각 400명, 500명, 300명을 랜덤하게 뽑아 조사한 결과는 다음과 같다. 이를 기초로 지역에 따라 찬성률에 차이가 있는지 SPSS를 이용하여 검정하여라.

	찬성	반대	계
지역1	215	185	400
지역2	320	180	500
지역3	180	120	300
계	715	485	1,200

풀이 먼저 자료의 입력 방법부터 알아보자. 분할표에서 행과 열을 번호로 입력한다면 [그림 7-1](a)와 같이 각 칸(cell)의 행 번호, 열 번호와 함께 도수(빈도)를 입력한다. 이와 같이 번호로 주어진 값들을 원래의 변수명으로 출력시키려면 변수보기 창에서 각 숫자에 대한 의미를 '값'에서 정의해 주면 된다.

[그림 7-1](a) 형식으로 입력된 자료의 분할표(교차표) 분석을 위해서는 가중치를 먼저 부여해야 한다. 예를 들어, 표에서 (지역, 찬성여부)의 값으로 (1,1)이 215회 관측된 것을 의미하므로 '빈도' 변수를 가중변수로 지정한다. 이를 위해 메뉴에서 데이터 → 가중 케이스를 선택하고 [그림 7-2]에서와 같이 '가중 케이스 지정'을 선택한 후 빈도변수를 지정한다.

분할표(교차표)의 분석은 메뉴에서 분석 → 기술통계량 → 교차분석을 선택하여 시행한다. [그림 7-3](a)와 같은 교차분석 대화상자에서 행과 열의 변수를 옮기고 '통계량' 버튼을 누르면 [그림 7-3](b)의 교차분석 통계량 창이 나온다. 예를 들어, '카이제곱'을 선택하면 분할표의 카이제곱 검정 결과가 출력된다. 다시

‘셀’ 버튼을 눌러 분할표의 각 셀에 출력될 내용을 선택한다. 이 사례에서는 지역별 찬성률의 자료이므로 [그림 7-3](c)와 같이 각 셀의 기대빈도와 함께 ‘행’별 백분율을 선택하였다.

출력 결과는 [그림 7-4]와 같다. (a)에서는 교차표(분할표)가 출력되었고, (b)에서는 카이제곱 검정 결과가 출력되었다. 피어슨의 카이제곱 검정 결과 유의확률이 0.008이므로 유의성이 매우 강함을 의미한다. 즉, 지역에 따라 찬성률이 많이 다르다고 할 수 있다.

	지역	찬성여부	빈도
1	1	1	215
2	1	2	185
3	2	1	320
4	2	2	180
5	3	1	180
6	3	2	120

그림 7-1 (a) 자료의 입력

	이름	유형	너비	소수점이...	레이블	값	결측값	열	맞춤	측도	역할
1	지역	숫자	8	0		{1, 지역1}...	지정않음	11	오른쪽	명목형	입력
2	찬성여부	숫자	8	0		{1, 찬성}...	지정않음	11	오른쪽	명목형	입력
3	빈도	숫자	8	0		지정않음	지정않음	11	오른쪽	척도	입력

그림 7-1 (b) 변수보기 창에서 변수의 ‘값’ 입력

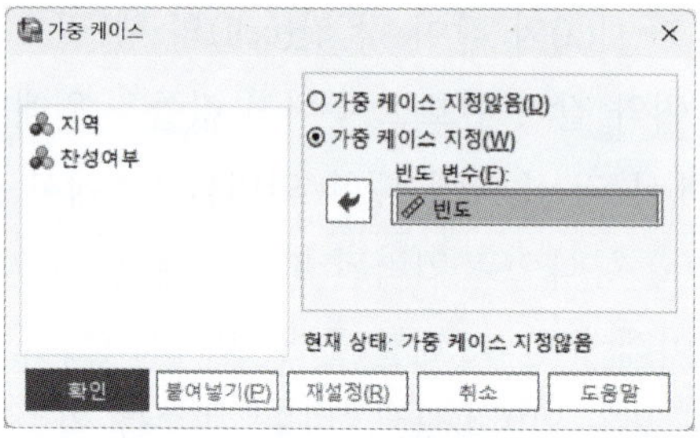

그림 7-2 가중변수의 지정

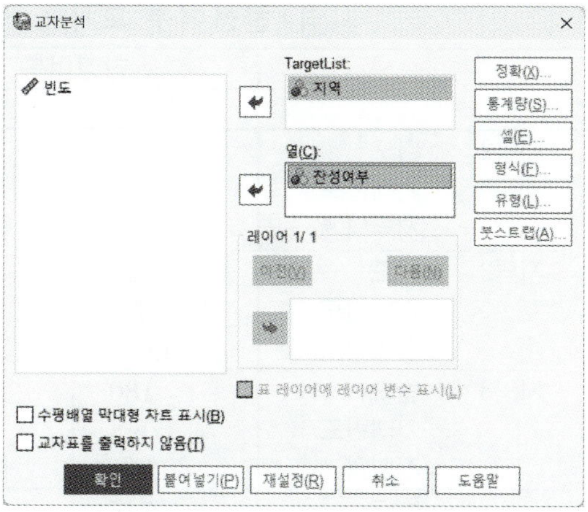

그림 7-3 (a) 교차분석 대화상자

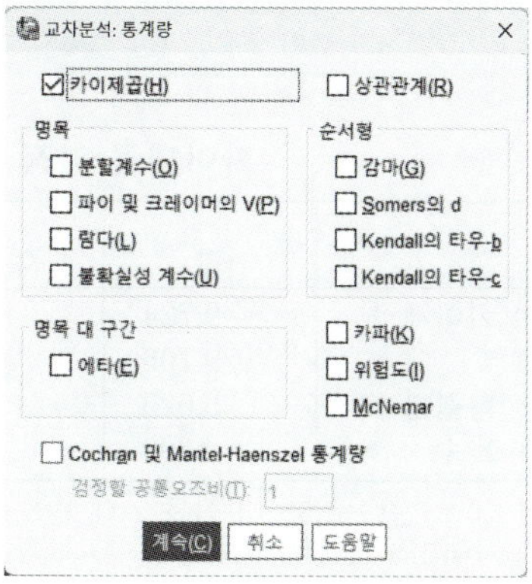

그림 7-3 (b) 출력 통계량 지정

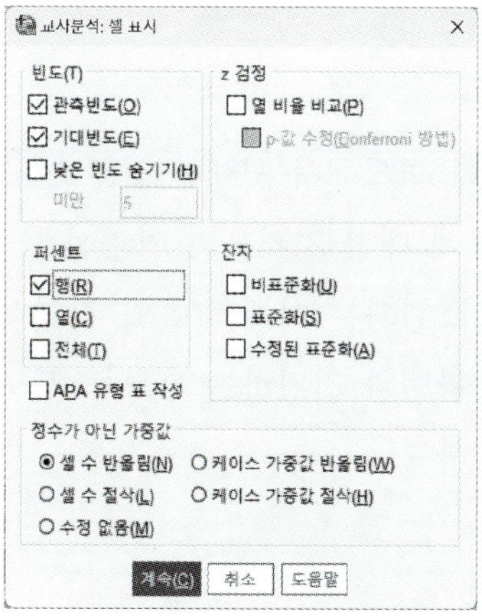

그림 7-3 (c) 출력될 교차표의 셀 내용 지정

지역*찬성여부 교차표

			찬성여부		전체
			찬성	반대	
지역	지역2	빈도	215	185	400
		기대빈도	238.3	161.7	400.0
		지역의 %	53.8%	46.3%	100.0%
	지역2	빈도	320	180	500
		기대빈도	297.9	202.1	500.0
		지역의 %	64.0%	36.0%	100.0%
	지역3	빈도	180	120	300
		기대빈도	178.8	121.3	300.0
		지역의 %	60.0%	40.0%	100.0%
전체		빈도	715	485	1200
		기대빈도	715.0	485.0	1200.0
		지역의 %	59.6%	40.4%	100.0%

그림 7-4 (a) 출력된 교차표

카이제곱 검정

	값	자유도	점근 유의확률 (양측검정)
Pearson 카이제곱	9.724[a]	2	.008
우도비	9.705	2	.008
선형 대 선형결합	3.625	1	.057
유효 케이스 수	1200		

a. 0셀 (.0%)은(는) 5보다 작은 기대 빈도를 가지는 셀입니다.
최소 기대빈도는 121.25입니다.

그림 7-4 (b) 카이제곱 검정 결과

사례 7.2

다음은 어느 통계학 과목에서 시행한 설문조사 실습의 결과이다. 대통령 선거에서 학년과 각 후보에 대한 지지율의 연관성을 알아보기 위해 512명을 랜덤하게 뽑아 조사하였으며, 결과는 아래의 표와 같았다. 다만, 학년은 입학년도를 기준으로 표시하였다. 학년과 지지하는 후보는 서로 독립이라고 할 수 있는지 SPSS를 이용하여 검정하여라.

	A	B	C	D	계
1학년	45	25	45	10	125
2학년	48	25	42	8	123
3학년	59	22	33	16	130
4학년 이상	77	18	25	14	134
계	229	90	145	48	512

풀이 먼저 자료를 [사례 7-1]에서와 같은 방법으로 입력하고, 빈도변수에 가중치를 부여한 다음 교차분석을 시행한 결과는 [그림 7-5]와 같다. 카이제곱 검정 결과 유의확률이 0.010으로 매우 유의성이 있다. 즉, 학년과 지지하는 후보는 서로 독립이라고 할 수 없다.

학년*후보 교차표

			후보				전체
			A	B	C	D	
학년	1학년	빈도	45	25	45	10	125
		기대빈도	55.9	22.0	35.4	11.7	125.0
	2학년	빈도	48	25	42	8	123
		기대빈도	55.0	21.6	34.8	11.5	123.0
	3학년	빈도	59	22	33	16	130
		기대빈도	58.1	22.9	36.8	12.2	130.0
	4학년	빈도	77	18	25	14	134
		기대빈도	59.9	23.6	37.9	12.6	134.0
전체		빈도	229	90	145	48	512
		기대빈도	229.0	90.0	145.0	48.0	512.0

그림 7-5 (a) 출력된 교차표

카이제곱 검정

	값	자유도	점근 유의확률 (양측검정)
Pearson 카이제곱	21.764[a]	9	.010
우도비	21.984	9	.009
선형 대 선형결합	6.547	1	.011
유효 케이스 수	512		

a. 0셀 (.0%)은(는) 5보다 작은 기대 빈도를 가지는 셀입니다.
최소 기대빈도는 11.53입니다.

그림 7-5 (b) 카이제곱 검정 결과

사례 7.3

서울 시내의 고등학생을 대상으로 남학생과 여학생 각각 250명에 대한 과목선호도를 조사하였다. 다음은 국어, 영어, 수학 세 과목의 과목 선호도 조사 결과이다. 성별에 따라 과목 선호도가 다르다고 할 수 있는지 SPSS를 이용하여 검정하여라.

	국어	영어	수학	계
남학생	69	98	83	250
여학생	92	98	60	250
계	161	196	143	500

풀이 먼저 자료를 입력하고, 빈도변수에 가중치를 부여한 다음 교차분석을 시행한 결과는 [그림 7-6]과 같다. 카이제곱 검정 결과 유의확률이 0.030으로 유의수준 5%에서 유의성이 있다. 즉, 성별에 따라 과목 선호도가 다르다고 할 수 있다.

성별*과목 교차표

			과목			전체
			국어	수학	영어	
성별	남학생	빈도	69	98	83	250
		기대빈도	80.5	98.0	71.5	250.0
		성별의 %	27.6%	39.2%	33.2%	100.0%
	여학생	빈도	92	98	60	250
		기대빈도	80.5	98.0	71.5	250.0
		성별의 %	36.8%	39.2%	24.0%	100.0%
전체		빈도	161	196	143	500
		기대빈도	161.0	196.0	143.0	500.0
		성별의 %	32.2%	39.2%	28.6%	100.0%

그림 7-6 (a) 출력된 교차표

카이제곱 검정

	값	자유도	점근 유의확률 (양측검정)
Pearson 카이제곱	6.985[a]	2	.030
우도비	7.012	2	.030
선형 대 선형결합	6.961	1	.008
유효 케이스 수	500		

a. 0셀 (.0%)은(는) 5보다 작은 기대 빈도를 가지는 셀입니다.
최소 기대빈도는 71.50입니다.

그림 7-6 (b) 카이제곱 검정 결과

사례 7.4

흡연이 눈가의 주름에 영향을 주는지 확인하기 위하여 30대 남자 가운데 흡연자와 비흡연자 각각 500명씩 조사한 결과 다음과 결과를 얻었다. 흡연에 따라 주름여부가 다르다고 할 수 있는지 SPSS를 이용하여 검정하여라.

	주름 있음	주름 없음	계
흡연자	282	218	500
비흡연자	227	273	500
계	509	491	1,000

풀이 먼저 자료를 입력하고, 빈도변수에 가중치를 부여한 다음 교차분석을 시행한 결과는 [그림 7-7]과 같다. 카이제곱 검정 결과 유의확률이 0.001로서 매우 유의성이 있다. 즉, 흡연여부에 따라 주름여부가 다르다고 할 수 있다. 2×2 분할표에서 카이제곱 검정을 시행하면 Fisher의 **정확한 검정**(exact test) 결과가 추가로 출력된다. Fisher의 검정은 카이제곱 근사 검정이 아니고 정확한 검정을 시행하는 검정법이다.

흡연여부*주름여부 교차표

			주름여부		전체
			주름 있음	주름 없음	
흡연여부	흡연자	빈도	282	218	500
		기대빈도	254.5	245.5	500.0
	비흡연자	빈도	227	273	500
		기대빈도	254.5	245.5	500.0
전체		빈도	509	491	1000
		기대빈도	509.0	491.0	1000.0

그림 7-7 (a) 교차표

카이제곱 검정

	값	자유도	점근 유의확률(양측검정)	정확한 유의확률(양측검정)	정확한 유의확률(양측검정)
Pearson 카이제곱	12.104[b]	1	.001		
연속수정[a]	11.668	1	.001		
우도비	12.128	1	.000		
Fisher의 정확한 검정				.001	.000
선형 대 선형결합	12.092	1	.001		
유효 케이스 수	1000				

a. 2×2표에 대해서만 계산됨

b. 0셀 (.0%)은(는) 5보다 작은 기대 빈도를 가지는 셀입니다. 최소 기대빈도는 245.50입니다.

그림 7-7 (b) 카이제곱 검정 결과

(2) 통계표의 작성

SPSS의 메뉴 분석 → 표에서는 분할표와 같은 표의 작성이 가능하다. 이 절에서는 간단한 표의 작성법을 알아본다.

사례 7.5

cars_new 데이터에서 출고년도를 70년대와 80년대로 나누어 생산국가별 분할표를 구해 보자.

풀이 먼저 '출고년도'를 70년대와 80년대로 나누는 변수를 만들고, 이 변수와 '생산국가'에 대한 교차표를 만들자.

'출고년도'를 둘로 나누기 위해 '출고년대'라는 새로운 변수를 다음과 같이 생성한다. 이를 위해 메뉴에서 변환 → 변수 계산을 선택한 다음 변수 계산 대화상자에서 목표변수 난에 '출고년대'를, 오른쪽의 숫자표현식에 '출고년도>=80'을 입력하고 '확인'을 클릭한다. 새로 생성된 '출고년대' 변수의 값은 80년대는 '1'로, 나머지는 '0'으로 변환됨을 확인할 수 있다. 변수보기 창에서 0과 1은 각각 70년대와 80년대를 뜻함을 '값'에서 정의한다.

이제 분할표를 작성하기 위해 메뉴에서 분석 → 표 → 사용자 정의 표를 선택한다. [그림 7-8](a)와 같은 대화상자에서 행에는 '생산국가', 열에는 '출고년대'를 선택하고 생산국가를 클릭한 후, '요약 통계량' 버튼을 눌러 표에 출력될 '셀 통계량'을 지정한다. 여기서는 '빈도'와 '열%'를 선택하였다. 이어서 '선택한 항목에 적용'과 '확인'을 클릭하면 [그림 7-8](c)와 같은 통계표가 출력된다.

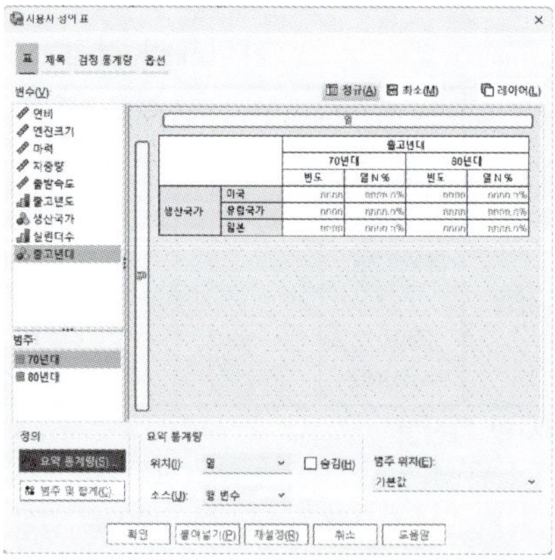

그림 7-8 (a) 통계표 작성

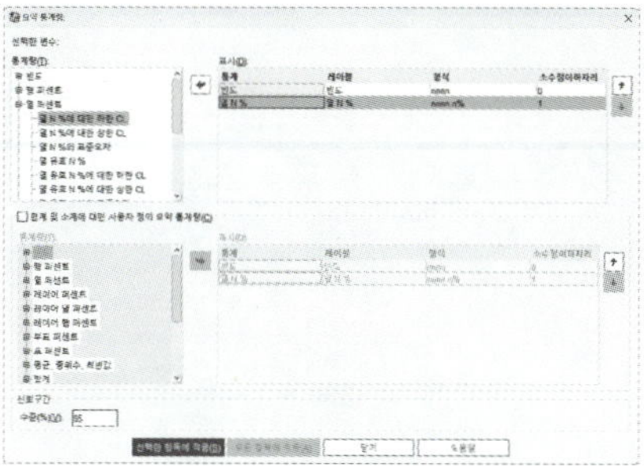

그림 7-8 (b) 셀 통계량 지정

	70년대		80년대	
	빈도	열 %	빈도	열 %
미국	213	67.6%	40	44.4%
유럽국가	57	18.1%	16	17.8%
일본	45	14.3%	34	37.8%

그림 7-8 (c) 출력된 통계표

사례 7.6

cars_new 데이터에서 '출고년대'와 '실린더수'에 따른 '차중량'의 평균을 출력시키는 표를 만들어 보자.

풀이 메뉴에서 분석 → 표 → 사용자 정의 표을 선택한다. 행 변수에 '실린더수'를, 열 변수에 '출고년도'를 선택하고, 차중량을 출고년도 아래에 끌기에 의하여 놓은 다음 '요약 통계량' 버튼을 클릭하여 '셀 통계량'으로 '평균'을 선택한다. '선택한 항목에 적용'과 '확인'을 누르면 [그림 7-9]와 같은 출력 결과를 얻는다.

표의 특징은 3기통과 4기통에서는 70년대에서 80년대로 넘어가면서 평균 중량이 증가하지만 5기통 이상에서는 감소하는 모습을 보이고 있다.

	70년대	80년대
	평균	평균
3기통	2391	2420
4기통	2287	2358
5기통	3180	2950
6기통	3221	3062
8기통	4103	3725

그림 7-9 셀 평균의 출력

연습문제

7-1 경기 침체에 따른 소비 위축 현상이 두드러지면서 여름철에 휴가 여행을 떠나지 않겠다는 사람들이 지난해보다 많이 늘어날 것으로 예상되고 있다. 모 여론조사기관에서 전국의 20세 이상 성인 642명을 대상으로 실시한 여론조사 결과, 이번 여름에 1박 이상의 휴가여행 계획이 있다는 사람과 없다는 사람이 각각 320명과 324명인 것으로 조사되었다. 작년도의 여론조사에 의하면 휴가여행 계획이 '있다'(60%)가 '없다'(40%)에 비해 높았었다고 한다. 작년에 비해 휴가여행을 떠나지 않겠다는 사람이 늘어났다고 생각하는가?

7-2 통계청이 발표한 '2004년 혼인 · 이혼통계 결과'에 따르면, 지난해 139,365쌍(1일 평균 3백81쌍)이 이혼하였다고 한다. 이혼율이 높아지게 된 이유를 알아보기 위해 전국의 40세 이상의 기혼남녀 1,254명을 대상으로 설문조사를 실시하였다. "현재의 결혼생활에 만족하십니까?"라는 질문에 "예"라고 답한 사람이 654명이었다. 다음 질문에 답하여라.

(a) 이 조사 결과에 근거하여 기혼남녀 중 결혼생활에 만족하는 비율에 대한 95% 신뢰구간을 구하여라.

(b) 결혼생활에 만족하는 기혼남녀의 비율이 60%에 미치지 못한다는 주장에 동의할 수 있는가?

(c) 결혼생활에 만족하는 기혼남녀의 비율에 대한 조사에서 95% 신뢰수준에서 오차한계를 2.5% 이내로 하려면 표본의 크기를 얼마로 해야 하겠는가?

7-3 1995년 인구주택총조사에 의하면 우리나라의 개신교신자와 천주교신자의 수는 각각 876만 명, 295만 명으로 총인구 4,455만 명의 19.7%와 6.6%를 차지하였다. 모 신문사의 기사에 의하면 지난 10년간 국내에서 다른 종교를 믿는 신자의 수가 늘어나는 반면 개신교를 믿는 신자는 줄었다고 한다. 한 여론조사기관에서 제주도를 제외한 지역에서 20세 이상의 남녀 1,500명을 조사한 결과 개신교신자의 수가 316명인 것으로 나타났다.

(a) 개신교를 믿는 신자 비율의 95% 신뢰구간을 구하여라.

(b) 모 신문사의 기사가 주장하는 것처럼 개신교를 믿는 신자의 숫자가 줄었다고 주장할 수 있겠는가?

7-4 페널티킥에서 골키퍼가 공을 감지하고 몸을 움직이는 데 약 0.6초, 공이 골라인을 통과하는 데 걸리는 시간은 약 0.4초다. 이론상으로 골을 넣을 확률은 100%라야 한다. 그러나 역대 월드컵에서 150차례 승부차기에서 116개만이 성공하여 그 성공률이 75% 정도라고 한다. 페널티킥에 대한 규정이 바뀐 후 골키퍼가 공을 차기 전에 움직일 수 있게 되어 페널티킥의 성공률이 떨어질 것으로 예상된다고 한다. 어느 축구대회에서 45회의 승부차기를 한 결과 25번이 성공했다고 한다. 과연 규정이 바뀐 후 페널티킥의 성공률이 떨어졌다는 주장이 설득력이 있다고 생각하는가?

7-5 폴산(folic acid)이라는 약이 선천적 결손증을 줄여주는 것으로 알려져 있다. 과연 이러한 주장이 옳은지 확인하기 위해 4,753명의 임신전의 여성을 A, B 두 그룹으로 랜덤하게 나눈 후, 2,701명이 속한 A 그룹에는 매일 0.8 mg의 폴산이 함유된 비타민을 먹게하고 2,052명이 속한 B 그룹에는 폴산이 함유되지 않은 비타민을 먹게 하였다. 폴산이 함유된 비타민을 먹은 그룹에서는 35건의 선천적 결손증이 보고된 반면, 폴산이 함유되지 않은 비타민을 먹은 그룹에서는 47건의 선천적 결손증이 보고되었다. 과연 폴산을 먹은 임산부들의 경우 선천적 결손증에 의한 위험이 줄어든다는 주장이 옳은지 1% 유의수준에서 검정하여라.

7-6 25~34세의 운전자 1,000명을 대상으로 운전 시 안전띠를 매는지 여부를 조사했더니 272명이 안 매는 것으로 나타난 반면, 45~64세의 운전자 1,100명 중에서 330명이 안 맨다고 답하였다. 10% 유의수준에서 25~34세 운전자 그룹과 45~64세 운전자 그룹 사이에 안전띠를 매는 비율에 차이가 있다고 생각하는가?

7-7 원주율의 값을 구하는 하나의 방법으로 몬테칼로 방법이 있다. 예를 들어, 단위 사각형 안에서 무작위로 점을 n개 뽑은 후 이에 내접하는 원 내부에 존재하는 점의 개수를 x라고 하고 n의 값을 증가시키면 x/n가 원주율 π의 1/4로 수렴한다는 방법을 이용하여 원주율을 구하는 방법이다. 이러한 몬테칼로 방법에서는 난수를 생성하는 알고리즘이 매우 중요하다. 새로운 난수 생성알고리즘에 의해 5자리의 난수 500개를 생성하고 각 난수의 마지막 자리의 숫자를 0부터 9까지 정리한 결과가 다음 표와 같다고 한다. 과연 이 난수 생성알고리즘에 의해 생성된 난수는 믿을만한지 유의수준 1%에서 검정하여라.

마지막 자리 숫자	1	2	3	4	5	6	7	8	9	10
도 수	45	53	55	47	59	44	41	53	51	52

7-8 직장생활에서의 만족도를 조사하기 위해 서울시내 직장에 재직 중인 남자 316명과 여자 142명을 랜덤추출하여 만족도를 조사한 결과가 다음과 같다. 이 결과를 보고 남자와 여자의 직장생활에서의 만족도에 차이가 있는지에 대한 검정을 유의수준 5%에서 실시하여라.

결혼여부 / 성별	만족	불만족	합계
남 자	189	127	316
여 자	68	74	142
합 계	257	201	458

7-9 어떤 대학에서 교양수학을 수강한 1학년 남녀학생들을 총 500명을 랜덤추출하여 강의내용에 대해 만족하는지에 대한 평가를 실시하였다. 성별과 강의에 대한 만족도는 서로 관련이 없다고 할 수 있는지 유의수준 5%에서 검정하여라.

만족도 / 성별	만족	불만족	합계
남 자	212	83	295
여 자	146	59	205
합 계	358	142	500

7-10 서울시와 6대 광역시에 거주하는 사람을 대상으로 2005년와 2006년에 각각 실시한 전화조사에 의하면 2005년도와 2006년도에 각각 휴가여행 시에 이용한 교통수단이 다음 표와 같았다. 교통수단을 이용하는 형태에 변화가 있다고 생각하는지 SPSS를 이용하여 유의수준 5%에서 검정하여라.

년도 / 교통수단	2004년	2005년	2006년
자가용	380	420	447
관광버스	21	15	10
고속버스	55	39	42
항공기	38	57	91
기 차	45	32	41
선 박	18	16	13
합 계	557	579	644

7-11 한 여론조사기관에서 A, B, C 세 후보에 대한 지지도를 조사하였다. 유권자들 가운데 1,040명을 랜덤하게 뽑아 조사한 결과는 다음과 같다. 나이에 따라 각 후보에 대한 지지도가 다르다고 할 수 있나? SPSS를 이용하여 유의수준 5%에서 검정하여라.

나이 \ 후보	A	B	C	합계
30세 미만	125	88	185	398
30~50세	138	95	102	335
50세 이상	144	85	78	307
합계	407	268	365	1040

제 8 장

회귀분석

8-1 서론

1월의 평균 온도와 난방비 지출액과는 서로 상관이 있을까? 서로 상관이 있다면 평균 온도로부터 난방비 지출액을 예측할 수 있을까? 이와 같이 두 개 이상의 변수가 서로 상관이 있는지 판단하거나, 상관이 있다고 판단될 때 하나 또는 여러 변수의 값으로부터 다른 변수의 값을 예측해야 하는 경우가 흔히 있다.

2장에서 배운 산점도, 표본상관계수 등이 두 변수 사이의 관계를 파악하기 위해 자료를 요약하는 방법이었다면, **상관분석**(correlation analysis)과 **회귀분석**(regression analysis)은 표본에 나타난 두 변수 사이의 관계를 이용하여 모집단에서의 관계를 추측 또는 예측하는 통계적 추론의 방법이다. 상관분석에서는 흔히 표본상관계수를 이용하여 상관계수에 대한 추론을 다루며, 회귀분석에서는 모집단에서의 두 변수 사이의 함수 관계를 분석한다.

회귀분석이란 용어에서 '회귀(regression)'의 어원은 아버지와 아들의 키에 대한 갈톤(Fransis Galton: 1822~1911)의 연구에서 유래되었다. 갈톤의 주장에 의하면 아버지와 아들의 키는 '평균적으로'

$$\frac{(\text{아들의 키})-(\text{아들 키의 평균})}{(\text{아들 키의 표준편차})} = r\times\frac{(\text{아버지의 키})-(\text{아버지 키의 평균})}{(\text{아버지 키의 표준편차})}$$

의 함수관계를 가지며, $r>0$의 값은 1보다 크지 않다는 것이다. 아버지 키의 평균, 표준편차가 아들 키의 평균, 표준편차와 비슷하다면, 이는 아들의 키가 아버지의 키보다 전체 평균에 더 가까이 있음을 뜻한다. 즉, 아들의 키는 평균으로 되돌아가려는 경향이 있는데 이런 현상을 '회귀'라는 용어로 표현하기 시작하였다.

모집단에서 두 변수 사이에 선형관계가 있다고 가정하여 이를 함수식으로 표현한 모형을 **단순선형회귀모형**(simple linear regression model)이라고 하고, 표본을 이용하여 이 모형에 대해 수행하는 여러 가지 통계적 추론을 **단순선형회귀분석**(simple linear regression analysis), 또는 간단히 **단순회귀분석**이라고 한다. 한편, 두 개 이상의 변수가 한 변수에 영향을 줄 때, 한 변수를 여러 변수의 함수로 나타낸 모형을 **중회귀모형**(multiple regression model)이라고 하고, 이에 대한 통계적 추론을 **중회귀분석**(multiple regression analysis)이라고 한다.

8-2 상관분석

모집단에서 각 개체의 두 가지 특성을 변수 X, Y로 나타낼 때, 모상관계수는

$$\rho = \mathrm{Corr}(\mathrm{X}, \mathrm{Y}) = \mathrm{E}\left[\left(\frac{\mathrm{X} - \mu_1}{\sigma_1}\right)\left(\frac{\mathrm{Y} - \mu_2}{\sigma_2}\right)\right]$$

와 같이 정의되며 이는 두 변수 사이에 직선관계가 어느 정도 강한지를 나타내는 측도임을 2장과 3장에서 배웠다. 모상관계수 ρ의 값은 항상 -1과 1 사이에 있으며, 이 사실은 다음의 부등식으로부터 쉽게 알 수 있다.

$$0 \le E\left[\left(\frac{X - \mu_1}{\sigma_1}\right) - \rho\left(\frac{Y - \mu_2}{\mu_2}\right)\right]^2 = 1 - 2\rho^2 + \rho^2 = 1 - \rho^2$$

위 부등식으로부터 ρ의 값이 $+1(-1)$에 가까울수록 두 변수 사이에 기울기가 양수(음수)인 직선관계가 강해짐을 알 수 있고, ρ의 정의로부터 ρ의 값이 0에 가까울수록 두 변수 사이에 직선관계가 약해짐은 짐작할 수 있다.

모상관계수의 추청값으로 사용되는 표본상관계수는 두 특성에 대한 표본이 $(x_1, y_1), \cdots, (x_n, y_n)$으로 주어지고

$$s_1^2 = \frac{1}{n-1}\sum_{i=1}^{n}(x_i - \overline{x})^2, \qquad s_2^2 = \frac{1}{n-1}\sum_{i=1}^{n}(y_i - \overline{y})^2$$

이라 할 때

$$r = \frac{\sum_{i=1}^{n}(x_i - \overline{x})(y_i - \overline{y})}{\sqrt{\sum_{i=1}^{n}(x_i - \overline{x})^2}\sqrt{\sum_{i=1}^{n}(y_i - \overline{y})^2}} = \frac{1}{n-1}\sum_{i=1}^{n}\left(\frac{x_i - \overline{x}}{s_1}\right)\left(\frac{y_i - \overline{y}}{s_2}\right)$$

와 같이 정의된다. 표본상관계수의 값 역시 항상 -1과 1 사이에 있으며, 이는 다음의 부등식으로부터 쉽게 알 수 있다.

$$0 \le \frac{1}{n-1}\sum_{i=1}^{n}\left[\left(\frac{x_i-\overline{x}}{s_1}\right)-r\left(\frac{y_i-\overline{y}}{s_2}\right)\right]^2 = 1-2r^2+r^2 = 1-r^2$$

다음 [그림 8-1]은 여러 경우의 산점도와 표본상관계수의 값을 나타내고 있다. 위 부등식과 [그림 8-1]의 (a), (b)에서 알 수 있듯이 점들이 어떤 직선 주위에 밀집되어 나타날수록 표본상관계수는 -1과 1에 가깝다. 한편, [그림 8-1]의 (c), (d)에서 알 수 있듯이 표본상관계수의 값이 0에 가까운 것은 두 변수 사이에 직선관계가 약한 것을 뜻하는 것이지 아무런 관계가 없음을 뜻하는 것은 아니다.

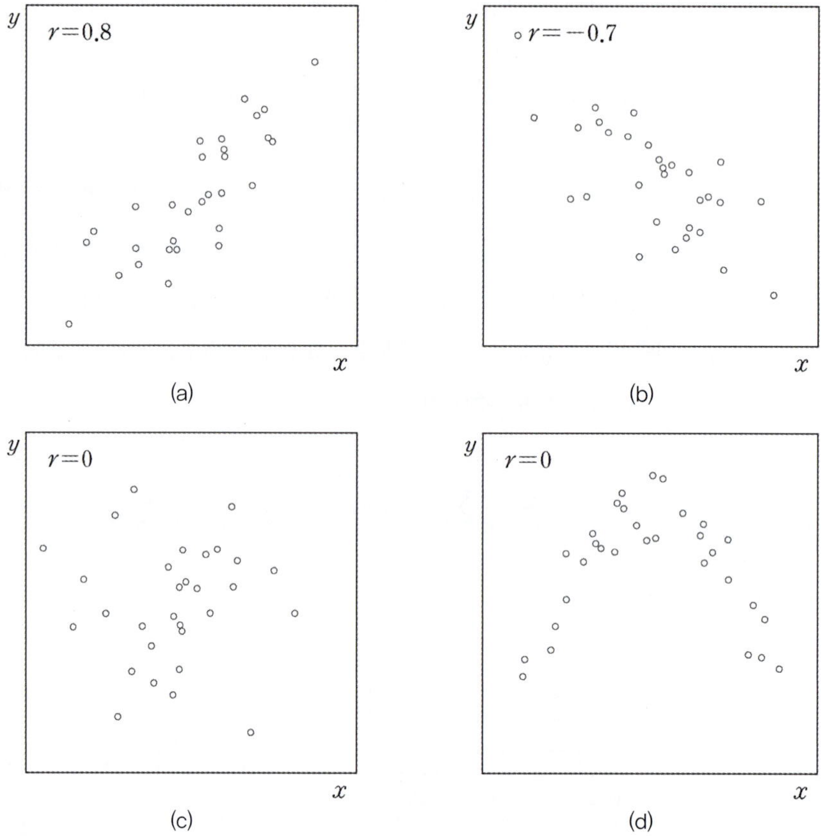

그림 8-1 여러 가지 경우의 산점도와 표본상관계수

예 8.1 다음은 1월 평균 온도(℃)와 난방비 지출액(100원)을 20가구에 대해 조사한 자료이다.

표 8-1 가구별 1월 평균 온도와 난방비

평균 온도(x)	난방비(y)	평균 온도(x)	난방비(y)
1.67	250	12.22	73
-1.67	360	8.89	205
2.22	165	-6.67	400
15.56	43	3.89	320
18.33	92	15.56	72
-1.11	200	-6.67	272
-12.22	355	14.44	94
-13.89	290	4.44	190
-6.11	230	-2.78	235
12.78	120	-1.11	139

두 변수 사이의 표본상관계수를 구해 보면

$$r=\frac{\sum_{i=1}^{n}(x_i-\bar{x})(y_i-\bar{y})}{\sqrt{\sum_{i=1}^{n}(x_i-\bar{x})^2}\sqrt{\sum_{i=1}^{n}(y_i-\bar{y})^2}}=\frac{-15788.4}{\sqrt{1777.7}\sqrt{212915.8}}\fallingdotseq-0.812$$

이고, 두 변수의 산점도를 그려 보면 [그림 8-2]와 같다.

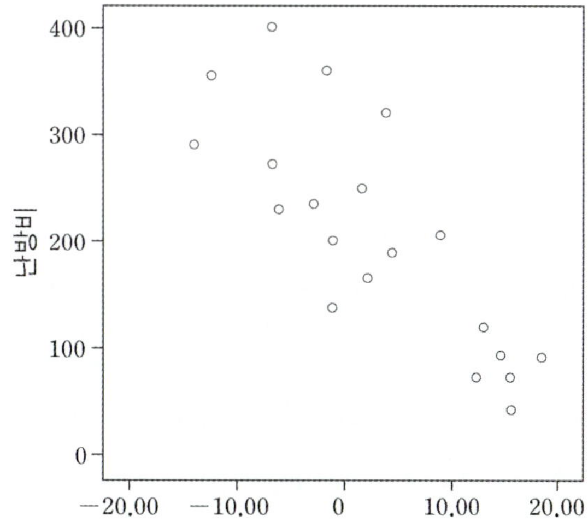

그림 8-2 가구별 1월 평균 온도와 난방비

모집단의 분포가 이변량정규분포일 때 상관관계의 유무를 검정하기 위한 귀무가설은

$$H_0 : \rho = 0$$

이며, 귀무가설하에서 r을 변환시킨

$$T = \sqrt{n-2}\frac{r}{\sqrt{1-r^2}}$$

이 자유도 $n-2$인 t-분포를 따름을 이용하여 상관분석을 시행한다. ρ가 0이 아닐 때는 r의 분포가 복잡하여 이 책의 수준을 넘으므로 생략하기로 한다.

상관관계의 유무에 관한 검정(이변량 정규모집단의 경우)
귀무가설 $H_0 : \rho = 0$에 대한 검정통계량은

$$T = \sqrt{n-2}\frac{r}{\sqrt{1-r^2}}$$

이고, 관측값을 t라고 할 때 유의수준 α에서 기각역과 유의확률은 다음과 같다.

	유의확률	기각역
(a) $H_1 : \rho > 0$일 때	$t \geq t_\alpha(n-2)$	$p = P(T \geq t)$
(b) $H_1 : \rho < 0$일 때	$t \leq -t_\alpha(n-2)$	$p = P(T \leq t)$
(c) $H_1 : \rho \neq 0$일 때	$\lvert t\rvert \geq t_{\alpha/2}(n-2)$	$p = P(\lvert T\rvert \geq \lvert t\rvert)$

예제 8.1 예 8.1에서 두 변수의 표본상관계수가 음수임을 확인하였다. 그렇다면, 이 상관관계가 유의한지 알아보기 위한 적절한 가설을 세우고 유의수준 5%에서 검정하여라. (단, 두 변수는 이변량 정규분포를 따른다.)

풀이 검정하고자 하는 가설은 '평균 온도가 낮으면 난방비가 더 많이 소비되는가?'이다. 즉, 두 변수 사이의 상관계수를 ρ라고 할 때,

$$H_0 : \rho = 0 \qquad H_1 : \rho < 0$$

이다. 귀무가설 $H_0 : \rho = 0$에 대한 검정통계량의 관측값은

$$t = \sqrt{n-2}\frac{r}{\sqrt{1-r^2}} = \sqrt{20-2}\frac{-0.812}{\sqrt{1-(-0.8122)^2}} \fallingdotseq -5.893$$

이다. 부록의 t-분포표로부터 $t_{0.05}(18) = 1.734$이고

$$t = -5.893 \ < \ -1.734 = -t_{0.05}(18)$$

이므로 유의수준 5%에서 귀무가설을 기각한다. 즉, 관측결과는 유의수준 5%에서 평균 온도가 낮을수록 난방비가 더 많이 소비된다는 사실을 뒷받침한다.

8-3 단순회귀분석의 모형과 적합

한 컴퓨터 판매회사가 향후 1년간 보상수리를 위해 몇 명의 컴퓨터 기사가 필요한지 알고 싶다고 하자. 필요한 기사의 수를 예측하기 위해서는 보상수리에 필요한 서비스 시간과 여기에 영향을 미치는 수리부품수의 관계에 대한 분석이 필요할 것이다. 이와 같은 경우, 과거의 보상수리 기록으로부터 수리부품의 수와 서비스 시간과의 함수관계식을 얻을 수 있다면 총 서비스 시간을 예측하여 몇 명의 수리전문 기사가 필요한지 알 수 있을 것이다.

위 예에서 수리부품의 수와 같이 다른 변수에 영향을 주는 변수를 **설명변수**(explanatory variable) 또는 **독립변수**(independent variable)라고 하고, 서비스 시간과 같이 설명변수의 영향을 받는 변수를 **반응변수**(response variable) 또는 **종속변수**(dependent variable)라고 한다. 회귀분석의 목적은 설명변수와 반응변수의 관계를 구체적인 함수 형태로 나타내고, 설명변수의 값으로부터 반응변수의 값을 예측하는 것이다. 회귀분석의 첫 단계는 산점도로부터 설명변수와 반응변수의 관계를 대략적으로 파악하고 적절한 모형을 세우는 것이다.

예 8.2 다음 자료는 미국의 어떤 지역에서 월평균 기온과 아이스크림 소비량의 관계를 알기 위해 월평균 기온(℉)과 1인당 아이스크림 월소비량(10^{-2}pint, 1 pint=약 0.57리터)을 1951년 3월부터 1953년 7월까지 30개월간 조사한 자료이다.

표 8-2 월평균 기온에 따른 1인당 아이스크림 월소비량

월평균 기온(화씨)	소비량(10^{-2}pint)	월평균 기온(화씨)	소비량(10^{-2}pint)
41	38.6	63	38.1
56	37.4	72	47.0
63	39.3	72	44.3
68	42.5	67	38.6
69	40.6	60	34.2
65	34.4	44	31.9
61	32.7	40	30.7
47	28.8	32	28.4
32	26.9	27	32.6
24	25.6	28	30.9
28	28.6	33	35.9
26	29.8	41	37.6
32	32.9	52	41.6
40	31.8	64	43.7
55	38.1	71	54.8

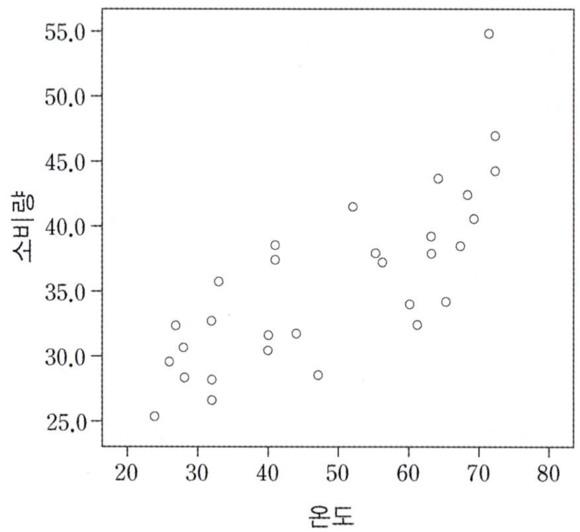

그림 8-3 월평균 기온에 따른 1인당 아이스크림 월소비량의 변화

월평균 기온을 설명변수 x로 하고 1인당 아이스크림 월소비량을 반응변수 y로 하여 산점도를 그리면 [그림 8-3]과 같이 나타난다. 이 그림에서 x가 증가하면 대체로 y도 증가하는 경향이 있음을 알 수 있다. 또한 x, y가 약간의 오차를 포함한다고 가정하면 주어진 산점도로부터 x와 y 사이에 어느 정도 선형관계($y=\alpha+\beta x$)가 있다고 볼 수 있다.

예 8.2에서와 같이 설명변수의 값 x에 대응하는 반응변수의 값이 $\alpha+\beta x$ 주위에 나타난다고 생각될 때, 반응변수의 값 y는

$$Y=\alpha+\beta x+e, \quad E(e)=0, \quad \mathrm{Var}(e)=\sigma^2$$

와 같이 정의된 확률변수 Y의 관측값으로 생각할 수 있다. 여기에서 e는 평균이 0, 분산이 σ^2인 오차항을 나타내는 확률변수이다.

이러한 모형을 **단순선형회귀모형**(simple linear regression model)이라고 하며, **설명변수**의 값이 $x_1, x_2, \cdots, x_n$일 때 그에 대응하는 **반응변수** $Y_1, Y_2, \cdots, Y_n$은 서로 독립적으로 관측된다고 가정한다. 이를 그림으로 나타내면 [그림 8-4]와 같다.

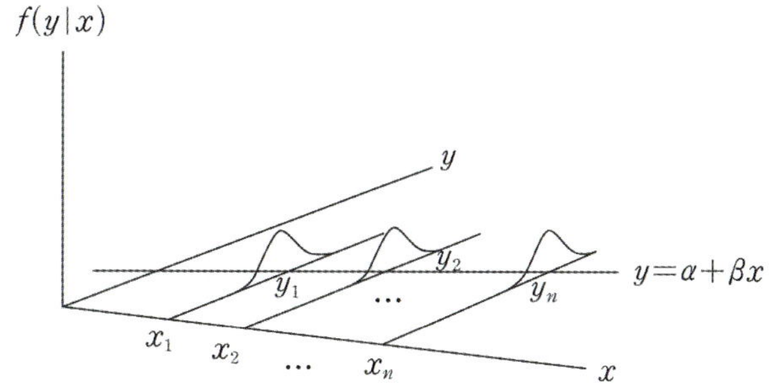

그림 8-4 단순선형회귀모형

단순선형회귀모형 또는 직선회귀모형

$$Y_i=\alpha+\beta x_i+e_i, \quad i=1,2,\cdots,n$$

다만,

$x_1, x_2, \cdots, x_n$: 설명변수(독립변수)

$Y_1, Y_2, \cdots, Y_n$: 반응변수(종속변수)

α, β: 회귀계수

$e_1, e_2, \cdots, e_n$: 오차항으로 평균 0, 분산 σ^2인 확률변수

참고 직선회귀모형과 오차항에 대한 가정을 요약하면 다음과 같다.

(a) $E(e_i)=0$, 즉, $E(Y_i \mid x_i)=\alpha+\beta x_i$ (선형성)

(b) $\mathrm{Var}(e_i)=\sigma^2>0$, $i=1,2,\cdots,n$ (등분산성)

(c) $e_1,e_2,\cdots,e_n$은 서로 독립인 오차항 (독립성)

단순선형회귀모형에서 오차항의 평균은 0이므로 설명변수의 값 x에 대응하는 반응변수 Y의 평균은 $E(Y|x)=\alpha+\beta x$이다. 여기에서, 직선 $y=\alpha+\beta x$를 **모회귀직선**(population regression line)이라고 하고, 그 절편과 기울기인 α와 β를 **모회귀계수**(population regression coefficients)라고 한다. 단순선형회귀모형에서 모회귀계수를 추정하는 방법으로 흔히 다음의 **최소제곱법**(method of least squares)을 사용한다.

최소제곱법

단순선형회귀모형 $Y_i=\alpha+\beta x_i+e_i\,(i=1,2,...,n)$에서 제곱합인

$$\sum_{i=1}^{n}\{Y_i-(\alpha+\beta x_i)\}^2$$

을 최소로 하는 α, β 의 값을 그 추정값으로 한다.

최소제곱법에 의한 α, β의 추정량 $\hat{\alpha},\hat{\beta}$ 은 다음의 식으로부터 쉽게 유도할 수 있다.

$$\begin{aligned}\sum_{i=1}^{n}\{y_i-(\alpha+\beta x_i)\}^2&=\sum_{i=1}^{n}\left[y_i-\overline{y}-\beta(x_i-\overline{x})-\{\alpha-(\overline{y}-\beta\overline{x})\}\right]^2\\&=\sum_{i=1}^{n}\{y_i-\overline{y}-\beta(x_i-\overline{x})\}^2+n\{\alpha-(\overline{y}-\beta\overline{x})\}^2\end{aligned}$$

즉, 추청량 $\hat{\beta}$은 두 번째 등식의 오른쪽 첫 번째 항을 최소로 하는 것이고, $\hat{\alpha}$은 β 대신 $\hat{\beta}$을 대입한 두 번째 항을 최소로 하면 얻을 수 있다. 이와 같이 하여 얻은 추정량 $\hat{\alpha},\hat{\beta}$ 를 α와 β의 **최소제곱추정량**(least squares esimator)이라고 하고, 직선 $\hat{y}=\hat{\alpha}+\hat{\beta}x$를 **최소제곱회귀직선**(least squares regression line)이라고 한다.

최소제곱추정량을 간단히 표현하기 위해 다음의 기호를 정의하자.

$$S_{(xy)} = \sum_{i=1}^{n}(x_i - \overline{x})(y_i - \overline{y}) = \sum_{i=1}^{n} x_i y_i - (\sum_{i=1}^{n} x_i)(\sum_{i=1}^{n} y_i)/n$$

$$S_{(xx)} = \sum_{i=1}^{n}(x_i - \overline{x})^2 = \sum_{i=1}^{n} x_i^2 - (\sum_{i=1}^{n} x_i)^2/n$$

$$S_{(yy)} = \sum_{i=1}^{n}(y_i - \overline{y})^2 = \sum_{i=1}^{n} y_i^2 - (\sum_{i=1}^{n} y_i)^2/n$$

그러면, y_i와 $\alpha + \beta x_i$의 편차제곱합은

$$\sum_{i=1}^{n}\{y_i - (\alpha + \beta x_i)\}^2 = S_{(yy)} - 2\beta S_{(xy)} + \beta^2 S_{(xx)} + n\{\alpha - (\overline{y} - \beta\overline{x})\}^2$$

이고, 최소제곱추정량은 다음 정규방정식(normal equation)의 해가 됨을 알 수 있다.

$$\hat{\alpha} = \overline{y} - \overline{x}\hat{\beta}$$

$$S_{(xx)}\hat{\beta} = S_{(xy)}$$

최소제곱추정량 $\hat{\alpha}, \hat{\beta}$ 은 편차의 제곱합을 α, β에 대하여 각각 편미분하여 얻은 식을 0으로 놓은 다음의 연립방정식을 풀어서 유도할 수도 있다.

$$\begin{cases} -2\sum_{i=1}^{n}(y_i - \hat{\alpha} - \hat{\beta}x_i) = 0 \\ -2\sum_{i=1}^{n}x_i(y_i - \hat{\alpha} - \hat{\beta}x_i) = 0 \end{cases} \quad \text{또는} \quad \begin{cases} n\hat{\alpha} + \sum_{i=1}^{n}x_i\hat{\beta} = \sum_{i=1}^{n}y_i \\ \sum_{i=1}^{n}x_i\hat{\alpha} + \sum_{i=1}^{n}x_i^2\hat{\beta} = \sum_{i=1}^{n}x_i y_i \end{cases}$$

이 연립방정식은 앞의 정규방정식과 동치가 된다.

최소제곱추정량과 최소제곱회귀직선

단순선형회귀모형에서 α와 β의 최소제곱추정량은

$$\hat{\alpha} = \overline{y} - \hat{\beta}\,\overline{x}, \qquad \hat{\beta} = \frac{S_{(xy)}}{S_{(xx)}} = \frac{\sum_{i=1}^{n}(x_i - \overline{x})(y_i - \overline{y})}{\sum_{i=1}^{n}(x_i - \overline{x})^2}$$

이고, 최소제곱회귀직선은 다음과 같이 주어진다.

$$\hat{y}=\hat{\alpha}+\hat{\beta}x \quad \text{또는} \quad \hat{y}=\bar{y}+\hat{\beta}(x-\bar{x})$$

여기에서 $\hat{y}_i$은 반응변수의 평균인 $E(Y_i \mid x_i)=\alpha+\beta x_i$의 추정값이지만, 편의상 $E(\widehat{Y_i \mid x_i})$ 대신 $\hat{y}_i$으로 나타낸다.

예제 8.2 예 8.2에서 월평균 기온을 설명변수 x로 하고 1인당 아이스크림 월소비량을 반응변수 Y라 할 때 두 변수 사이에 선형관계가 어느 정도 있다는 것을 알 수 있었다. 단순선형회귀모형을 가정하고 <표 8-2>의 자료로부터 α, β의 최소제곱추정값을 구하여라. 또한, 추정된 회귀직선을 산점도에 그려라.

풀이 최소제곱추정량의 공식으로부터

$$\hat{\beta}=\frac{S_{(xy)}}{S_{(xx)}}=\frac{\sum_{i=1}^{n}(x_i-\bar{x})(y_i-\bar{y})}{\sum_{i=1}^{n}(x_i-x)^2}=\frac{\sum_{i=1}^{n}x_iy_i-\sum_{i=1}^{n}x_i\sum_{i=1}^{n}y_i/n}{\sum_{i=1}^{n}x_i^2-(\sum_{i=1}^{n}x_i)^2/n}$$

$$=\frac{55374.7-(1473)(1078.3)/30}{80145-(1473)^2/30}=0.311$$

$$\hat{\alpha}=\bar{y}-\hat{\beta}\bar{x}=35.943-0.311\times 49.1=20.673$$

따라서 추정된 회귀직선은 $\hat{y}=20.673+0.311\,x$ 이다. 추정된 회귀직선을 [그림 8-5]에서와 같이 산점도에 함께 그려 보면 우측상단의 자료를 제외하고는 대부분의 자료들이 최소제곱회귀직선 주변에 모여 있음을 볼 수 있다.

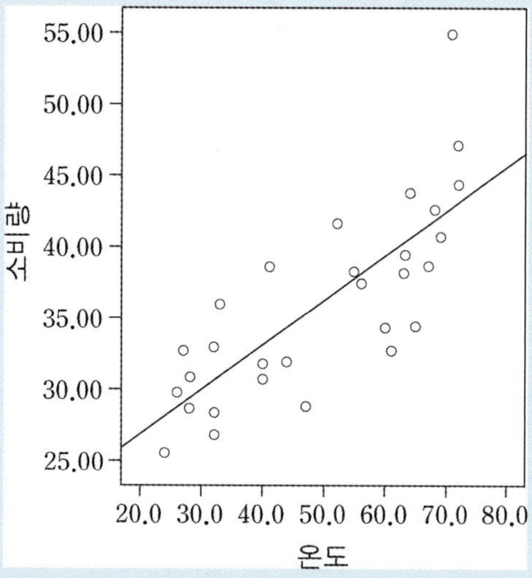

그림 8-5 〈표 8-2〉의 자료에 대한 산점도와 최소제곱회귀직선

최소제곱회귀직선을 이용하여 설명변수의 x_i에 대응하는 추정값 $\hat{y}_i = \hat{\alpha} + \hat{\beta} x_i$를 구하면 실제 관측값 y_i와 다르게 나타난다. 이들의 차인

$$\hat{e}_i = y_i - \hat{y}_i \ , \quad i = 1, 2, \cdots, n$$

을 **잔차**(residual)라고 하며, 이들의 값이 작을수록 최소제곱회귀직선이 실제 관측결과를 잘 설명해 준다고 할 수 있다.

잔차들은 관측이 불가능한 오차 $e_i (i = 1, 2, \cdots, n)$에 관한 유용한 정보를 제공해 준다. 이들은 오차분산 σ^2의 크기에 따라 변화의 폭이 크거나 작게 나타난다. 잔차들의 제곱합을 **잔차제곱합**(residual sum of squares)이라고 하고, SSE로 나타낸다. 즉,

$$\text{SSE} = \sum_{i=1}^{n} (y_i - \hat{y}_i)^2$$

오차분산 σ^2은 잔차제곱합을 이용하여

$$\hat{\sigma}^2 = \frac{\text{SSE}}{n-2} = \frac{1}{n-2} \sum_{i=1}^{n} (y_i - \hat{y}_i)^2$$

으로 추정될 수 있다. 여기에서 $(n-2)$는 잔차제곱합의 자유도로 알려져 있다. 일반적으로 제곱합의 **자유도**(degree of freedom)란 제곱합 중 자유롭게 변할 수 있는 것의 개수를 뜻한다. 잔차제곱합의 경우, 정규방정식으로부터 두 개의 선형조건

$$\sum_{i=1}^{n} \hat{e}_i = 0, \quad \sum_{i=1}^{n} x_i \hat{e}_i = 0$$

을 만족시키므로(연습문제 8-1) 자유도는 $(n-2)$이다. 잔차제곱합을 그 자유도로 나눈 $\hat{\sigma}^2$을 **평균제곱잔차**(mean squared residual)라고 하며, MSE로 나타낸다.

잔차제곱합과 오차분산의 추정

$$\text{SSE} = \sum_{i=1}^{n} (y_i - \hat{y}_i)^2 = \sum_{i=1}^{n} \left\{ y_i - \bar{y} - \hat{\beta}(x_i - \bar{x}) \right\}^2$$

$$\hat{\sigma}^2 = \text{MSE} = \frac{\text{SSE}}{n-2}$$

잔차제곱합이나 평균제곱잔차는 흔히 계산기나 컴퓨터를 이용하여 계산하지만, 이를 직접 계산하는 경우에는 다음의 공식을 이용하면 편리하다.

$$\text{SSE} = S_{(yy)} - \hat{\beta}^2 S_{(xx)} = S_{(yy)} - \frac{S_{(xy)}^2}{S_{(xx)}}$$

예제 8.3 예 8.2에서 단순선형회귀모형을 적용하는 경우, 오차의 분산을 추정하여라.

풀이 <표 8-2>의 자료로부터 필요한 통계량의 값을 계산하면 다음과 같다.

$$S_{(xy)} = 2430.170, \quad S_{(xx)} = 7820.700, \quad S_{(yy)} = 1255.234$$

따라서 잔차제곱합을 계산하면 다음과 같다.

$$\begin{aligned} \text{SSE} &= \text{S}_{(\text{yy})} - \frac{\text{S}_{(\text{xy})}^2}{\text{S}_{(\text{xx})}} \\ &= 1255.234 - \frac{(2430.170)^2}{7820.700} \\ &= 500.094 \end{aligned}$$

잔차제곱합의 자유도가 30−2=28이므로 σ^2의 추정값은 다음과 같다.

$$\hat{\sigma}^2 = \mathrm{MSE} = \frac{\mathrm{SSE}}{28} = \frac{500.094}{28} = 17.861$$

최소제곱회귀직선이 반응변수 값의 변화를 얼마나 잘 설명하는지에 대해 생각해 보자. 반응변수의 관측값 $y_1, y_2, \cdots, y_n$과 그 평균 $\bar{y}$의 차 $y_i - \bar{y}$ $(i = 1, \cdots, n)$를 **총편차**(total deviation)라고 한다. 총편차는 다음과 같이 두 편차의 합으로 나타낼 수 있으며, 이를 총편차의 분해식이라고 한다.

$$y_i - \bar{y} = (y_i - \hat{y}_i) + (\hat{y}_i - \bar{y})$$

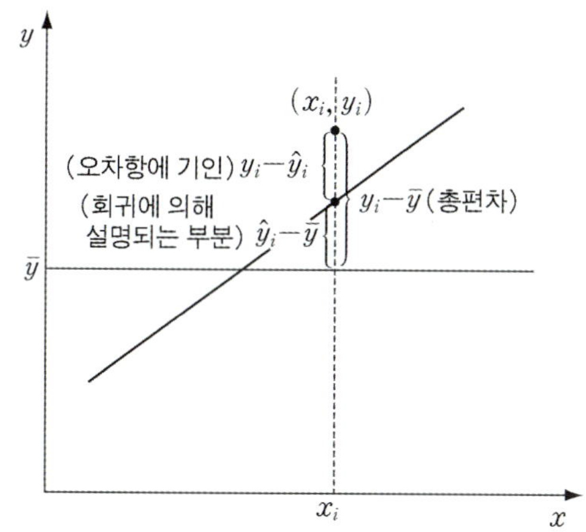

그림 8-6 총편차 $y_i - \bar{y}$의 분해

단순선형회귀모형이 사실인 경우, 잔차 $y_i - \hat{y}_i$의 발생 원인은 오차에서 찾을 수 있고 $\hat{y}_i - \bar{y}$는 [그림 8-6]에서 알 수 있듯이 설명변수와 반응변수의 함수관계에서 비롯된 것으로 회귀직선에 의해 설명될 수 있다. 이제, 총편차의 분해식 양변을 제곱하여 합하면 다음이 성립함을 알 수 있다(연습문제 8-2).

$$\sum_{i=1}^{n}(y_i-\overline{y})^2 = \sum_{i=1}^{n}(y_i-\hat{y}_i)^2+\sum_{i=1}^{n}(\hat{y}_i-\overline{y})^2$$

이 식은 총편차의 제곱합이 잔차의 제곱합과 회귀직선에 의하여 설명되는 편차의 제곱합으로 분해될 수 있음을 뜻한다. 즉, 반응변수 값의 변동이 오차에 기인하는 부분과 회귀직선에 기인하는 두 제곱합의 합으로 표현될 수 있음을 의미한다.

여기에서 총편차의 제곱합을 **총제곱합**(total sum of squares)이라고 하고 기호로는 SST로 나타내며, 회귀에 의하여 설명되는 편차의 제곱합을 **회귀제곱합**(regression sum of squares)이라고 하며 기호로는 SSR로 나타낸다. 총제곱합은 한 개의 선형조건

$$\sum_{i=1}^{n}(y_i-\overline{y})=0$$

을 만족시키므로 자유도는 $(n-1)$이고, **회귀제곱합은**

$$\text{SSR}=\sum_{i=1}^{n}(\hat{y}_i-\overline{y})^2=\sum_{i=1}^{n}\left\{\hat{\beta}(x_i-\overline{x})\right\}^2$$

$$=\left\{\sum_{i=1}^{n}\left(\frac{x_i-\overline{x}}{\sqrt{S_{(xx)}}}\right)y_i\right\}^2$$

로 표현되어 y_i의 일차결합식 1개의 제곱이므로 자유도가 1임을 알 수 있다.

총제곱합의 분해

제곱합 :	$\sum_{i=1}^{n}(y_i-\overline{y})^2$	$=$	$\sum_{i=1}^{n}(y_i-\hat{y}_i)^2$	$+$	$\sum_{i=1}^{n}(\hat{y}_i-\overline{y})^2$
	SST	$=$	SSE	$+$	SSR
자유도 :	$n-1$	$=$	$(n-2)$	$+$	1

총제곱합 SST 중에서 회귀제곱합 SSR이 차지하는 비중이 크면, 적합된 회귀모형이 관측결과를 잘 설명해 주는 것이라고 할 수 있다. 이러한 뜻에서 총제곱합 중에서 회귀제곱합이 차지하는 비율인

$$r^2=\frac{\text{SSR}}{\text{SST}}=1-\frac{\text{SSE}}{\text{SST}}$$

를 회귀직선의 기여도 또는 결정계수(coefficient of determination)라고 한다.

한편, 회귀제곱합과 총제곱합은 각각

$$SSR = \sum_{i=1}^{n}(\hat{y}_i - \overline{y})^2 = \sum_{i=1}^{n}\left\{\hat{\beta}(x_i - \overline{x})\right\}^2 = S_{(xy)}^2 / S_{(xx}$$

$$SST = \sum_{i=1}^{n}(y_i - \overline{y})^2 = S_{(yy)}$$

로 나타낼 수 있으므로, 결정계수 r^2은

$$r^2 = \frac{SSR}{SST} = \frac{S_{(xy)}^2}{S_{(xx)}S_{(yy)}} = \left\{\frac{S_{(xy)}}{\sqrt{S_{(xx)}}\sqrt{S_{(yy)}}}\right\}^2$$

이다. 따라서 최소제곱회귀직선의 결정계수 r^2은 표본상관계수의 제곱과 같다.

결정계수

$$r^2 = \frac{SSR}{SST} = \frac{S_{(xy)}^2}{S_{(xx)}S_{(yy)}}$$

예제 8.4 예 8.2에서 단순선형회귀모형을 적용할 때, 결정계수를 구하고 이를 해석하여라.

풀이 [예제 8-3]에서 다음과 같은 통계량의 값을 구하였다.

$$S_{(xy)} = 2430.170,\ S_{(xx)} = 7820.700,\ S_{(yy)} = 1255.234$$

결정계수의 값을 구하면

$$r^2 = \frac{SSR}{SST} = \frac{S_{(xy)}^2}{S_{(xx)}S_{(yy)}} = \frac{2430.170^2}{(7820.700)(1255.234)} = 0.602$$

즉, 회귀직선이 전체 반응변수 값의 변화 중 약 60%를 설명한다는 뜻이다.

참고 회귀분석에서 통계량의 값만으로 모형을 확정하는 것은 매우 위험하다. 뒤에 나오는 8-7절의 [사례 8-6]에서 볼 수 있는 것과 같이 총제곱합, 잔차제곱합, 회귀제곱합, 최소제곱회귀계수 등 모든 통계량의 값이 거의 일치하지만 전혀 다른 함수관계를 나타내는 경우도 있으므로, 산점도와 함께 잔차분석을 시행해야 하는 경우가 많다.

8-4 단순회귀분석에서의 추론

단순선형회귀모형의 기본적인 가정은 선형성, 등분산성, 독립성이다. 이 절에서는 여기에 오차가 정규분포를 따른다는 가정을 추가하기로 한다. 즉,

$$Y_i = \alpha + \beta x_i + e_i \ , \quad e_i \sim N(0, \sigma^2), \quad i = 1, 2, \cdots, n$$

의 가정하에서 모회귀계수에 관한 통계적 추론을 다루기로 한다. 여기서 e_i들은 서로 독립인 오차항이다. 이와 같은 추론이 신빙성을 가지기 위해서는 모형에 대한 가정의 타당성이 먼저 검토되어야 한다.

먼저, 단순선형회귀모형에서 설명변수가 반응변수의 변화를 설명하는 데 의미가 있는지를 검정하는 방법에 대하여 알아보자. 설명변수가 의미를 가진다는 것을 다른 말로 '설명변수가 유의하다' 또는 '회귀직선이 유의하다'라고 표현하며, 이는 $\beta \neq 0$임을 뜻한다. 따라서 다음의 가설을 생각한다.

$$H_0 : \beta = 0 \qquad H_1 : \beta \neq 0$$

회귀직선의 유의성 검정에서 착안점은 β가 0으로부터 멀어질수록 반응변수 값의 변동을 나타내는 총제곱합 SST 중 회귀제곱합 SSR이 차지하는 비중이 커지고 잔차제곱합 SSE가 차지하는 비중은 작아진다는 데 있다. 즉, SSR/SSE의 값이 커질수록 회귀직선이 유의하다는 증거가 강함을 뜻한다. 이제 검정통계량을 알아보자.

제곱합을 자유도로 나눈 것을 **평균제곱**(mean square)이라고 한다. 즉, 잔차평균제곱과 회귀평균제곱은 각각 다음과 같이 정의된다.

$$\text{MSE} = \text{SSE}/(\text{n}-2)\ :\ \text{잔차평균제곱}$$

$$\text{MSR} = \text{SSR}/1\ :\ \text{회귀평균제곱}$$

한편, 귀무가설 H_0가 사실일 때

$$F = \frac{\text{MSR}}{\text{MSE}} = \frac{\text{SSR}/1}{\text{SSE}/(\text{n}-2)} \sim \text{F}(1, \text{n}-2)$$

임이 알려져 있다. 또한 평균제곱의 기댓값은 각각 다음과 같음이 알려져 있다.

$$E(\text{MSE}) = \sigma^2$$

$$E(\text{MSR}) = \sigma^2 + \beta^2 \text{S}_{(\text{xx})}$$

즉, MSE는 항상 σ^2에 대한 불편추정량이 되며, MSR는 H_0하에서는 σ^2에 대한 불편추정량이 되지만, 대립가설 H_1하에서는 σ^2보다 크려고 하는 성질이 있다. 따라서 F-통계량의 값이 크면 귀무가설을 기각하고, 처리효과에 유의한 차이가 있다고 결론을 내린다.

따라서 이 F 검정통계량의 관측값을 f라 할 때 유의확률은

$$p = P(F \geq f), \quad F \sim F(1, n-2)$$

이고, 유의수준 α의 기각역은 다음과 같다.

$$f \geq F_\alpha(1, n-2)$$

이와 같은 결과를 표로 정리하면 <표 8-3>과 같으며, 이를 **분산분석표**(analysis of variance table)라고 한다.

표 8-3 회귀직선의 유의성 검정을 위한 분산분석표

요 인	제곱합	자유도	평균제곱	F값	유의확률
회 귀	SSR	1	MSR = SSR/1	f = MSR/MSE	$P(F \geq f)$
잔 차	SSE	$n-2$	MSE = SSE/(n−2)		
계	SST	$n-1$			

예제 8.5 예 8.2에서 단순선형회귀모형을 적용할 때, 유의수준 5%에서 회귀직선이 유의한지를 검정하여라.

풀이 [예제 8-3]의 풀이 과정에서

$$\text{SSE} = 500.094, \qquad \text{SST} = S_{(yy)} = 1255.234$$

임을 이용하여 회귀제곱합을 계산하면 다음과 같다.

$$\text{SSR} = \text{SST} - \text{SSE} = 1255.234 - 500.094 = 755.140$$

따라서 F 검정통계량의 값을 구하면

$$f = \frac{\text{SSR}/1}{\text{SSE}/(\text{n}-2)} = \frac{755.140/1}{500.094/(30-2)} = 755.140/17.861 = 42.279$$

이고 $F_{0.001}(1, 28) = 13.50$이므로,

$$f = 42.279 > 4.18 = F_{0.05}(1,28)$$

임을 알 수 있다. 또한, 통계패키지를 이용하여 유의확률을 계산하면 4.790×10^{-7}이다. 따라서 회귀직선이 유의하다는 증거가 뚜렷하다고 할 수 있으며, 이러한 검정 과정을 분산분석표로 나타내면 <표 8-4>와 같다.

표 8-4 [예제 8-5]의 분산분석표

요 인	제곱합	자유도	평균제곱	F 값	유의확률
회 귀	755.140	1	755.140	42.279	<0.001
잔 차	500.094	28	17.861		
계	1255.234	29			

이제 회귀계수 β에 관한 추론문제를 다루기 위해 $\hat{\beta}$의 분포를 구해 보자. $\hat{\beta}$은 다음과 같이 나타낼 수 있다.

$$\hat{\beta}=\frac{\sum_{i=1}^{n}(x_i-\overline{x})(y_i-\overline{y})}{\sum_{i=1}^{n}(x_i-\overline{x})^2}=\sum_{i=1}^{n}\frac{(x_i-\overline{x})}{S_{(xx)}}y_i$$

따라서 $\hat{\beta}$은 정규확률변수 y_i들의 일차결합이므로 다시 정규분포를 따르며, $\hat{\beta}$의 평균과 분산은 각각 다음과 같다(연습문제 8-3).

$$E(\hat{\beta})=\beta, \quad \mathrm{Var}(\hat{\beta})=\frac{\sigma^2}{\mathrm{S}_{(\mathrm{xx})}}$$

따라서 $\hat{\beta}$을 표준화시킨 다음의 Z-통계량은 표준정규분포를 따른다.

$$Z=\frac{\hat{\beta}-\beta}{\sigma/\sqrt{S_{(xx)}}} \sim N(0,1).$$

위 $\hat{\beta}$의 표준화 식에서 분모의 σ^2을 그 추정량인 $\hat{\sigma}^2=\mathrm{MSE}$로 바꾸면 자유도 $(n-2)$인 t-분포를 따른다는 사실이 알려져 있다. 즉,

$$T=\frac{\hat{\beta}-\beta}{\hat{\sigma}/\sqrt{S_{(xx)}}} \sim t(n-2)$$

따라서 모회귀계수 β에 관한 신뢰구간과 가설검정의 절차는 다음과 같이 요약할 수 있다.

기울기 β에 관한 추론

(1) β에 관한 $100(1-\alpha)\%$ 신뢰구간은

$$\hat{\beta}\pm t_{\alpha/2}(n-2)\frac{\hat{\sigma}}{\sqrt{S_{(xx)}}}$$

(2) 귀무가설 $H_0 : \beta=\beta_0$에 관한 검정통계량은

$$T=\frac{\hat{\beta}-\beta_0}{\hat{\sigma}/\sqrt{S_{(xx)}}}$$

이며, 관측값을 t라고 할 때 유의수준 α에서 기각역과 유의확률은 다음과 같다.

	기각역	유의확률
(a) $H_1 : \beta > \beta_0$ 일 때	$t \geq t_\alpha(n-2)$	$p = P(T \geq t)$
(b) $H_1 : \beta < \beta_0$ 일 때	$t \leq -t_\alpha(n-2)$	$p = P(T \leq t)$
(c) $H_1 : \beta \neq \beta_0$ 일 때	$\lvert t\rvert \geq t_{\alpha/2}(n-2)$	$p = P(\lvert T\rvert \geq \lvert t\rvert)$

예제 8.6 예 8.2에서 단순선형회귀모형을 적용할 때, 다음 각 물음에 답하여라.

(a) 회귀직선이 유의한지를 t검정으로 유의수준 5%에서 검정하고, 분산분석표에 의한 F검정과의 관계를 설명하여라.

(b) 기온에 따라 1인당 아이스크림 월소비 증가량이 0.0025 pint를 초과하는지 유의수준 5%에서 검정하여라.

(c) 기울기 β의 95% 신뢰구간을 구하고 그 의미를 설명하여라.

풀이 (a) 회귀직선의 유의성을 검정하기 위한 가설은 다음과 같다.

$$H_0 : \beta = 0 \qquad H_1 : \beta \neq 0$$

[예제 8-2]와 [예제 8-3]의 풀이 과정에서

$$\hat{\beta} = 0.311, \quad S_{(xx)} = 7820.700, \quad \hat{\sigma}^2 = \text{MSE} = 17.861$$

이므로 검정통계량의 값은 다음과 같다.

$$t = \frac{\hat{\beta} - 0}{\hat{\sigma}/\sqrt{S_{(xx)}}} = \frac{0.311}{\sqrt{17.861/7820.700}} = 6.508$$

한편 부록의 t-분포표에서 $t_{0.025}(30-2) = 2.048$ 이므로

$$|t| \geq t_{0.025}(28)$$

따라서 유의수준 5%에서 귀무가설 $H_0 : \beta = 0$을 기각하며 회귀직선이 유의하다고 할 수 있다. 즉, 월평균 기온과 1인당 아이스크림 월소비량 사이에 유의한 선형관계가 있다고 결론지을 수 있다.

위 회귀직선의 유의성 검정은 앞에서처럼 분산분석표를 이용한 F검정으로도 할 수 있다. 실제로

$$F = \frac{\mathrm{SSR}/1}{\mathrm{SSE}/(\mathrm{n}-2)} = \frac{\hat{\beta}^2 \mathrm{S}_{(\mathrm{xx})}}{\mathrm{MSE}} = \left(\frac{\hat{\beta}-0}{\hat{\sigma}/\sqrt{\mathrm{S}_{(\mathrm{xx})}}} \right)^2 = \mathrm{T}^2$$

이 되어 F 검정과 t검정이 같은 검정임을 알 수 있다.

(b) 자료의 측정단위가 10^{-2} pint이므로, 검정하고자 하는 가설은

$$H_0 : \beta = 0.25 \qquad H_1 : \beta > 0.25$$

이다. 이 경우에 T−통계량의 관측값은 다음과 같다.

$$t = \frac{\hat{\beta}-(0.25)}{\hat{\sigma}/\sqrt{S_{xx}}} = \frac{0.311-0.250}{\sqrt{17.861/7820.7}} = 1.276$$

그런데, $t_{0.05}(30-2) = 1.701$ 이므로 관측값이 기각역에 포함되지 않는다. 따라서 주어진 관측결과는 유의수준 5%에서 귀무가설을 기각할 뚜렷한 증거가 될 수 없다. 즉, 기온이 한 단위 증가함에 따라 증가되는 평균 아이스크림 월소비량이 0.0025 pint를 초과한다는 뚜렷한 증거가 없다.

(c) $t_{0.025}(30-2) = 2.048$ 이므로, β의 95% 신뢰구간은

$$\hat{\beta} \pm t_{0.025}(28)\hat{\sigma}/\sqrt{S_{xx}} = 0.311 \pm (2.048)\sqrt{17.861/7820.700}$$

$$= 0.311 \pm 0.098$$

로 주어진다. 즉, β의 95% 신뢰구간은

$$0.213 \le \beta \le 0.409$$

이다. 따라서 기온이 한 단위 올라갈 때 증가하는 1인당 아이스크림 월평균 소비량은 0.00213 pint 이상 0.00409 pint 이하라고 신뢰수준 95%에서 말할 수 있다.

회귀분석에서 회귀계수 이외에 흔히 관심의 대상이 되는 것이 설명변수의 값 x에 대응되는 반응변수의 평균값 $E(Y|x)$이다. 단순선형회귀에서 평균 반응 $E(Y|x)$의 최소제곱추정량은 $\hat{\alpha}+\hat{\beta}x$으로 주어진다. 이때,

$$E(\hat{\alpha}+\hat{\beta}x)=\alpha+\beta x, \qquad \mathrm{Var}(\hat{\alpha}+\hat{\beta}\mathrm{x})=\sigma^2\left(\frac{1}{\mathrm{n}}+\frac{(\mathrm{x}-\bar{\mathrm{x}})^2}{\mathrm{S}_{(\mathrm{xx})}}\right)$$

임을 밝힐 수 있고(연습문제 8-3), $\hat{\alpha}+\hat{\beta}x$ 역시 반응변수 Y_i의 선형결합으로 표현되므로 정규분포를 따른다. 즉,

$$Z=\frac{(\hat{\alpha}+\hat{\beta}x)-(\alpha+\beta x)}{\sqrt{\sigma^2\left(\frac{1}{n}+\frac{(x-\bar{x})^2}{S_{(xx)}}\right)}}\sim N(0,1)$$

이 성립한다. 또한 $\hat{\alpha}+\hat{\beta}x$의 표준화 식에서 분모의 σ^2을 그 추정량인 $\hat{\sigma}^2$로 바꾸면 자유도 $(n-2)$인 t-분포를 따른다는 사실이 알려져 있다. 즉,

$$T=\frac{(\hat{\alpha}+\hat{\beta}x)-(\alpha+\beta x)}{\sqrt{\hat{\sigma}^2\left(\frac{1}{n}+\frac{(x-\bar{x})^2}{S_{(xx)}}\right)}}\sim t(n-2). \qquad \text{다만,} \quad \hat{\sigma}^2=\mathrm{MSE}$$

따라서 평균 반응 $\alpha+\beta x$에 관한 신뢰구간과 가설검정의 절차는 다음과 같다.

평균 반응 $E(Y|x)=\alpha+\beta x$에 관한 추론

(1) $\alpha+\beta x$에 관한 $100(1-\alpha)\%$ 신뢰구간은

$$(\hat{\alpha}+\hat{\beta}x)\pm t_{\alpha/2}(n-2)\,\hat{\sigma}\sqrt{\frac{1}{n}+\frac{(x-\bar{x})^2}{S_{(xx)}}}$$

(2) 귀무가설 $H_0: \alpha+\beta x=\mu_0$에 관한 검정통계량은

$$T=\frac{(\hat{\alpha}+\hat{\beta}x)-(\alpha+\beta x)}{\sqrt{\hat{\sigma}^2\left(\frac{1}{n}+\frac{(x-\bar{x})^2}{S_{(xx)}}\right)}}\sim t(n-2)$$

이며, 관측값을 t라고 할 때 유의수준 α에서 기각역과 유의확률은 다음과 같다.

	기각역	유의확률
(a) $H_1 : \alpha+\beta x > \mu_0$일 때	$t \geq t_\alpha(n-2)$	$p = P(T \geq t)$
(b) $H_1 : \alpha+\beta x < \mu_0$일 때	$t \leq -t_\alpha(n-2)$	$p = P(T \leq t)$
(c) $H_1 : \alpha+\beta x \neq \mu_0$일 때	$\lvert t\rvert \geq t_{\alpha/2}(n-2)$	$p = P(\lvert T\rvert \geq \lvert t\rvert)$

평균 반응 $\alpha+\beta x$에 대한 위 신뢰구간의 공식에서, x가 설명변수의 관측값 평균인 $\bar{x}$에 가까워지거나 그들의 제곱합 $S_{(xx)}$가 커질수록 신뢰구간의 길이는 짧아짐을 알 수 있다. 따라서 설명변수의 값 x에서 평균 반응에 대한 추론을 할 때에는 x를 중심으로 널리 퍼져 있는 설명변수의 값에서 반응변수의 값을 관측하는 것이 바람직하다.

예제 8.7 예 8.2에 단순선형회귀모형을 적용할 때, 다음 각 물음에 답하여라.

(a) 월평균 기온이 $x = 45°\text{F}$인 달의, 1인당 아이스크림 월평균 소비량이 32 (10^{-2}pint)보다 높은지 유의수준 1%에서 검정하여라.

(b) 월평균 기온이 $x = 35, 50, 65\,°\text{F}$일 때 1인당 아이스크림 월평균 소비량의 95% 신뢰구간을 각각 구하고 그래프로 나타내어라. 이때 각 신뢰구간의 상한끼리 부드러운 선으로 연결시키고 하한끼리도 마찬가지로 연결시키면 어떤 모양이 되는가?

풀이 (a) $x = 45$에서 1인당 아이스크림 월평균 소비량은 $E(Y|x) = \alpha + 45\beta$이므로, 검정하고자 하는 가설은

$$H_0 : \alpha + 45\beta = 32 \qquad H_1 : \alpha + 45\beta > 32$$

이다. [예제 8-2]와 [예제 8-3]의 풀이로부터

$$n = 30, \quad \bar{x} = 49.1, \quad S_{(xx)} = 7820.7$$

$$\hat{y} = \hat{\alpha} + \hat{\beta}x = 20.673 + 0.311\,x$$

$$\hat{\sigma}^2 = 17.861$$

임을 알고 있으므로, 이것을 이용하여 검정통계량 값을 구하면 다음과 같다.

$$t=\frac{(\hat{\alpha}+45\hat{\beta})-32}{\hat{\sigma}\sqrt{n^{-1}+(45-\overline{x})^2/S_{(xx)}}}=3.351$$

한편 부록의 t-분포표에서 $t_{0.01}(30-2)=2.467$ 이므로

$$t\geq t_{0.01}(28)$$

이다. 따라서 유의수준 1%에서 귀무가설을 기각한다. 즉, 월평균 기온이 45°F 일 때 1인당 아이스크림 월평균 소비량이 32(10^{-2} pint)보다 높다는 뚜렷한 증거가 있다.

(b) $t_{0.025}(28)=2.048$이므로 $x=35$에서 1인당 아이스크림 월평균 소비량의 95% 신뢰구간은 다음과 같다.

$$\begin{aligned}&(\hat{\alpha}+35\hat{\beta})\pm t_{0.025}(28)\hat{\sigma}\sqrt{n^{-1}+(35-\overline{x})^2/S_{(xx)}}\\&=(20.673+10.885)\pm(2.048)(1.024)\\&=31.558\pm 2.098\end{aligned}$$

같은 방법으로 $x=50,65$일 때 $\alpha+\beta x$에 대한 95% 신뢰구간을 구하면,

$$\begin{aligned}x=50\text{일 때}\quad &36.223\pm 1.583\\x=65\text{일 때}\quad &40.888\pm 2.218\end{aligned}$$

로 계산된다. 이 신뢰구간들을 좌표평면 상에서 화살표로 나타내고, 신뢰구간의 상한끼리 점선으로 부드럽게 연결시키고, 하한끼리도 마찬가지로 연결시키면 가운데가 잘록한 띠 모양의 신뢰영역을 [그림 8-7]에서와 같이 얻을 수 있다.

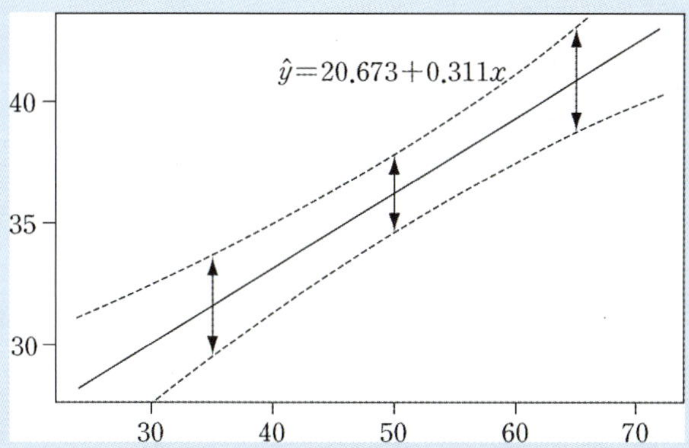

그림 8-7 평균 반응의 95% 신뢰구간

회귀직선의 절편 α에 관한 추론은 평균 반응 $\alpha+\beta x$에 관한 추론에서 $x=0$인 경우에 해당되므로 다음과 같이 요약할 수 있다.

절편 α에 관한 추론

(1) α에 관한 $100(1-\alpha)\%$ 신뢰구간은

$$\hat{\alpha} \pm t_{\alpha/2}(n-2)\,\hat{\sigma}\sqrt{\frac{1}{n}+\frac{\bar{x}^2}{S_{(xx)}}}$$

(2) 귀무가설 $H_0: \alpha=\alpha_0$에 관한 검정통계량은

$$T=\frac{\hat{\alpha}-\alpha_0}{\sqrt{\hat{\sigma}^2\left(\frac{1}{n}+\frac{\bar{x}^2}{S_{(xx)}}\right)}} \sim t(n-2)$$

이며, 관측값을 t라고 할 때 유의수준 α에서 기각역과 유의확률은 다음과 같다.

	기각역	유의확률
(a) $H_1: \alpha > \alpha_0$일 때	$t \ge t_\alpha(n-2)$	$p=P(T \ge t)$
(b) $H_1: \alpha < \alpha_0$일 때	$t \le -t_\alpha(n-2)$	$p=P(T \le t)$
(c) $H_1: \alpha \ne \alpha_0$일 때	$\lvert t\rvert \ge t_{\alpha/2}(n-2)$	$p=P(\lvert T\rvert \ge \lvert t\rvert)$

예제 8.8 예 8.2에 단순선형회귀모형을 적용할 때, 절편 α에 대한 95% 신뢰구간을 구하여라.

풀이

$$\hat{\alpha} \pm t_{\alpha/2}(n-2)\,\hat{\sigma}\sqrt{\frac{1}{n}+\frac{\bar{x}^2}{S_{(xx)}}}$$

$$= 20.673 \pm (2.048)\sqrt{17.861}\sqrt{\frac{1}{30}+\frac{49.1^2}{7820.7}}$$

$$= 20.673 \pm 5.059 = (15.614, 25.732)$$

8-5 단순회귀에서의 잔차분석

앞 절에서 다룬 통계적 추론이 신빙성을 가지기 위해서는 회귀모형과 오차항에 대하여 다음과 같은 가정이 타당해야 한다.

(a) 선형성: $E(Y_i|x_i) = \alpha + \beta x_i$

(b) 등분산성: $\mathrm{Var}(e_1) = \cdots = \mathrm{Var}(e_n) = \sigma^2 > 0$

(c) 독립성: $e_1, e_2, \cdots, e_n$은 서로 독립

(d) 정규성: $e_i \sim N(0, \sigma^2)$

오차항인 e_i는 실제로 관측되는 것이 아니므로 관측값 y_i와 추정값 $\hat{y}_i = \hat{\alpha} + \hat{\beta}x_i$의 차인 **잔차**

$$\hat{e}_i = y_i - \hat{y}_i\ , \qquad i = 1, 2, \cdots, n$$

에 기초하여 위의 가정 (a)~(d)에 대한 타당성을 검토하게 되며, 이를 **잔차분석**(analysis of residual)이라고 한다.

$\hat{e}_i$에 기초한 추론에서 $\hat{e}_i$의 크기만으로는 크고 작은 것을 판단할 수 없으므로 잔차분석에서는 흔히 $\hat{e}_i$를 표준화하여 사용한다. 그러나 $\hat{e}_i$를 표준화하기 위하여 $\mathrm{sd}(\hat{\mathrm{e}}_\mathrm{i})$로 나눌 때 $\mathrm{sd}(\hat{\mathrm{e}}_\mathrm{i})$은 미지의 σ^2를 포함하므로, $\mathrm{sd}(\hat{\mathrm{e}}_\mathrm{i})$에서 σ^2을 평균제곱잔차 MSE로 대체한 $\widehat{sd}(\hat{e}_i)$을 사용하여 표준화한다. 즉,

$$\frac{y_1 - \hat{y}_1}{\widehat{sd}(\hat{e}_1)}, \frac{y_2 - \hat{y}_2}{\widehat{sd}(\hat{e}_2)}, \cdots, \frac{y_n - \hat{y}_n}{\widehat{sd}(\hat{e}_n)}$$

의 분포의 모양을 검토하여 잔차분석을 시행하며, $\widehat{\mathrm{sd}}(\hat{\mathrm{e}}_\mathrm{i})$를 사용하여 표준화한

$$\hat{e}_{st,i} = \frac{\hat{\mathrm{e}}_\mathrm{i}}{\widehat{\mathrm{sd}}(\hat{\mathrm{e}}_\mathrm{i})}, \ \mathrm{i} = 1, 2, \cdots, \mathrm{n}$$

을 **스튜던트화 잔차**(studentized residual)라고 한다.

잔차분석에서는 흔히 좌표평면에 점 $(x_1, \hat{e}_{st,i}), \cdots, (x_n, \hat{e}_{st,n})$의 위치를 표시한 **잔차도**(residual plot)를 이용하며, 잔차도는 여러 통계패키지로부터 제공된다. [그림 8-8]은 예 8.2에서 단순선형회귀모형의 적용 타당성을 알아보기 위한 잔차도이다. 이 잔차도에서 스튜던트화 잔차들이 다음과 같은 조건을 만족함을 확인할 수 있다.

(a) 선형성 : 대략 0에 관하여 대칭이고,
(b) 등분산성 : 설명변수의 값에 따른 잔차의 산포가 크게 다르지 않으며,
(c) 독립성 : 점들이 산재된 모양에 특별한 경향이 없고,
(d) 정규성 : 대부분의 점들이 ±2의 범위 내에 있다.

일반적으로, 주어진 자료에 대하여 단순선형회귀모형을 적용하여 통계적 추론을 수행할 때 다음의 순서를 따르는 것이 좋다.

① 산점도를 그려서 대략적인 직선 관계를 파악한다.
② 최소제곱회귀직선과 평균제곱잔차를 구하여 잔차분석을 행한다. 이때 스튜던트화 잔차들이 대체로 0에 관해 대칭적으로 나타나고 ±2이내의 범위에 들어가며 점들이 산재된 모양에 특별한 경향이 없음을 확인한다.
③ 잔차분석을 통과하면 신뢰구간이나 검정과 같은 추론을 행한다.

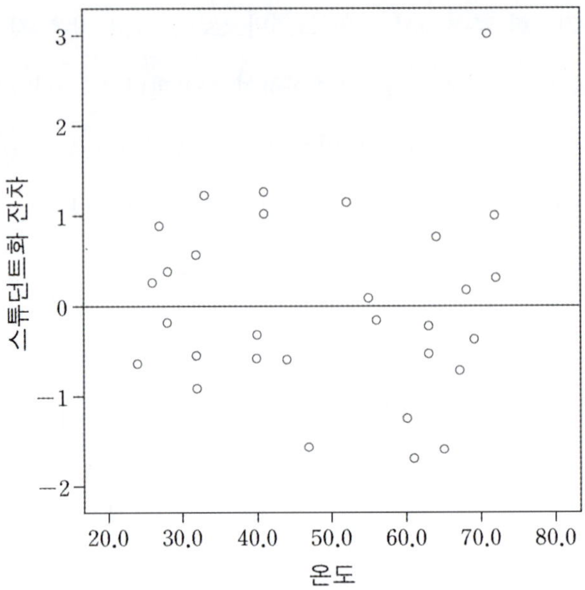

그림 8-8 예 8.2의 스튜던트화 잔차도

잔차분석에서 단순선형회귀모형의 가정에 어긋나는 전형적인 경우를 소개하면 [그림 8-9]와 같다. 자료의 형태가 가정을 만족하지 못할 때에는 분석이 어려워지며, 자료의 형태에 따라 여러 가지 다른 회귀분석방법이 있으나 이 책의 범위를 벗어나므로 회귀분석에 관한 전문 서적을 참조해야 한다.

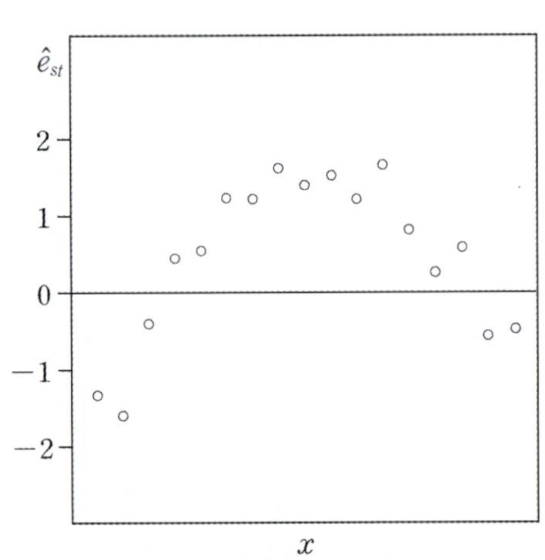

(a) 선형성에 벗어나는 경우

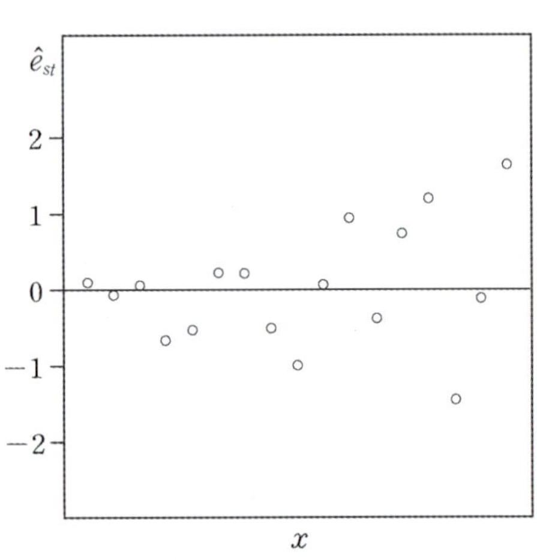

(b) 등분산성에 벗어나는 경우

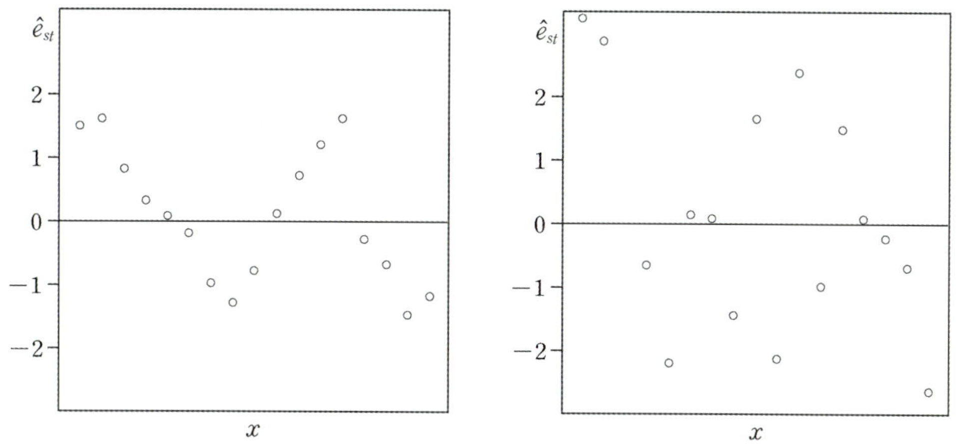

(c) 독립성에 벗어나는 경우 (d) 정규성에 벗어나는 경우

그림 8-9 단순선형회귀모형의 가정에 어긋나는 경우

예제 8.9 다음의 <표 8-5>은 1986년 미국에서 유통되고 있던 쇠고기 핫도그 가운데 $n=19$개의 표본을 추출하여 조사한 자료로서, 한 개의 핫도그에 포함된 나트륨의 양과 칼로리를 나타낸 것이다.

(a) 단순선형회귀모형을 적합하고자 한다. 이것이 타당한지 검토하여라.

(b) 추정된 회귀직선이 유의수준 5%에서 유의한지 검정하여라.

(c) 나트륨 함량이 500인 쇠고기 핫도그의 평균 칼로리에 대한 95% 신뢰구간을 구하여라.

표 8-5 각 핫도그 한 개당 나트륨 함량과 칼로리

나트륨	칼로리	나트륨	칼로리	나트륨	칼로리	나트륨	칼로리
495	186	587	190	330	152	317	131
477	181	370	158	386	141	319	149
425	176	322	139	401	153	298	135
322	149	479	175	645	190	253	132
482	184	375	148	440	157		

풀이 <표 8-5> 자료에 대하여 [그림 8-10]과 같은 산점도를 그려 보면, 두 변수 사이에 대략 직선관계가 성립함을 확인할 수 있다.

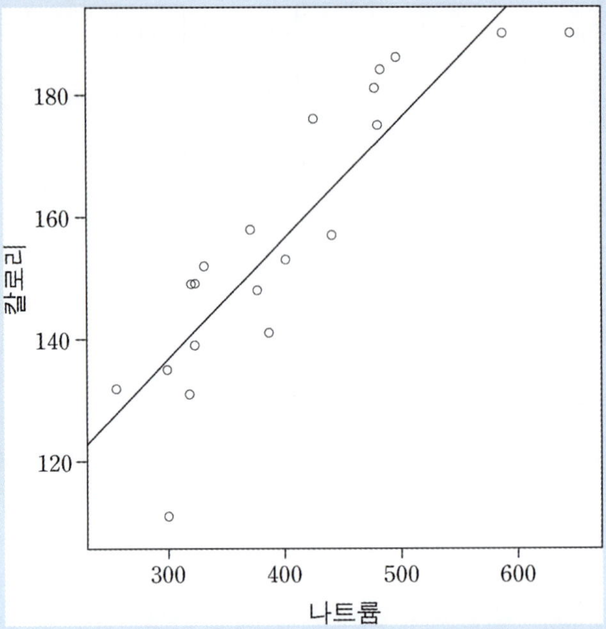

그림 8-10 〈표 8-5〉 자료의 산점도

(a) 먼저 평균과 제곱합을 구하면 다음과 같다.

$$\overline{x} = 406.474, \quad \overline{y} = 159.263$$

$$S_{(xx)} = 188594.737$$

$$S_{(yy)} = 7527.684$$

$$S_{(xy)} = 34209.632$$

따라서 α와 β의 최소제곱추정값과 적합된 회귀직선은 다음과 같다.

$$\hat{\beta} = \frac{S_{(xy)}}{S_{(xx)}} = 0.181$$

$$\hat{\alpha} = \overline{y} - \hat{\beta}\overline{x} = 85.691$$

$$\hat{y} = \hat{\alpha} + \hat{\beta}x = 85.691 + 0.181x$$

적합된 회귀직선을 산점도에 겹쳐 그리면 [그림 8-10]과 같다. 다음으로 스튜던트화 잔차인 $\hat{e}_{st,i}$을 통계패키지를 이용하여 계산하고 잔차도를 그려 보면 [그림 8-11]과 같다.

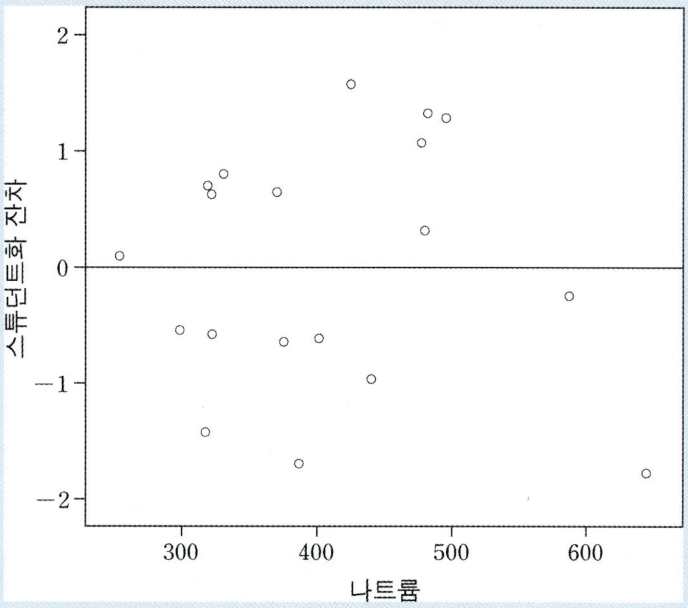

그림 8－11 〈표 8－5〉의 자료에 대한 잔차도

[그림 8-11]에서 잔차들은 대략 0에 관해 대칭이며, 설명변수의 값에 따른 산포가 비슷하고, 모두 ±2의 범위 이내에 있다. 또한, 잔차들의 산재 형태에 특별한 경향이 없으므로 오차들이 서로 독립이라는 가정에도 위배되지 않는다. 따라서 잔차분석으로부터 단순선형회귀모형의 적용이 타당함을 확인할 수 있다.

적합된 회귀직선이 반응변수 값의 변화를 얼마나 잘 설명하고 있는지 알아보기 위해 결정계수의 값을 계산하면 다음과 같다.

$$r^2 = \frac{\mathrm{SSR}}{\mathrm{SST}} = \frac{\mathrm{S}^2_{(\mathrm{xy})}}{\mathrm{S}_{(\mathrm{xx})}\mathrm{S}_{(\mathrm{yy})}} = 0.824$$

즉, 전체 반응변수 값의 변화 중 약 82%가 회귀직선에 의하여 설명된다. 따라서 단순선형회귀모형이 설명력의 측면에서도 적합하다고 할 수 있다.

(b) 회귀직선의 유의성을 판단하기 위한 가설은

$$H_0 : \beta = 0, \;\; H_1 : \beta \neq 0$$

이다. 검정통계량을 계산하기 위한 제곱합은

$$\text{SSR} = S^2_{(xy)} / S_{(xx)} = 6205.364$$

$$\text{SSE} = S_{(yy)} - S^2_{(xy)} / S_{(xx)} = 7527.684 - 6205364 = 1322.320$$

과 같고, 각각 자유도는 1과 17이다. 따라서 F 검정통계량의 값은

$$f = \frac{\text{SSR}/1}{\text{SSE}/17} = 79.777$$

이고, $F_{0.05}(1,17) = 4.45$이므로

$$f \ge F_{0.05}(1,17)$$

이 성립하여 귀무가설을 기각한다. 즉, 유의수준 5%에서 회귀직선은 유의하다. 이에 대한 분산분석표는 <표 8-6>과 같다.

표 8-6 [예제 8-9]의 분산분석표

요 인	제곱합	자유도	평균제곱	F 값	유의확률
회 귀	6205.363	1	6205.363	79.777	<0.0001
잔 차	1322.320	17	77.784		
계	7527.684	18			

(c) 나트륨 함량이 $x = 500$일 때 $E(Y|x) = \alpha + 500\beta$의 95% 신뢰구간을 구하기 위해 필요한 값들을 계산하면,

$$\hat{\alpha} + 500\hat{\beta} = 85.691 + 500 \times 0.181 = 176.191$$

$$\hat{\sigma}\sqrt{\frac{1}{n} + \frac{(x - \overline{x})^2}{S_{xx}}} = 8.820 \times \sqrt{\frac{1}{19} + \frac{(500 - 406.474)^2}{188594.737}} = 2.816.$$

부록의 t-분포표에서 $t_{0.025}(17) = 2.110$이므로, $\alpha + 500\beta$의 95% 신뢰구간은 다음과 같다.

$$176.191 \pm 2.110 \times 2.816 = 176.191 \pm 5.942$$

8-6 중회귀분석

많은 경우에 반응변수의 값은 두 개 이상의 설명변수에 영향을 받는다. 이때 여러 개의 설명변수를 적절히 선택하여 회귀모형에 포함시키면 단순회귀모형보다 더 나은 분석을 할 수 있다. 반응변수의 변화를 설명하기 위하여 $k(\geq 2)$개의 설명변수를 고려하는 회귀모형을 **중회귀모형**(multiple regression model)이라고 한다. 특히, 설명변수의 값 $x_{1i}, \cdots, x_{ki}$에서 관측되는 반응변수 Y_i 사이에 다음과 같은 선형관계가 성립하는 중회귀모형을 **중선형회귀모형**(multiple linear regression model)이라고 한다.

중선형회귀모형

$$Y_i = \beta_0 + \beta_1 x_{1i} + \cdots + \beta_k x_{ki} + e_i, \quad i = 1, 2, \cdots, n$$

다만,

$x_{1i}, x_{2i} \cdots, x_{ki}$: 설명변수(독립변수)

$Y_1, Y_2, \cdots, Y_n$: 반응변수(종속변수)

$\beta_0, \beta_1, \ldots, \beta_k$: 회귀계수

$e_1, e_2, \cdots, e_n$: 오차항으로 서로 독립인 $N(0, \sigma^2)$ 확률변수

여기에서는 $k=2$인 경우 최소제곱추정법에 대하여 알아보기로 한다. 먼저, 최소제곱추정을 위한 오차의 제곱합은 다음과 같다.

$$\sum_{i=1}^{n} \{ Y_i - (\beta_0 + \beta_1 x_{1i} + \beta_2 x_{2i}) \}^2$$

위 제곱합을 최소로 하는 회귀계수의 추정량은 다음의 식으로부터 유도할 수 있다.

$$\sum_{i=1}^{n} \{ y_i - (\beta_0 + \beta_1 x_{1i} + \beta_2 x_{2i}) \}^2 = \sum_{i=1}^{n} \Big[y_i - \overline{y} - \beta_1 (x_{1i} - \overline{x}_1) - \beta_2 (x_{2i} - \overline{x}_2) \\ - \big\{ \beta_0 - (\overline{y} - \beta_1 \overline{x}_1 - \beta_2 \overline{x}_2) \big\} \Big]^2$$

$$= \sum_{i=1}^{n} \left\{ y_i - \overline{y} - \beta_1 (x_{1i} - \overline{x}_1) - \beta_2 (x_{2i} - \overline{x}_2) \right\}^2$$

$$+ n \left\{ \beta_0 - (\overline{y} - \beta_1 \overline{x}_1 - \beta_2 \overline{x}_2) \right\}^2$$

위 식에서 $\hat{\beta}_1$과 $\hat{\beta}_2$은 오른쪽 첫 번째 항을 β_1과 β_2에 대해 편미분하여 얻은 식을 0으로 놓은 연립방정식을 풀어 구할 수 있고, $\hat{\beta}_0$는 두 번째 항에 $\hat{\beta}_1$과 $\hat{\beta}_2$을 대입하여 얻은 식을 0으로 만드는 값이다. 즉, 이들은 다음의 연립방정식의 해이며, 이 연립방정식이 설명변수가 두 개인 경우의 **정규방정식**이다.

$$\hat{\beta}_0 = \overline{y} - \hat{\beta}_1 \overline{x}_1 - \hat{\beta}_2 \overline{x}_2$$

$$S_{(11)} \hat{\beta}_1 + S_{(12)} \hat{\beta}_2 = S_{(1y)}$$

$$S_{(12)} \hat{\beta}_1 + S_{(22)} \hat{\beta}_2 = S_{(2y)}$$

여기서 사용된 제곱합 기호들은 다음과 같다.

$$S_{(11)} = S_{(x_1 x_1)}, \quad S_{(22)} = S_{(x_2 x_2)}, \quad S_{(12)} = S_{(x_1 x_2)}, \quad S_{(1y)} = S_{(x_1 y)}, \quad S_{(2y)} = S_{(x_2 y)}$$

단순선형회귀모형의 적합에서와 같이 최소제곱추정량 $\hat{\beta}_0$, $\hat{\beta}_1$, $\hat{\beta}_2$은 오차의 제곱합을 β_0, β_1, β_2에 대해 각각 편미분하여 얻은 식을 0으로 놓은 다음의 연립방정식을 풀어서 구할 수도 있다.

$$\sum_{i=1}^{n} (y_i - \hat{\beta}_0 - \hat{\beta}_1 x_{1i} - \hat{\beta}_2 x_{2i}) = 0$$

$$\sum_{i=1}^{n} x_{1i} (y_i - \hat{\beta}_0 - \hat{\beta}_1 x_{1i} - \hat{\beta}_2 x_{2i}) = 0$$

$$\sum_{i=1}^{n} x_{2i} (y_i - \hat{\beta}_0 - \hat{\beta}_1 x_{1i} - \hat{\beta}_2 x_{2i}) = 0$$

최소제곱추정량 $\hat{\beta}_0$, $\hat{\beta}_1$, $\hat{\beta}_2$을 이용하면 회귀직선 $E(Y \mid x_1, x_2) = \beta_0 + \beta_1 x_1 + \beta_2 x_2$는 다음과 같이 추정된다.

$$\hat{y} = \hat{\beta}_0 + \hat{\beta}_1 x_1 + \hat{\beta}_2 x_2$$

참고 실제 문제를 풀 때는 통계패키지를 이용하여 회귀계수의 추정값을 계산하지만 여기서는 풀이 과정을 경험하기 위하여 연립방정식의 해를 풀어보기로 한다.

예제 8.10 고무의 마모도가 경도와 인장강도에 따라서 어떻게 변하는지 알아보기 위하여 12개의 고무를 랜덤추출하여 경도(degree Shore)와 인장강도(kg/cm^2)를 조사하고 일정한 시간 동안 마모를 시킨 후 줄어든 무게(kg/h)를 측정한 결과 <표 8-7>을 얻었다. 고무의 경도와 인장강도를 각각 설명변수 x_1, x_2로 하고 마모되어 손실된 무게를 반응변수 Y로 하는 중선형회귀모형을 적용할 때, 최소제곱법으로 회귀계수와 회귀함수를 추정하여라.

표 8-7 손실된 무게와 경도 및 인장강도

손실된 무게(kg/h)	경도(degree S)	인장강도(kg/cm^2)
206	55	233
175	61	232
154	66	231
136	71	231
112	71	237
55	81	224
45	86	219
221	53	203
166	60	189
164	64	210
113	68	210
229	56	200

풀이 회귀계수의 최소제곱추정값을 구하기 위해 필요한 통계량의 값을 계산하면 다음과 같다.

$$n = 12,\ \bar{x}_1 = 66,\ \bar{x}_2 = 218.25,\ \bar{y} = 148$$

$$S_{11} = \sum_{i=1}^{n}(x_{1i} - \bar{x}_1)^2 = 1134$$

$$S_{22} = \sum_{i=1}^{n}(x_{2i} - \bar{x}_2)^2 = 2674.25$$

$$S_{12} = \sum_{i=1}^{n}(x_{1i} - \bar{x}_1)(x_{2i} - \bar{x}_2) = 584$$

$$S_{1y} = \sum_{i=1}^{n}(x_{1i} - \bar{x}_1)(y_i - \bar{y}) = -6437$$

$$S_{2y} = \sum_{i=1}^{n}(x_{2i} - \bar{x}_2)(y_i - \bar{y}) = -3098$$

이들을 정규방정식에 대입하면 다음의 연립방정식을 얻는다.

$$1134\hat{\beta}_1 + 584\hat{\beta}_2 = -6437$$

$$584\hat{\beta}_1 + 2674.25\hat{\beta}_2 = -3098$$

$$\hat{\beta}_0 = 148 - 66\hat{\beta}_1 - 218.25\hat{\beta}_2$$

위 방정식을 풀면 다음의 해를 얻는다.

$$\hat{\beta}_0 = -505.7931,\ \hat{\beta}_1 = -5.7235,\ \hat{\beta}_2 = 0.0914$$

따라서 적합된 추정식은 다음과 같다.

$$\hat{y} = -428.8850 - 0.2338x_1 + 9.8295x_2$$

다음은 중선형회귀모형의 유의성을 검정하기 위한 분산분석표와 F-검정을 알아보자.

중회귀분석에서도 단순회귀분석에서와 마찬가지로, 총편차 $y_i - \bar{y}$는 다음과 같이 잔차와 회귀에 의한 편차로 분해된다.

$$y_i - \bar{y} = (y_i - \hat{y}_i) + (\hat{y}_i - \bar{y})$$

이제 위 식의 양변을 제곱하여 더하면 다음과 같은 제곱합의 분해식을 얻을 수 있다.

중회귀모형에서 총제곱합의 분해

$$\text{제곱합 :}\quad \sum_{i=1}^{n}(y_i-\bar{y})^2 = \sum_{i=1}^{n}(y_i-\hat{y}_i)^2 + \sum_{i=1}^{n}(\hat{y}_i-\bar{y})^2$$

$$\text{SST} = \text{SSE} + \text{SSR}$$

$$\text{자유도 :}\quad n-1 = (n-k-1) + k$$

잔차평균제곱과 **회귀평균제곱**은 각각 다음과 같다.

$$\text{MSE} = \text{SSE/k}$$

$$\text{MSR} = \text{SSR/(n-k-1)}$$

단순회귀에서와 마찬가지로 $E(\text{MSE}) = \sigma^2$이므로 오차의 분산 σ^2의 추정량으로 MSE를 사용한다. 즉,

$$\hat{\sigma}^2 = \text{MSE} = \frac{\text{SSE}}{n-k-1}$$

또한 반응변수 값의 변동 중 회귀함수가 설명하는 비율인 **결정계수**는 다음과 같다.

$$R^2 = \frac{\text{SSR}}{\text{SST}}$$

중선형회귀분석에서 회귀함수의 유의성에 대한 가설은

$$H_0 : \beta_1 = \beta_2 = \ldots = \beta_k = 0, \quad H_1 : \beta_1, \cdots, \beta_k\text{가 모두 0은 아니다}$$

로 주어지고, 이의 검정통계량은 귀무가설 H_0 하에서 다음과 같은 F-분포를 따른다.

$$F = \frac{\text{MSR}}{\text{MSE}} \sim \text{F (k, n-k-1)}$$

따라서 검정통계량의 관측값이 f일 때 유의수준 α에서 기각역은 다음과 같다.

$$f \ge F_\alpha(k, n-k-1)$$

회귀함수에 대한 유의성 검정의 계산 결과는 통계패키지를 이용하여 얻을 수 있으며, 그 결과는 <표 8-8>과 같은 분산분석표로 제공된다.

표 8-8 중회귀분석에서 분산분석표

요 인	제곱합	자유도	평균제곱	F 값	유의확률
회 귀 잔 차	SSR SSE	k $n-k-1$	MSR MSE	$f=\dfrac{\text{MSR}}{\text{MSE}}$	$P(F \geq f)$
계	SST	$n-1$			

예제 8.11 (예제 8.10)의 중선형회귀모형에서 분산분석표를 작성하고 유의수준 5%에서 회귀함수의 유의성을 검정하여라. 또한, 결정계수 R^2을 구하여라.

풀이 검정하고자 하는 가설은

$$H_0 : \beta_1 = \beta_2 = 0, \quad H_1 : \beta_1, \beta_2 \text{가 모두 0은 아니다}$$

이다. 제곱합을 계산하면

$$\text{SST} = \sum_{i=1}^{n}(y_i - \overline{y})^2 = 38522$$

$$\text{SSE} = \sum_{i=1}^{n}(\hat{y}_i - \overline{y})^2 = 1963.3874$$

$$\text{SSR} = \text{SST} - \text{SSE} = 36558.6126$$

이고, SST, SSE, SSR의 자유도는 각각 11, 9, 2가 된다. 이로부터, MSR, MSE와 F 검정통계량의 관측값을 각각 계산하면 다음과 같다.

$$\text{MSR} = \frac{\text{SSR}}{2} = 18279.3063$$

$$\text{MSE} = \frac{\text{SSE}}{9} = 218.1542$$

$$f = \frac{\text{MSR}}{\text{MSE}} = 83.7908$$

귀무가설하에서 검정통계량은 $F(2,9)$의 분포를 따르므로 통계패키지를 이용하여 유의확률을 계산하면 $P = 0.00001$이다. 이러한 결과를 바탕으로 분산분석표로 작성하면 <표 8-9>와 같다.

표 8-9 [예제 8-11]의 분산분석표

요 인	제곱합	자유도	평균제곱	F 값	유의확률
회 귀	36558.6126	2	18279.3063	83.7908	0.00001
잔 차	1963.3874	9	218.1542		
계	38522	11			

한편, $F_{0.05}(2, 9) = 4.26$이므로 검정통계량의 관측값이 유의수준 5%의 기각역에 속한다. 따라서 유의수준 5%에서 귀무가설을 기각하며 회귀함수가 유의하다고 할 수 있다.

결정계수의 값은

$$R^2 = \frac{\mathrm{SSR}}{\mathrm{SST}} = 0.9490$$

으로서, 고무마모량의 변동 중 약 95%가 회귀함수에 의하여 설명된다고 할 수 있다.

중회귀분석에서도 단순회귀분석에서와 마찬가지로 [예제 8-11]과 같은 추론이 의미를 가지려면 중선형회귀모형의 적용 타당성에 대한 검토가 선행되어야 한다. 이러한 검토는 단순회귀분석에서와 같이 다음의 스튜던트화 잔차를 이용하여 시행할 수 있다.

$$\hat{e}_{st,\,i} = \frac{\hat{\mathrm{e}}_{\mathrm{i}}}{\widehat{\mathrm{sd}}(\hat{\mathrm{e}}_{\mathrm{i}})} = \frac{\mathrm{y_i} - \hat{\mathrm{y}}_{\mathrm{i}}}{\widehat{\mathrm{sd}}\,(\mathrm{Y_i} - \hat{\mathrm{Y}}_{\mathrm{i}})}$$

중선형회귀모형에서는 설명변수가 여러 개이므로 설명변수의 값을 가로축으로 할 수 없다. 따라서 중선형회귀모형의 잔차분석에서는 추측값 $\hat{y}$을 좌표평면의 가로축으로, 잔차를 세로축으로 하여 점

$$(\hat{y}_1,\ \hat{e}_{st,\,1}),\ (\hat{y}_2,\ \hat{e}_{st,\,2}),\ \cdots,\ (\hat{y}_n,\ \hat{e}_{st,\,n})$$

의 위치를 표시한 잔차도를 이용한다.

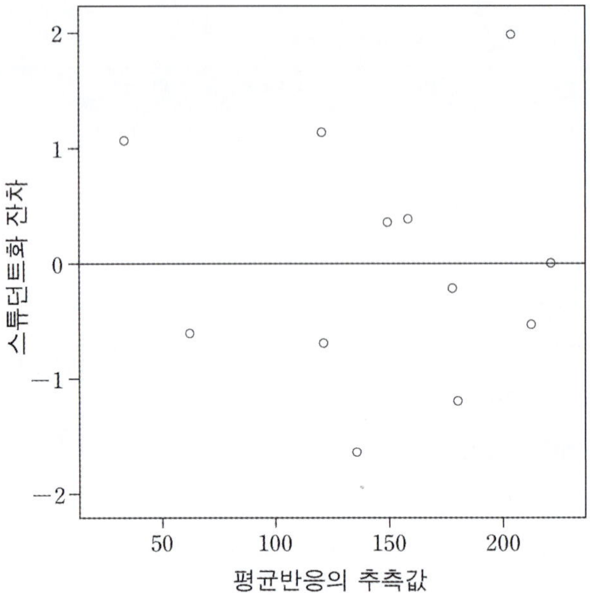

그림 8-12 〈표 8-7〉 자료에 대한 잔차도

[그림 8-12]은 [예제 8-10]의 자료에 대하여 중선형회귀모형의 적용타당성을 알아보기 위한 잔차도이다. 이 잔차도로부터 중선형회귀모형의 적용이 타당함을 알 수 있고, [예제 8-11]에서와 같은 추론이 의미가 있다고 할 수 있다.

8-7 SPSS 실습

상관분석은 두 변수 사이의 연관성을 분석하고, 회귀분석은 반응변수와 설명변수 사이의 함수관계를 찾아 예측모형을 만드는 것이 주요 목적이다. 이 절에서는 SPSS를 이용한 상관분석과 회귀분석의 방법을 알아보기로 한다.

(1) 상관분석

두 변수 사이의 상관분석은 SPSS의 메뉴에서 분석 → 상관분석을 이용한다.

사례 8.1

class 자료에서 키와 몸무게 사이의 상관분석을 시행하여라.

풀이 메뉴에서 분석 → 상관분석 → 이변량 상관을 선택한다. [그림 8-13]에서와 같이 키와 몸무게를 변수로 선택하고 '상관계수'에 'Pearson', 유의성 검정에 '양쪽'이 체크되었음을 확인한다. 옵션에서는 필요한 통계량을 추가로 요구할 수 있다. '확인'을 누르면 [그림 8-14]와 같은 결과가 출력된다.

피어슨의 상관계수는 $r = 0.804$ 이며, 유의확률은 0.000이므로 강한 상관관계가 있음을 뜻한다.

Kendall의 타우와 Spearman 검정은 비모수적 검정법이다.

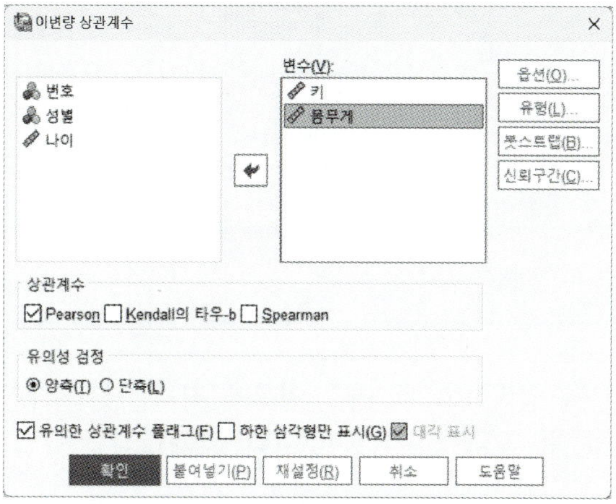

그림 8-13 이변량 상관계수 대화상자

상관계수

		키	몸무게
키	Pearson상관계수	1	.804**
	유의확률(양쪽)		.000
	N	20	20
몸무게	Pearson상관계수	.804**	1
	유의확률(양쪽)	.000	
	N	20	20

**상관계수는 0.01 수준(양쪽)에서 유의합니다.

그림 8-14 키와 몸무게의 상관분석

사례 8.2

광고가 판매량에 미치는 영향을 조사하기 위하여 30개의 대리점에서 다음 자료를 수집하였다. 광고료와 총판매액 사이의 상관분석을 시행하여라.

상점번호	광고료 (100만원)	총판매액 (1000만원)	상점번호	광고료 (100만원)	총판매액 (1000만원)
1	4	9	16	14	32
2	8	20	17	8	16
3	9	22	18	6	12
4	8	15	19	9	25
5	8	17	20	7	17
6	12	30	21	11	30
7	6	18	22	6	14
8	10	25	23	13	40
9	6	10	24	2	8
10	9	20	25	3	8
11	15	40	26	8	20
12	10	31	27	10	22
13	5	12	28	13	34
14	7	19	29	8	28
15	11	25	30	16	38

풀이 자료를 입력하고 두 변수 이름을 각각 '광고료', '판매액'이라고 한 다음, '사례 8-2'라는 파일 이름으로 저장한다. 메뉴에서 분석 → 상관분석 → 이변량 상관을 선택한다. 광고료와 판매액을 변수로 선택하고 확인하면 [그림 8-15]와 같은 출력 결과를 얻는다. 두 변수 사이의 상관계수는 0.936이며, 유의확률은 0.000이므로 매우 강한 상관관계를 나타낸다.

상관계수

		광고료	판매액
광고료	Pearson상관계수	1	.936**
	유의확률(양쪽)		.000
	N	30	30
판매액	Pearson상관계수	.936**	1
	유의확률(양쪽)	.000	
	N	30	30

**상관계수는 0.01 수준(양쪽)에서 유의합니다.

그림 8-15 광고료와 판매액의 상관분석 결과

(2) 회귀분석

두 변수 사이의 회귀분석은 SPSS의 메뉴에서 분석 → 회귀분석을 이용한다.

사례 8.3

class 자료에서 키를 설명변수로, 몸무게를 반응변수로 하는 회귀분석을 시행하여라.

풀이 메뉴에서 분석 → 회귀분석 → 선형을 선택한다. 선형회귀분석 대화상자에서 여러 옵션을 선택할 수 있다. 먼저, '종속변수'에 몸무게를 설정하고, '독립변수'에 키를 설정한다. 다음 '통계량' 버튼을 눌러 회귀계수의 '추정값'과 '모형적합'을 선택하고 '계속'을 누른다. 다시 '도표' 버튼을 눌러 X변수로 'DEPENDNT'를, Y변수로 'SRESID'를 선택하고 '확인' 버튼을 누르면 회귀분석 결과를 얻으며, [그림 8-16]는 출력의 일부이다.

[그림 8-16]에서 (a)는 모형 요약으로서 결정계수는 $R^2 = 64.7\%$ 임을 나타낸다. 즉, 몸무게 변동의 64.7%는 키로 설명할 수 있다는 뜻이다. [사례 8-13]에서 키와 몸무게의 상관계수는 $r = 0.804$ 이었다. 단순회귀에서는 상관계수의 제곱인 r^2이 결정계수 R^2과 같음을 확인할 수 있다.

(b)는 모형의 분산분석표로서 모형의 유의성은 0.000으로 매우 유의함을 나타낸다. (c)는 회귀계수의 추정값으로 회귀계수와 상수가 모두 유의성이 있으며, 추정된 회귀모형은 다음과 같다.

$$\hat{y} = -67.654 + 0.728x$$

이 회귀식에 의하면 키가 1 cm 증가할 때 몸무게는 평균적으로 0.728 kg 증가함을 나타낸다.

(d)는 종속변수인 '몸무게'에 대한 스튜던트화 잔차의 산점도를 나타낸다. 산점도가 특별한 경향을 띠지 않고 있으므로 직선 적합은 잘된 것으로 판단된다. 잔차의 산점도가 곡선의 형태를 가질 때는 적절한 변수변환을 하여 직선적합에 가까운 형태로 바꾸거나 다항회귀 등의 방법을 사용하는 것이 좋다.

모형 요약[b]

모형	R	R 제곱	수정된 R 제곱	추정값의 표준오차
1	.804[a]	.647	.627	5.623

a. 예측값 : (상수), 키
b. 종속변수 : 몸무게

그림 8-16 (a) 모형 요약

분산분석[b]

모형		제곱합	자유도	평균제곱	F	유의확률
1	선형회귀분석	1043.453	1	1043.453	33.003	.000[a]
	잔차	569.097	18	31.617		
	합계	1612.550	19			

a. 예측값 : (상수), 키
b. 종속변수 : 몸무게

그림 8-16 (b) 분산분석표

계수[a]

모형		비표준화 계수		표준화 계수	t	유의확률
		B	표준오차	베타		
1	(상수)	−67.654	20.232		−3.344	.004
	키	.728	.127	.804	5.745	.000

a. 종속변수 : 몸무게

그림 8-16 (c) 회귀계수의 추정값

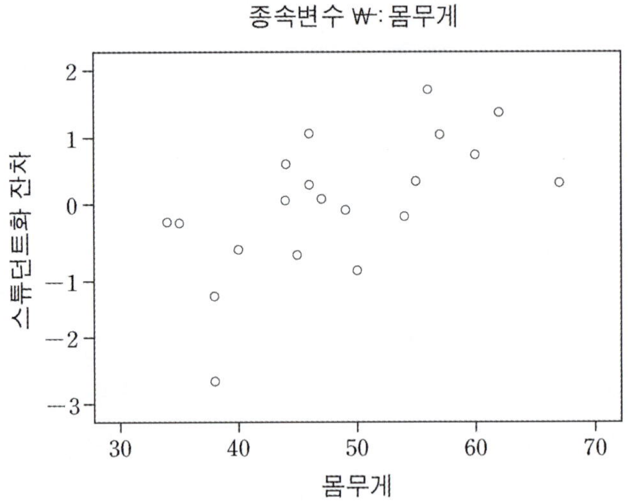

그림 8-16 (d) 스튜던트화 잔차

참고 메뉴에서 분석 → 회귀분석 → 곡선추정을 선택하여 '모형적합 도표화'를 체크하면 산점도를 적합된 회귀직선과 함께 그릴 수 있다. [그림 8-17]에서 (a)는 곡선추정 대화상자로서 종속변수와 독립변수를 선택하고, 모델은 '선형'을 선택하였다. '모형적합 도표화'를 체크한 결과 [그림 8-17](b)와 같이 적합된 회귀직선이 출력된다.

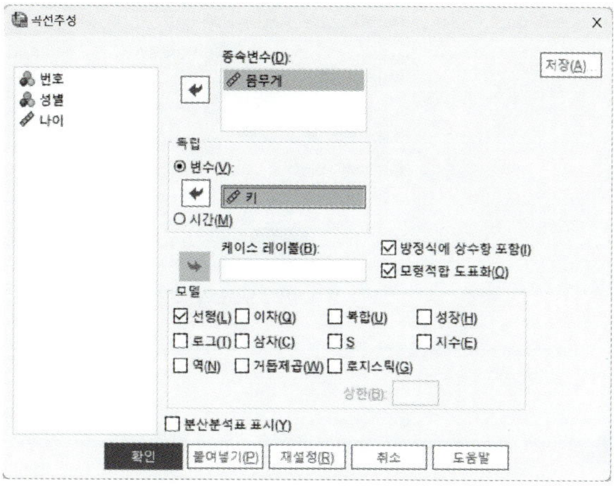

그림 8-17 (a) 곡선추정 대화상자

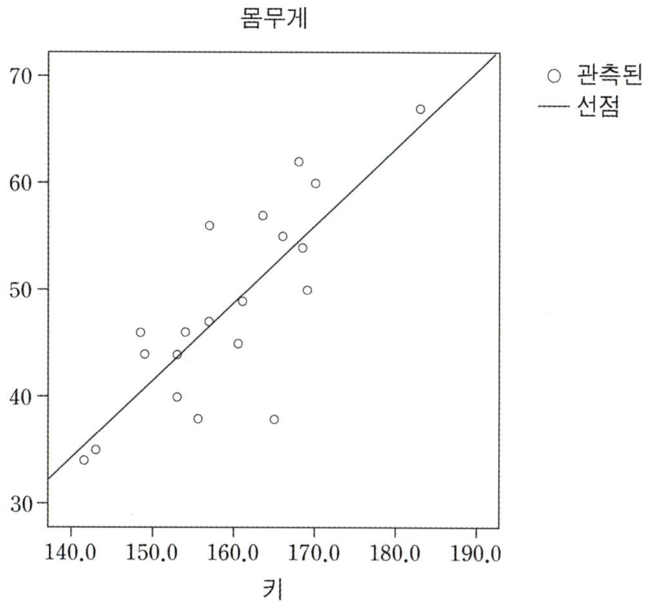

그림 8-17 (b) 적합된 회귀직선

회귀분석을 시행할 때는 산점도 또는 직선적합 등의 방법을 이용하여 직선회귀가 타당한지 또는 변수의 log 변환과 같은 변수변환을 먼저 시행하는 것이 타당한지 등을 결정해야 한다. 도표를 이용한 잔차분석은 [사례 8-3]에서 본 바와 같이 선형회귀분석에서 '도표' 옵션을 사용할 수 있다. [그림 8-18]은 도표 옵션 창이다.

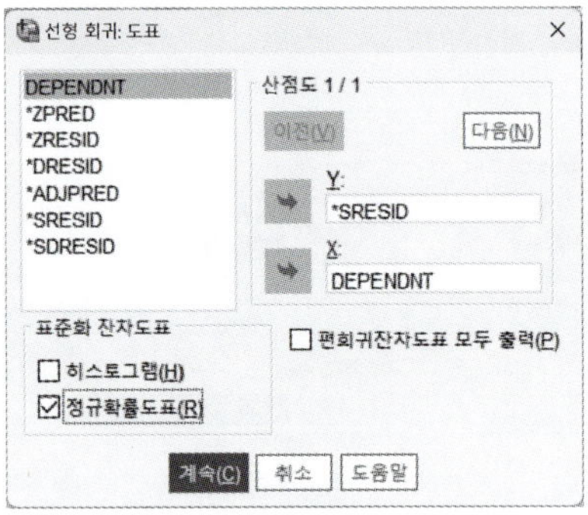

그림 8-18 도표의 여러 가지 옵션

사례 8.4

[사례 8-2]에서 다룬 광고료와 판매액의 자료에서 광고료를 설명변수로, 판매액을 반응변수로 하는 회귀분석을 시행하여라.

풀이 먼저 직선적합이 합당한지를 판단하기 위해서 광고료와 판매액의 산점도를 그려 본다. [그림 8-19](a)에서 산점도의 결과는 직선 적합이 타당한 것으로 보인다.

메뉴에서 분석 → 회귀분석 → 선형을 선택하고, '통계량' 버튼을 눌러 회귀계수의 '추정값'과 '모형적합'을 선택한다. '도표' 버튼을 누르면 [그림 8-19](b)와 같은 창이 뜬다. X변수로 'DEPENDNT'를, Y변수로 'SRESID'를 선택하고, '표준화 잔차도표'에서 '정규확률도표'를 선택한다. 참고로 '도표' 창에서 선택할 수 있는 주요 옵션은 <표 8-10>과 같다.

'표준화 잔차도표'에서 '정규확률도표'는 표준화 잔차의 정규 P-P 도표를 출력시킨다. 회귀분석 결과는 [그림 8-19]와 같다.

[그림 8-19](c)에서 $R^2 = 87.6\%$ 임을 나타낸다. (d)는 모형의 분산분석표로서 모형의 유의성은 0.000으로 매우 유의함을 나타낸다. (e)는 회귀계수의 추정값으로 회귀계수가 모두 유의성이 있으며, 추정된 회귀모형은 다음과 같다.

표 8-10 도표의 옵션 내용

옵 션	내 용
DEPENDNT	종속변수
ZPRED	표준화 예측값
ZRESID	표준화 잔차
DRESID	삭제된 잔차
ADJPRED	수정된 예측값
SRESID	스튜던트화 잔차
SDRESID	삭제된 스튜던트화 잔차

$$\hat{y} = -0.675 + 2.585x$$

[그림 8-19](f)는 표준화 잔차의 정규 P-P 도표로서 잔차의 점들이 직선에 매우 가까우며 따라서 정규성을 가정해도 좋음을 나타낸다. (g)에서 스튜던트화 잔차의 산점도도 특별한 경향을 띠지 않고 있으므로 직선 적합은 타당한 것으로 판단된다.

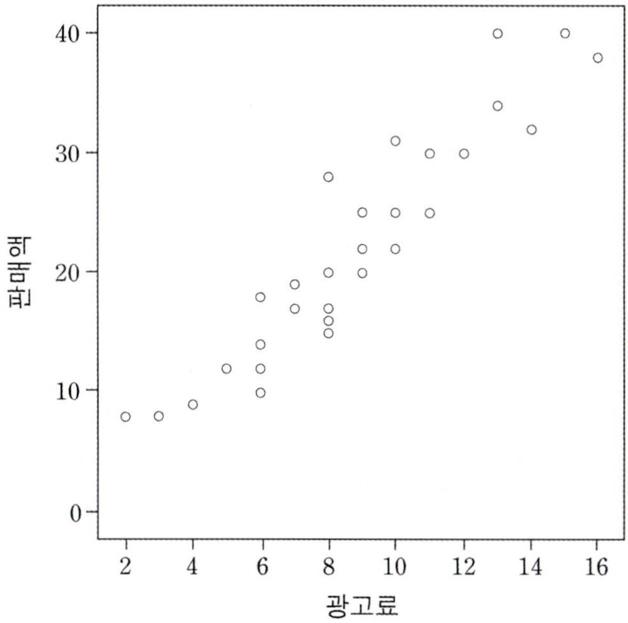

(a) 산점도

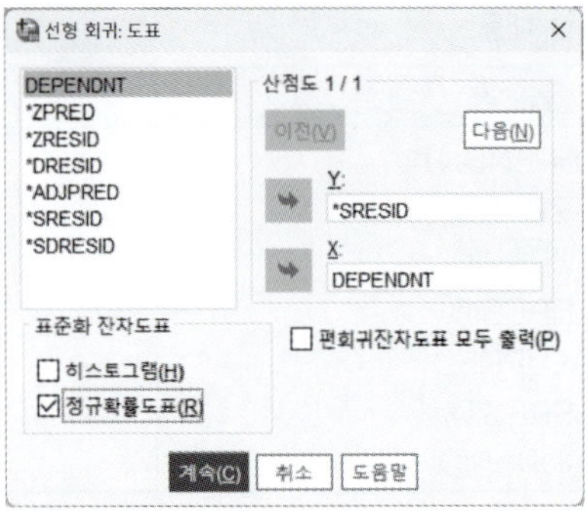

(b) 도표의 여러 가지 옵션

모형 요약[b]

모형	R	R 제곱	수정된 R 제곱	추정값의 표준오차
1	.936[a]	.876	.872	3.362

a. 예측값 : (상수), 광고료
b. 종속변수 : 판매액

(c) 모형 요약

분산분석[b]

모형		제곱합	자유도	평균제곱	F	유의확률
1	선형회귀분석	2244.257	1	2244.257	198.580	.000[a]
	잔차	316.443	28	11.302		
	합계	2560.700	29			

a. 예측값 : (상수), 광고료
b. 종속변수 : 판매액

(d) 분산분석표

계수[a]

모형		비표준화 계수		표준화 계수	t	유의확률
		B	표준오차	베타		
1	(상수)	−.675	1.716		−.394	.697
	광고료	2.585	.183	.936	14.092	.000

a. 종속변수 : 판매액

(e) 추정된 회귀계수

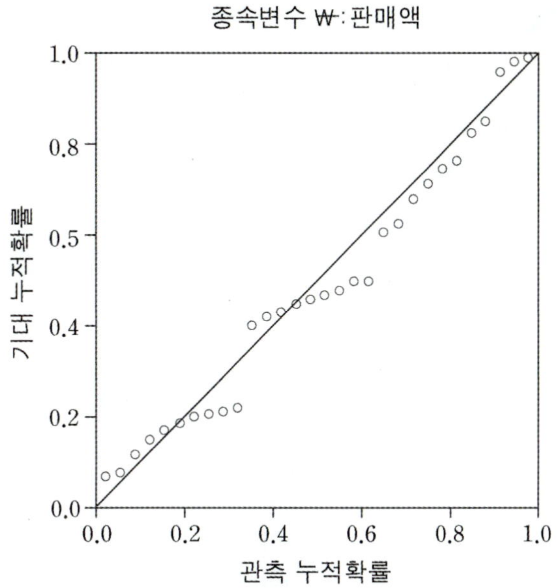

(f) 표준화 잔차의 정규 P-P 도표

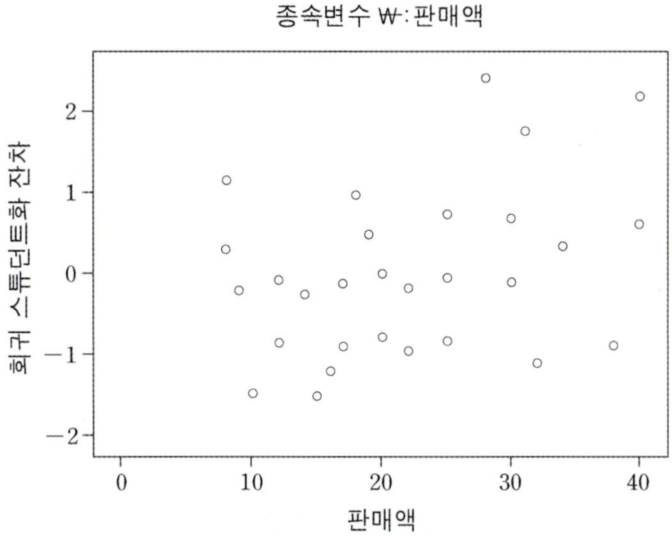

(g) 스튜던트화 잔차 도표

그림 8-19 SPSS의 입력과 출력 결과

사례 8.5

밀가루의 밀단백질함유율(x_1: 단위 %)과 끈적거림의 정도(x_2: 단위 Farrand)가 수분흡수율(y: 단위 %)에 미치는 영향을 조사하기 위하여 다음 자료를 얻었다. 중회귀모형으로 적합시키고 분석하여라.

x_1	x_2	y	x_1	x_2	y
8.5	2	30.9	10.6	3	36.7
9.8	22	40.9	11.6	31	46.3
12.5	31	47.2	12.2	36	47.7
11.3	30	46.8	12.9	24	47.0
12.9	28	45.9	11.4	32	46.2
11.6	35	49.2	11.3	35	48.6
11.5	45	49.6	11.7	55	54.3
8.9	3	32.7	10.2	20	41.9
10.8	20	42.9	12.0	32	47.6
10.9	28	44.0	11.9	28	43.9
13.0	27	46.2	12.0	25	46.8
13.1	28	48.8	13.2	28	47.8
12.1	34	48.3	11.1	40	50.2
11.6	50	53.2	11.7	57	55.8

풀이 먼저 자료를 입력하고, 변수명을 각각 x1, x2, y로 하여 '사례 8-5'라는 파일 이름으로 저장한다.

x1과 x2 각각이 y와 선형관계를 갖는지 확인하기 위해 x1과 y, x2와 y의 산점도를 그린다. 결과는 [그림 8-20]의 (a), (b)와 같아서 선형관계가 있음을 알 수 있다.

메뉴의 분석 → 회귀분석 → 선형에서 독립변수로 x1과 x2를 선택하고 종속변수로 y를 선택한다. '통계량'에서는 '추정값'과 '모형적합'을 선택하고, '도표'에서는 DEPENDNT와 SRESID를 선택한다.

[그림 8-21]은 출력 결과의 일부이다. 그림에는 포함하지 않은 모형 요약에서 $R^2 = 0.964$ 이며, 분산분석표의 결과는 모형이 유의함을 나타낸다. [그림 8-21](b)에서 잔차들이 특별한 경향을 띄고 있지는 않은 것으로 판단된다. [그림 8-21](a)에서 추정된 회귀식은 다음과 같다.

$$\hat{y} = 19.440 + 1.442\,x_1 + 0.336\,x_2$$

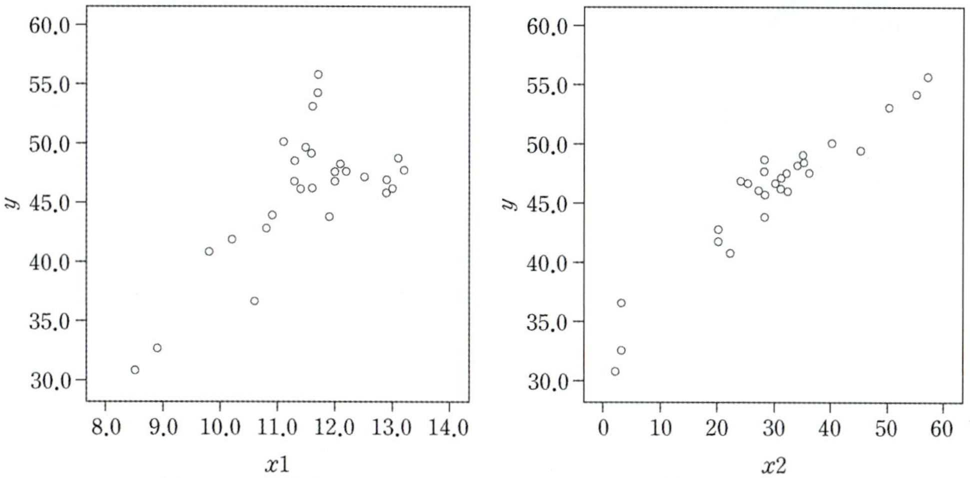

(a) x1과 y의 산점도 (b) x2와 y의 산점도

그림 8-20 산점도

계수[a]

모형		비표준화 계수		표준화 계수	t	유의확률
		B	표준오차	베타		
1	(상수)	19.440	2.188		8.884	.000
	$x1$	1.442	.208	.300	6.946	.000
	$x2$	.336	.018	.800	18.507	.000

a. 종속변수 : y

(a) 회귀계수 추정값

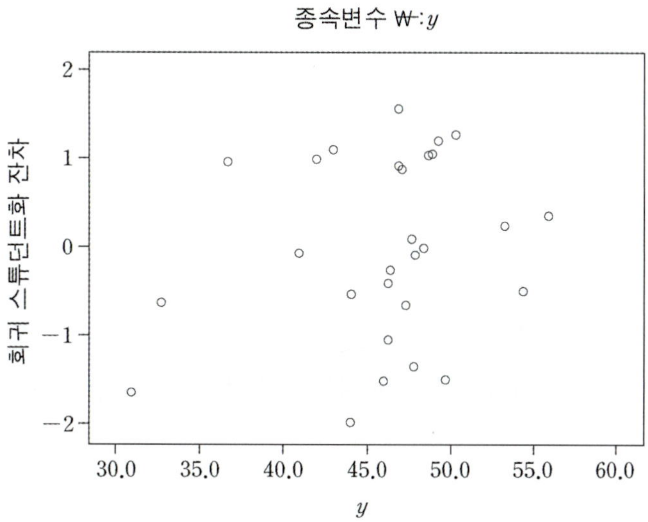

(b) 스튜던트화 잔차의 산점도

그림 8-21 회귀계수와 잔차의 산점도

사례 8.6

(Anscombe 자료의 분석) 다음의 <표 8-11>은 앤스콤(Anscombe)에 의하여 만들어진 자료이다. x와 $y1$, x와 $y2$, x와 $y3$를 각각 직선회귀로 적합시키고 결과를 비교해 보자.

표 8-11 앤스콤 자료

x	$y1$	$y2$	$y3$
10	8.04	9.14	7.46
8	6.95	8.14	6.77
13	7.58	8.74	12.74
9	8.81	8.77	7.11
11	8.33	9.26	7.81
14	9.96	8.1	8.84
6	7.24	6.13	6.08
4	4.26	3.1	5.39
12	10.84	9.13	8.15
7	4.82	7.26	6.42
5	5.68	4.74	5.73

풀이 먼저 자료를 입력하고 '사례 8-6'이란 파일 이름으로 저장하자. 각각의 적합된 회귀직선을 $\hat{y} = \hat{\alpha} + \hat{\beta}x$로 표현할 때, 모형의 유의성을 검정하는 분산분석에서 F-통계량의 값과 모형의 유의성, 결정계수 R^2 및 회귀계수는 <표 8-12>와 같다. 표에서 보면 세 직선의 모든 통계량 및 추정값들이 거의 비슷함을 알 수 있다. 그러나 x와 $y1$, x와 $y2$, x와 $y3$를 각각 직선회귀로 적합시킨 결과는 [그림 8-22]와 같아서 서로가 상당히 다름을 알 수 있다(곡선추정 메뉴에서 '모형적합 도표화'를 이용한 그림).

이와 같이 추정된 회귀식이나 통계량들이 같아도 실제 분포된 모양은 많이 다를 수 있으므로 회귀분석에서는 산점도 등의 방법으로 직선회귀가 적합한지의 여부를 먼저 판단하고 분석하는 것이 바람직하다.

표 8-12 적합된 회귀적선과 통계량들

모형	x 와 $y1$	x 와 $y2$	x 와 $y3$
F값	17.99	17.966	17.972
유의확률	0.002	0.002	0.002
R^2	0.667	0.666	0.666
$\hat{\alpha}$	3.000	3.001	3.002
$\hat{\beta}$	0.500	0.500	0.500

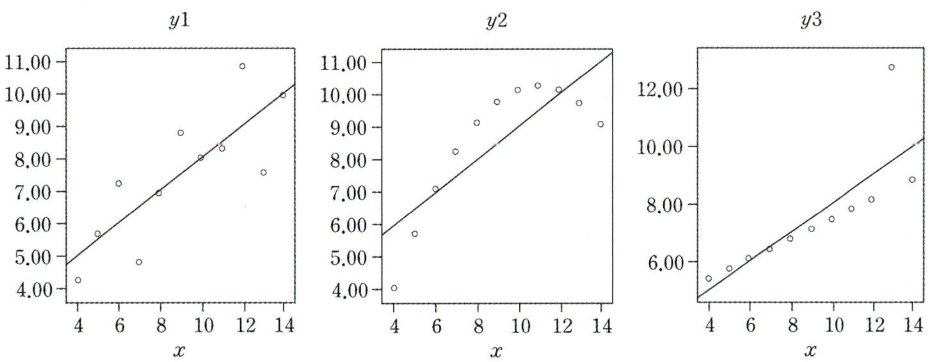

(a) x 와 $y1$ 의 적합 (b) x 와 $y2$ 의 적합 (c) x 와 $y3$ 의 적합

그림 8-22 적합된 세 회귀직선

연습문제

8-1 회귀계수와 y_i의 평균에 대한 추정량

$$\hat{\beta}=S_{(xy)}/S_{(xx)}, \qquad \hat{y}_i=\overline{y}+\hat{\beta}(x_i-\overline{x})$$

를 이용하여 다음이 성립함을 보여라.

$$\sum_{i=1}^{n}(y_i-\hat{y}_i)=0, \quad \sum_{i=1}^{n}x_i(y_i-\hat{y}_i)=0, \quad \sum_{i=1}^{n}\hat{y}_i(y_i-\hat{y}_i)=0$$

8-2 총편차의 분해식 $y_i-\overline{y}=(y_i-\hat{y}_i)+(\hat{y}_i-\overline{y})$를 이용하여 총변동이 다음과 같이 분해됨을 보여라.

$$\sum_{i=1}^{n}(y_i-\overline{y})^2=\sum_{i=1}^{n}(y_i-\hat{y}_i)^2+\sum_{i=1}^{n}(\hat{y}_i-\overline{y})^2$$

8-3 단순회귀모형에서

$$\hat{\beta}=\sum_{i=1}^{n}c_iy_i \ , \quad \text{다만 } c_i=\frac{(x_i-\overline{x})}{S_{(xx)}}$$

$$\hat{\alpha}=\overline{y}-\hat{\beta}\,\overline{x}$$

임을 이용하여 아래 식을 증명하여라.

(a) $E(\hat{\beta})=\beta$, $\quad \mathrm{Var}(\hat{\beta})=\dfrac{\sigma^2}{S_{(xx)}}$

(b) $\mathrm{Cov}(\hat{\alpha},\hat{\beta})=-\overline{x}\sigma^2/S_{(xx)}$, $\quad \mathrm{Cov}(\overline{y},\ \hat{\beta})=0$, $\quad \mathrm{Var}(\hat{\alpha})=\sigma^2\left(\dfrac{1}{n}+\dfrac{\overline{x}^2}{S_{(xx)}}\right)$

(c) $\mathrm{Var}(X+Y)=\mathrm{Var}(X)+2\mathrm{Cov}(X,Y)+\mathrm{Var}(Y)$와 (2)의 결과를 이용하여 다음 등식을 증명하여라.

$$\mathrm{Var}(\hat{\alpha}+\hat{\beta}x)=\sigma^2\left(\frac{1}{n}+\frac{(x-\overline{x})^2}{S_{(xx)}}\right)$$

8-4 상관계수 ρ에 대하여 가설 $H_0 : \rho = 0$을 검정하는 통계량

$$T = \sqrt{(n-2)}\frac{r}{\sqrt{1-r^2}}$$

은 단순회귀모형에서 가설 $H_0 : \beta = 0$을 검정하는 $T-$통계량과 같음을 보여라. (Hint : $r = \hat{\beta} S_{(xx)} / S_{(yy)}$를 이용한다.)

8-5 어느 고등학교 학생 10명을 뽑아 그들의 지능검사를 하였다. 다음은 지능검사에서 나타난 수리력(x)과 암기력(y)의 점수이다. 표본상관계수를 구하고, 유의수준 5%에서 상관계수의 유의성을 검정하여라.

	1	2	3	4	5	6	7	8	9	10
수리력(x)	30	32	25	47	30	23	29	18	27	36
암기력(y)	40	26	18	24	16	31	38	12	26	20

8-6 다음은 어느 기초 통계학 강좌 수강생 11명의 중간고사(x)와 기말고사(y) 성적이다. 표본상관계수를 구하고, 유의수준 5%에서 상관계수의 유의성을 검정하여라.

중간고사(x)	68	75	85	94	86	90	86	68	55	69	91
기말고사(y)	78	70	82	90	87	96	83	72	68	74	85

8-7 x를 설명변수, y를 반응변수로 하는 단순선형회귀모형을 적합시키기 위해 다음 자료를 얻었다. 아래 물음에 답하여라.

번 호	1	2	3	4	5
x	3	4	5	6	7
y	4.8	6.0	7.2	7.8	8.2

(a) 제곱합 $S_{(xx)}$, $S_{(yy)}$, $S_{(xy)}$를 구하여라.

(b) 최소제곱 회귀직선을 구하여라.

(c) 결정계수를 구하고 의미를 설명하여라.

(d) $x = 2.5$에서 y의 평균 반응에 대한 90% 신뢰구간을 구하여라.

8-8 각 가구당 저축액을 월수입으로 설명하는 함수관계를 찾기 위하여 도시 가구 가운데 10가구를 랜덤하게 추출하여 조사하였으며, 조사 결과는 다음과 같다. 아래 물음에 답하여라.

도시 가구당 월소득과 저축액(단위: 10만원)

	1	2	3	4	5	6	7	8	9	10
x (월소득)	35	55	16	70	52	50	45	20	60	18
y (저축액)	5	12	3	15	8	9	10	4	14	4

(a) 월소득(x)과 저축액(y)의 산점도를 그려라. 직선관계를 가정할 수 있는가?

(b) 제곱합 $S_{(xx)}$, $S_{(yy)}$, $S_{(xy)}$를 구하여라.

(c) 최소제곱 회귀직선을 구하여라.

(d) 결정계수를 구하고 의미를 설명하여라.

(e) $x=30$에서 y의 평균 반응에 대한 95% 신뢰구간을 구하여라.

8-9 다음의 데이터는 우리나라에서 랜덤추출된 14 가정에서 측정한 아버지의 키(x)와 성인이 된 아들의 키(y)이다. 아래 물음에 답하여라.

가정	아버지(x)	아들(y)
1	170	174
2	165	173
3	174	175
4	180	179
5	166	172
6	163	170
7	172	177
8	177	183
9	158	167
10	176	180
11	168	175
12	174	179
13	166	170
14	183	187

(a) 산점도를 그려라. 직선관계를 가정해도 좋은가?

(b) 단순회귀모형을 적용하여 α, β의 최소제곱추정값을 구하고, β 추정값의 의미를 해석하여라.

(c) β의 95% 신뢰구간을 구하여라.

8-10 다음은 10개 저개발국의 평균 수명과 의사 1인당 인구수를 조사한 것이다. 의사 1인당 인구수를 독립변수, 평균 수명을 반응변수로 하는 단순선형회귀모형을 적합할 때 아래 물음에 답하여라.

국가	평균 수명(년) y	의사 1인당 인구수 x
1	63.0	1,907
2	32.0	47,889
3	48.3	26,447
4	52.7	815
5	53.5	6,411
6	49.1	10,136
7	38.3	7,306
8	50.0	22,291
9	47.4	18,557
10	52.5	7,378

(a) 분산분석표를 작성하여라.

(b) 회귀직선의 유의성 검정을 유의수준 5%에서 하여라.

(c) β에 대한 95% 신뢰구간을 구하여라.

(d) 오차분산 σ^2의 추정값은 얼마인가?

8-11 다음의 표는 1981년부터 2000년까지 우리나라의 1인당 국내 총생산(GDP:gross domestic product) x와 서비스의 수출 총액 y를 조사한 자료이다. SPSS를 이용하여 아래 물음에 답하여라.

연도	x(단위:만원)	y(단위:조원)
1981	123	16
1982	138	18
1983	161	22
1984	182	25
1985	201	27
1986	233	35
1987	273	44
1988	324	50
1989	364	48

연도	x (단위:만원)	y (단위:조원)
1990	435	52
1991	521	60
1992	588	68
1993	656	77
1994	760	91
1995	881	115
1996	982	125
1997	1,063	159
1998	1,029	223
1999	1,123	207
2000	1,226	236

(a) 1인당 국내 총생산을 가로축, 서비스의 수출총액을 세로축으로 하는 산점도를 그려라.

(b) 두 변수 간의 표본상관계수 r을 구하여라.

(c) 유의수준 5%에서 두 변수 간에 선형관계가 있는지를 검정하여라.

8-12 다음 자료는 모 대학교 졸업생 10명의 평점평균과 그들이 회사에 취직하여 1년간 받은 연봉을 조사한 것이다. SPSS를 이용하여 아래 물음에 답하여라.

	평점평균	연봉
1	2.73	24,000
2	2.92	25,500
3	3.45	32,000
4	3.32	30,000
5	3.54	24,600
6	2.30	17,800
7	2.45	24,180
8	3.50	22,000
9	3.93	36,000
10	4.17	44,000

(a) 최소제곱 회귀직선, 결정계수 r^2값, 분산분석표의 F-통계량 값을 구하고 스튜던트화 잔차의 산점도를 그려라. 또한 산점도를 적합된 회귀직선과 함께 구하여라.

(b) 8번 자료인 (3.50, 22,000)을 제외하고 (a)의 분석을 시행하여라.

(c) 5번 자료인 (3.54, 24,600)을 추가로 제외하고 (a)의 분석을 시행하여라.

(d) 위의 (a), (b), (c)의 결과를 비교하여라.

8-13 어떤 공정에서 나오는 제품의 강도(y: 단위, kg/cm^2)가 그 공정의 온도(x_1: 단위, ℃)와 압력(x_2: 단위, psi)에 어떠한 영향을 받는가를 조사하기 위하여 다음의 자료를 얻었다. SPSS를 이용하여 아래 물음에 답하여라.

x_1(℃)	x_2(psi)	y(kg/cm^2)
195	57	81.4
179	61	122.2
205	60	101.7
204	62	175.6
201	61	150.3
184	54	64.8
210	58	92.1
209	61	113.8
198	59	85.4
189	55	76.2

(a) x_1과 y, x_2와 y의 표본상관계수 중 어느 값이 더 큰가?

(b) 변수 x_1, x_2 중 앞의 (a)에서 더 큰 표본상관계수값을 가지는 설명변수와 y에 대하여 단순선형회귀모형을 적용할 때 다음의 질문에 답하여라.

① R^2값과 기울기 β의 95% 신뢰구간을 구하고, 분산분석표를 작성하여 회귀직선의 유의성을 유의수준 5%에서 검정하여라.

② 이 설명변수의 관측값 범위 내에 있는 여러 x값에 대하여 $E(Y|x)$의 95% 신뢰구간을 구하고 신뢰상한과 신뢰하한을 연결한 그래프를 그려라.

(c) 중선형회귀모형을 적용할 때, $\hat{y}=\hat{\beta}_0+\hat{\beta}_1x_1+\hat{\beta}_2x_2$을 구하고, 분산분석표와 R^2값을 구하여라. (b)에서 얻은 결과와 비교하여라.

8-14 중년 남성들에게 몇 가지 운동 테스트를 이용한 산소섭취능력의 측정을 나타낸 자료이다. 각 개인의 나이(x_1), 1.5마일 주행시간(x_2), 주행 중 맥박수(x_3), 산소섭취량(y)을 측정하여 다음의 데이터를 얻었다. SPSS를 이용하여 아래 물음에 답하여라.

번호	독립변수			종속변수
	x_1(나이)	x_2(주행시간)	x_3(주행 중 맥박수)	y(산소섭취량)
1	44	11.4	178	44.6
2	40	10.1	185	45.3
3	44	8.7	156	54.3
4	42	8.2	166	59.6
5	38	9.2	178	49.9
6	47	11.6	176	44.9
7	40	11.9	176	45.7
8	43	10.8	162	49.1
9	44	13.0	174	39.4
10	38	8.6	170	60.1
11	44	10.1	168	50.5
12	45	14.1	186	37.4
13	45	11.1	176	44.8
14	47	10.6	172	47.3
15	54	10.3	166	51.9

(a) y와의 표본상관계수가 가장 큰 1개의 설명변수를 선택하여 단순회귀모형을 적합시킬 때, 최소제곱 회귀직선, 결정계수 r^2값, 분산분석표의 F-통계량 값과 유의확률을 구하여라.

(b) y와의 표본상관계수가 가장 큰 2개의 설명변수를 선택하여, 중선형회귀모형을 적합시킬 때, 최소제곱 회귀모형, 결정계수 R^2값, 분산분석표의 F-통계량 값과 유의확률을 구하여라.

(c) 위 (a)와 (b)의 결과를 비교하여 어느 모형이 더 타당한지 말하고 그 이유를 설명하여라.

제 9 장

분산분석

9-1 분산분석과 실험계획법

실험계획법(design of experiment)이란 실험에 대한 계획을 세우는 방법을 의미하는 것으로, 해결하고자 하는 문제에 대하여 실험을 어떻게 실시하고, 데이터를 어떻게 수집하며, 어떠한 통계적 방법으로 데이터를 분석하면 최소의 실험횟수에서 최대의 정보를 얻을 수 있는가를 계획하는 것이라고 정의할 수 있다. 실험계획법에서는 선정된 중요한 인자 외에 기타 원인들의 영향이 실험결과에 편의되게 미치는 것을 없애고 여러 번 반복 측정하여 오차항의 자유도를 줄이는 것이 기본적인 원리가 된다. 이 장에서는 실험계획법에서 많이 사용되는 데이터 분석방법 중의 하나인 분산분석을 설명하고, 실험계획법의 원리가 어떻게 적용되는지 살펴보도록 한다.

우리는 어떤 속성 또는 특성값이 여러 조건에 따라 차이가 있는지에 대하여 관심이 있는 경우가 많다. 예를 들어, 여러 가지 공법에 의하여 생산되는 어떤 가공품의 품질의 비교, 온도에 따른 농산품 생산성의 차이, 식이요법에 따른 체중변화의 차이, 농도에 따른 직물의 인장강도의 비교, 기계와 기능공에 따른 품질의 차이 등이 관심의 대상인 경우가 있다.

이러한 문제에서는 일반적으로 결과에 영향을 주는 체계적 요인을 상정한 후 실험을 계획하고 실시한 후에 얻은 자료를 기초로 하여 문제를 분석하게 된다. 따라서 실험의 목적을 달성하기 위해서는 실험을 실시하기 전에 철저한 계획을 세워야 한다. 실험계획이 잘 되어 있으면, 결론을 명확히 해석할 수 있을 뿐 아니라 분석하기도 용이하다.

예를 들어, 여러 식이요법을 비교하는 실험에서 어떤 특정한 식이요법에서 체중감량이 높게 관측되었다고 하자. 이러한 경우에 관측결과는 식이요법에 따른 체중변화에 기인할 수도 있지만, 다른 요인 때문에 생겨났을 수도 있다. 예를 들면, 피실험자의 특정한 생활습관의 차이 때문에 그러한 결과가 나타났을 수도 있다. 그러므로 식이요법에 따른 체중변화의 차이가 있는가를 알아내기 위해서는 각 식이요법마다 여러 번의 실험이 이루어져야 한다. 이것은 실험계획의 **반복의 원리**에 해당한다.

한 식이요법에 여러 명의 피실험자를 할당하거나 또는 한 피실험자가 여러 번 실험을 하였을 때 한 식이요법에서 관측된 체중들의 변동은 피실험자들의 생활습관의 차이에 의한 변동 또는 한 피실험자의 생활습관의 변동으로 생각할 수 있다. 이와 더불어, 각 식이요법에서 관측된 체중변화들의 평균값이 다르게 나타나는 것은 식이요법에 따른 체중변화의 변동으로 생각할 수 있다. 따라서 식이요법에 따른 관측값들의 변동이 식이요법 이외의 요인에 의한 변동보다 크다면 식이요법에 따른 체중변화에 차이가 있다고 판단할 수 있다.

이와 같은 특성값(또는 관측값)의 변동을 제곱합으로 나타내고, 다시 제곱합을 요인별로 분해하여, 순수한 오차에 의한 변동보다 유의하게 더 큰 변동을 나타내는 요인을 찾는 분석법을 **분산분석**(analysis of variance; ANOVA)이라고 한다. 이와 같은 분산분석은 실험계획법에서 가장 많이 사용되는 분석방법으로 특성값의 변동인 총제곱합을 요인별 제곱합으로 분해하고, 요인별 제곱합과 오차 제곱합의 비로 검정통계량을 만든다.

앞의 예에서 체중변화는 특성값이 되고 식이요법은 하나의 요인이 된다. 그러면 특성값의 변동을 나타내는 제곱합은 식이요법에 의하여 일어나는 제곱합과 피실험자들의 생활습관의 차이에 의한 변동과 같은 오차라는 요인의 제곱합으로 분해할 수 있다. 특성값의 제곱합을 총제곱합이라고 부르며, 요인에 의하여 발생되는 제곱합은 식이요법이라는 뚜렷한 이유에 의한 것이고 오차에 의한 제곱합은 아직 원인이 규명되지 않는 부분이라고 하겠다.

이 장에서는 가장 간단한 분산분석 모형인 **일원배치법**(one-way ANOVA)과 **이원배치법**(two-way ANOVA)을 다룬다. 일원배치법에서는 각 처리에서의 반복수가 같은 경우와 다른 경우로 나누어 생각하고, 이원배치법에서는 각 처리에서 반복이 없는 경우와 있는 경우로 나누어 생각하기로 한다.

9-2 일원배치법

일원배치법은 특성값에 영향을 주는 **인자**(또는 **요인**, factor)가 1개만 있는 모형으로서, 나머지 요인들은 모두 오차항으로 취급하는 가장 간단한 실험계획법이다. 예를 들어, 식이요법의 비교에서는 '식이요법'이라는 인자가 1개 있으며, 여러 교습방법의 비교에서는 '교습방법'이라는 인자가 1개 있는 모형이다.

인자의 각 조건을 **수준**(level)이라고 한다. 예를 들어 A, B, C 세 식이요법을 비교한다면 'A, B, C'의 각각이 인자수준이 되며, 일원배치법에서는 각 인자수준이 **처리**(treatment)가 된다. 일원배치법에서 흔히 사용하는 수준 수는 3~5개이며, 각 수준에서 반복수는 3~10개를 많이 사용한다.

일원배치법에서는 실험이 랜덤하게 선택된 순서에 의해서 시행되어야 한다는 것은 매우 중요한 특징으로 이를 **완전랜덤화계획법**이라고도 한다. 예를 들어 A, B, C, D 네 공법에서 반복 각 4회의 일원배치법을 계획한다고 하자. 이 경우에 완전랜덤화시키는 한 방법은 4×4=16개의 각 실험단위에 번호를 부여하고, 제비뽑기나 난수표의 사용에 의하여 먼저 나오는 번호 순서대로 실험을 진행시키는 것이다. 랜덤화가 갖는 중요한 의미는 다음의 경우를 살펴봄으로써 이해할 수 있다. 만약 A 공법은 21일, B 공법은 22일 등과 같이 실험한다고 하자, 그러면 각 수준별의 차이가 실제 인자의 효과에 의해서 차이가 나게 되는 것인지 날짜가 다름으로써 발생되는 것인지 알 수가 없게 된다. 따라서 실험순서를 랜덤하게 함으로써 날짜 간에 생길 수 있는 차이를 없앨 수 있게 되는 것이다.

9-2-1 반복수가 같은 일원배치법

가장 단순한 경우로 각 처리에 대한 반복수가 같은 일원배치법을 생각해 보자. 이때 일원배치법의 자료구조는 다음의 <표 9-1>와 같이 각 처리별로 일렬로 배열하는 것이 자연스럽다.

표 9-1 일원배치법의 자료구조(반복수가 같은 경우)

	처리1	처리2	⋯	처리 k	
	y_{11}	y_{21}	⋯	y_{k1}	
	y_{12}	y_{22}	⋯	y_{k2}	
	⋮	⋮	⋮	⋮	
	y_{1n}	y_{2n}	⋯	y_{kn}	
평균	$\bar{y}_{1\cdot}$	$\bar{y}_{2\cdot}$	⋯	$\bar{y}_{k\cdot}$	총평균 $\bar{y}_{\cdot\cdot}$

<표 9-1>에서 평균의 기호는 다음과 같이 정의된다.

$$\bar{y}_{i\cdot} = \frac{1}{n}\sum_{j=1}^{n} y_{ij}\ ,\ i = 1,2,\cdots,k \quad (i\text{번째 처리에 대한 관측값의 평균})$$

$$\bar{y}_{\cdot\cdot} = \frac{1}{kn}\sum_{i=1}^{k}\sum_{j=1}^{n} y_{ij} \qquad (\text{모든 관측값에 대한 평균})$$

만약, i번째 처리효과가 두드러진다면 $\bar{y}_{i\cdot}$의 값은 전체 평균 $\bar{y}_{\cdot\cdot}$에 비해 많이 떨어지게 될 것이라 예측할 수 있다. 따라서 $(\bar{y}_{i\cdot} - \bar{y}_{\cdot\cdot})^2$의 값이 i번째 처리효과의 유의성을 확인하는 중요한 척도가 됨을 미루어 짐작할 수 있다.

일원배치법에서 관측값의 자료구조를 설명하는 모집단 모형을 알아보자. i번째 처리는 평균과 분산이 같은 한 모집단을 나타내므로, i번째 처리에서 얻어진 관측값은 평균 μ_i, 분산 σ^2인 정규분포 $N(\mu_i, \sigma^2)$에서의 크기 n인 랜덤표본으로 간주할 수 있다. 즉, i번째 처리에서 j번째 관측값 Y_{ij}를 다음과 같이 나타낼 수 있다.

$$Y_{ij} \sim N(\mu_i, \sigma^2), \quad i = 1,2,\cdots,k, \quad j = 1,2,\cdots,n$$

한편 정규분포를 $N(\mu, \sigma^2) = \mu + N(0, \sigma^2)$로 나타낼 수 있으므로 Y_{ij}를 다음과 같이 나타낼 수 있다.

$$Y_{ij} = \mu_i + e_{ij}, \quad e_{ij} \sim N(0, \sigma^2), \quad i = 1,2,\cdots,k, \quad j = 1,2,\cdots,n$$

여기서 e_{ij}는 실험의 오차에 해당되는 확률변수로서 **오차항**(error term)이라고 하며, 평균 0, 분산 σ^2인 정규분포 $N(0, \sigma^2)$을 따르고 서로 독립이다.

μ_i들의 평균인

$$\mu = \sum_{i=1}^{k} \frac{\mu_i}{k}$$

는 모집단 전체의 평균으로 **총평균**이라고 하며, 각 μ_i와 총평균 μ와의 차인

$$\alpha_i = \mu_i - \mu$$

i번째 **처리효과**(treatment effect)라고 한다. 여기서 i번째 처리효과인 α_i는

$$\sum_{i=1}^{k}\alpha_i = \sum_{i=1}^{k}\mu_i - k\mu = 0$$

의 조건을 만족하게 된다. 이들을 요약하면 다음과 같다.

일원배치법의 모형(반복수가 같은 경우)

$$Y_{ij} = \mu + \alpha_i + e_{ij},\ \ i=1,\cdots,k,\ \ j=1,\cdots,n$$

다만, α_i는 처리효과로서 $\sum\alpha_i = 0$이며,
e_{ij}는 서로 독립인 오차항으로서 $N(0,\sigma^2)$을 따른다.

모집단 모형에서 오차항 e_{ij}를 서로 독립이고, $N(0,\sigma^2)$을 따르는 확률변수라고 가정하였는데, 이를 좀 더 구체적으로 표현하면 위의 모형은 다음과 같은 의미를 가지게 된다.

(1) 선형성: $E(Y_{ij}) = \mu + \alpha_i$

(2) 등분산성: $\mathrm{Var}(e_{11}) = \cdots = \mathrm{Var}(e_{kn}) = \sigma^2 > 0$

(3) 독립성: $e_{11},\cdots,e_{kn}$는 서로 독립

(4) 정규성: $e_{ij} \sim N(0,\sigma^2)$

여기서 선형성이란 Y_{ij} 의 기댓값에 대해 μ와 α_i가 선형적으로 영향을 주고 있음을 의미하며, 등분산성이란 각 처리효과 등에 관계없이 오차의 변동 폭이 일정함을 뜻한다. 또한 독립성이란 랜덤화가 잘 이루어졌다면 각 오차의 발생은 서로 영향을 주지 않고 독립임을 뜻한다. 정규성 가정은 오차항의 분포에 대한 가정으로서 이로부터 검정통계량의 분포 등이 유도될 수 있다.

이제 k개의 처리효과들 사이에 유의한 차이가 있는지를 확인하는 검정법을 알아보자. 처리효과의 유의성을 검증하는 귀무가설과 대립가설은 각각 다음과 같다.

$$H_0 : \alpha_1 = \alpha_2 = \cdots = \alpha_k = 0, \qquad H_1 : \alpha_i\text{들이 모두 0은 아니다.}$$

귀무가설 H_0 하에서는 α_i들이 모두 0이므로 처리들의 평균 μ_i들이 모두 같다는 뜻

이다. 따라서 평균으로 나타내는 귀무가설과 대립가설은 각각 다음과 같다.

$$H_0 : \mu_1 = \mu_2 = \cdots = \mu_k, \qquad H_1 : \mu_i\text{들이 모두 같지는 않다.}$$

대립가설하에서는 처리별 모평균이 모두 같지는 않으므로 표본평균인 $\overline{y}_{i\cdot}$ 가운데 총평균인 $\overline{y}_{\cdot\cdot}$와 많이 다른 것이 존재하게 될 것이다. 이와 같은 사실을 통계량으로 나타내기 위하여 제곱합의 분해를 시행한다.

관측값 y_{ij}와 총평균 $\overline{y}_{\cdot\cdot}$과의 차인 **총편차** $y_{ij}-\overline{y}_{\cdot\cdot}$를 다음과 같이 나타내자.

$$(y_{ij}-\overline{y}_{\cdot\cdot}) = (y_{ij}-\overline{y}_{i\cdot}) + (\overline{y}_{i\cdot}-\overline{y}_{\cdot\cdot})$$

여기서 편차 $(y_{ij}-\overline{y}_{i\cdot})$는 실험에서 본질적인 불확실성을 나타내는 오차를 의미하며, 이를 **잔차**(residual)라고 한다. 또한 $(\overline{y}_{i\cdot}-\overline{y}_{\cdot\cdot})$는 i번째 처리의 평균과 총평균의 편차로서 이를 **처리효과의 크기**라고 하며, 위의 식을 **총편차의 분해식**이라고 한다.

이제 총편차의 분해식의 양변을 제곱하여 더하면 다음 등식이 성립한다.

$$\begin{aligned}
\sum_{i=1}^{k}\sum_{j=1}^{n}(y_{ij}-\overline{y}_{..})^2 &= \sum_{i=1}^{k}\sum_{j=1}^{n}(\overline{y}_{ij}-\overline{y_{i.}}+\overline{y_{i.}}-\overline{y}_{..})^2 \\
&= \sum_{i=1}^{k}\sum_{j=1}^{n}(\overline{y}_{ij}-\overline{y}_{i.})^2 + \sum_{i=1}^{k}\sum_{j=1}^{n}(y_{i.}-\overline{y}_{..})^2 + 2\sum_{i=1}^{k}\sum_{j=1}^{n}(\overline{y}_{ij}-\overline{y}_{i.})(y_{i.}-\overline{y}_{..}) \\
&= \sum_{i=1}^{k}\sum_{j=1}^{n}(\overline{y}_{ij}-\overline{y}_{i.})^2 + \sum_{i=1}^{k}\sum_{j=1}^{n}(y_{i.}-\overline{y}_{..})^2 \quad \left(\because \sum_{j=1}^{n}(\overline{y}_{ij}-\overline{y}_{i.})=0\right) \\
&= \sum_{i=1}^{k}\sum_{j=1}^{n}(\overline{y}_{ij}-\overline{y}_{i.})^2 + n\sum_{i=1}^{k}(y_{i.}-\overline{y}_{..})^2
\end{aligned}$$

이 식은 총편차의 제곱합이 처리에 의하여 설명되는 **처리제곱합**(treatment sum of squares)과 **잔차제곱합**(residual sum of squares)으로 분해될 수 있음을 보인다. 즉, 자료의 총변동이 인자수준에 의한 변동과 수준내의 오차 때문에 발생하는 변동으로 나누어진다. 여기에서 총편차의 제곱합을 **총변동**이라고도 하며 SST로 나타내고, 처리제곱합은 **급간변동**(between sum of squares)이라고도 하며 SS_{tr}로 나타내고, 잔차제곱합은 **급내변동**(within sum of squares)이라고도 하며 SSE로 나타내기로 한다.

관측값의 총개수를 $N=kn$이라고 하면 총제곱합의 자유도는 $N-1$, 처리제곱합의 자유도는 $k-1$, 잔차제곱합의 자유도는 $N-k$로 알려져 있다. 이와 같은 제곱합의 분해를 요약하면 다음과 같다.

총제곱합의 분해

$$\sum_{i=1}^{k}\sum_{j=1}^{n}(y_{ij}-\bar{y}_{..})^2 = n\sum_{i=1}^{k}(\bar{y}_{i\cdot}-\bar{y}_{..})^2+\sum_{i=1}^{k}\sum_{j=1}^{n}(y_{ij}-\bar{y}_{i\cdot})^2$$

$$\mathrm{SST} = \mathrm{SS_{tr}} + \mathrm{SSE}$$

자유도 : $(N-1) = (k-1) + (N-k)$

다만,

$\mathrm{SST}=\sum_{i=1}^{k}\sum_{j=1}^{n}(y_{ij}-\bar{y}_{..})^2$: 총편차의 제곱합(총변동)

$\mathrm{SS_{tr}}=n\sum_{i=1}^{k}(\bar{y}_{i.}-\bar{y}_{..})^2$: 처리제곱합(급간변동)

$\mathrm{SSE}=\sum_{i=1}^{k}\sum_{j=1}^{n}(y_{ij}-\bar{y}_{i.})^2$: 잔차제곱합(급내변동)

제곱합을 자유도로 나눈 것을 **평균제곱**(mean square)이라고 한다. 즉,

$$\text{평균제곱}=\frac{\text{제곱합}}{\text{자유도}}$$

이다. 따라서 처리에 대한 평균제곱과 잔차에 대한 평균제곱은 각각 다음과 같다.

$$\mathrm{MS_{tr}}=\frac{\mathrm{SS_{tr}}}{k-1} \quad : \quad \text{처리평균제곱}$$

$$\mathrm{MSE}=\frac{\mathrm{SSE}}{N-k} \quad : \quad \text{잔차평균제곱}$$

한편 귀무가설 $H_0 : \alpha_1 = \cdots = \alpha_k = 0$ 하에서 F–통계량인

$$F=\frac{\mathrm{MS_{tr}}}{\mathrm{MSE}}$$

은 자유도 $(k-1,\ N-k)$인 F–분포를 따름이 알려져 있다. 즉, H_0 하에서

$$F = \frac{\mathrm{MS_t}}{\mathrm{MSE}} \sim F(k-1, N-k)$$

이 성립한다. 뿐만 아니라 평균제곱의 기댓값은 다음과 같다.

$$E(\mathrm{MSE}) = \sigma^2$$

$$E(\mathrm{MS_{tr}}) = \sigma^2 + \frac{\mathrm{n}}{\mathrm{k}-1}\sum_{\mathrm{i}=1}^{\mathrm{k}} \alpha_{\mathrm{i}}^2$$

즉, MSE는 항상 σ^2에 대한 불편추정량이 되며, $\mathrm{MS_{tr}}$는 H_0하에서는 σ^2에 대한 불편추정량이 되지만, 대립가설 H_1하에서는 σ^2보다 크려고 하는 성질이 있다. 따라서 F-통계량의 값이 크면 귀무가설을 기각하고, 처리효과에 유의한 차이가 있다고 결론을 내린다.

F-분포에서 오른쪽 꼬리의 확률이 α인 점을 $F_\alpha(k-1, N-k)$로 나타내고, F-통계량의 관측값을 f라고 할 때, 유의수준 α에서 기각역은 다음과 같다.

$$f \geq F_\alpha(k-1, N-k)$$

이와 같은 처리효과의 유의성 검정은 다음과 같이 요약할 수 있다.

처리효과의 유의성 검정(반복수가 같은 일원배치법)

귀무가설 $H_0 : \alpha_1 = \alpha_2 = \cdots = \alpha_k = 0$에 관한 검정통계량은

$$F = \frac{\mathrm{MS_{tr}}}{\mathrm{MSE}}$$

이며, 이의 관측값을 f라고 할 때 유의수준 α에서 기각역과 유의확률은 다음과 같다.

(i) 기각역 : $f \geq F_\alpha(k-1, N-k)$

(ii) 유의확률 : $p = P(F \geq f)$

이와 같은 분산분석의 과정과 결과를 표로 요약하여 나타낸 것을 분산분석표(ANOVA table)라고 한다. 일원배치법에서 분산분석표는 <표 9-2>와 같다.

표 9-2 일원배치법의 분산분석표(반복수가 n으로 같은 경우)

요인	제곱합	자유도	평균제곱	F값	유의확률
처리	$SS_{tr} = n\sum_{i=1}^{k}(\bar{y}_{i.} - \bar{y}_{..})^2$	$k-1$	$MS_{tr} = \frac{SS_{tr}}{(k-1)}$	$f = \frac{MS_{tr}}{MSE}$	$P(F \geq f)$
잔차	$SSE = \sum_{i=1}^{k}\sum_{j=1}^{n}(y_{ij} - \bar{y}_{i.})^2$	$N-k$	$MSE = \frac{SSE}{(N-k)}$		
계	$SST = \sum_{i=1}^{k}\sum_{j=1}^{n}(y_{ij} - \bar{y}_{..})^2$	$N-1$			

예제 9.1 어떤 직물의 가공시 처리액의 농도(A)가 직물의 인장강도에 영향을 미치는지의 여부를 조사하기 위해, 세 가지 농도 $A_1 : 15.2\%$, $A_2 : 17.5\%$, $A_3 : 21.9\%$에서 반복 각 6회, 총 18회를 랜덤하게 처리한 후 인장강도를 측정한 결과가 <표 9-3>과 같았다. 이 자료에 대하여 일원배치법의 모형을 적용할 때, 농도에 따른 인장강도에 차가 있는지를 알아보기 위한 적절한 가설을 세우고, 분산분석표를 작성하여 유의수준 5%에서 검정하여라.

표 9-3 세 가지 농도에 의한 인장강도

	A_1	A_2	A_3	
	23	35	32	
	17	32	33	
	26	33	31	
	21	34	28	
	19	36	30	
	19	32	28	
평균	20.83	33.83	30.33	총평균: 28.33

풀이 이 문제에서 검정하고자 하는 가설은 다음과 같다.

$$H_0 : \alpha_1 = \alpha_2 = \alpha_3 = 0, \quad H_1 : \alpha_i \text{들이 모두 0은 아니다.}$$

주어진 자료에서 제곱합을 계산하면 다음과 같다.

$$\text{SST} = (23-28.33)^2 + \cdots + (28-28.33)^2 = 628.00$$
$$\text{SS}_{\text{tr}} = 6[(20.83-28.33)^2 + \cdots + (30.33-28.33)^2] = 543.00$$
$$\text{SSE} = (23-20.83)^2 + \cdots + (28-30.33)^2 = 85.00$$

한편, 총제곱합의 자유도는 3×6−1=17이며, 처리제곱합의 자유도는 3−1=2, 잔차제곱합의 자유도는 17−2=15이므로, 평균제곱은 각각 다음과 같다.

$$\text{MS}_{\text{tr}} = \text{SS}_{\text{tr}}/2 = 271.50$$
$$\text{MSE} = \text{SSE}/15 = 5.667$$

이러한 과정을 분산분석표로 나타내면 <표 9-4>와 같다. 또한 F−분포표로부터 $F_{0.05}(2,15) = 3.68$이므로 유의수준 5%에서 귀무가설을 기각하고, 농도에 따라 직물의 인장강도에 유의한 차이가 있다는 결론을 내린다. 분포표에서 $F_{0.001}(2,15) = 11.34$이므로 $f = 47.91$에 대한 유의확률은 0.001보다 작다. 즉, 유의성이 매우 강함을 알 수 있다.

표 9-4 [예제 9-1]의 분산분석표

요인	제곱합	자유도	평균제곱	F 값	유의확률
처리	543.00	2	271.50	$f = \frac{271.50}{5.667} = 47.91$	<0.001
잔차	85.00	15	5.667		
계	628.00	17			

9-2-2 반복수가 다른 일원배치법

지금까지 우리는 각 수준 또는 처리에서의 반복수가 같은 경우를 다루었는데, 실제의 일원배치법에서는

(1) 측정에 결측치가 생기는 경우
(2) 어떤 특정한 처리에서 모평균 추정의 정도를 높이기 위한 경우
(3) 비용문제로 인하여 특정한 처리의 반복에 제약이 있는 경우

등의 이유로 반복수가 처리에 따라 다른 경우가 있다. 이와 같이 반복수가 다른 경우에도 총제곱합을 분해하여 처리효과의 비교를 다루는 방법은 반복수가 같은 경우와 거의 같게 유도된다. 반복수가 다른 경우에 자료의 구조는 <표 9-5>와 같다.

표 9-5 일원배치법의 자료구조(반복수가 다른 경우)

	처리1	처리2	$\cdots$	처리 k	
	y_{11}	y_{21}	$\cdots$	y_{k1}	
	y_{12}	y_{22}	$\cdots$	y_{k2}	
	$\vdots$	$\vdots$	$\vdots$	$\vdots$	
	y_{1n_1}	y_{2n_2}	$\cdots$	y_{kn_k}	
평균	$\bar{y}_{1\cdot}$	$\bar{y}_{2\cdot}$	$\cdots$	$\bar{y}_{k\cdot}$	총평균 $\bar{y}_{\cdot\cdot}$

위의 표에서 각 처리마다 관측되는 자료의 개수가 다름에 유의해야 한다. 각 처리에 해당하는 관측치의 개수를 n_i라고 하면, 전체 관측값의 개수는 $N=\sum_{i=1}^{k} n_i$이 되고, 평균의 기호는 다음과 같이 정의된다.

$$\bar{y}_{i\cdot} = \frac{1}{n_i}\sum_{j=1}^{n_i} y_{ij}, \quad i = 1, 2, \cdots, k$$

$$\bar{y}_{\cdot\cdot} = \frac{1}{N}\sum_{i=1}^{k}\sum_{j=1}^{n_i} y_{ij}$$

반복수가 다른 경우에 총평균 μ는 μ_i들의 가중평균으로 다음과 같이 정의된다.

$$\mu = \sum_{i=1}^{k} n_i \mu_i / N$$

따라서 i번째 처리효과인 α_i는 $\alpha_i = \mu_i - \mu$이므로

$$\sum_{i=1}^{k} n_i \alpha_i = \sum_{i=1}^{k} n_i(\mu_i - \mu) = \sum_{i=1}^{k} n_i \mu_i - N\mu = 0$$

의 조건을 만족한다. 이들을 요약하면 다음과 같다.

일원배치법의 모형(반복수가 다른 경우)

$$Y_{ij} = \mu + \alpha_i + e_{ij},\ i = 1, \cdots, k,\ j = 1, \cdots, n_i$$

다만, α_i는 처리효과로서 $\sum n_i \alpha_i = 0$이며,

e_{ij}는 서로 독립인 오차항으로서 $N(0, \sigma^2)$을 따른다.

처리효과의 유의성을 검증하는 귀무가설과 대립가설은 각각 다음과 같다.

$H_0 : \alpha_1 = \alpha_2 = \cdots = \alpha_k = 0,\qquad H_1 :$ α_i들이 모두 0은 아니다.

반복수가 다른 경우에 총제곱합의 분해는 다음과 같다.

$$\sum_{i=1}^{k}\sum_{j=1}^{n_i}(y_{ij} - \bar{y}_{..})^2 = \sum_{i=1}^{k} n_i(\bar{y}_{i\cdot} - \bar{y}_{..})^2 + \sum_{i=1}^{k}\sum_{j=1}^{n_i}(y_{ij} - \bar{y}_{i\cdot})^2$$
$$\text{SST} \qquad = \qquad \text{SS}_{\text{tr}} \qquad + \qquad \text{SSE}$$

윗식에서 반복수가 같은 경우와 다른 것은 n_i가 처리마다 다르므로 $\sum$ 기호 밖으로 나올 수 없는 것이다.

$N = \sum_{i=1}^{k} n_i$를 사용하면 각 제곱합의 자유도와 검정의 기각역도 같은 형식으로 나타낼 수 있으며, 분산분석표는 <표 9-6>과 같다.

표 9-6 일원배치법의 분산분석표(반복수가 다른 경우)

요인	제곱합	자유도	평균제곱	F 값	유의확률
처리	$\text{SS}_{\text{tr}} = \sum_{i=1}^{k} n_i(\bar{y}_{i\cdot} - \bar{y}_{..})^2$	$k-1$	$\text{MS}_{\text{tr}} = \dfrac{\text{SS}_{\text{tr}}}{(k-1)}$	$f = \dfrac{\text{MS}_{\text{tr}}}{\text{MSE}}$	$P(F \geq f)$
잔차	$\text{SSE} = \sum_{i=1}^{k}\sum_{j=1}^{n_i}(y_{ij} - \bar{y}_{i\cdot})^2$	$N-k$	$\text{MSE} = \dfrac{\text{SSE}}{N-k}$		
계	$\text{SST} = \sum_{i=1}^{k}\sum_{j=1}^{n_i}(y_{ij} - \bar{y}_{..})^2$	$N-1$	(다만, $N = \sum_{i=1}^{k} n_i$)		

분산분석표를 이용하여 유의수준 α 에서 검정할 때 기각역은 다음과 같이 나타낼 수 있다.

$$f \geq F_{\alpha}(k-1, N-k)$$

다만, SPSS 등의 소프트웨어를 사용하여 유의확률이 출력되면, 유의확률이 α 보다 작을 때 귀무가설을 기각하고, 처리효과에 유의한 차이가 있다고 결론을 내리면 된다.

예제 9.2 네 종류의 공정에서 생산된 합금의 인장강도에 차이가 있는지를 알아보기 위해 공정 1에서 5회, 공정 2에서 4회, 공정 3에서 6회, 공정 4에서 5회 총 20회를 랜덤하게 실험한 후 인장강도를 측정하여 <표 9-7>을 얻었다. 이 자료에 대하여 일원배치법의 모형을 적용할 때, 공정에 따라 인장강도에 차가 있다고 할 수 있는지를 유의수준 5%에서 검정하여라.

표 9-7 네 가지 공정에 의한 인장강도

	공정 1	공정 2	공정 3	공정 4	
	5.8	5.1	6.2	6.4	
	3.9	5.2	5.8	5.0	
	4.7	5.6	5.7	5.9	
	5.7	4.7	5.1	6.0	
	4.3		5.0	7.0	
			5.8		
평균	4.88	5.15	5.60	6.06	총평균 5.445

풀이 주어진 자료에서 제곱합을 계산하면 다음과 같다.

$$\mathrm{SST} = (5.8-5.445)^2 + \cdots + (7.0-5.445)^2 = 10.450$$

$$\mathrm{SS_{tr}} = 5(4.88-5.445)^2 + \cdots + 5(6.06-5.445)^2 = 3.98$$

$$\mathrm{SSE} = (5.8-4.88)^2 + \cdots + (7.0-6.06)^2 = 6.470$$

한편, SST의 자유도는 $5+4+6+5-1=19$, $\mathrm{SS_{tr}}$의 자유도는 $4-1=3$, SSE의 자유도는 $19-3=16$이므로, 평균제곱은 다음과 같다.

$$\mathrm{MS_{tr}} = \mathrm{SS_{tr}}/3 = 1.327$$

$$\mathrm{MSE} = \mathrm{SSE}/16 = 0.404$$

이를 이용하여 분산분석표를 작성하면 <표 9-8>과 같다. F-분포표로부터 $F_{0.05}(3,16) = 3.24$이므로 유의수준 5%에서 귀무가설을 기각하고 합금의 인장 강도에 유의한 차이가 있다는 결론을 내린다.

표 9-8 [예제 9-2]의 분산분석표

요인	제곱합	자유도	평균제곱	F값	유의확률
처리	3.980	3	1.327	$f = \dfrac{1.324}{0.404} = 3.28$	0.048
잔차	6.470	16	0.404		
계	10.450	19			

9-3 이원배치법

앞 절의 일원배치법에서는 관심이 있는 인자 하나만을 취하고, 다른 여러 가지의 조건은 일정하게 한 후에 실험 전체를 랜덤화하는 실험을 하였다. **이원배치법**이란 관심이 있는 인자를 두 개 취하여 행하는 실험으로서, 두 인자의 수준의 각 조합에서 반복실험을 할 것인가, 하지 않을 것인가에 따라 반복이 있는 이원배치법과 반복이 없는 이원배치법으로 나누어진다.

예를 들어, 강철의 재료(인자 A)와 담금질 온도(인자 B)에 따라 강철의 구부러짐이 차이가 나는지 알기 위하여 실험을 하는 문제를 생각해 보자. 강철의 종류는 4종류(A_1, A_2, A_3, A_4)가 있으며, 담금질 온도는 3종류(B_1, B_2, B_3)에서 실험하기를 원한다면, 모두 12개의 수준 조합이 있고, 각 수준조합에서 반복이 있는 경우와 반복이 없는 경우로 나눌 수 있다.

이제 인자 A와 B의 각각에서 p, q개의 수준이 있으며, 이들을 각각 다음과 같이 나타내기로 하자.

$$\text{인자 } A\text{의 수준 : } A_1,\ A_2,\ \cdots,\ A_p$$

$$\text{인자 } B\text{의 수준 : } B_1,\ B_2,\ \cdots,\ B_q$$

이원배치법에서는 인자 A의 한 수준과 인자 B의 한 수준의 조합이 한 처리가 되며, 따라서 전체는 $p \times q$개의 처리가 있게 된다.

이원배치법에서 완전랜덤화계획은 $p \times q$회의 실험 전체를 랜덤하게 선택된 순서에 의하여 시행하는 것이다. 예를 들어, A의 수준을 A_1으로 고정시켜놓고 B의 수준을 바꾸어 가며 실험한 후, A_2로 고정시켜놓고 B의 수준을 바꾸어 가며 실험을 하는 것은 랜덤화의 원칙에 벗어나므로 이원배치법에 대한 적절한 실험이 아님을 유의해야 한다.

9-3-1 반복이 없는 이원배치법

반복이 없는 이원배치법의 자료구조는 행과 열에 각각의 인자를 배치함으로써 <표 9-9>와 같이 얻어진다.

표 9-9 이원배치법의 자료구조(반복이 없는 경우)

인자 B의 수준 / 인자 A의 수준	B_1	$\cdots$	B_j	$\cdots$	B_q	평균
A_1	y_{11}	$\cdots$	y_{1j}	$\cdots$	y_{1q}	$\bar{y}_{1\cdot}$
$\vdots$	$\vdots$		$\vdots$		$\vdots$	$\vdots$
A_i	y_{i1}	$\cdots$	y_{ij}	$\cdots$	y_{iq}	$\bar{y}_{i\cdot}$
$\vdots$	$\vdots$		$\vdots$		$\vdots$	$\vdots$
A_p	y_{p1}	$\cdots$	y_{pj}	$\cdots$	y_{pq}	$\bar{y}_{p\cdot}$
평균	$\bar{y}_{\cdot 1}$	$\cdots$	$\bar{y}_{\cdot j}$	$\cdots$	$\bar{y}_{\cdot q}$	총평균: $\bar{y}_{\cdot\cdot}$

<표 9-9>에서 각 인자의 수준별 평균의 기호는 다음과 같다.

$$\bar{y}_{i\cdot} = \frac{1}{q}\sum_{j=1}^{q} y_{ij},\ \ i = 1, 2, \cdots, p \qquad (\text{인자 } A\text{의 } i\text{번째 수준의 평균})$$

$$\bar{y}_{\cdot j} = \frac{1}{p}\sum_{i=1}^{p} y_{ij},\ \ j = 1, 2, \cdots, q \qquad (\text{인자 } B\text{의 } j\text{번째 수준의 평균})$$

$$\bar{y}_{..} = \frac{1}{pq}\sum_{i=1}^{p}\sum_{j=1}^{q} y_{ij} \qquad \text{(모든 관측값에 대한 총평균)}$$

반복이 없는 이원배치법에서는 인자 A의 효과와 인자 B의 효과가 관측값에 영향을 주게 된다. 처리전체의 모평균을 μ, 인자 A의 i번째 처리효과를 α_i, 인자 B의 j번째 처리효과를 β_j라고 하면, 모형은 다음과 같다.

반복이 없는 이원배치법의 모형

$$Y_{ij} = \mu + \alpha_i + \beta_j + e_{ij},\ i = 1, \cdots, p,\ j = 1, \cdots, q$$

다만, α_i는 인자 A의 i번째 처리효과로서 $\sum_{i=1}^{p}\alpha_i = 0$이며,

β_j는 인자 B의 j번째 처리효과로서 $\sum_{j=1}^{q}\beta_j = 0$이고,

e_{ij}는 서로 독립인 오차항으로서 $N(0, \sigma^2)$을 따른다.

이원배치법에서 관심이 있는 가설은 인자 A의 유의성과 인자 B의 유의성 검정을 위한 가설로서 각각 다음과 같이 주어진다.

$$H_0 : \alpha_1 = \cdots = \alpha_p = 0, \qquad H_1 : \ \alpha_i\text{들이 모두 0은 아니다}$$

$$H_0 : \beta_1 = \cdots = \beta_q = 0, \qquad H_1 : \ \beta_j\text{들이 모두 0은 아니다}$$

이와 같이 주어진 가설을 검정하기 위한 검정법을 유도하기 위해, 총제곱합을 인자 A의 효과에 의한 제곱합, 인자 B의 효과에 의한 제곱합, 잔차제곱합으로 분해하는 방법을 생각해 보자.

관측값 y_{ij}와 총평균 $\bar{y}_{..}$과의 차인 총편차 $y_{ij} - \bar{y}_{..}$를 다음과 같이 분해한다.

$$(y_{ij} - \bar{y}_{..}) = (\bar{y}_{i\cdot} - \bar{y}_{..}) + (\bar{y}_{\cdot j} - \bar{y}_{..}) + (y_{ij} - \bar{y}_{i\cdot} - \bar{y}_{\cdot j} - \bar{y}_{..})$$

총편차 분해식의 양변을 제곱하여 정리하면, 교차곱의 합들이 모두 0이 되어 다음과 같은 제곱합 분해식을 얻는다.

$$\sum_{i=1}^{p}\sum_{j=1}^{q}(y_{ij}-\overline{y}_{..})^2$$

$$=q\sum_{i=1}^{p}(\overline{y}_{i\cdot}-\overline{y}_{..})^2+p\sum_{j=1}^{q}(\overline{y}_{\cdot j}-\overline{y}_{..})^2+\sum_{i=1}^{p}\sum_{j=1}^{q}(y_{ij}-\overline{y}_{i\cdot}-\overline{y_{\cdot j}}+\overline{y}_{..})^2$$

이때에 각 분해식과 그 자유도는 다음과 같음이 알려져 있다.

$$\mathrm{SST}=\sum_{i=1}^{p}\sum_{j=1}^{q}(\mathrm{y}_{ij}-\overline{\mathrm{y}}_{..})^2:\ \text{총제곱합 (자유도 : } pq-1)$$

$$\mathrm{SS_A}=\mathrm{q}\sum_{i=1}^{p}(\overline{\mathrm{y}}_{i\cdot}-\overline{\mathrm{y}}_{..})^2:\quad \text{인자 } A\text{의 제곱합 (자유도 : } p-1)$$

$$\mathrm{SS_B}=\mathrm{p}\sum_{i=1}^{q}(\overline{\mathrm{y}}_{\cdot j}-\overline{\mathrm{y}}_{..})^2:\quad \text{인자 } B\text{의 제곱합 (자유도 : } q-1)$$

$$\mathrm{SSE}=\sum_{i=1}^{p}\sum_{j=1}^{q}(\mathrm{y}_{ij}-\overline{\mathrm{y}}_{i\cdot}-\overline{\mathrm{y}}_{\cdot j}+\overline{\mathrm{y}}_{..})^2:\ \text{잔차제곱합 (자유도 : } (p-1)(q-1))$$

이제 제곱합을 자유도로 나누어 평균제곱을 얻으며, 각 인자의 평균제곱을 잔차 평균제곱에 대한 비로 나타내어 F-통계량을 만든다. 이들을 분산분석표로 요약하면 <표 9-10>과 같다.

표 9-10 이원배치법의 분산분석표(반복이 없는 경우)

요인	제곱합	자유도	평균제곱	F값	유의확률
인자 A	$\mathrm{SS_A}$	$p-1$	$\mathrm{MS_A}=\dfrac{\mathrm{SS_A}}{(\mathrm{p}-1)}$	$f_1=\dfrac{\mathrm{MS_A}}{\mathrm{MSE}}$	$P(F\geq f_1)$
인자 B	$\mathrm{SS_A}$	$q-1$	$\mathrm{MS_B}=\dfrac{\mathrm{SS_B}}{(\mathrm{q}-1)}$	$f_2=\dfrac{\mathrm{MS_B}}{\mathrm{MSE}}$	$P(F\geq f_2)$
잔차	SSE	$(p-1)(q-1$	$\mathrm{MS_E}=\dfrac{\mathrm{SS_E}}{(\mathrm{p}-1)(\mathrm{q}-1)}$		
계	SST	$pq-1$			

분산분석표를 이용하여 유의수준 α에서 검정할 때, 인자 A의 처리효과와 인자 B의 처리효과에 대한 검정의 기각역은 각각 다음과 같이 나타낼 수 있다.

$$\text{인자 } A \ : f_1 \geq F_\alpha(p-1,(p-1)(q-1))$$

$$\text{인자 } B \ : f_2 \geq F_\alpha(q-1,(p-1)(q-1))$$

다만, SPSS 등의 소프트웨어를 사용하여 유의확률이 출력되면, 유의확률이 α 보다 작을 때 귀무가설을 기각하고, 처리효과에 유의한 차이가 있다고 결론을 내리면 된다.

예제 9.3 어떤 화학제품의 합성반응공정에서 합성률(%)을 향상시키는 방법을 검토하기 위하여 합성반응의 중요한 인자로 생각되는 다음의 두 인자 A, B를 고려하였다.

① 반응압력(A)의 5수준 (단위: kg/cm^2)

($A_1=8$, $A_2=10$, $A_3=12$, $A_4=14$, $A_5=16$)

② 반응시간(B)의 4수준 (단위: hr)

($B_1=1$, $B_2=2$, $B_3=3$, $B_4=4$)

각 수준의 조합 즉, 처리에서 합성률을 측정한 결과 <표 9-11>을 얻었다. 반응압력과 반응시간이 합성률에 유의한 영향을 미치는지 유의수준 5%에서 검정하여라.

표 9-11 화학제품의 합성률

	A_1	A_2	A_3	A_4	A_5	평균
B_1	74	70	72	75	73	74.00
B_2	71	73	73	78	76	74.20
B_3	74	75	78	82	83	78.40
B_4	79	74	75	81	78	77.40
평균	74.50	73.00	76.00	79.00	77.50	총평균 76.00

풀이 주어진 자료에서 제곱합을 계산하면 다음과 같다.

$$SS_A = 5\{(74.50-76.00)^2+\ldots+(77.50-76.00)^2\} = 90.00$$

$$SS_B = 4\{(74.00-76.00)^2+\ldots+(77.40-76.00)^2\} = 74.80$$

$$SST = (74-76.00)^2+\ldots+(78-76.00)^2 = 238.00$$

$$SSE = SST - SS_A - SS_B = 73.20$$

한편, SS_A의 자유도는 $5-1=4$, SS_B의 자유도는 $4-1=3$, $5\times4-1=19$, SSE의 자유도는 $(5-1)(4-1)=12$이므로 평균제곱은 다음과 같다.

$$MS_A = SS_A/4 = 22.50$$
$$MS_B = SS_B/3 = 24.93$$
$$MSE = SSE/12 = 6.10$$

이를 이용하여 분산분석표를 작성하면 <표 9-12>와 같다. F-분포표로부터

$$F_{0.05}(4,12) = 3.26$$
$$F_{0.05}(3,12) = 3.49$$

이므로 유의수준 5%에서 귀무가설을 기각하고, 반응압력과 반응시간이 합성률에 유의한 영향을 미친다고 결론을 내린다.

표 9-12 [예제 9-3]의 분산분석표

요인	제곱합	자유도	평균제곱	F 값	유의확률
인자 A	90.00	4	22.50	$f_1 = \frac{22.50}{6.10} = 3.69$	0.0351
인자 B	74.80	3	24.93	$f_2 = \frac{24.93}{6.10} = 4.09$	0.0325
잔차	73.20	12	6.10		
계	238.00	19			

9-3-2 반복이 있는 이원배치법

실험계획의 기본원리 중에는 '반복의 원리(principle of replication)'라는 것이 있다. 즉, 어떤 실험이든 각 수준의 조합 즉, 각 처리에서 1회의 실험을 시행하는 것보다 가능하면 2회 이상의 실험을 반복하여 실험결과의 신뢰를 높이는 것이 바람직하다는 원리이다. 반복을 통해 오차항의 자유도를 크게 해 줄 수 있기 때문에 오차분산이 정도가 좋게 추정됨으로써 실험결과의 신뢰성이 높아지는 것이다. 그러나

실험을 많이 시행한다는 것은 더 큰 비용을 감수해야 함을 의미한다. 따라서 전체적으로 비용과 원하는 신뢰의 정도에 따라서 반복횟수가 결정될 것이다.

앞 절에서는 2개의 인자 A, B의 수준조합에서 한 개의 관측치가 얻어지는 경우를 다루었다. 이번 절에서는 2개의 인자 A, B의 수준수가 각각 p, q이고, 반복수가 r회인 좀 더 일반적인 이원배치법을 생각하기로 한다. 반복이 있는 이원배치법에서 완전랜덤화계획은 pqr회의 전체 실험이 랜덤하게 선택된 순서에 의해서 시행되어야 하는 것이다. 예를 들어, 인자수준의 조합인 pq개의 순서만 임의로 선택하고, 각 수준의 조합에서 r회의 실험을 계속해서 시행하게 되면 전체실험이 완전랜덤화된 것이 아니며, 이와 같은 실험은 반복이 있는 이원배치법의 실험이라고 할 수 없다.

반복이 없는 이원배치법에 비하여 반복이 있는 이원배치법의 가장 큰 장점은 인자수준의 조합에서 생기는 효과를 분리하여 구할 수 있다는 것이다. 즉, B 인자의 효과가 특성값에 주는 영향이 A 인자의 수준에 따라 어떻게 달라지는가, 반대로 A인자의 효과가 특성값에 주는 영향이 B 인자의 수준에 따라 어떻게 달라지는가에 대해서 알 수 있다는 뜻이 된다. 이처럼 인자수준의 조합에서 생기는 효과를 **교호작용**(interaction)이라고 하며, 각 인자의 수준조합에서 반복 실험을 통하여만 파악될 수 있다.

앞에서 다룬 반복이 없는 이원배치법의 모집단모형에서 $E(e_{ij})=0$이므로

$$E(Y_{ij})=\mu+\alpha_i+\beta_j$$

가 된다. 따라서 인자 A의 각 수준에서의 기댓값의 차이는 B의 수준에 무관하게 된다. 예를 들어, A의 두 번째 수준과 세 번째 수준에서의 기댓값의 차이는 B의 모든 수준에 대하여

$$(\mu+\alpha_2+\beta_j)-(\mu+\alpha_3+\beta_j)=\alpha_2-\alpha_3$$

로서 변함이 없다. 이를 그림으로 나타내면 [그림 9-1]과 같이 주어진다. 이 그림에서와 같이 A의 각 수준을 연결하는 선분들이 평행하면 두 인자 A, B 사이에 교호작용이 존재하지 않음을 뜻한다.

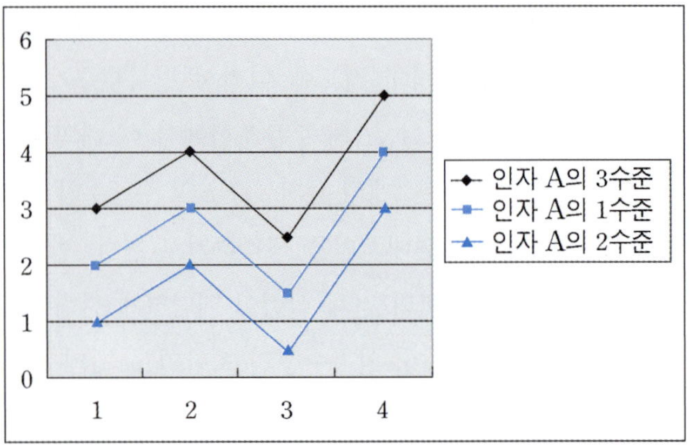

그림 9-1 교호작용이 없는 경우

한편 [그림 9-2]는 B_1에서는 A_2가 A_1보다 높은 기댓값을 주지만, B_3에서는 A_1이 A_2보다 높은 기댓값을 준다. 이와 같이 A의 각 수준에서의 기댓값의 차이가 B의 수준에 따라 변하게 될 때에 A와 B는 교호작용이 있다고 하며, 이 경우에는 반복이 없는 이원배치법을 사용해서는 안 된다. 반복이 없는 이원배치법은 교호작용을 구할 수 없는 모형이기 때문이다.

따라서 교호작용이 없는 경우에는 공정의 최적조건을 찾고자 하는 경우 A 인자의 최적조건을 구하고, B 인자의 최적조건을 각각 구한 후 합쳐주면 되지만, 교호작용이 있는 경우에는 반드시 모든 수준의 조합을 살펴보아야 한다.

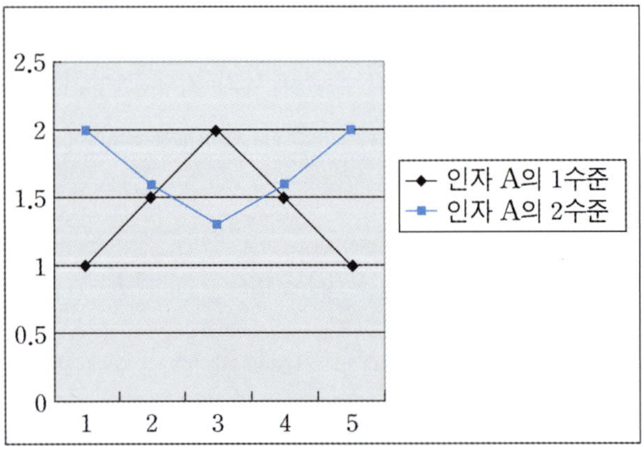

그림 9-2 교호작용이 있는 경우

인자 A, B의 수준수가 각각 p, q이고, 반복수가 r회인 반복이 있는 이원배치법의 자료구조는 <표 9-13>과 같다.

표 9-13 이원배치법의 자료구조(반복이 있는 경우)

A의 수준 \ B의 수준	B_1	B_2	$\cdots$	B_q	평균
	y_{111}	y_{121}	$\cdots$	y_{1q1}	
	y_{112}	y_{122}	$\cdots$	y_{1q2}	
A_1	$\vdots$	$\vdots$	$\vdots$	$\vdots$	$\bar{y}_{1\cdot\cdot}$
	y_{11r}	y_{12r}	$\cdots$	y_{1qr}	
	$\bar{y}_{11\cdot}$	$\bar{y}_{12\cdot}$	$\cdots$	$\bar{y}_{1q\cdot}$	
	y_{211}	y_{221}	$\cdots$	y_{2q1}	
	y_{212}	y_{222}	$\cdots$	y_{2q2}	
A_2	$\vdots$	$\vdots$	$\vdots$	$\vdots$	$\bar{y}_{2\cdot\cdot}$
	y_{21r}	y_{22r}	$\cdots$	y_{2qr}	
	$\bar{y}_{21\cdot}$	$\bar{y}_{22\cdot}$	$\cdots$	$\bar{y}_{2q\cdot}$	
$\vdots$	$\vdots$	$\vdots$	$\vdots$	$\vdots$	$\vdots$
	y_{p11}	y_{p21}	$\cdots$	y_{pq1}	
	y_{p12}	y_{p22}	$\cdots$	y_{pq2}	
A_p	$\vdots$	$\vdots$	$\vdots$	$\vdots$	$\bar{y}_{p\cdot\cdot}$
	y_{p1r}	y_{p2r}	$\cdots$	y_{pqr}	
	$\bar{y}_{p1\cdot}$	$\bar{y}_{p2\cdot}$	$\cdots$	$\bar{y}_{pq\cdot}$	
평균	$\bar{y}_{\cdot1\cdot}$	$\bar{y}_{\cdot2\cdot}$	$\cdots$	$\bar{y}_{\cdot q\cdot}$	총평균 $\bar{y}_{\cdots}$

<표 9-13>에서 각 인자의 수준별 평균의 기호는 다음과 같다.

$$\bar{y}_{ij\cdot} = \frac{1}{r}\sum_{k=1}^{r} y_{ijk}\,, \quad i = 1,2,\cdots,p,\ \ j = 1,\cdots,q \qquad \text{(인자의 수준 } A_iB_j\text{에서의 평균)}$$

$$\bar{y}_{i\cdot\cdot} = \frac{1}{qr}\sum_{j=1}^{q}\sum_{k=1}^{r} y_{ijk}\,, \quad i = 1,2,\cdots,p \qquad \text{(인자의 수준 } A_i\text{에서의 평균)}$$

$$\bar{y}_{\cdot j\cdot} = \frac{1}{pr}\sum_{i=1}^{p}\sum_{k=1}^{r} y_{ijk}\,, \quad j = 1,2,\cdots,q \qquad \text{(인자의 수준 } B_j\text{에서의 평균)}$$

$$\bar{y}_{\cdots} = \frac{1}{pqr}\sum_{i=1}^{p}\sum_{j=1}^{q}\sum_{k=1}^{r} y_{ijk} \qquad \text{(모든 관측치에 대한 평균)}$$

처리전체의 모평균을 μ, 인자 A의 i번째 처리효과를 α_i, 인자 B의 j번째 처리효과를 β_j, 인자 A의 i번째 수준과 인자 B의 j번째 수준의 교호작용의 효과를 γ_{ij}라고 하면 반복이 있는 이원배치법의 모형은 다음과 같이 주어진다.

반복이 있는 이원배치법의 모형

$$Y_{ijk} = \mu + \alpha_i + \beta_j + \gamma_{ij} + e_{ijk}, \quad i = 1, \cdots, p, \ j = 1, \cdots, q, \ k = 1, \cdots, r$$

다만, α_i는 인자 A의 i번째 처리효과로서 $\sum_{i=1}^{p} \alpha_i = 0$이며,

β_j는 인자 B의 j번째 처리효과로서 $\sum_{j=1}^{q} \beta_j = 0$이고,

γ_{ij}는 A_i와 B_j의 교호작용으로서 $\sum_{i=1}^{p} \gamma_{ij} = \sum_{j=1}^{q} \gamma_{ij} = 0$이다.

e_{ij}는 서로 독립인 오차항으로서 $N(0, \sigma^2)$을 따른다.

여기서 새로 도입된 기호로 γ_{ij}가 있다. 이것은 α_i의 수준과 β_j의 수준에서 나타나는 인자의 교호작용을 뜻한다. 이처럼 반복이 있는 이원배치법에서 관심이 있는 가설은 인자 A, B의 각 수준에 따라 처리효과의 차이가 있는가 하는 것과 함께 교호작용의 효과가 확실히 존재하는가 하는 것이다.

각 인자의 수준에서의 유의성 검정은 앞 절의 반복이 없는 이원배치법과 같으므로 여기서는 교호작용에 대한 유의성 검정을 다루고자 한다. 교호작용의 유의성 검정에 대한 가설은 다음과 같다.

$$H_0 : \gamma_{ij} = 0, \ i = 1, \cdots, p, \ j = 1, \cdots, q \ , \qquad H_1 : \gamma_{ij}\text{들이 모두 0은 아니다.}$$

관측값 y_{ijk}와 총평균 $\bar{y}_{...}$와의 편차인 총편차의 분해식의 양변을 제곱하여 정리하면 다음이 성립한다.

$$\sum_{i=1}^{p}\sum_{j=1}^{q}\sum_{k=1}^{r}(y_{ijk}-\overline{y}_{...})^2 = qr\sum_{i=1}^{p}(\overline{y}_{i..}-\overline{y}_{...})^2 + pr\sum_{j=1}^{q}(\overline{y}_{.j.}-\overline{y}_{...})^2 + r\sum_{i=1}^{p}\sum_{j=1}^{q}(\overline{y}_{ij.}-\overline{y}_{i..}-\overline{y}_{.j.}+\overline{y}_{...})^2 + \sum_{i=1}^{p}\sum_{j=1}^{q}\sum_{k=1}^{r}(y_{ijk}-\overline{y}_{ij.})^2$$

이 때에 각 제곱합과 자유도는 다음과 같다.

$$SST = \sum_{i=1}^{p}\sum_{j=1}^{q}\sum_{k=1}^{r}(y_{ijk}-\overline{y}_{...})^2$$: 총제곱합 (자유도: $pqr-1$)

$$SS_A = qr\sum_{i=1}^{p}(\overline{y}_{i..}-\overline{y}_{...})^2$$: 인자 A의 제곱합 (자유도: $p-1$)

$$SS_B = pr\sum_{j=1}^{q}(\overline{y}_{.j.}-\overline{y}_{...})^2$$: 인자 B의 제곱합 (자유도: $q-1$)

$$SS_{A\times B} = r\sum_{i=1}^{p}\sum_{j=1}^{q}(\overline{y}_{ij.}-\overline{y}_{i..}-\overline{y}_{.j.}+\overline{y}_{...})^2$$: 교호작용의 제곱합 (자유도: $(p-1)(q-1)$)

$$SSE = \sum_{i=1}^{p}\sum_{j=1}^{q}\sum_{k=1}^{r}(y_{ijk}-\overline{y}_{ij.})^2$$: 잔차제곱합 (자유도: $pq(r-1)$)

반복이 없는 이원배치법에서와 마찬가지로, 제곱합을 자유도로 나누어 평균제곱을 얻으며, 각 평균제곱의 잔차평균제곱에 대한 비로 F-통계량을 만들어 검정하게 된다. 이들을 분산분석표로 요약하면 <표 9-14>와 같다.

표 9-14 이원배치법의 분산분석표(반복이 있는 경우)

요인	제곱합	자유도	평균제곱	F값	유의확률
인자 A	SS_A	$p-1$	$MS_A=\dfrac{SS_A}{(p-1)}$	$f_1=MS_A/MSE$	$P(F\ge f_1)$
인자 B	SS_B	$q-1$	$MS_B=\dfrac{SS_B}{(q-1)}$	$f_2=MS_B/MSE$	$P(F\ge f_2)$
교호작용	$SS_{A\times B}$	$(p-1)(q-1)$	$MS_{A\times B}=\dfrac{SS_{A\times B}}{(p-1)(q-1)}$	$f_3=MS_{A\times B}/MSE$	$P(F\ge f_3)$
잔차	SSE	$pq(r-1)$	$MSE=\dfrac{SSE}{pq(r-1)}$		
계	SST	$pqr-1$			

분산분석표를 이용하여 유의수준 α 에서 검정할 때, 교호작용 γ_{ij}의 효과에 대한 유의성 검정에서 기각역은 다음과 같다.

$$f_3 \geq F_{\alpha}((p-1)(q-1),\ pq(r-1))$$

예제 9.4 시멘트 분쇄공정에서 시멘트 강도에 영향을 주는 여러 가지 인자 중에서 석고의 종류(A1, A2, A3)와 SO_3의 함량(B1, B2, B3)이 어떤 영향을 주는지 알아보기 위한 실험을 하였다. 실험은 각 수준조합에서 반복 2회의 이원배치실험이고 특성값은 생산 후 28일 후에 측정되는 시멘트의 압축강도(kg/cm^2)이다. 실험의 랜덤화는 실험 전체의 실험횟수 $3 \times 3 \times 2 = 18$회를 완전 랜덤화하여 정하였고, 얻어진 측정값은 <표 9-15>와 같다. 이때 각 인자와 교호작용의 효과의 유의성에 대하여 유의수준 5%에서 검정하여라.

표 9-15 압축강도

	B_1	B_2	B_3	평균
A_1	205 202	222 225	220 222	234.83
A_2	235 237	250 248	242 244	232.50
A_3	266 264	226 224	238 236	233.67
평균	216.00	242.67	242.33	총평균: 233.67

풀이 제곱합을 계산하면 다음과 같다.

$$SS_A = 3 \times 2[(234.83-233.67)^2 + \cdots + (233.67-233.67)^2] = 16.333$$

$$SS_B = 3 \times 2[(216-233.67)^2 + \cdots + (242.33-233.67)^2] = 2809.333$$

$$SS_{A\times B} = 2[(205-234.83-216+233.67)^2 + \cdots + (236-\cdots+233.67)^2]$$
$$= 2313.333$$

$$SST = (205-233.67)^2 + \cdots + (236-233.67)^2 = 5162.00$$

$$SSE = SST - SS_A - SS_B - SS_{A\times B} = 23.00$$

한편, SS_A의 자유도는 3−1=2, SS_B의 자유도는 3−1=2, $SS_{A\times B}$의 자유도는 (3−1)(3−1) =4, SSE의 자유도는 $3\times3\times(2-1)=9$이므로 평균제곱은 다음과 같다.

$$MS_A = SS_A/2 = 8.167$$
$$MS_B = SS_B/2 = 1404.667$$
$$MS_{A\times B} = SS_{A\times B}/2 = 578.333$$
$$MSE = SSE/9 = 2.556$$

이를 이용하여 분산분석표를 작성하면 <표 9-12>와 같다. F-분포표로부터

$$F_{0.05}(2,9) = 4.26$$
$$F_{0.05}(4,9) = 3.63$$

이므로 유의수준 5%에서 인자 A에 대한 귀무가설은 기각할 수 없으며, 인자 B와 교호작용 $A\times B$에 대한 귀무가설은 기각할 수 있다. 또한 분포표에서

$$F_{0.001}(2,9) = 16.39$$
$$F_{0.001}(4,9) = 12.56$$

이므로 인자 B와 교호작용에 대한 유의확률은 0.001 이하임을 알 수 있다. 또한 $F_{0.10}(2,9)=3.01$이므로 인자 A에 대한 유의확률은 0.05와 0.10 사이에 있음을 알 수 있다. SPSS를 이용하여 구한 결과는 0.089이다.

표 9-16 [예제 9-4]의 분산분석표

요인	제곱합	자유도	평균제곱	F 값	유의확률
인자 A	16.333	2	8.167	3.20	0.089
인자 B	2809.333	2	1404.667	549.65	<0.001
교호작용	2313.333	4	578.333	226.30	<0.001
잔차	23.00	9	2.556		
계	288.28	17			

이로부터 석고의 종류와 SO_3의 함량 사이에는 유의한 교호작용이 있다는 결론을 내릴 수 있으며, SO_3의 함량이 시멘트의 압축강도에 유의한 영향을 준다고 결론을 내릴 수 있다. 석고의 종류는 유의확률이 0.089로 유의수준 5%에서는 유의한 값은 아니지만 약한 유의성이 있다고 할 수 있다. 뿐만 아니라 석고의 종류(A) 인자를 포함하는 교호작용이 유의한 경우에는 모형에서 생략하지 않는 것이 바람직하다.

참고 분산분석에서도 회귀분석에서와 마찬가지로 오차항의 여러 가지 가정에 대한 타당성 검토를 시행한 후에 분산분석을 시행하는 것이 원칙이다. 특히 자료들 가운데 이상점이 있는 경우에는 결과에 오류가 있을 수 있으므로 잔차분석을 통하여 이를 확인할 필요가 있다. 분산분석에서 이러한 검토는 평균 반응의 추정값을 가로축으로 스튜던트화 잔차를 세로축으로 하는 잔차도를 이용할 수 있다. 다음의 SPSS 실습 절에서 이를 연습하기로 한다.

9-4 SPSS 실습

(1) 일원배치법

일원배치법은 여러 모집단의 평균을 비교하는 것과 같은 개념이다. 따라서 SPSS에서 일원배치법의 분석은 메뉴의 분석 → 평균 및 비율 비교 → 일원배치 분산분석을 이용한다.

사례 9.1

처리액의 농도가 직물의 인장강도에 미치는 영향을 조사하기 위하여 네 가지 농도에서 5회 반복실험을 하였다. 즉, A_1 : 3.0%, A_2 : 3.5%, A_3 : 4.0%, A_4 : 4.5%의 네 수준에서 실험하여 다음 자료를 얻었다. 농도에 따라 인장강도에 차이가 있는지 SPSS를 이용하여 검정하여라.

	A_1	A_2	A_3	A_4	
	47	51	50	22	
	58	62	38	23	
	51	31	47	28	
	61	46	27	42	
	46	49	23	25	
평균	52.6	47.8	37.0	28.0	총평균: 41.35

풀이 먼저 자료의 입력은 독립표본의 t-검정에서 집단변수와 함께 데이터가 입력되었던 것과 같이 분산분석에서도 '요인'의 값과 함께 '종속변수'(처리)의 값이 쌍으로 입력되어야 한다. 위의 자료가 SPSS에 입력된 모양은 [그림 9-3]과 같다. 요인은 '농도', 종속변수는 '인장강도'라는 변수명으로 입력하였다. 변수 보기 창에서 '농도'의 '값'에 대한 설명으로 1, 2, 3, 4의 각각에 3.0%, 3.5%, 4.0%, 4.5%를 입력한다.

	농도	인장강도
1	1	47
2	1	58
3	1	51
4	1	61
5	1	46
6	2	51
7	2	62
8	2	31
9	2	46
10	2	49
11	3	50
12	3	38
13	3	47
14	3	27
15	3	23
16	4	22
17	4	23
18	4	28
19	4	42
20	4	25

그림 9-3 일원배치 자료의 입력

일원배치분산분석은 메뉴에서 분석 → 평균 및 비율 비교 → 일원배치 분산분석을 이용한다. '인장강도'와 '농도'를 각각 '종속변수'와 '요인'으로 지정하고, 옵션에서 '평균도표'를 체크한다. 결과는 [그림 9-4]와 같다. (a)의 분산분석표에 의하면 유의확률이 0.005로서 농도에 따라 인장강도가 다름을 나타낸다. (b)의 그림에서 농도가 증가하면서 인장강도는 감소함을 볼 수 있다.

분산분석

인장강도

	제곱합	자유도	평균제곱	F	유의확률
집단-간	1826.550	3	608.850	6.460	.005
집단-내	1508.000	16	94.250		
합계	3334.550	19			

(a) 분산분석표

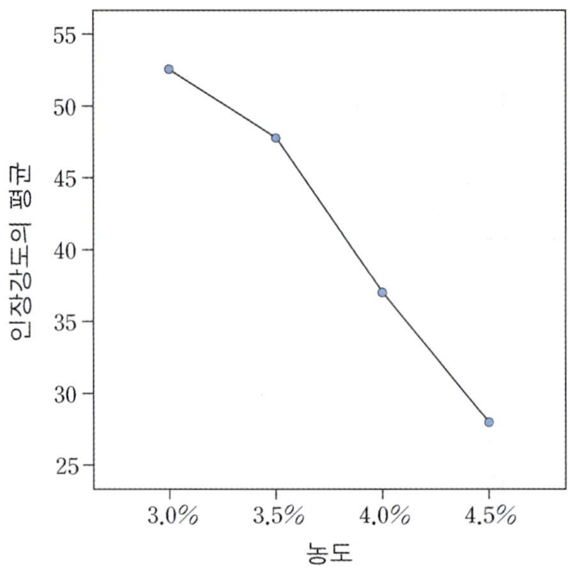

(b) 평균 도표

그림 9-4 일원배치분산분석 결과

사례 9.2

우리에게 정보를 제공하는 대중매체 가운데 TV, 신문 라디오, 잡지가 주는 정보의 양을 비교하는 조사를 시행하였다. 이를 위해 랜덤하게 추출된 40명의 성인에 대한 심층 면접을 통하여 최근에 일어난 사건에 대한 인지도와 정보를 얻게 된 매체를 조사하였다. 다음 표는 매체별 인지도의 점수 자료이다. 점수가 높을수록 인지도가 높음을 의미한다. 인지도가 대중매체에 따라 다르다고 할 수 있는지 SPSS를 이용하여 검정하여라.

TV	신문	라디오	잡지
16	13	18	11
19	14	18	15
25	15	15	11
22	16	14	17
21	15	14	17
15	13	10	13
16	19	18	14
22	16	15	16
21	20	15	13
18	14		11
	11		

풀이 데이터를 [사례 9-1]과 같은 형식으로 입력한다. 요인변수를 '매체'로 하되, 값 1, 2, 3, 4에 설명을 'TV', '신문', '라디오', '잡지'로 지정하고, 반응변수는 '인지도'라고 하자. 자료는 '사례 9-2'라는 파일명으로 저장한다.

메뉴에서 분석 → 평균 및 비율 비교 → 일원배치 분산분석을 이용하여 분석한다. '인지도'과 '매체'를 각각 '종속변수'와 '요인'으로 지정하고, 옵션에서 '평균도표'를 체크한다. 결과는 [그림 9-5]와 같다. (a)의 분산분석표에 의하면 유의확률이 0.000으로서 매체에 따라 인지도가 다름을 나타낸다. (b)의 그림에서는 TV에 의한 인지도가 다른 매체를 압도하고 있는 것으로 판단할 수 있다.

분산분석

인지도

	제곱합	자유도	평균제곱	F	유의확률
집단-간	185.035	3	61.678	8.268	.000
집단-내	268.565	36	7.460		
합계	453.600	39			

그림 9-5 (a) 분산분석표

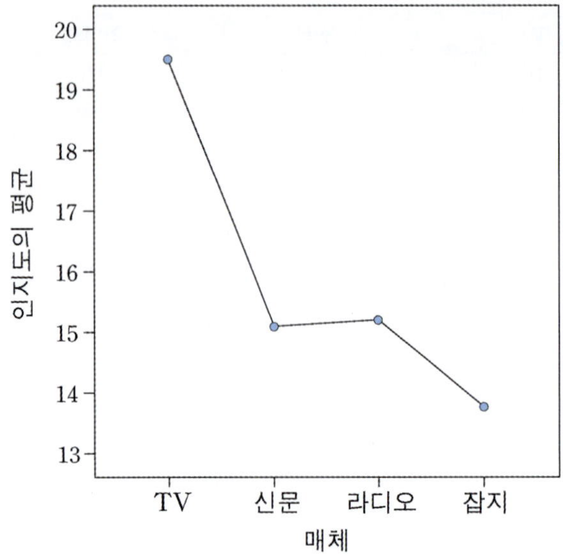

그림 9-5 (b) 평균 도표

참고 일원배치분산분석의 대화상자에 있는 '대비' 메뉴는 좀 더 고급인 분산분석 기법으로 이 책의 범위를 벗어난다. '사후분석' 메뉴도 이 책에서 다루지는 않았지만, 이는 **다중비교**(multiple comparison)를 위한 메뉴로서 응용분야에서는 매우 많이 사용되는 옵션이다. 일원배치모형에서 분산분석은 '처리효과가 있는가?'라는 질문에 대한 답이라면, 다중비교에서는 '어느 처리가 서로 다른가?'라는 질문에 대한 답을 하는 분석법이다. 예를 들어, [사례 9-2]에서 다중비교를 실시하면 'TV'가 다른 매체와 인지도에서 구별되며, 나머지 매체들은 차이가 없음을 알 수 있다.

(2) 이원배치법

SPSS에서는 반복이 없는 이원배치법은 제공되지 않으며, 반복이 있는 이원배치법은 메뉴의 분석 → 일반선형모형 → 일변량을 이용한다. 선형모형은 이 책에서 다룬 분산분석 모형이 확장된 모형이다.

사례 9.3

세 종류의 기계(A_1, A_2, A_3)와 세 사람의 기능공(B_1, B_2, B_3)이 제품의 품질에 미치는 영향을 조사하기 위하여 2회 반복측정으로 생산성을 조사하였으며, 다음의 자료를 얻었다. 주효과와 교호작용효과에 대한 유의성검증을 SPSS로 시행하여라.

	B_1	B_2	B_3	평균
A_1	9, 14	14, 16	19, 22	15.67
A_2	13, 16	18, 26	14, 18	17.50
A_3	11, 12	11, 17	15, 16	13.67
평균	12.50	17.00	17.33	총평균: 15.61

풀이 데이터를 SPSS에서 입력한다. 요인변수는 A와 B로 나타내고, 반응변수는 '생산성'이라고 하자. 메뉴의 분석 → 일반선형모형 → 일변량을 선택하여 [그림 9-7]과 같은 일변량 대화상자가 나오면 A와 B를 고정요인으로 선택하고 '생산성'을 종속변수로 선택한다. 오차항의 타당성 검토를 위해 '저장' 버튼을 눌러 자료 파일에 생성할 내용을 선택한다. 여기서는 '표준화하지 않은 예측값'(PRE)과 '스트던트화 잔차'(SRE)를 선택하였다. 시행 결과로 데이터 파일에 [그림 9-6](b)와 같이 두 변수 PRE_1과 SRE_1이 추가로 생성됨을 확인할 수 있다. 출력 결과에서 분산분석표는 [그림 9-8]과 같다.

분산분석표에 의하면 A요인(기계)와 B요인(기능공)의 교호작용이 유의하지 않고, A요인(기계)에 따라서는 생산성에 유의한 차이가 없으며, B요인(기능공)에 따라서는 생산성에 유의한 차이가 있음을 나타낸다. [그림 9-9]의 스튜던트화 잔차의 그림에서는 잔차들에 이상점도 없으며, 특별한 경향도 보이지 않으므로 모형의 가정이 타당하다고 할 수 있다.

	A	B	생산성
1	1	1	9
2	1	1	14
3	1	2	14
4	1	2	16
5	1	3	19
6	1	3	22
7	2	1	13
8	2	1	16
9	2	2	18
10	2	2	26
11	2	3	14
12	2	3	18
13	3	1	11
14	3	1	12
15	3	2	11
16	3	2	17
17	3	3	15
18	3	3	16

(a) 입력된 자료

	A	B	생산성	PRE_1	SRE_1
1	1	1	9	11.50	-1.17
2	1	1	14	11.50	1.17
3	1	2	14	15.00	-.47
4	1	2	16	15.00	.47
5	1	3	19	20.50	-.70
6	1	3	22	20.50	.70
7	2	1	13	14.50	-.70
8	2	1	16	14.50	.70
9	2	2	18	22.00	-1.87
10	2	2	26	22.00	1.87
11	2	3	14	16.00	-.93
12	2	3	18	16.00	.93
13	3	1	11	11.50	-.23
14	3	1	12	11.50	.23
15	3	2	11	14.00	-1.40
16	3	2	17	14.00	1.40
17	3	3	15	15.50	-.23
18	3	3	16	15.50	.23

(b) 각 처리별 평균과 스튜던트화 잔차

그림 9-6 입력된 자료와 새로 생성된 변수

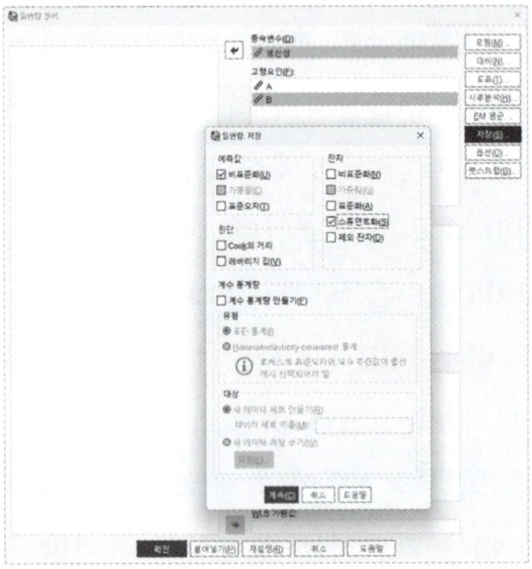

그림 9-7 변수 선택과 저장 내용 선택

개체-간 효과 검정

종속변수 : 생산성

소스	제 Ⅲ 유형 제곱합	자유도	평균제곱	F	유의확률
수정 모형	205.778[a]	8	25.722	2.806	.073
절편	4386.722	1	4386.722	478.552	.000
A	44.111	2	22.056	2.406	.146
B	87.444	2	43.722	4.770	.039
A*B	74.222	4	18.556	2.024	.174
오차	82.500	9	9.167		
합계	4675.000	18			
수정 합계	288.278	17			

a. R제곱 =.714(수정된 R제곱 =.459)

그림 9-8 분산분석표

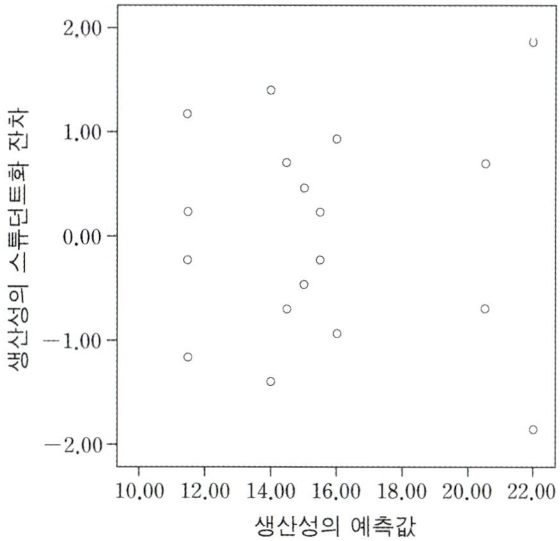

그림 9-9 스튜던트화 잔차 그림

사례 9.4

어떤 제품의 중합반응에서 약품의 흡수속도에 영향을 주는 요인으로 촉매량과 반응온도를 확인하는 실험을 하였다. 촉매량(A, 단위: %)의 네 수준과 반응온도(B, 단위 °C)의 세 수준의 조합에서 각각 3회 반복실험하였으며, 결과는 아래의 표와 같다. SPSS를 이용하여 분석하여라. 각 요인의 수준은 다음과 같다.

A_1: 0.2, A_2: 0.4, A_3: 0.6, A_4: 0.8; B_1: 110, B_2: 120, B_3: 130

	A_1	A_2	A_3	A_4
B_1	87 94 96	95 98 101	99 100 107	91 98 104
B_2	108 99 101	110 114 108	112 117 115	109 103 107
B_3	111 116 115	126 121 127	127 125 131	120 116 122

풀이 데이터를 SPSS에서 입력한다. 요인변수는 A와 B로 나타내고, 반응변수는 '흡수속도'라고 하자. 변수보기 창에서 A와 B의 설명을 각각 '촉매량'과 '반응온도'로 입력한다. 메뉴의 분석 → 일반선형모형 → 일변량을 선택하여 [그림 9-7]과 같은 일변량 대화상자가 나오면 A와 B를 고정요인으로 선택하고 '흡수속도'를 종속변수로 선택한다. '도표'를 클릭하여 [그림 9-10](b)와 같은 프로파일 도표를 그릴 수 있다. '수평축 변수'에 A(촉매량)를, '선구분 변수'에 B(반응온도)를 설정한 뒤, '추가', '계속' 버튼을 클릭한다.

[그림 9-10](a)의 분산분석표에서 두 요인 A와 B의 주효과는 모두 유의성이 매우 강하지만 교호작용은 유의성이 없는 것으로 판단된다. 따라서 [그림 9-10](b)의 프로파일 도표에 의하면 촉매량에 따라 평균의 높이가 다르며, 반응온도에 따라 평균 도표의 위치가 다르게 나타났다. 그러나 세 평균 도표의 모양이 같은 형태로 (즉, 평행하게) 변한다는 것은 교호작용효과가 없음을 뜻한다. 교호작용이 있을 때는 평균도표가 서로 교차하는 모양으로 나타난다.

개체-간 효과 검정

종속변수 : 흡수속도

소스	제 III 유형 제곱합	자유도	평균제곱	F	유의확률
수정 모형	4151.000[a]	11	377.364	25.729	.000
절편	429025.000	1	429025.000	29251.705	.000
A	677.000	3	225.667	15.386	.000
B	3438.167	2	1719.083	117.210	.000
A*B	35.833	6	5.972	.407	.867
오차	352.000	24	14.667		
합계	433528.000	36			
수정 합계	4503.000	35			

a. R제곱 = .922(수정된 R제곱 = .886)

(a) 분산분석표

흡수속도의 추정된 주변평균

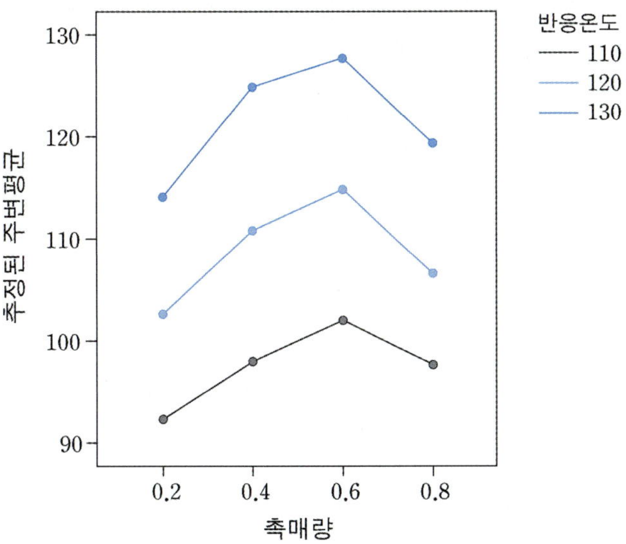

(b) 프로파일 도표

그림 9-10

사례 9.5

어떤 나일론실의 생산공정에서는 원료배합과 공정온도가 제품의 인장강도(kg/mm^2)에 미치는 영향을 조사하기 위하여, 세 종류의 원료배합(A1, A2, A3)에 대하여 세 수준의 온도(60°C, 70°C, 80°C)에서 실험을 하였다. 실험의 결과 다음과 같은 자료를 얻었다. 분산분석을 시행하여라.

원료 \ 온도	60℃	70℃	80℃
A1	8.23, 8.45, 8.55	9.45, 9.56, 8.99	8.34, 8.78, 9.11
A2	8.54, 9.21, 9.12	8.56, 8.13, 8.62	8.55, 8.23, 8.17
A3	7.78, 8.21, 7.65	7.56, 8.23, 8.48	8.89, 8.02, 8.58

풀이 자료를 입력할 때 요인변수는 A와 B로 나타내고, 반응변수는 '인장강도'라고 하자. 변수보기 창에서 A와 B의 수준에 대한 값을 입력한다. 메뉴의 분석 → 일반선형모형 → 일변량을 선택하여 일변량 대화상자가 나오면 A와 B를 고정요인으로 선택하고 '인장강도'를 종속변수로 선택한다.

[그림 9-11](a)의 분산분석표에서 요인 A의 주효과는 유의성이 매우 강하지만 B의 주효과는 유의성이 없는 것으로 나타났다. A와 B의 교호작용은 유의성이 매우 강한 것으로 판단된다.

[그림 9-11](b)의 프로파일 도표에 의하면 A의 수준에 따라 평균 인장강도가 차이가 나며, 따라서 요인 A는 유의성이 있는 것으로 나타났다. 한편 B의 수준에 따라서는 평균 인장강도가 증가하기도 하고 감소하기도 하여 유의성이 없다. 또한 A1에서는 인장강도가 증가·감소, A2에서는 감소, A3에서는 증가하는 형태이어서 교호작용의 유의성은 매우 강한 것으로 나타났다.

개체-간 효과 검정

종속변수 : 인장강도

소스	제 III 유형 제곱합	자유도	평균제곱	F	유의확률
수정 모형	4.672[a]	8	.584	5.156	.002
절편	1959.089	1	1959.089	17294.556	.000
A	2.076	2	1.038	9.166	.002
B	.188	2	.094	.830	.452
A*B	2.408	4	.602	5.314	.005
오차	2.039	18	.113		
합계	1965.800	27			
수정 합계	6.711	26			

a. R제곱=.696(수정된 R제곱=.561)

(a) 분산분석표

인장강도의 추정된 주변평균

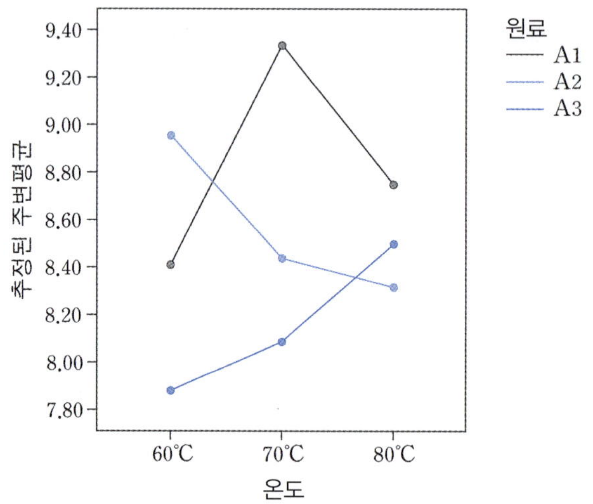

(b) 프로파일 도표

그림 9-11

연습문제

9-1 인자 A에서 5수준을 택하여 각 수준마다 반복 6회, 즉 30회의 실험을 랜덤한 순서로 행하여 관측값을 얻고 분산분석표의 일부를 작성한 결과 다음과 같았다. 아래 물음에 답하여라.

요인	제곱합	자유도	평균제곱	F값
인자 A	672.85			
잔차 E	2006.92			
계				

(a) 분산분석표의 빈칸을 채워라.

(b) 이 실험에 대하여 일원배치법의 모형을 적용할 때 귀무가설 H_0와 대립가설 H_1은 각각 무엇인가?

(c) H_0 하에서 F 검정통계량의 분포는 무엇인가?

9-2 세 종류의 혈압강하제(A_1, A_2, A_3)의 효과를 비교하기 위하여 30명의 환자를 3조로 나누어 제1조, 제2조, 제3조에 각각 A_1, A_2, A_3를 투여하여, 일정시간이 경과한 후 혈압강하량에 대한 아래와 같은 관측값을 얻었다. 이 자료에 대하여 일원배치법의 모형을 적용할 때, 혈압강하제 간에 효과의 차이가 있는지 유의수준 1%에서 검정하여라.

A_1	A_2	A_3
−35	5	5
−20	0	−10
5	−20	−5
−15	−30	5
−10	−15	−5
0	5	0
−20	−5	−5
−10	10	−15
−30	−30	−20
−25	−10	15

9-3 4개 회사(A_1, A_2, A_3, A_4)에서 입하된 특수전지의 기전력을 비교하기 위하여 각 회사의 제품을 6개씩 선택하여 기전력(단위: Volt)을 측정한 결과 다음의 관측값을 얻었다. SPSS를 이용하여 회사별 제품들에 기전력의 차이가 있는지 유의수준 5%에서 검정하여라.

A_1	A_2	A_3	A_4
8.52	8.55	8.48	8.57
8.60	8.64	8.57	8.69
8.60	8.67	8.56	8.70
8.49	8.56	8.50	8.58
8.52	8.56	8.48	8.57
8.53	8.55	8.48	8.59

9-4 어떤 타이어 회사의 합성공정에 네 종류의 원료(A_1, A_2, A_3, A_4)가 제품의 균형에 끼치는 영향을 조사하기로 하였다. 특성치는 타이어의 불균형으로 유도된 torque로 정의된다. 그러나 시험생산 과정에서 문제가 있어 각 수준의 반복수를 일정하게 할 수가 없었다. 모든 실험은 랜덤한 순서로 행하여 아래의 관측값을 얻었다. 이 자료에 대하여 일원배치법의 모형을 적용할 때, 원료에 따라 제품의 균형에 차이가 있는지를 유의수준 1%에서 검정하여라.

A_1	A_2	A_3	A_4
38	48	54	45
21	45	59	48
41	39	48	39
33	44	49	53
41	43	50	49
42	37		50
	46		
	40		

9-5 디지털 카메라 네 가지의 성능을 비교하려고 한다. 각 카메라를 사용하여 야외 촬영을 한 후 화면의 떨림을 측정한 자료가 다음과 같을 때, 유의수준 5%에서 요인의 영향을 검정하여라.

카메라 1	1.0	1.4	1.0	1.2	1.9	2.0
카메라 2	2.0	1.0	1.7	2.0	1.5	
카메라 3	1.0	1.4	0.8	0.8		
카메라 4	0.8	1.3	2.0	0.8	1.0	

9-6 어떤 약품의 수율을 상승시킬 목적으로 첨가제의 양(A) 5종류, 처리온도(B) 4종류를 택하여 총 20개 조에 실험을 랜덤한 순서로 행한 후 불순물의 잔류량(g)을 측정한 결과 다음과 같았다. 이원배치법의 모형을 적용하여 A, B인자의 영향을 유의수준 5%에서 검정하여라.

인자 B / 인자 A	B_1	B_2	B_3	B_4
A_1	26.3	28.5	31.2	36.9
A_2	30.8	33.1	27.4	31.9
A_3	30.3	32.7	28.4	33.5
A_4	29.9	28.7	32.3	30.6
A_5	32.1	27.3	31.0	26.2

9-7 유기합성반응에 있어서 제품의 수율에 영향을 줄 것이라고 생각되는 원료 4종류(A_1, A_2, A_3, A_4), 촉매 5종류$(B_1, B_2, B_3, B_4, B_5)$를 택하여 수율(%)에 대한 영향을 조사하기로 하였다. 원료, 반응온도의 수준의 20개 조에 실험을 랜덤한 순서로 행한 결과 아래와 같은 표를 얻었다. 이원배치법의 모형을 적용하여 A, B 인자의 유의성을 유의수준 5%에서 검정하여라.

인자 B / 인자 A	B_1	B_2	B_3	B_4	B_4
A_1	56.4	55.5	49.0	55.0	70.4
A_2	61.8	62.5	57.1	61.3	70.6
A_3	63.7	64.9	59.3	64.8	72.2
A_4	67.3	76.2	62.6	58.9	76.8

9-8 어떤 중간원료로부터 제품이 되는 공정에 있어서 제품의 수율에 관한 영향을 조사할 목적으로 가열온도 A를 $A_1 = 200℃$, $A_2 = 220℃$, $A_3 = 240℃$ 3수준으로 변화시켜 주고 공장압력 B를 $B_1 = 55$ psi, $B_2 = 65$ psi, $B_3 = 75$ psi로 변화시켜 가며 반복 2회의 실험한 결과가 다음과 같다. SPSS를 이용하여 유의수준 5%에서 요인의 유의성을 검정하여라.

가열온도 / 공정압력	A_1	A_2	A_3
B_1	62.3	66.9	68.2
	62.4	66.0	69.1
B_2	65.6	69.0	69.5
	66.0	68.2	69.7
B_3	63.6	66.0	69.0
	64.2	67.0	69.4

9-9 어떤 합성수지를 성형할 때 종래는 성형온도 90℃, 중합시간 3분, 촉매량 1.5%를 사용했다. 이것으로 강도가 충분히 나오지 않으므로 성형온도, 촉매량을 변화시켜 영향을 검토하고, 필요하면 작업 표준을 개정하고 싶다. 그래서 성형온도를 85℃, 90℃, 95℃, 100℃, 촉매량을 0.5%, 1.0%, 1.5%로 하고 각 수준의 조합마다 2회씩 모두 24회 실험을 행했다. 24회의 실험을 랜덤한 순서로 행하여 다음 표(관찰값은 강도)를 얻었다. SPSS를 이용하여 유의수준 5%에서 요인의 유의성을 검정하여라.

촉매량 \ 성형온도	A_1 : 85℃	A_2 : 90℃	A_3 : 95℃	A_4 : 100℃
B_1 : 0.5%	12.5	12.6	12.9	13.0
	13.3	13.0	13.2	13.4
B_2 : 1.0%	12.6	12.5	13.1	12.9
	13.2	13.1	12.8	13.5
B_3 : 1.5%	11.9	12.0	12.7	14.2
	12.1	12.3	13.12	14.0

제 10 장

비모수적 방법

10-1 서론

지금까지 앞에서 소개했던 여러 통계적 방법들은 대부분이 모집단에 대하여 '정규성' 가정이 만족될 때에 사용할 수 있는 방법들이다. 그러나 관측값에 여러 개의 이상점이 있거나 관측값의 분포가 좌우 대칭이 아닌 형태를 갖게 되어 정규분포를 따른다고 보기가 곤란한 경우에는 정규성 가정하에 얻은 검정이나 모형을 적용시키면 추론 결과에 심각한 오류가 있을 수 있다. 예를 들어, 두 그룹 간의 모평균을 비교하는 문제에서 자료로부터 구한 모평균의 차이에 대한 95%의 신뢰구간의 신뢰수준이 실제로는 90% 정도밖에 되지 않으며, 유의수준 5%에서 검정한 검정결과의 제1종의 오류 확률이 실제로는 10% 이상이 될 수 있다. 또는 실제로 두 모평균 간에 유의한 차이가 있음에도 불구하고 차이가 없다고 결론을 잘못 내릴 수도 있다. 이런 경우에는 검정력이 심각하게 떨어지게 된다.

이와 같이 모집단의 정규성 가정이 만족되지 않을 때에는 정규성 가정에 근거한 방법보다는 모집단 분포에 대한 가정을 약화시키는 것이 오류의 가능성을 줄이고 추론의 타당성을 높일 수 있는 방법이다.

일반적으로 관측된 자료에 대하여 정규분포 $N(\mu, \sigma^2)$를 가정하고 모수인 μ 또는 σ^2에 대한 추론을 하는 것과 같이 분포함수에 대하여 모수형을 가정하고 이에 대한 추론을 하는 방법을 **모수적 방법**(parametric method)이라고 한다. 6장의 모평균에 관한 추론에서 다룬 $t-$검정이나 9장의 분산분석에서 다룬 $F-$검정 등은 모두 모수적 방법이다.

이에 비해 모집단에 대하여 특수한 분포함수의 모수형을 가정하지 않고 추론하는 방법을 **비모수적 방법**(nonparametric method)이라고 한다. 비모수적 방법에서 모집단에 대하여 필요한 가정은 '연속성'과 '대칭성' 정도이다. 즉, 비모수적 방법은 '모집단의 분포함수가 연속이다'라는 가정이나 '모집단의 분포함수가 연속이고 대칭이다'라는 가정만을 가지고 통계적 추론을 하는 방법이다. 예를 들어, 비모수적 검정법과 추정법은 분포함수를 특정 분포로 가정하지 않고 중앙값과 같은 중심위치에 대한 가설을 검정하거나 추정하는 것이다.

비모수적 방법에서는 특정 분포를 가정하지 않으므로 관측값이 어떤 분포를 따르더라도 항상 적용할 수 있는 방법을 생각하게 된다. 이와 같이 모집단의 분포와 무관하게 적용할 수 있는 방법을 **분포무관**(distribution-free)방법이라고 한다. 예를 들어, 분포무관 검정법은 귀무가설하에서 검정통계량의 분포가 모집단 분포와 무관한 검정법을 의미하며, 분포무관 신뢰구간은 신뢰구간이 모집단의 분포함수와 무관한 구간추정법을 의미한다.

비모수적 방법에서 흔히 사용하는 도구는 **부호**(sign)와 **순위**(rank)이다. 부호는 흔히 관측값이 0보다 크면 1, 작으면 0으로 나타낼 수 있으며, 순위는 관측값을 크기순으로 나열할 때 작은 쪽부터의 위치를 번호로 나타낸 것이다. 예를 들어, 6개의 관측값

$$X_1 = 2.5,\ \ X_2 = 0.8,\ \ X_3 = 1.1,\ \ X_4 = 3.6,\ \ X_5 = 1.5,\ \ X_6 = 4.1$$

에 대하여 X_i의 순위를 R_i라고 하면

$$R_1 = 4,\ \ R_2 = 1,\ \ R_3 = 2,\ \ R_4 = 5,\ \ R_5 = 3,\ \ R_6 = 6$$

가 된다. 만약 여기서 X_6가 $X_6 = 4.1$ 대신에 잘못 입력이 되어 $X_6 = 14.1$과 같이 큰 값을 갖는 이상점이 된다면, 이 한 이상점으로 인해 전체 평균값은 크게 변하게 된다. 그러나 X_6의 순위는 변함이 없으므로 순위를 사용하는 비모수적 검정법의 결과는 변하지 않는다. 즉, 관측값 $X_1, X_2, ..., X_n$ 대신에 그들의 순위인 $R_1, R_2, ..., R_n$을 사용하면 이상점의 영향을 덜 받게 된다.

10-2 일표본 위치문제: 윌콕슨 부호순위검정

이 절에서는 한 모집단에서 **위치모수**(location parameter)의 추론에 대한 문제를 살펴보기로 한다. 여기서 위치모수는 분포의 중심을 나타내는 모수로 평균이나 중앙값을 의미한다. 한 모집단의 중심위치에 관한 추론문제에서 순위를 이용한 검정법을 생각해 보자. 이를 위해

$$X_1,\ X_2,\ \cdots,\ X_n \text{은 연속이고 대칭인 분포 } F(x-\theta)\text{에서의 랜덤표본}$$

이라고 하자. 이때 θ가 관심이 있는 위치모수이다. 한 모집단의 위치문제에서는 모집단의 분포에 대하여 연속성과 함께 대칭성을 가정한다.

일표본 위치문제의 자료구조

$X_1, X_2, \cdots, X_n$ 은 연속이고 대칭인 분포 $F(x-\theta)$에서 추출된 랜덤표본이다.

이제 순위를 이용한 검정법을 생각해 보자. 예를 들어, $n=5$개의 관측값이 [그림 10-1]에서와 같이 주어진 두 경우를 비교해 보자. 그림에서 (a)의 경우보다는 (b)의 경우에 관측값이 0보다 큰 것으로 보인다. 즉, 두 경우에 모두 0보다 큰 관측값의 개수는 4개이지만 (a)의 경우에는 양의 관측값이 0에 가까이 있고, (b)의 경우에는 양의 관측값이 상대적으로 멀리 떨어져 있다.

(a) (b)

그림 10-1 $n=5$일 때 두 종류의 관측값들

이와 같은 개념을 순위로 나타내기 위하여, 각 관측값들의 절댓값을 구한 다음에 작은 절댓값부터 차례로 순위를 계산한다. 그 후에 다시 양의 관측값에 대한 순위의 합을 구한다. 이때 절댓값의 순위를 **절대순위**(absolute rank)라고 한다. [그림 10-1]에서 양의 관측값에 대한 절대순위의 합은 다음과 같다.

$$\text{(a)}: \ T = 1+2+3+4 = 10$$

$$\text{(b)}: \ T = 2+3+4+5 = 14$$

즉, 자료들이 0에서 멀리 떨어진 오른쪽으로 많이 치우쳐 분포할수록 양의 관측값에 대한 절대순위의 합은 커진다. 이와 같은 개념을 일반화해 보자.

귀무가설 $H_0 : \theta = \theta_0$를 검정하기 위하여 먼저 각 관측값 $X_1, \cdots, X_n$으로부터 θ_0값을 뺀 $Z_1, \cdots, Z_n$를 다음과 같이 정의한다.

$$Z_i = X_i - \theta_0, \quad i = 1, \cdots, n$$

이와 같이 정의된 Z_i는 X_i에서 위치모수인 θ_0를 뺀 확률변수이므로 Z_i의 분포는 귀무가설하에서 0에 대하여 대칭이며, Z_i의 부호가 +일 확률과 −일 확률은 같다.

이제 Z_i들의 절댓값인 $|Z_1|, \ldots, |Z_n|$ 중에서 $|Z_i|$의 절대순위를 R_i^+ 라고 하자. 그러면 귀무가설하에서 $\{R_1^+, \cdots, R_n^+\}$는 $\{1, \cdots, n\}$의 각 순열에 대하여 같은 확률을 갖는 균등분포를 따른다. 따라서 R_i^+에 기초한 검정법은 분포무관 검정법이 된다. 이와 같은 이론에 기초하여 **윌콕슨 부호순위통계량**(Wilcoxon signed rank statistic)을 다음과 같이 정의한다.

윌콕슨 부호순위통계량

$$W^+ = \text{양의 } Z_i\text{에 대한 절대순위 } R_i^+\text{의 합}$$

예 10.1 $n=3$일 때 W^+의 분포를 구해 보자. 다음의 <표 10-1>은 Z_i의 부호에 따른 W^+의 계산표이다.

표 10-1 W^+의 계산표

	R_i^+			W^+
	1	2	3	
Z_i의 부호	−	−	−	0
	+	−	−	1
	−	+	−	2
	−	−	+	3
	+	+	−	3
	+	−	+	4
	−	+	+	5
	+	+	+	6

<표 10-1>에서 8가지 경우들이 모두 같은 확률로 일어날 수 있다. 따라서 W^+의 확률분포는 다음과 같다.

x	0	1	2	3	4	5	6	계
$p(x) = P(W^+ = x)$	$\frac{1}{8}$	$\frac{1}{8}$	$\frac{1}{8}$	$\frac{2}{8}$	$\frac{1}{8}$	$\frac{1}{8}$	$\frac{1}{8}$	1

이와 같이 W^+의 분포는 모집단 분포인 F와 무관하게 주어진다. 따라서 W^+에 기초한 검정은 분포무관 검정법이 된다.

부록의 표 8에는 윌콕슨 부호순위합통계량의 양쪽 꼬리의 분포가 수록되어 있다. 즉, W^+의 오른쪽 꼬리에 대한 확률인 $P(W^+ \geq x)$의 값과 왼쪽 꼬리에 대한 확률인 $P(W^+ \leq x^*)$의 값이 주어져 있다. 예를 들어, $n=5$일 때

$$P(W^+ \geq 14) = 0.062 = P(W^+ \leq 1)$$

임을 알 수 있다.

윌콕슨 부호순위검정법을 요약하면 다음과 같다.

윌콕슨 부호순위검정

귀무가설 $H_0 : \theta = \theta_0$의 검정통계량은

$$W^+ = \text{양의 } Z_i \text{에 대한 절대순위 } R_i^+ \text{의 합}$$

이며, 유의수준 α에서 기각역은 다음과 같다.

	대립가설	기각역	
(a)	$H_1 : \theta > \theta_0$일 때	$W^+ \geq c$,	다만 c는 $P(W^+ \geq c) = \alpha$를 만족
(b)	$H_1 : \theta < \theta_0$일 때	$W^+ \leq c^*$,	다만 c^*는 $P(W^+ \leq c^*) = \alpha$를 만족
(c)	$H_1 : \theta \neq \theta_0$일 때	$W^+ \geq c_1$ 또는 $W^+ \leq c_1^*$,	

다만 c_1과 c_1^*는 $P(W^+ \geq c_1) = \dfrac{\alpha}{2} = P(W^+ \leq c_1^*)$을 만족

W^+의 분포는 이산형이므로 유의수준 α에 정확히 대응되는 c와 c^*가 존재하지 않는 것이 보통이다. 따라서 실제 문제를 풀 때는 유의확률을 구하고 유의확률이 주어진 유의수준보다 작으면 귀무가설을 기각하는 결정을 내리게 된다.

예제 10.1 어느 운동화 제조업체에서 운동 시 발의 충격량을 줄여주는 기능성 운동화를 개발하였다. 일반 운동화를 신고 운동 시 충격량은 20 N/Wt으로 알려져 있다. 제조업체는 새로 개발한 기능성 운동화가 충격량 감소에 더욱 효과가 있음을 입증하려고 한다. 이를 위해 10명의 실험 대상자를 랜덤추출하여 기능성 운

동화를 신고 충격량을 측정한 결과 다음과 같은 자료를 얻었다. 기능성 운동화가 일반 운동화에 비해 충격량을 줄여준다고 할 수 있는가? 윌콕슨 부호순위검정을 시행하여라.

$$25, \quad 10, \quad 6, \quad 7, \quad 17, \quad 21, \quad 11, \quad 16, \quad 8, \quad 18$$

풀이 문제에 맞는 귀무가설과 대립가설은 각각 다음과 같다.

$$H_0 : \theta = 20, \ H_1 : \theta < 20$$

각 관측값에서 $\theta_0 = 20$를 뺀 $Z_i = X_i - 20$를 구하면 다음과 같다.

$$5, \quad -10, \quad -14, \quad -13, \quad -3, \quad 1, \quad -9, \quad -4, \quad -12, \quad -2$$

<표 10-2>는 윌콕슨 부호순위통계량의 값을 구하는 계산표이다. 즉, $W^+ = 6$이다. 한편 부록의 표 8에서 $n = 10$일 때

$$P(W^+ \leq 6) = 0.014$$

이므로 유의확률은 1.4%이다. 즉, 유의수준 5%에서 제조 업체의 주장대로 새로 개발한 운동화가 기존 운동화보다 충격 흡수를 잘 해 준다고 할 수 있다.

표 10-2 부호순위통계량 계산표

음의 Z_i	절대순위
−2	2
−3	3
−4	4
−9	6
−10	7
−12	8
−13	9
−14	10

양의 DZ_i	절대순위
1	1
5	5
$W^+ = 6$	

관측값 또는 $|Z_i|$ 값에 동점이 있을 경우에는 평균순위를 사용한다. 다만, 이때에는 W^+의 분포표가 근사적으로만 성립한다.

n이 커서 분포표를 이용할 수 없는 경우에는 W^+의 정규근사를 이용한다. W^+의 정규근사는 다음과 같다.

W^+의 정규근사

귀무가설 $H_0 : \theta = \theta_0$하에서

$$E(W^+) = \frac{n(n+1)}{4}, \quad \text{Var}(W^+) = \frac{n(n+1)(2n+1)}{24}$$

이며, n이 클 경우에 다음 근사식이 성립한다.

$$Z_{W^+} = \frac{W^+ - E(W^+)}{\sqrt{\text{Var}(W^+)}} \sim N(0,1)$$

예 10.2 [예제 10-1]의 검정을 정규근사를 이용하여 시행해 보자. 귀무가설하에서 W^+의 기댓값과 분산은 각각 다음과 같다.

$$E(W^+) = \frac{n(n+1)}{4} = \frac{10(10+1)}{4} = 27.5$$

$$\text{Var}(W^+) = \frac{n(n+1)(2n+1)}{24} = \frac{10 \cdot 11 \cdot 21}{24} = 96.25$$

따라서 W^+의 표준화된 Z-통계량의 값은 다음과 같다.

$$Z_{W^+} = \frac{W^+ - E(W^+)}{\sqrt{\text{Var}(W^+)}} = \frac{6-27.5}{\sqrt{96.25}} = -2.16$$

한편 표준정규분포표로부터 유의확률은 다음과 같다.

$$P(Z \le -2.16) = 0.0154$$

따라서 [예제 10-2]와 비슷한 유의확률을 갖는다.

10-3 이표본 위치문제: 윌콕슨 순위합검정

비교하는 모집단이 두 개인 경우를 이표본 문제라고 하며 이표본 문제에서 가장 대표적인 문제가 두 모집단의 평균과 같은 중심위치모수를 비교하는 것이다. 가장 대표적인 비모수적 방법은 **윌콕슨 순위합검정**(Wilcoxon rank sum test)이다.

두 모집단을 비교하기 위하여, 두 모집단의 분포함수를 각각 $F(x)$와 $G(x) = F(x-\Delta)$라고 하자. 이 가정은 두 모집단의 분포의 모양은 같으며, G는 F를 Δ 만큼 평행이동한 것을 의미한다. 따라서 Δ를 **이동모수**(shift parameter)라고 한다. 예를 들어, 모수적 방법에서는 두 모평균의 차인 $\Delta = \mu_2 - \mu_1$과 같은 것이다.

이제 두 모집단에서 추출된 크기가 각각 m, n인 랜덤표본을 다음과 같이 나타낸다.

이표본 위치문제의 자료구조

$X_1, X_2, ..., X_m$은 $F(x)$에서 추출한 크기 n의 랜덤표본

$Y_1, Y_2, ..., Y_n$ 은 $F(x-\Delta)$에서 추출한 크기 m의 랜덤표본

대립가설 $H_1 : \Delta > 0$하에서 Y의 분포는 X의 분포를 Δ 만큼 오른쪽으로 이동한 것을 의미하므로, X의 분포함수 $F(x)$와 Y의 분포함구 $G(x) = F(x-\Delta)$의 모양은 [그림 10-2]와 같다.

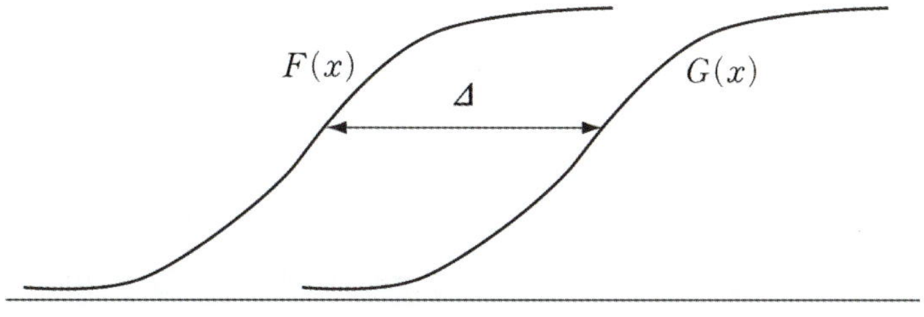

그림 10-2 $H_1 : \Delta > 0$하에서 두 분포의 모양

m개의 X표본과 n개의 Y표본을 섞은 표본을 혼합표본(combined sample)이라고 한다. 이제 순위를 이용한 검정법을 생각해 보자. 귀무가설하에서는 X표본과

Y표본이 동일한 분포에서 관찰된 것이다. 반면 대립가설 $H_1 : \Delta > 0$하에서는 Y가 X보다 확률적으로 큰 것을 나타내므로 혼합표본에서 Y표본의 순위는 X표본의 순위보다 크게 되는 경향이 있다. 따라서 혼합표본에서 Y표본의 순위의 합이 클수록 대립가설 $H_1 : \Delta > 0$ 을 지지하는 근거가 될 것이다. 이제

$$R_j \ = \ X\text{와 } Y\text{의 혼합표본에서 } Y_j\text{의 순위}$$

라고 할 때 윌콕슨 순위합통계량(Wilcoxon rank sum statistic)은 다음과 같이 정의된다.

$$W = \sum_{j=1}^{n} R_j$$

이를 정리하면 다음과 같다.

윌콕슨 순위합통계량

$$W = \sum_{j=1}^{n} R_j$$

다만, $R_j = X$와 Y의 혼합표본에서 Y_j의 순위

윌콕슨 순위합통계량 W에 기초한 검정을 하기 위해서는 귀무가설하에서 W의 분포를 구하고, 기각역을 구해야 한다. 예를 들어, $m=3$, $n=2$일 때 귀무가설하에서 W의 분포를 구해 보자. 귀무가설 $H_0 : \Delta = 0$하에서는 X와 Y가 같은 분포를 따르므로,

$$\{X_1,\ X_2,\ X_3,\ Y_1,\ Y_2\}$$

는 크기가 5인 $F(x)$에서의 확률표본으로 이해할 수 있다. 따라서 $m=3$개의 X와 $n=2$개의 Y의 모든 배열들은 같은 확률로 일어나며, 모든 배열의 경우의 수는 10가지이다. 이들 10가지 배열에 대한 W의 값과 확률을 표로 나타내면 <표 10-3>과 같다.

표 10-3 $m=3,\ n=2$일 때 각 배열에 대한 W값

번호	배열	W값	확률
1	$xxxyy$	9	0.1
2	$xxyxy$	8	0.1
3	$xyxxy$	7	0.1
4	$yxxxy$	6	0.1
5	$xxyyx$	7	0.1
6	$xyxyx$	6	0.1
7	$yxxyx$	5	0.1
8	$xyyxx$	5	0.1
9	$yxyxx$	4	0.1
10	$yyxxx$	3	0.1

표 10-4 $m=3,\ n=2$일 때 귀무가설하에서 W의 분포

x	3	4	5	6	7	8	9	계
$P(W=x)$	0.1	0.1	0.2	0.2	0.2	0.1	0.1	1.0

<표 10-3>으로부터 H_0 하에서 W의 분포를 구하면 <표 10-4>와 같다. 즉, <표 10-3>은 $m=3,\ n=2$일 때 W의 분포이며, 이 분포는 모집단의 분포인 F에 무관하게 주어진다. 따라서 윌콕슨 순위합통계량인 W에 기초한 검정은 분포무관 검정법이 된다. 예를 들어, $m=3,\ n=2$일 때 유의수준 $\alpha=0.10$에서의 기각역은 '$W \geq 9$'로 주어진다. 이와 같은 기각역은 모집단 분포인 F에 무관하다.

일반적으로 모든 m과 n에 대하여 가능한 모든 순위를 계산하여 W의 분포를 구할 수 있다. 부록 표 7에는 W의 양쪽 꼬리부분의 확률분포가 수록되어 있다. 이제 부록의 표 7에 수록된 윌콕슨 순위합통계량 누적확률분포표를 이용하는 방법을 알아보자.

부록의 표 7에서는 표본크기가 작은 표본을 Y 표본으로 간주하고 H_0 하에서 W의 확률분포가 주어져 있다. 즉,

$$W_s = \text{혼합표본에서 작은 표본의 순위합}$$

으로 정의하면, W_s의 오른쪽 꼬리에 대한 확률인 $P(W_s \geq x)$의 값과 왼쪽 꼬리에 대한 확률인 $P(W_s \leq x^*)$의 값이 주어져 있다.

예를 들어 $m=7$, $n=3$일 때는 작은 표본크기 3, 큰 표본크기 7이므로 $x=25$, $x^*=8$일 때 $p=0.033$임을 알 수 있다. 즉,

$$P(W_s \geq 25) = 0.033 = P(W_s \leq 8)$$

임을 뜻한다.

순위합통계량의 분포표를 효과적으로 이용하기 위하여 표본크기가 작은 표본을 Y표본으로 간주하기로 한다. 따라서 윌콕슨 순위합검정법을 요약하면 다음과 같다.

윌콕슨 순위합검정

표본크기가 작은 표본을 Y 표본으로 할 때, 귀무가설 $H_0 : \Delta = 0$의 검정통계량은

$$W = \text{혼합표본에서 작은 표본의 순위합}$$

이며, 유의수준 α에서 기각역은 다음과 같다.

	대립가설	기각역	
(a)	$H_1 : \Delta > 0$ 일 때	$W \geq c$,	다만 c는 $P(W \geq c) = \alpha$를 만족
(b)	$H_1 : \Delta < 0$ 일 때	$W \leq c^*$,	다만 c^*는 $P(W \leq c^*) = \alpha$를 만족
(c)	$H_1 : \Delta \neq 0$ 일 때	$W \geq c_1$ 또는 $W \leq c_1^*$,	

다만 c_1과 c_1^*는 $P(W \geq c_1) = \dfrac{\alpha}{2} = P(W \leq c_1^*)$을 만족

예제 10.2 A와 B의 두 우울증 치료방법 간에 효과 차이가 있는지를 알아보기 위해 비슷한 우울증세를 갖는 환자 18명을 각각 9명씩 랜덤하게 두 그룹으로 나누고, 각각에 A와 B의 두 우울증 치료방법을 실시하였다. 일정기간 동안 치료를 한 후에 우울증 검사지를 이용하여 각 환자별 다음과 같은 우울증 평가 점수를 얻었다. 두 우울증 치료방법 간에 차이가 있다고 할 수 있는지 유의수준 5%에서 윌콕슨 순위합검정을 시행하여라.

치료법 A	0.87	0.65	0.59	1.65	1.06	1.32	1.08	2.14	1.29
치료법 B	1.83	0.80	1.62	2.48	1.68	1.88	1.55	3.06	1.30

풀이 귀무가설과 대립가설을 다음과 같이 세운다.

$$H_0 : \Delta = 0, \quad H_1 : \Delta \neq 0$$

윌콕슨 순위합통계량을 계산하기 위해 <표 10-5>와 같은 계산표를 만든다.

표 10-5 순위합통계량 계산표

X	순위
0.59	1
0.65	2
0.87	4
1.06	5
1.08	6
1.29	7
1.32	9
1.65	12
2.14	16

Y_i	순위
0.80	3
1.30	8
1.55	10
1.62	11
1.68	13
1.83	14
1.88	15
2.48	17
3.06	18
$W_s = 109$	

한편 부록의 표 7에서 $m = n = 9$일 때

$$P(W_s \geq 109) = 0.020 = P(W_s \leq 62)$$

이므로, 양쪽검정의 유의확률은 $2 \times 0.02 = 0.04$이다. 따라서 유의수준 5%에서 귀무가설이 기각되고, 두 치료방법의 효과는 다르다고 결론을 내릴 수 있다.

예제 10.3 철강 제품을 만드는 반응 공정에서 사용 가능한 촉매 A와 B가 있고 두 촉매 중 촉매 A가 촉매 B보다 가격이 20% 정도 비싸다. 가격이 비싼 촉매 A가 촉매 B에 비해 제품의 강도를 보다 높게 해 주는지를 알아보기 위해 각 촉매별 생산된 표본을 랜덤하게 뽑아 강도를 측정하였다. 촉매 A를 사용하여 생산된 제품이 촉매 B를 사용한 제품보다 강도가 더 높다고 할 수 있는가? 윌콕슨 순위합검정을 시행하여라.

촉매 A	75.2	78.2	80.8	79.3	81.3	80.6	79.7	
촉매 B	79.8	81.0	80.9	81.2	79.5	82.5	78.8	82.1

풀이 촉매 A의 표본크기가 작으므로 촉매 A제품의 강도를 Y표본으로 정한다. 이때 귀무가설과 대립가설은 각각 다음과 같다.

$$H_0 : \Delta = 0, \quad H_1 : \Delta < 0$$

순위합통계량의 계산표는 <표 10-6>과 같다.

표 10-6 순위합통계량 계산표

X_i	순위
78.8	3
79.5	5
79.8	7
80.9	10
81.0	11
81.2	12
82.1	14
82.5	15

Y_j	순위
75.2	1
78.2	2
79.3	4
79.7	6
80.6	8
80.8	9
81.3	13
	$W_s = 43$

한편 부록의 표 7에서 $m = 8, n = 7$일 때

$$P(W_s \leq 43) = P(W_s \geq 69) = 0.076$$

이므로, 유의확률은 7.6%이다. 즉, 유의수준 5%에서는 귀무가설을 기각시키지 못하며 유의수준 10%에서는 귀무가설을 기각시키고 촉매 A를 사용한 제품이 촉매 B를 이용한 제품보다 강도가 더 높다고 할 수 있다.

m과 n의 값이 커서 분포표를 이용할 수 없을 때에는 W의 정규근사를 이용한다. 즉, W의 평균과 분산을 이용하여 표준화시킨 통계량이 근사적으로 표준정규분포를 따름을 이용하여 Z-검정을 시행할 수 있다. W의 정규근사는 다음과 같다.

W의 정규근사

귀무가설 $H_0 : \Delta = 0$하에서

$$E(W) = \frac{n(m+n+1)}{2}, \qquad \mathrm{Var(W)} = \frac{\mathrm{mn(m+n+1)}}{12}$$

이며, m과 n이 클 경우에 다음 근사식이 성립한다.

$$Z_W = \frac{\mathrm{W - E(W)}}{\sqrt{\mathrm{Var(W)}}}.$$

예 10.3 [예제 10-3]의 검정을 W의 정규근사를 이용하여 시행해 보자. 귀무가설하에서 W의 기댓값과 분산은 각각 다음과 같다.

$$E(W) = \frac{n(m+n+1)}{2} = \frac{7(8+7+1)}{2} = 56$$

$$\mathrm{Var(W)} = \frac{\mathrm{mn(m+n+1)}}{12} = \frac{8 \cdot 7(8+7+1)}{12} = 74.67$$

따라서 Z_W 통계량의 값은 다음과 같다.

$$Z_W = \frac{\mathrm{W - E(W)}}{\sqrt{\mathrm{Var(W)}}} = \frac{43-56}{\sqrt{74.67}} = -1.50$$

한편 표준정규분포표에서 유의확률은 다음과 같다.

$$P(Z \leq -1.50) = 0.067$$

즉, 한쪽검정에 대한 유의확률은 약 6.7%이다. 이는 [예제 10-3]과 매우 비슷한 결과임을 알 수 있다.

예제 10.4 상처를 입었을 때, 혈액을 응고시키기 위한 새로운 혈액 응고제 A가 개발되어 기존의 응고제 B와 비교하고자 한다. A, B 두 응고제를 각각 10명의 환자에게 처치하여 혈액이 응고되는 데 걸리는 시간을 측정한 결과는 아래와 같다. 새로 만든 혈액 응고제 A가 기존 응고제 B보다 더 효과적이라고 할 수 있는가? 다음 검정을 실시하여라.

(1) $t-$검정

(2) 윌콕슨 순위합검정

(3) 윌콕슨 순위합의 정규근사 검정

(단위 : 초)

A	285	490	202	255	225	220	305	210	240	680
B	425	470	393	370	490	360	285	530	385	295

풀이 A 방법이 B 방법보다 우수하다는 것은 혈액이 응고되는 데 걸리는 시간이 적은 것을 뜻하므로, B 방법을 Y표본으로 간주할 때의 귀무가설과 대립가설은 각각 다음과 같다.

$$H_0 : \Delta = 0, \quad H_1 : \Delta > 0$$

(1) 두 자료에 대한 통계량의 값은 다음과 같다.

$$A : \overline{x} = 311.2, \quad \sum(x_i - \overline{x})^2 = 214849.1$$
$$B : \overline{y} = 400.3, \quad \sum(y_i - \overline{y})^2 = 57548.1$$

따라서

$$s_p^2 = \frac{214849.61 + 57548.1}{18} = 15133.21; \quad s_p = 123.02$$

$$t = \frac{\overline{y} - \overline{x}}{s_p\sqrt{\dfrac{1}{m} + \dfrac{1}{n}}} = \frac{400.3 - 311.2}{(123.02)\sqrt{\dfrac{1}{10} + \dfrac{1}{10}}} = 1.62$$

한편 $t-$분포표에서 $t_{0.05}(18) = 1.734$이므로 $t-$검정의 유의확률은 5% 이상이 된다. 즉, A가 B보다 효과적이라고 할 수 없다.

표 10-7 순위합통계량 계산표

X_i	순위
202	1
210	2
220	3
225	4
240	5
255	6
285	7.5
305	10
490	17.5
680	20

Y_j	순위
285	7.5
295	9
360	11
370	12
385	13
393	14
425	15
470	16
490	17.5
530	19
	$W_s = 134$

(2) 순위합 통계량의 계산표는 <표 10-7>과 같다. 표에서 보면 $W_s = 134$이며, 부록의 표 7에서 $m = n = 10$일 때

$$P(W_s \geq 134) = 0.014$$

이므로, 유의확률은 1.4%이다. 즉, 유의수준 5%에서 검정하면 혈액 응고제 A가 혈액 응고제 B보다 응고시간이 짧기 때문에 보다 효과적이라고 할 수 있다.

(3) 정규근사를 위해 W의 기댓값과 분산을 구하면 다음과 같다.

$$E(W) = \frac{n(m+n+1)}{2} = \frac{10(21)}{2} = 105$$

$$\mathrm{Var}(\mathrm{W}) = \frac{\mathrm{mn}(\mathrm{m}+\mathrm{n}+1)}{12} = \frac{10 \cdot 10(21)}{12} = 175$$

따라서 Z_W 통계량의 값은 다음과 같다.

$$Z_W = \frac{W - E(W)}{\sqrt{Var(W)}} = \frac{134 - 105}{\sqrt{175}} = 2.19$$

한편 표준정규분포표에서

$$P(Z \geq 2.19) = 0.0143$$

이므로, 한쪽 검정에 대한 유의확률은 1.43%이다. 따라서 A가 B보다 효과적이라고 할 수 있다.

[예제 10-4]에서 윌콕슨검정의 유의확률은 약 1~1.5%인데 반하여 t-검정의 유의확률은 5% 이상이 되어, t-검정으로는 A방법이 B방법보다 더 효과적임을 감지하지 못하고 있다. 이러한 이유는 데이터들 가운데 이상점이라고 할 수 있는 490, 680 같은 큰 값이 있어서 t-검정의 검정력이 약해지기 때문이다. 만약 490과 680이란 측정값이 정상적으로 얻어진 데이터가 아니고 잘못 관측되거나 다른 사람에 비해 상처가 큰 환자의 응고 시간이라면 분석에서 제외시키는 것이 좋을 것이다. 두 데이터를 제외하고 t-통계량의 값을 구하면 다음과 같다.

$$\overline{x} = 14.67,\ \sum(x_i - \overline{x})^2 = 9383.5$$

$$\overline{y} = 19.33,\ \sum(y_i - \overline{y})^2 = 57548.1$$

$$s_p^2 = \frac{9383.5 + 57548.1}{16} = 4183.225\ ; \quad s_p = 64.68$$

$$t = \frac{400.3 - 242.75}{(64.68)\sqrt{\dfrac{1}{8} + \dfrac{1}{10}}} = 5.135$$

한편 t-분포표에서 $t_{0.01}(16) = 2.583$이므로 유의확률은 1% 이하가 된다. 즉, 혈액 응고제 A가 B보다 효과적임을 입증해 주는 결과이다.

이와 같이 데이터들 가운데 이상점이 있거나, 자료의 분포가 정규분포와는 거리가 멀 때에는 t-검정보다 윌콕슨검정이 효과적인 경우가 많다.

10-4 대응비교

두 모평균의 차에 관한 추론문제에 대응비교의 방법을 6장에서 다루었다. 대응비교는 자료가 쌍으로 얻어진 경우에 묶인 쌍의 관측값의 차를 이용하여 두 모평균의 차이를 검정하는 방법이다. 특히 실험대상이 지나치게 이질적인 경우에 전체를 랜덤하게 두 그룹으로 나누는 것보다 동질적인 쌍으로 묶어서 실험을 실시하고 묶인 쌍의 관측값의 차를 이용하여 추론하는 것이 실험의 변동을 조절할 수 있는 효과적인 방법이다.

n개의 쌍으로 된 관측값을 $(X_1, Y_1), \cdots, (X_n, Y_n)$ 이라고 하고, 각 쌍에서 두 관측값의 차를 $D_1, \cdots, D_n$이라고 하자. 즉,

$$D_i = Y_i - X_i,\ i = 1, \cdots, n$$

이라고 하자. 그러면, 이 모수에 대한 가설

$$H_0 : \Delta = 0, \quad H_1 : \Delta > 0$$

은 D_i들의 위치모수에 대한 가설

$$H_0 : \theta = 0, \quad H_1 : \theta > 0$$

으로 바뀌는 셈이다. 따라서 D_i들에 윌콕슨 부호순위검정을 적용하여 대응비교를 실시할 수 있다.

지금까지는 관측값에 동점이 없는 경우만 다루었다. 그러나 모집단의 분포가 연속일 때에도 실제 자료는 반올림 등을 통해서 얻게 되므로 동점이 있을 수 있다. 자료들에 동점이 있을 때에는 평균순위를 사용하여 순위합통계량의 값을 계산한다.

예제 10.5 어느 음악 전문가가 아동의 리듬 청취 능력을 향상시키기 위한 새로운 음악 교육방법을 평가하고자 한다. 이를 위해 16명의 초등학생을 랜덤추출한 후, 음악 교육 실시 전후 리듬 청취 능력을 평가하여 각각 점수로 나타내었다. <표 10-8>은 초등학교 학생들의 음악 교육 전후의 리듬 청취 점수 차이를 나타낸 것이다. 새로운 음악 교육방법이 리듬 청취 능력 향상에 효과가 있는지 윌콕슨 부호순위검정을 유의수준 5%에서 실시하여라.

표 10-8 음악 교육 실시 전후 리듬 청취 점수 차이

전	42	35	38	10	17.5	35	29	26
후	54	51	34.5	16	13	43	36	28.5
D=후-전	12	16	-3.5	6	-4.5	8	7	2.5
전	30	40	43	23	25	33	39	28
후	35	41.5	56	30	17	33.5	49.5	24
D=후-전	5	1.5	13	7	-8	0.5	10.5	-4

풀이 두 관측값의 차인 D의 위치모수를 θ라고 할 때 문제에 알맞은 가설은 다음과 같다.

$$H_0 : \theta = 0, \quad H_1 : \theta \neq 0$$

부호순위통계량의 계산표는 <표 10-9>와 같다.

표 10-9 부호순위통계량 계산표

음의 D_i	절대순위
-3.5	4
-4	5
-4.5	6
-8	11.5

양의 D_i	절대순위
0.5	1
1.5	2
2.5	3
5.0	7
6.0	8
7.0	9.5
7.0	9.5
8.0	11.5
10.5	13
12.0	14
13.0	15
16.0	16
$W^+ = 109.5$	

정규근사를 이용하기 위하여 W^+의 기댓값과 분산을 구하면 다음과 같다.

$$E(W^+) = \frac{n(n+1)}{2} = \frac{16(17)}{2} = 68$$

$$\mathrm{Var}(W^+) = \frac{n(n+1)(2n+1)}{24} = \frac{16(17)(33)}{24} = 374$$

따라서 Z_{W^+} 통계량의 값은 다음과 같다.

$$Z_{W^+} = \frac{W^+ - E(W^+)}{\sqrt{\mathrm{Var}(W^+)}} = \frac{109.5 - 68}{\sqrt{374}} = 2.146$$

한편 표준정규분포표에서

$$P(Z \geq 2.146) = 0.0159$$

이므로 단측 검정에서의 유의확률은 1.59%이다. 따라서 유의수준 5%에서 새로운 음악 교육방법은 아동의 리듬 청취 능력을 향상시키는 효과를 가지고 있다고 할 수 있다.

10-5 SPSS 실습

SPSS에서 일표본 문제를 다루기 위한 윌콕슨 부호순위검정의 절차는 분석 → 비모수 검정 → 일표본의 '설정'–'검정 사용자 정의'에서 제공되고 있으므로 참고하기 바란다. 또한 본문에서 다룬 이표본 문제인 윌콕슨 순위합검정과 대응비교를 위한 윌콕슨 부호순위검정도 제공되고 있으므로, 이 절에서는 이들에 대해서 다루기로 한다. SPSS에서 윌콕슨 검정의 출력 결과는 본문에서 설명된 내용과 조금씩 다르므로 SPSS에서 사용되는 통계량을 알아보자.

크기 m 인 X–표본과 크기 n 인 Y–표본의 혼합표본에서 각각의 순위합을 W_1, W_2로 나타내자. 즉, W_1과 W_2는 다음과 같이 정의된다.

$$W_1 \; = \; X\text{와 } Y\text{의 혼합표본에서 } X\text{-표본의 순위합}$$
$$W_2 \; = \; X\text{와 } Y\text{의 혼합표본에서 } Y\text{-표본의 순위합}$$

이와 같이 W_1과 W_2를 정의하면 W_2가 본문에서 정의된 순위합 통계량 W와 일치한다.

SPSS에서는 윌콕슨 통계량 W_1과 함께 **만-위트니 U-통계량**(Mann-Whiney U-statistic)의 값이 출력된다. U-통계량은 다음과 같이 정의된다.

$$U_1 \; = \; X\text{-표본보다 작은 } Y\text{-표본의 총개수}$$
$$U_2 \; = \; Y\text{-표본보다 작은 } X\text{-표본의 총개수}$$

이와 같이 정의된 U-통계량과 W-통계량 사이에는 다음과 같은 선형관계가 성립한다.

$$U_1 = W_1 - \frac{m(m+1)}{2}$$
$$U_2 = W_2 - \frac{n(n+1)}{2}$$

예 10.4 X-표본과 Y-표본이 다음과 같다고 하자.

$$X : 5, \; 8$$
$$Y : 6, \; 7, \; 9$$

이들을 순서대로 나열하면 다음과 같다.

$$(5,\ 6,\ 7,\ 8,\ 9), \quad \text{즉 } (x \quad y \quad y \quad x \quad y)$$

따라서 U-통계량과 W-통계량의 값들은 다음과 같다.

$$U_1 = 0+2 = 2, \qquad W_1 = 1+4 = 5$$
$$U_2 = 1+1+2 = 4, \quad W_2 = 2+3+5 = 10$$

SPSS에서는 W_1과 U_1의 값이 W및 U의 기호로 출력된다. 그러나 이들 통계량은 모두 선형관계에 있으므로 어느 통계량을 사용하든 검정결과는 동일하다.

사례 10.1

A, B 두 전구의 수명을 비교하기 위하여 다음과 같은 자료를 얻었다(단위: 시간). A의 평균 수명이 B의 평균 수명보다 길다고 할 수 있는지 확인하려고 한다. 다음 물음에 답하여라.

(a) 윌콕슨 검정을 시행하여라.

(b) t-검정을 시행하여라.

(c) A전구의 첫 번째 데이터인 1,850이 잘못하여 2,850으로 입력되었다고 하자. 이 자료에 대하여 t-검정과 윌콕슨 검정을 시행하고, (a) 및 (b)와 결과를 비교하여라.

A	1,850	1,500	1,420	1,680	1,730
B	1,510	1,480	1,380	1,410	1,450

풀이 자료는 6장의 독립표본 t-검정과 같은 방법으로 입력된다. 입력된 결과는 [그림 10-3]과 같다.

	전구	수명
1	1	1850
2	1	1500
3	1	1420
4	1	1680
5	1	1730
6	2	1510
7	2	1480
8	2	1380
9	2	1410
10	2	1450

그림 10-3 이표본자료의 입력

(a) 메뉴에서 분석 → 평균 및 비율 비교 → 독립표본 T검정을 선택하고 t-검정을 시행한 결과는 [그림 10-4]와 같다. 등분산성의 검정에서 유의확률이 0.023으로 유의하므로 이분산의 결과를 사용한다. 양측검정에서 유의확률이 0.070이므로 단측검정에서는 0.035로서 유의성이 있다. 즉, A의 수명이 B의 수명보다 길다고 결론을 내린다.

집단통계량

	전구	N	평균	표준편차	평균의 표준오차
수명	A	5	1636.00	174.442	78.013
	B	5	1446.00	52.249	23.367

독립표본 검정

	Levene의 등분산 검정		평균의 동일성에 대한 t-검정						
	F	유의확률	t	자유도	유의확률 (양쪽)	평균차	차이의 표준오차	차이의 95% 신뢰구간 하한	차이의 95% 신뢰구간 상한
수명 등분산이 가정됨	7.939	.023	2.333	8	.048	190.000	81.437	2.206	377.794
등분산이 가정되지 않음			2.333	4.712	.070	190.000	81.437	−23.249	403.249

그림 10−4 독립표본 t−검정 결과

(b) 메뉴에서 분석 → 비모수 검정 → 레거시 대화 상자 → 2−독립표본을 선택하고 검정변수와 집단변수를 선택한 후에 검정 유형으로 'Mann-Whitney의 U'를 선택한다. 옵션 '정확'에서 '정확검정'을 선택한다. 결과는 [그림 10-5]와 같다. 단측검정의 유의확률은 0.048로서 t−검정과 비슷한 결과를 얻는다.

순위

	전구	N	평균순위	순위합
수명	A	5	7.20	36.00
	B	5	3.80	19.00
	합계	10		

검정 통계량[b]

	수명
Mann-Whitney의 U	4.000
Wilcoxon의 W	19.000
Z	−1.776
근사 유의확률(양측)	.076
정확한 유의확률 [2*(단측 유의확률)]	.095[a]
정확한 유의확률(양측)	.095
정확한 유의확률(단측)	.048
점 확률	.020

a. 동률에 대해 수정된 사항이 없습니다
b. 집단변수 : 전구

그림 10−5 비모수적 검정의 결과

(c) 비모수적 방법에서는 순위에 변동이 없으므로 검정결과가 (b)와 같다. 그러나 t-검정의 결과는 [그림 10-6]과 같이 유의성이 없는 것으로 나타났다. 즉, 검정 결과에서 유의확률은 (이분산의 경우) 0.104로서 유의성이 없는 것으로 판단된다. 이는 데이터 1,850이 2,850으로 증가하면서 A의 평균이 1,636(시간)에서 1,836(시간)으로 증가하여 두 평균의 차이는 190에서 390으로 증가했지만 이상점으로 인하여 분산의 증가가 더 심각하게 커졌기 때문이다. 이와 같이 데이터에 이상점이 포함된 경우에 t-검정은 이상점의 영향을 많이 받기 때문에 평균의 차이를 감지하지 못할 때도 있다.

집단통계량

	전구	N	평균	표준편차	평균의 표준오차
수명	A	5	1836.00	580.887	259.781
	B	5	1446.00	52.249	23.367

독립표본 검정

	Levene의 등분산 검정		평균의 동일성에 대한 t-검정						
	F	유의확률	t	자유도	유의확률 (양쪽)	평균차	차이의 표준오차	차이의 95% 신뢰구간 하한	차이의 95% 신뢰구간 상한
수명 등분산이 가정됨	5.024	.055	1.495	8	.173	390.000	260.829	−211.474	991.474
등분산이 가정되지 않음			1.495	4.065	.208	390.000	260.829	−329.654	1109.654

그림 10-6 t-검정의 결과

사례 10.2

A, B 두 수면제의 약효를 비교하기 위하여 7명의 불면증 환자에게 임상실험을 실시하였다. 다음은 숙면시간의 관측자료이다. A가 B보다 더 효과적이라고 할 수 있는지 비모수적 검정을 시행하여라.

환자	1	2	3	4	5	6	7
A	6.3	7.5	5.2	3.0	5.5	6.0	5.3
B	5.8	4.8	5.5	3.5	4.5	4.8	4.0

풀이 먼저 자료는 6장의 '대응표본 t-검정'에서와 같이 입력한다. 여기서는 [그림 10-7]과 같이 두 변수 A와 B의 이름 아래 자료를 입력하기로 한다.

	A	B
1	6.3	5.8
2	7.5	4.8
3	5.2	5.5
4	3.0	3.5
5	5.5	4.5
6	6.0	4.8
7	5.3	4.0

그림 10－7 대응비교 자료의 입력

메뉴에서 분석 → 비모수 검정 → 레거시 대화 상자 → 2－대응표본을 선택하고 변수 A와 B를 차례로 선택한 다음 오른쪽의 검정 대응변수로 보내면 'A－B'에 대한 추론을 하는 것으로 인식한다. 검정 유형으로 'Wilcoxon'을 선택하고, 옵션 '정확'에서 '정확검정'을 선택한다. 결과는 [그림 10-8]과 같다. 단측검정의 유의확률은 0.047로서 유의성이 있음을 나타낸다. 즉, A가 B보다 더 효과적이라고 할 수 있다.

순위

		N	평균순위	순위합
B－A	음의 순위	5[a]	4.90	24.50
	양의 순위	2[b]	1.75	3.50
	동률	0[c]		
	합계	7		

a. B < A
b. B > A
c. B = A

검정 통계량[b]

	B－A
Z	－1.778[a]
근사 유의확률(양측)	.075
정확한 유의확률(양측)	.094
정확한 유의확률(단측)	.047
점 확률	.016

a. 양의 순위를 기준으로
b. Wilcoxon 부호순위 검정

그림 10－8 대응비교에서 윌콕슨 부호순위검정의 결과

연습문제

10-1 어느 제약회사에서는 진통제의 약효시간이 3시간이라고 주장한다. 이 주장을 확인하기 위하여 다음의 자료를 얻었다. 진통제의 약효시간이 3시간이라는 근거가 있는가? 윌콕슨 부호순위검정에서 유의확률을 구하여라.

2.5 0.5 3.2 2.2 2.4 4.0 2.5 1.0 3.5

10-2 통계학 수업을 수강하고 있는 학생 12명의 기말고사 성적이 다음과 같다.

92 75 80 56 77 62 88 73 95 84 69 50

유의수준 5%에서 기말고사 성적의 평균이 80점 이상인지 윌콕슨 부호순위검정을 실시하여라.

10-3 다음은 종양의 크기를 억제하는 A, B 두 항암제에 대한 자료이다. 종양의 크기에 차이가 있다고 할 수 있는가? 유의수준 5%에서 윌콕슨 순위합검정을 실시하여라.

A	2.2	3.0	1.5	4.4	1.3
B	0.5	1.0	0.7	2.3	0.2

10-4 A, B 두 교육방법이 성적에 미치는 영향을 조사하기 위하여 다음과 같은 자료를 얻었다. 성적에 차이가 있다고 할 수 있는가? 유의수준 5%에서 윌콕슨 순위합검정을 실시하여라.

A	81	86	83	79	72	80	83	90
B	72	85	91	65	70	84	76	93

10-5 다음은 A, B 두 종류의 사료에 대하여 젖소의 우유 생산량을 측정한 자료이다. A가 B보다 우유 생산량이 많다고 할 수 있겠는가? 다음 각 검정에 대한 유의확률을 구하고 검정결과를 비교하여라.

A	55.5	38.0	43.4	47.3	58.0	49.5	36.2	30.1	50.8	24.7
B	41.3	56.2	28.5	33.0	47.3	52.2	27.0	33.3	52.7	49.5

(a) 윌콕슨 순위합검정
(b) 윌콕슨 순위합의 정규근사검정
(c) 두 표본 문제에서 t-검정

10-6 다음은 두 회사에서 생산된 전구 A와 B의 수명을 비교하고자 한다. 각각 10개씩 임의 추출하여 실험한 결과 다음과 같은 수명자료(단위: 100시간)를 얻었다. 다음 각 검정에 대한 유의확률을 구하고 검정결과를 비교하여라.

A	7.8	5.9	6.7	7.1	6.9	8.1	5.3	4.6	6.5	7.5
B	5.6	4.6	6.8	4.7	5.8	5.3	6.1	4.5	7.0	4.9

(a) 윌콕슨 순위합검정

(b) 윌콕슨 순위합의 정규근사검정

(c) 두 표본 문제에서 t-검정

10-7 어느 과학자는 인간의 양쪽 시력의 인지능력의 차이가 존재하는지를 알아보고자 한다. 10명의 대상자 선정하여 일정거리에 떨어져 있는 물체를 인지하는 속도를 측정한 결과(단위: 1/1000초) 다음 자료를 얻었다. 양쪽 시력의 인지능력의 차이가 존재하는가? 다음 각 과정에 대한 유의확률을 구하고 검정 결과를 비교하여라.

시력	1	2	3	4	5	6	7	8	9	10
왼쪽	48.7	53.1	44.5	40.0	56.2	59.4	42.7	51.9	54.1	45.5
오른쪽	50.0	47.4	46.0	47.3	59.3	52.7	50.1	48.6	49.3	48.7

(a) 윌콕슨 부호순위검정

(b) 윌콕슨 부호순위의 정규근사검정

(c) 대응비교 t-검정

(d) 독립표본에 의한 두 표본 문제에서 t-검정

10-8 음악치료가 고혈압 환자의 혈압을 낮추는지를 조사하고자 한다. 이를 위해 10명의 고혈압 환자를 대상으로 평상시의 혈압을 측정한 후 이들에게 음악을 2시간씩 들려준 이후에 혈압을 측정한 결과가 아래의 표와 같다. 다음 각 검정에 대한 유의확률을 구하고 검정 결과를 비교하여라.

	1	2	3	4	5	6	7	8	9	10
음악치료 전	135	140	163	144	137	158	155	148	133	160
음악치료 후	123	147	150	144	129	135	140	136	128	150

(a) 윌콕슨 부호순위검정

(b) 윌콕슨 부호순위의 정규근사검정

(c) 대응비교 t-검정

(d) 독립표본에 의한 두 표본 문제에서 t-검정

10-9 두 표본 문제에서 U_{ij}를 다음과 같이 정의한다.

$$U_{ij} = \begin{cases} 1, & X_i < Y_j \text{ 일 때} \\ 0, & \text{아닐 때} \end{cases}$$

10–5절에서 소개한 만–위트니 U–통계량(Mann–Whitney)은 다음과 같이 U_{ij}의 합으로 정의된다.

$$\begin{aligned} U &= \sum_{i=1}^{m}\sum_{j=1}^{n} U_{ij} \\ &= Y \text{ 관측값이 } X \text{ 관측값보다 크게 되는 모든 횟수} \end{aligned}$$

그러면, U와 W 사이에는 다음의 선형관계가 성립함을 보여라.

$$W = U + \frac{n(n+1)}{2}$$

10-10 윌콕슨 부호순위통계량은 다음과 같이 쓸 수 있다.

$$W^{+} = 1 \cdot T_1 + 2 \cdot T_2 + \cdots + n \cdot T_n$$

다만, $Z_i = Y_i - \theta_0,\ \ i = 1, \cdots, n$ 일 때

$$T_i = \begin{cases} 1, & \text{절대순위가 } i\text{인 } Z_i\text{의 부호가 } +\text{일 때} \\ 0, & \text{절대순위가 } i\text{인 } Z_i\text{의 부호가 } -\text{일 때} \end{cases}$$

모집단의 분포가 연속이고 대칭이라는 가정에서 귀무가설 $H_0 \ : \ \theta = \theta_0$하에서

$P(T_i = 0) = P(T_i = 1) = 0.5$이며, T_i들은 서로 독립이다. 이를 이용하여 다음을 증명하여라.

$$E(W^{+}) = \frac{n(n+1)}{4}, \qquad \mathrm{Var}(W^{+}) = \frac{n(n+1)(2n+1)}{24}$$

10-11 골프대회에 참가한 50명의 선수들 중 10명을 임의로 표본추출하여 1라운드보다 2라운드에서 평균 스코어가 줄어드는지를 알아보고자 한다. SPSS를 이용하여 유의수준 5%에서 윌콕슨 부호 순위검정을 실시하여라.

	1	2	3	4	5	6	7	8	9	10
1 라운드	73	74	64	69	75	79	63	70	62	73
2 라운드	71	76	66	64	66	70	63	68	64	70

10-12 다음은 지류회사에서 서로 다른 공정방법에 의해 생산한 두 종이 A와 B의 밝기를 비교하고자 한다. 두 공정에서 생산된 종이의 밝기의 차이가 존재하는가? SPSS를 이용하여 유의수준 5%에서 윌콕슨 순위합검정을 실시하여라.

A	6.1	8.2	6.9	7.6	9.5	9.0	8.9	8.3	8.2
B	8.7	9.1	7.5	9.5	7.8	8.6	7.0	8.2	6.9

제 11 장

표본조사와 설문조사의 방법

11-1 서론

우리 생활의 주변에서 모집단에 대한 조사 결과가 발표되는 사례를 흔히 볼 수 있다. 예를 들어, 선거철이면 각 후보자에 대한 지지도 조사 결과가 TV 또는 신문에 발표되기도 한다. 대통령 선거의 예를 들어 보자. 각 신문사에서는 후보들에 대한 지지도를 주기적으로 조사하여 발표한다. 이때 전국의 유권자를 모두 조사하여 각 후보의 지지도를 조사한다면 시간적으로나 경제적으로 도저히 감당할 수 없을 것이다. 현재 시점에서의 지지도에 관심이 있는데 조사에만 3개월이 걸린다면 이는 이미 유용성을 상실한 정보가 될 것이다. 또한 전국의 유권자를 모두 조사하려면 많은 조사 인력이 필요하여 비용도 상상하기 어려울 정도로 많이 들게 될 것이다. 따라서 이와 같은 조사에서는 모든 유권자를 조사하기 보다는 일부의 유권자를 조사하고 이를 기초로 전체에 대한 추론을 하는 것이 바람직하다.

이와 같이 모집단에 대한 어떤 정보를 얻기 위하여 모집단 전체를 조사하는 대신에 모집단의 일부인 표본을 뽑아 조사하고, 이를 기초로 모집단에 대한 정보를 추정하는 것을 **표본조사**(sample survey)라고 한다. 이에 대하여 모집단 전체를 조사하는 방법을 **전수조사**(total inspection) 또는 **총조사**(census)라고 한다.

표본조사를 실시할 때는 모집단에 대한 정의가 분명해야 한다. 예를 들어, 국회의원 선거에서 후보별 지지도를 조사할 때는 해당 지역구의 전체 유권자가 모집단이 되며, 우리나라 대학생의 의식구조를 조사할 때는 대학생 전체가 모집단이 된다. 이와 같이 표본추출의 대상이 되는 모집단을 **대상모집단**(target population)이라고 한다.

표본조사에서는 대상모집단 전체에서 표본을 추출하는 것이 옳으나 실용적인 측면에서 어려움이 많을 수 있다. 예를 들어, 대학생의 의식구조 조사에서 전국의 모든 대학에서 골고루 표본을 뽑는다는 것은 불가능할 수 있다. 따라서 실제로 표본추출의 대상이 되는 대학을 특정 지역으로 한정하거나, 특정 조건의 대학으로 한정할 수도 있다. 이와 같이 표본추출에서 실제 추출의 대상이 되는 모집단을 **추출모집단**(sampling population)이라고 한다. 또한 모집단을 구성하여 표본추출의 대상이 되는 각 개체를 **추출단위**(sampling unit)라고 한다. 예를 들어, 대학생의 의식구조 조사에서는 각 '대학생'이 추출단위가 되며, 농어촌의 가구당 소득을 조사할 때는 농어촌의 각 '가구'들이 추출단위가 된다.

모집단에서 어떤 추출단위를 표본으로 뽑을 것인지를 명시하는 과정을 **표본설계**(sampling design)라고 한다. 표본설계는 대부분의 경우에 통계이론에 의한 표본추출법에 의해 표본을 추출하게 된다. 표본추출법에는 여러 가지가 있으나, 여기서는 기본이 되는 추출법인 **단순랜덤추출법**을 비롯하여 **계통추출법**, **층화추출법**, **군집추출법**, **층화군집추출법**에 대하여 간단히 살펴보기로 한다.

표본조사는 모집단 전체를 조사하는 대신에 일부분만을 조사하여 모집단 전체에 대한 추론을 하는 방법이므로 오차를 수반하게 마련이며, 이 오차를 **표본오차**(sampling error)라고 한다. 예를 들어, 평균에 대한 추론에서(무한 모집단을 가정할 경우에) 표본평균의 표준편차가 $\sigma/\sqrt{n}$인 것은 표본오차에 해당된다. 이와 같이 표본오차는 표본크기 n이 증가하면서 $1/\sqrt{n}$의 속도로 감소한다.

그러나 표본조사에서는 표본오차 이외에도 다른 오차가 존재한다. 즉, 조사과정에서 대상무집단의 변도, 조사원의 미숙, 설문지의 부정확한 표현 등으로 인한 오차는 표본오차가 아니다. 이와 같은 표본오차 이외의 모든 오차를 **비표본오차**(nonsampling error)라고 한다. 비표본오차는 표본크기와 무관하게 나타나며, 전수조사에서는 더 커질 수도 있다. 따라서 전체의 오차는 표본크기가 커짐에 따라 감소하다가 어느 단계를 넘어서면 비표본오차로 인하여 오차가 줄어들지 않거나 오히려 증가할 수 있다. 표본조사에서 표본오차는 추정이 가능하며 따라서 표본크기에 따라 조절이 가능하다. 그러나 비표본오차는 추정이 불가능하므로 이를 줄일 수 있도록 표본을 추출하고 조사하는 과정이 잘 통제되어야 한다.

표본오차와 비표본오차

표본오차 : 모집단 전체 대신에 표본을 사용하여 발생하는 오차
비표본오차 : 표본조사에서 표본오차 이외의 모든 오차

모집단의 특성치를 추정할 때 추정량의 기댓값과 모수와의 차인 $E(\hat{\theta})-\theta$를 **편의**(bias) 또는 **편향**이라고 한다. 그러나 표본조사에서 사용하는 편의라는 용어는 좀 더 넓은 의미로 사용한다. 즉, 추정량이 편의가 있을 때에도 표본조사에서 편의가 발생하지만, 대부분의 편의는 표본설계의 잘못을 비롯하여 여러 가지 비표본오차에 의해 발생한다.

1936년의 미국 대통령선거에서 표본조사에 의한 당선자 예측은 표본설계의 잘못으로 인하여 실패한 대표적인 사례이다. 루즈벨트는 당시의 현직 대통령으로서 재선을 위해 출마한 민주당 후보였으며, 랜든은 도전자로서 공화당 후보였다. 그 당시에 리터러리 다이제스트(Literary Digest)사는 여러 번의 선거 예측을 잘 해낸 것으로 유명했다. 36년도의 대통령 선거에서도 방대한 표본에 기초한 여론조사를 실시하기로 결정했으며, 다음과 같은 표본설계를 하였다. 즉, 전화번호부와 자동차등록대장에서 1,000만 명을 랜덤하게 추출하여 모의 투표용지를 발송하였으며 이 가운데 230만 명이 회신을 보내왔다. 따라서 표본크기가 230만이나 되는 방대한 조사였다. 이들을 기초로 분석한 결과는 랜든 후보가 3:2로 압승할 것으로 예측되었다. 그러나 투표 결과는 루즈벨트 후보가 48개 주 가운데 46개 주에서 이기는 압승을 하였으며 전국특표율도 62%로서 압도적인 지지를 받았다.

이와 같이 예측된 값과 실제 득표율 사이에 심각한 편의가 발생한 원인에 대하여 많은 연구가 되었으며, 가장 심각한 오류는 다음의 두 가지로 요약될 수 있다.

① 추출모집단 선택의 오류

유권자의 모집단을 전화번호부와 자동차등록대장으로 국한한 것이 가장 큰 오류의 원인이다. 36년도 당시에는 미국사회에서 전화 또는 자동차를 소유하는 것은 상류층의 25%에 해당되는 유권자들이었다. 그러나 공화당의 정책은 상류층에서 지지를 받고 있었으며, 따라서 랜든의 표밭을 추출모집단으로 잡은 셈이다.

② 무응답자에 대한 관리 부실

정치문제의 여론조사에서는 현실에 비판적인 사람들이 좀 더 능동적으로 우편조사에 회신을 보낼 수 있다. 36년도의 선거에서도 현직 대통령인 루즈벨트에 대하여 비판적인 성향을 가진 사람들이 좀 더 적극적으로 회신을 보낸 것으로 판명되었다. 따라서 무응답자에 대한 사후조사가 이루어지지 않을 경우에는 심각한 편의가 발생할 수 있다.

이와 같은 오류는 우리 주변에서도 흔히 볼 수 있다. 예를 들어, 우리나라 주부들의 의식구조를 조사하면서, 특정 지역의 아파트 단지 내에 있는 학교의 학부형을 표본으로 삼거나, 대학생의 의식구조를 조사하면서 특정 지역에 있는 대학의 학생만을 표본으로 하는 것은 심각한 편의의 원인이 되므로 주의해야 한다.

11-2 표본조사의 방법

11-2-1 단순랜덤추출법

10장까지의 통계 이론은 대부분 무한모집단을 가정하였으며, 따라서 랜덤표본은 무한모집단에서 추출된 서로 독립이며 같은 분포를 갖는 확률변수의 집합으로 간주하였다. 그러나 표본조사는 실제로 유한모집단에서 이루어지므로, 이 장에서는 유한모집단에서의 표본추출을 가정한다. 이 절에서는 먼저 표본추출법 가운데 가장 기본이 되는 단순랜덤추출법에 대하여 알아보자.

N개의 추출단위가 있는 모집단에서 n개의 표본을 추출할 때, $\binom{N}{n}$개의 모든 경우들이 같은 확률로 추출되도록 하는 표본추출법을 **단순랜덤추출법**(simple random sampling)이라고 한다.

> **단순랜덤추출법**
>
> N개의 추출단위가 잇는 모집단에서 n개의 표본을 추출할 때, $\binom{N}{n}$개의 모든 경우들이 같은 확률로 추출되도록 하는 표본추출법을 **단순랜덤추출법**이라고 한다.

단순랜덤추출법에 의해 표본을 추출할 때는 모집단에 대한 목록을 만들고 난수표를 사용하거나 제비뽑기식의 추출법을 사용하여 비복원추출을 한다. 예를 들어, 어느 대학에서 재학생들의 의식구조를 조사할 경우에, 전교생에 일련번호를 부여하고 제비뽑기식이나 난수표 이용법으로 랜덤하게 n명을 뽑아 이들을 표본으로 삼으면 단순랜덤추출법에 의해 표본을 추출한 것이다.

N개의 추출단위가 있는 모집단에서 단순랜덤추출법으로 추출된 n개의 표본을

$$y_1, y_2, \cdots, y_n$$

이라고 하고, 모평균을 μ, 모분산을 σ^2이라고 하자. 그러면 모평균에 대한 추정량과 그의 성질은 다음과 같다. 다만, 결과를 증명 없이 사용하기로 한다.

모평균의 추정

모평균 μ의 추정량 : $\hat{\mu}=\bar{y}=\frac{1}{n}\sum_{i=1}^{n}\mathrm{y_i}$

$\bar{y}$ 의 성질 : $E(\bar{y})=\mu,\quad \mathrm{Var}(\bar{\mathrm{y}})=\left(\frac{\mathrm{N-n}}{\mathrm{N-1}}\right)\frac{\sigma^2}{\mathrm{n}}$

위 결과를 보면 $\bar{y}$는 μ의 불편추정량이다. $\bar{y}$ 의 분산에서 $(N-n)/(N-1)$은 모집단이 유한모집단이기 때문에 곱해지는 항이므로 흔히 **유한모집단수정항**(finite population correction factor)이라고 한다.

한편 모비율 p의 추정에서 표본비율을 $\hat{p}$ 이라고 하면, $\hat{p}$ 은 다음과 같은 성질을 갖는다.

모비율의 추정

표본비율 $\hat{p}$ 의 성질 :

$$E(\hat{p})=p,\qquad \mathrm{Var}(\hat{\mathrm{p}})=\left(\frac{\mathrm{N-n}}{\mathrm{N-1}}\right)\frac{\mathrm{p(1-p)}}{\mathrm{n}}$$

참고 $\bar{y}$ 와 $\hat{p}$ 의 분산 계산에서 N이 충분히 클 때는 $(N-n)/(N-1)$ 대신에 $(1-n/N)$을 사용한다.

예제 11.1 어느 대학 통계학과 학생들을 대상으로 한 학기 동안 읽은 책의 평균 권수를 조려고 한다. 이 대학 통계학과 학생들은 총 300명이고 이 중에서 20명을 랜덤추출하여 조사한 결과가 다음과 같다. 이 대학 통계학과 학생들이 한 학기 동안 읽는 책의 평균 권수와 표준오차를 추정하여라.

12	10	7	23	4	18	12	17	20	10
15	3	18	5	9	14	15	12	19	15

풀이 한 학기 동안 읽는 책의 평균 권수의 추정값은 다음과 같다.

$$\bar{y}=\frac{1}{20}(12+10+\cdots+15)=\frac{258}{20}=12.9$$

추정량의 분산의 추정값은

$$\widehat{Var}(\bar{y})$$
$$= \left(1 - \frac{20}{300}\right)\frac{1}{20}\left[\frac{1}{20-1}\{(12-12.9)^2 + (10-12.9)^2 + \cdots + (15-12.9)^2\}\right]$$
$$= 1.42892$$

이므로 표준오차는 다음과 같다.

$$\widehat{SE}(\bar{y}) = \sqrt{1.42892} = 1.19540$$

11-2-2 계통추출법

계통추출법(systematic sampling)은 추출단위를 차례로 나열한 후에 표본을 일정한 간격으로 취하는 추출법이다. 계통추출법은 단순랜덤추출법에 비하여 추출방법이 간편하고 모집단 전체에서 골고루 표본이 추출되는 장점이 있다.

계통추출법
추출단위를 차례로 나열한 후에 표본을 일정한 간격으로 추출하는 방법

모집단과 표본의 크기를 각각 N과 n이라 할 때, $k = N/n$을 **추출간격**(sampling interval)이라고 한다. 계통추출에서는 1번부터 k번 사이의 추출단위에서 랜덤하게 하나를 추출하고, 다음부터는 매 k번째마다 표본으로 뽑는 것이다. 예를 들어, 10,000명 가운데 200명을 계통추출하려면, k=10,000/200=50이므로 1~50번 사이에서 랜덤하게 하나를 뽑는다. 예를 들어, 23번이 뽑혔다면 표본에 뽑히는 번호는 23, 73, 123, 173, 223, 273, ⋯, 9973번이다.

계통추출법에서 표본을 이용하여 모평균이나 모비율을 추정하는 방법은 단순랜덤추출법과 같다. 계통추출법은 간편하고 모집단에서 골고루 표본을 뽑는 장점이 있기 때문에 대형 표본설계에서는 자주 사용된다. 그러나 모집단의 순서에 있는 주기성이 추출간격과 일치할 때에는 심각한 편의가 발생할 수 있음에 유의해야 한다.

11-2-3 층화랜덤추출법

모집단을 몇 개의 동질적인 **층**(strata)으로 나눈 다음, 각 층에서 단순랜덤추출법으로 표본을 추출하여 이들 전체를 표본으로 간주하는 추출법을 **층화랜덤추출법**(stratified random sampling) 또는 간단히 층화추출법이라고 한다.

층화랜덤추출법
모집단을 몇 개의 동질적인 층으로 나누고, 각 층에서 단순랜덤추출법으로 표본을 추출하는 방법

층화의 원리는 층 내부를 동질적이고 층간에는 이질적이 되도록 층을 만드는 것이다. 이와 같이 층화의 원리에 의해 층을 나누고 이들 층에서 추출된 표본을 이용하면 추정량의 **정도**(precision, **정밀도**)를 높이는 장점이 있다. 따라서 층화추출법은 모든 표본추출법 가운데 이론적으로 가장 중요한 추출법이 된다.

예를 들어 어느 대학에서 재학생의 의식구조를 조사하는데 단과대학에 따라 또한 학년에 따라 의식구조가 다르다고 할 때 단과대학과 학년을 층화의 기준으로 하면 좋을 것이다. 이때에 한 단과대학 내에서 같은 학년에 있는 재학생들은 모두 비슷한 의식구조를 갖고 있다면 적은 수의 표본으로도 각 층의 특성치를 정확히 추정할 수 있고, 따라서 대학 전체의 추정에서도 정도가 높아질 것이다. 즉, 층을 나눌 때에는 층 내에서는 동질적이 되도록 층화의 기준을 정하는 것이 중요하다.

N개의 추출단위로 된 모집단이 h개의 층으로 나누어지고, 각 층의 크기는 N_i라고 하자. 평균에 관한 문제에서는 i번째 층의 평균과 분산을 각각 μ_i, σ_i^2이라고 하고, 비율에 관한 문제에서는 i번째 층의 속성 비율을 p_i라고 하자. 그러면, 모평균과 모비율에 대한 추정량과 분산은 다음과 같다.

모평균의 추정
i 번째 층의 표본평균과 표본분산을 각각 $\bar{y}_i$, s_i^2이라고 하면 μ 의 추정량 $\bar{y}_{st}$와 그의 분산은 다음과 같다.

$$\bar{y}_{st} = \frac{N_1}{N}\bar{y}_1 + \frac{N_2}{N}\bar{y}_2 + \cdots + \frac{N_h}{N}\bar{y}_h = \frac{1}{N}\sum_{i=1}^{h} N_i \bar{y}_i$$

$$\mathrm{Var}(\bar{y}_{st}) = \frac{1}{N^2}\sum_{i=1}^{h} N_i^2 \left(\frac{N_i - n_i}{N_i - 1}\right)\frac{\sigma_i^2}{n_i}$$

(참고. 첨자 st는 stratified에서 st를 딴 것이다.)

모비율의 추정

i 번째 층의 표본비율을 $\hat{p}_i$ 이라고 하면 모비율 p 의 추정량 $\hat{p}_{st}$와 그의 분산은 다음과 같다.

$$\hat{p}_{st} = \frac{N_1}{N}\hat{p}_1 + \frac{N_2}{N}\hat{p}_2 + \cdots + \frac{N_h}{N}\hat{p}_h = \frac{1}{N}\sum_{i=1}^{h} N_i \hat{p}_i$$

$$\mathrm{Var}(\hat{p}_{st}) = \frac{1}{N^2}\sum_{i=1}^{h} N_i^2 \left(\frac{N_i - n_i}{N_i - 1}\right)\frac{p_i(1-p_i)}{n_i}$$

참고 $\bar{y}_{st}$와 $\hat{p}_{st}$의 분산 계산에서 N_i 들이 충분히 클 때는 $(N_i - n_i)/(N_i - 1)$ 대신에 $(1 - n_i/N_i)$를 사용한다.

층화랜덤추출에서 전체 표본크기 n을 각 층에 배분하는 방법으로 흔히 사용되는 방법은 **비례배분**(proportional allocation) 방법이다. 비례배분 방법은 각 층의 크기에 비례하여 각 층에 표본크기를 결정하는 방법이다. 따라서 i 번째 층의 표본크기는 다음과 같이 결정된다.

$$n_i = n\left(\frac{N_i}{N}\right), \ i = 1, 2, \cdots, h$$

예제 11.2 어느 소도시의 가구당 월평균 육류 소비량을 조사하기 위하여 이 도시를 생활수준에 따라 3개의 지역(층)으로 나눈 다음 각 층에서 층화추출을 통하여 다음의 자료를 얻었다. 이 도시의 가구당 월평균 육류 소비량과 표준오차를 추정하여라(단위: 10만 원).

지역(층)	N_i	n_i	$\bar{y}_i$	s_i^2
1	24,000	60	10.5	10.2
2	32,000	100	15.2	12.3
3	12,000	40	18.7	9.5
계	N=68,000	n=200		

풀이 가구당 평균 월 생계비의 추정값은 다음과 같다.

$$\bar{y}_{st} = \frac{1}{68,000}(24,000 \times 10.5 + 32,000 \times 15.2 + 12,000 \times 18.7)$$
$$= 14.16$$

추정량의 분산의 추정값은

$$\widehat{\text{Var}}(\bar{y}_{st}) = \frac{1}{(68,000)^2}[(24,000)^2\left(1 - \frac{100}{24,000}\right)\left(\frac{10.2}{100}\right)$$
$$+ (32,000)^2\left(1 - \frac{60}{32,000}\right)\left(\frac{12.3}{60}\right)$$
$$+ (12,000)^2\left(1 - \frac{40}{12,000}\right)\left(\frac{9.5}{40}\right)]$$
$$= 0.06534$$

이므로 표준오차는 다음과 같다.

$$\widehat{\text{SE}}(\bar{y}_{st}) = \sqrt{0.06543} = 0.2556$$

예제 11.3 어느 대학에서는 최근 논쟁이 되는 현안에 대한 재학생들의 찬반 여론을 수렴하기 위해, 대학을 특성이 비슷한 단과대학끼리 묶어서 A, B, C 3개의 층으로 나누고, 각 층에서 층화추출을 통하여 다음의 자료를 얻었다. 찬성의 비율과 표준오차를 구하여라.

지역(층)	N_i	n_i	$\hat{p}_i$
A	3,100	32	0.50
B	4,500	45	0.60
C	2,400	25	0.36

풀이 찬성률(모비율)의 추정값은 다음과 같다.

$$\hat{p}_{st} = \frac{1}{10,000}(3,100 \times 0.50 + 4,500 \times 0.60 + 2,400 \times 0.36)$$

$$= 0.5114 \ (\text{또는 } 51.14\%)$$

추정량의 분산의 추정값은

$$\widehat{\text{Var}}(\hat{p}_{st}) = \frac{1}{(10,000)^2}\Big[(3,100)^2(1 - \frac{32}{3,100})(\frac{(0.50)(0.50)}{32-1})$$

$$+ (4,500)^2(1 - \frac{45}{4,500})(\frac{(0.60)(0.40)}{45-1})$$

$$+ (2,400)^2(1 - \frac{25}{2,400})(\frac{(0.36)(0.64)}{25-1})\Big]$$

$$= 0.00241$$

이므로, 표준오차는 다음과 같다.

$$\widehat{\text{SE}}(\hat{p}_{st}) = \sqrt{0.00241} = 0.0491$$

11-2-4 군집추출법

모집단을 군집(cluster, 또는 집락)이라고 하는 부모집단으로 나누고, 이들 군집들 가운데 몇 개의 군집을 단순랜덤추출하여 추출된 군집을 전수조사하거나 그 군집에서 다시 단순랜덤추출법으로 표본을 뽑는 방법을 **군집추출법**(cluster sampling) 또는 **집락추출법**이라고 한다. 이때에 군집을 전수조사하는 방법을 **일단군집추출법**(single-stage cluster sampling)이라고 하며, 뽑힌 군집에서 다시 추출단위를 랜덤추출하여 표본을 뽑는 방법을 **이단군집추출법**(two-stage cluster sampling)이라고 한다.

군집추출법 또는 집락추출법

모집단을 군집(집락)으로 나누고, 이들 군집들 가운데 몇 개의 군집을 랜덤하게 추출하여, 추출된 군집을 전수조사하거나 그 군집에서 다시 단순랜덤추출법으로 표본을 뽑는 방법을 **군집추출법** 또는 **집락추출법**이라고 한다.

군집추출법에서는 추출된 군집을 전수조사하거나 추출된 군집에만 랜덤하게 표본을 추출하므로, 각 군집의 모습이 모집단의 모습과 닮을수록 좋은 것이다. 즉, 군집추출법에서는 군집들 사이에는 이질성이 적고 각 군집들이 모집단 전체의 특성과 비슷할수록 모집단의 특성을 올바르게 추정할 수 있다.

층화추출법의 장점이 정도(또는 정밀도)를 높이는 것이라면, 군집추출법의 장점은 비용 절감에 있다. 예를 우리나라 고등학생의 과학 분야에 대한 학력을 조사하는 문제를 생각해 보자. 전국의 고등학교 2학년 학생을 대상으로 시험을 치루는 것은 많은 비용이 든다. 비용을 절감하기 위해 단순랜덤추출법 또는 층화추출법으로 1,000명 정도의 표본을 뽑고 이들에게만 시험을 보게 해도, 전국에 흩어져 있는 표본으로 뽑힌 학생들을 대상으로 시험을 치루는 것은 많은 비용을 요구한다. 이런 경우에 전국에 있는 고등학교 가운데 20개 학교를 랜덤하게 뽑고, 뽑힌 학교에서 랜덤하게 한 반을 뽑아 이들에게만 시험을 치루게 한다면 적은 비용으로 1,000명 정도의 시험 결과를 얻을 수 있을 것이다. 이 경우에는 다음 절에서 설명할 층화군집추출법을 사용하면 더욱 효과적일 수 있다.

일단군집추출법에서 평균을 추정하기 위하여 다음과 같은 기호를 사용하기로 한다.

y_{ij} : i번째 군집의 j번째 추출단위

K : 모집단에서 추출단위의 총수

N : 모집단에서 군집의 총수

n : 단순랜덤추출법으로 뽑힌 군집의 수

M_i : i번째 군집에 있는 추출단위의 총수

$\tau_i = \sum_{j=1}^{M_i} y_{ij}$: i번째 군집에 속한 추출단위의 총합

$\tau = \sum_{i=1}^{N} \sum_{j=1}^{M_i} y_{ij}$: 모집단에서 추출단위의 총합

일단군집추출법에서 평균의 추정량과 분산은 다음과 같다.

모평균의 추정

모평균 μ 의 추정량과 그의 분산은 다음과 같다.

$$\bar{y}_{cl} = \frac{1}{K}\frac{N}{n}\sum_{i=1}^{n}\sum_{j=1}^{M_i} y_{ij}$$

$$\mathrm{Var}(\bar{y}_{cl}) = \left(1-\frac{n}{N}\right)\frac{\sigma_b^2}{n\bar{M}^2}$$

다만, $\sigma_b^2 = \frac{1}{N-1}\sum_{i=1}^{N}(\tau_i - \frac{\tau}{N})^2$: 군집합들 간의 분산, $\bar{M} = K/N$

예제 11.4 어느 단체에서 3:3 길거리 농구대회를 개최하였다. 100개의 팀이 참가하였으며, 참가 선수들의 평균 신장을 알아보고자 한다. 100개 팀 중 8개 팀을 단순랜덤추출로 뽑고, 뽑힌 팀의 선수 3명 모두의 키를 측정한 결과가 다음과 같다. 군집추출법에 의거하여 참가선수들의 평균 신장을 추정하고 표준오차를 구하여라(단위: cm).

선수 \ 팀	1	2	3	4	5	6	7	8
1	179	175	174	184	179	172	175	175
2	168	185	175	173	173	177	176	175
3	179	172	180	180	182	172	167	173
계	526	532	529	537	534	521	518	523

풀이 이 대회 참가 선수들의 평균 신장에 대한 추정값은 다음과 같다.

$$\bar{y}_{cl} = \frac{1}{8\times 3}(526+532+\cdots+523)$$

$$= 175.83$$

위의 결과로부터 $\hat{\tau} = 52750$이고 추정량의 분산의 추정값을 구하면

$$\widehat{\mathrm{Var}}(\bar{y}_{cl}) = \left(1-\frac{8}{100}\right)\frac{1}{8\times 3^2}\left[\frac{1}{8-1}\left\{\left(526-\frac{52750}{100}\right)^2+\cdots+\left(523-\frac{52750}{100}\right)^2\right\}\right]$$

$$= 0.56583$$

이므로, 표준오차는 다음과 같다.

$$\widehat{SE}(\bar{y}_{cl}) = \sqrt{0.56583} = 0.75222$$

11-2-5 층화군집추출법

실제 표본설계에서는 지금까지 설명한 여러 표본추출법이 복합적으로 사용되는 경우가 많다. 층화군집추출법(stratified cluster sampling)은 1차추출단위로 층화를 한 다음에 각 층에서 1차추출단위를 군집으로 추출하고 추출된 군집을 전수조사 또는 표본조사하는 방법이다. 이때에 추출된 군집을 전수조사하면 층화1단군집추출법이라고 하며, 1차로 추출된 군집에서 다시 2차추출단위를 단순랜덤추출하면 층화2단군집추출법이라고 한다.

예를 들어, 어느 대학에서 재학생의 의식구조를 조사하는 문제에서 단과 대학별로 의식구조에 상당한 차이가 있다고 하자. 그러면 단과대학을 층으로 하고 학과를 1차추출단위인 군집으로 할 수 있다. 따라서 각 단과대학에서 1차추출단위인 학과를 랜덤하게 추출하고, 다시 추출된 학과에서 2차추출단위인 학생을 단순랜덤추출법으로 추출하면 층화2단군집추출을 적용한 셈이다.

11-3 설문조사의 방법

11-3-1 조사방법과 비표본오차

특정 상품의 선호도 조사, 대학생의 의식구조 조사, 아동의 사회적응성 조사 등과 같이 조사의 주제가 추상적 개념인 경우에는 흔히 설문조사를 통하여 관측 자료를 얻게 된다. 설문조사를 시행하는 대표적인 방법으로는 면접조사, 전화조사, 우편조사 등이 있으며, 각각에 대한 장단점은 다음과 같다.

① 면접조사

조사원이 응답자를 직접 대면하면서 조사하는 방법으로서, 조사의 정확성으로 인해 비표본오차가 적으며, 응답률이 높은 장점이 있다. 그러나 조사원에 대한 인건비 등으로 비용이 높은 단점이 있다.

② 전화조사

전화를 통하여 질문과 응답을 받는 방법으로서, 비용이 저렴한 장점이 있다. 그러나 설문의 문항이 많거나 내용의 전달이 어려운 주제에 대하여는 응답을 회피하거나 불성실한 응답을 하는 등의 여러 가지 이유로 비표본오차가 커질 수 있다.

③ 우편(또는 인터넷 메일)조사

설문지를 우편으로 발송하거나 인터넷 메일로 발송하여 응답을 받는 방법으로서 광범위한 지역에서 쉽게 응답자에 접근할 수 있는 장점이 있다. 그러나 우편 또는 인터넷 메일에 의한 조사에서는 회수율(응답률)이 낮은 단점이 있다. 일반적으로 회수율이 20%를 넘기 힘들며, 따라서 응답자에게 여러 가지 혜택을 주는 방법이 사용되기도 한다.

설문조사에서는 비표본오차가 발생할 요인이 많으며, 11-1절의 서론에서 설명한 바와 같이 비표본오차에 대한 적절한 통제가 이루어지지 않으면 조사 자체가 무의미해질 수 있다. 설문조사에서 발생하는 대표적인 비표본오차의 요인은 다음과 같다.

① 대상모집단과 추출모집단의 차이

연구의 대상인 전체 모집단과 실제 표본을 추출한 모집단이 다를 경우에 심각한 편의가 발생할 수 있다. 11-1절에서 언급한 1936년도 미국의 대통령 선거에서 당선자 예측에 큰 오류가 생긴 가장 큰 이유는 대상모집단과 추출모집단이 많이 달랐기 때문이었다. 즉, 전체 유권자에서 골고루 표본이 선택된 것이 아니고, 랜든의 표밭에서 표본을 추출하였기 때문에 결과에 엄청난 오류가 발생한 것이다.

대상모집단과 추출모집단이 차이가 나는 주요 요인은 흔히 비용 때문이다. 예를 들어, '자녀의 결혼'에 대한 우리나라 주부들의 연령 세대별 의식구조를 조사하는 경우에 우리나라 모든 주부를 대상으로 표본설계를 하고 실제 조사를 한다면 비용을 감당하기 어려울 수 있다. 이 경우 쉽게 표본을 얻기 위해 몇 개 고등학교의 학부모를 대상으로 조사한다면 연령 세대가 골고루 나오지 않을 것이고, 지역도 특수 지역의 주부를 대상으로 한 조사이기 때문에 결과에 심각한 편의가 발생할 수 있다.

② 설문의 결함

설문의 내용이 원래 의도된 내용과 다르게 작성되거나, 특정 대답을 유도하는 형식의 질문은 왜곡된 결과를 나타낼 것이다. 어떤 개념의 수량화를 위하여 여러 문항을 만들 경우에 모든 문항들이 동일한 개념을 나타내지 못하면 효과적인 조사가 이루어질 수 없다.

③ 표본설계의 부재

모집단에서 랜덤하게 표본을 뽑는다는 것과 아무나 조사한다는 것은 다르다. 예를 들어, 어느 대학에서 학생들의 의식을 조사하는 문제를 생각해 보자. 이런 조사를 위해서는 학년별 및 전공별로 인원수에 비례하게 표본을 할당하는 표본설계를 하고, 설계에 맞추어 조사를 시행해야 한다. 이런 조사를 대형 교실에 들어가서 그 교실에 있는 학생만을 조사한다면 결과에 심각한 편의가 발생할 수 있다.

④ 기타 요인

조사원의 미숙, 무응답, 거짓 응답, 자료처리 과정에서 오류 등은 모두 흔히 발생하는 비표본오차의 요인들이다.

11-3-2 설문지의 구성

설문지는 흔히 응답자의 인적사항을 묻는 부분과 조사 주제에 대한 응답자의 의견을 묻는 본조사로 구성된다. 인적사항을 묻는 질문에서는 특히 분석에 필요한 사항만 간단히 물어야 하며, 개인의 프라이버시를 침해하는 내용이 포함될 때는 전체 응답이 부실해질 우려가 있으므로 주의를 요한다.

설문 문항은 일반적으로 50개를 넘지 않는 것이 좋다. 지나치게 많은 질문을 하면 성실한 답변을 기대하기 어렵고, 따라서 비표본오차가 심각하게 증가할 수 있다. 본조사에서 질문의 형태는 여러 가지 있다. 예를 들어, 중요하다고 생각하는 항목을 선택하는 형식도 있으며, 항목을 중요한 순서로 나열하는 형식도 있다.

개념의 수량화를 위한 설문에서는 문항의 **타당성**(validity)과 함께 **신뢰성**(reliability)

이 중요하다. 타당성은 개념에 알맞은 문항인가를 의미한다. 예를 들어, 어느 회사의 입사 시험에서 지원자의 인성을 파악하기 위해 운전면허시험용 문항을 사용한다면 타당성이 없는 문항이 될 것이다. 신뢰성은 반복측정이 얼마나 동일한 결과를 나타내는가를 나타내는 개념이다. 예를 들어, 유치원 아동의 사회성을 측정하기 위하여 5개 문항을 만든다면 이들 5개 문항이 모두 같은 개념을 묻는 문항일 때 신뢰성이 있는 문항이 된다.

개념의 수량화를 위한 문항에서는 흔히 4점척도 또는 5점척도의 응답에 의해 점수로 환산되는 **리커트 척도**(Likert scale)를 사용한다. 예를 들어, 질문에 대한 응답이

① 전혀 아니다 ② 아닌 편이다 ③ 보통이다 ④ 그런 편이다 ⑤ 항상 그렇다

와 같은 형식으로 주어져 각 문항에 1~5점의 점수가 주어지고, 이들의 합으로 개념의 수량화가 이루어진다. 질문에 따라서는 "보통이다"라는 응답이 많을 것으로 기대되면 5점 척도 대신에 "보통이다"를 없애고 4점 척도를 사용하여 "찬성 또는 반대" 또는 "그렇다 또는 아니다"의 의견을 분명히 하기를 요구할 수도 있다.

예 11.1 다음의 6개 문항은 대인관계 가운데 '사회성'을 측정하기 위하여 만든 설문들이다. 각 설문은 5점 척도를 사용했으며, 따라서 각 개인의 점수는 6~30점이 될 것이다.

1. 나는 여러 사람의 모임에 즐거운 마음으로 참가한다.
2. 나는 잘 모르는 사람과도 어울리기를 즐겨한다.
3. 나는 많은 친구를 사귀려고 노력한다.
4. 다른 사람들이 나를 좋아한다고 생각한다.
5. 나는 다른 사람과의 시간 약속을 잘 지킨다.
6. 나는 친구들과 내 고민거리를 같이 이야기한다.

11-3-3 문항의 신뢰성 분석

예 11.1의 예에서 6개 문항이 신뢰성이 있다면, 1번 문항에서 ②번에 답을 할 경우에 나머지 문항에서도 ②번에 가까운 답을 하게 된다. 한 문항이 다른 문항과 다른 개념을 묻는 경우에는 그 문항에 대한 응답이 다른 문항과 일관성이 없게 되며, 이때는 문항의 신뢰성이 떨어지고 따라서 관측값에 잡음(noise)이 들어가는 현상이

생기게 된다.

이제 문항의 신뢰성을 검사하는 방법을 알아보자.

i 번째 문항의 점수를 X_i 로 나타내면, n 개의 문항의 점수 합은 다음과 같이 나타낼 수 있다.

$$T = X_1 + X_2 + \cdots + X_n$$

이들 n 개 문항의 신뢰성을 나타내는 측도로 다음과 같이 정의되는 **크론바하 알파**(Cronbach alpha)를 많이 사용한다.

$$\alpha = \frac{n}{n-1}\left[1 - \frac{\sum \mathrm{Var}(X_i)}{\mathrm{Var}(T)}\right]$$

n 개의 문항들이 서로 독립이면

$$\mathrm{Var}(T) = \mathrm{Var}(X_1 + X_2 + \cdots + X_n) = n\mathrm{Var}(X)$$

이므로 $\alpha = 0$가 된다. 한편 n개의 문항들이 모두 동일한 문항이라면

$$\mathrm{Var}(T) = \mathrm{Var}(X_1 + X_2 + \cdots + X_n) = \mathrm{Var}(nX) = n^2\mathrm{Var}(X)$$

이므로 $\alpha = 1$ 이 된다. 즉, α 의 범위는

$$0 \le \alpha \le 1$$

이며, 1에 가까울수록 신뢰성이 높은 문항들이 됨을 뜻한다.

실제 관측값에서 α 는 다음과 같이 추정한다.

$$\hat{\alpha} = \frac{n}{n-1}\left(1 - \frac{\sum S_i^2}{S_T^2}\right)$$

다만,

n = 문항수

S_i^2 = i 번째 문항의 표본분산

S_T^2 = 전체 문항의 합의 표본분산

예 11.2 예 11.1의 설문에 대한 답으로 <표 11-1>과 같은 응답을 얻었다고 하자. 이를 기초로 SPSS를 이용한 신뢰성 분석을 시행하면 <표 11-2>~<표 11-4>와 같은 결과를 얻는다.

<표 11-2>에서 6개 문항을 모두 사용했을 때의 알파(α)값은 0.790이다. 또한 <표 11-4>에서 5번 문항을 빼면 알파(α)값이 0.896으로 증가함을 나타낸다. 즉, 5번 문항은 다른 문항과 일치성이 없음을 나타낸다. 실제로 <표 11-3>의 공분산 행렬을 보면 5번 문항은 다른 문항과 음의 상관관계를 갖고 있음을 알 수 있다. 음의 높은 상관관계를 가질 때는 질문을 역으로 한 것이므로 점수의 코딩을 "6-점수"로 변환하여 사용하는 것이 좋다. 그러나 여기서와 같이 약한 상관관계를 갖는 경우에는 5번 문항을 빼는 것이 도움이 될 수 있다.

표 11-1 사회성의 조사 결과

번호	문항1	문항2	문항3	문항4	문항5	문항6
1	2	3	2	1	4	3
2	4	5	3	5	5	4
3	3	4	3	2	2	4
4	2	1	1	2	2	1
5	3	4	2	3	4	2
6	4	4	5	3	2	5
7	5	3	4	5	2	4
8	5	5	4	4	3	5
9	2	1	2	3	5	2
10	2	3	2	4	3	2
11	4	5	4	5	4	4
12	3	5	5	3	2	4
13	4	4	3	4	5	5
14	2	1	2	1	4	1
15	3	4	3	3	4	5
16	2	3	3	2	5	1
17	2	2	3	3	1	2
18	3	5	4	4	2	4
19	4	4	5	4	2	4
20	3	5	4	3	3	4

표 11-2 신뢰도 통계량

Cronbach의 알파	Cronbach's Alpha Based on Standardized Items	항목 수
.782	.790	6

표 11-3 항목간 공분산 행렬

	문항1	문항2	문항3	문항4	문항5	문항6
문항1	1.042	.889	.768	.874	-.126	1.126
문항2	.889	1.945	1.095	.884	-.063	1.511
문항3	.768	1.095	1.326	.642	-.568	1.147
문항4	.874	.884	.642	1.432	-.042	.884
문항5	-.126	-.063	-.568	-.042	1.642	-.221
문항6	1.126	1.511	1.147	.884	-.221	2.011

표 11-4 항목 총계 통계량

	항목이 삭제된 경우 척도 평균	항목이 삭제된 경우 척도 분산	수정된 항목-전체 상관관계	제곱 다중 상관관계	항목이 삭제된 경우 Cronbach 알파
문항1	16.45	18.892	.796	.753	.697
문항2	16.00	16.421	.764	.669	.683
문항3	16.35	19.503	.606	.672	.733
문항4	16.35	19.082	.620	.544	.728
문항5	16.35	27.397	-.152	.257	.896
문항6	16.25	16.092	.782	.752	.676

11-4 SPSS 실습

이 절에서는 SPSS를 사용하여 문항분석을 시행하는 방법을 알아보기로 한다.

사례 11.1

예 11.2에서 <표 11-1>의 조사 결과를 이용하여 크론바하 알파를 이용한 분석을 하였다. 먼저 SPSS에서 이들 분석법을 알아보자.

풀이 [그림 11-1]은 SPSS 데이터 편집기에 조사 결과가 입력된 형식이다.(자료: 사례 11-1) 신뢰성 분석을 위해 메뉴에서 분석 → 척도분석 → 신뢰도분석을 선택하면 [그림 11-2]와 같은 신뢰도 분석 대화상자가 나타난다. 이곳에서 '문항1'부터 '문항6'까지의 모든 변수를 항목으로 선택하고 "통계량" 버튼을 눌러 [그림 11-3]과 같은 '신뢰도 분석: 통계량' 대화상자가 나타난다. 이곳에서 필요한 항목을 선택한다. 기술통계량으로 '항목제거시 척도'는 반드시 선택해야 한다. '계속'과 '확인' 버튼을 계속 누르면 예 11.2에서 <표 11-2>~<표 11-4>의 내용을 확인할 수 있다.

	문항1	문항2	문항3	문항4	문항5	문항6
1	2	3	2	1	4	3
2	4	5	3	5	5	4
3	3	4	3	2	2	4
4	2	1	1	2	2	1
5	3	4	2	3	4	2
6	4	4	5	3	2	5
7	5	3	4	5	2	4
8	5	5	4	4	3	5
9	2	1	2	3	5	2
10	2	3	2	4	3	2
11	4	5	4	5	4	4
12	3	5	5	3	2	4
13	4	4	3	4	5	5
14	2	1	2	1	4	1
15	3	4	3	3	4	5
16	2	3	3	2	5	1
17	2	2	3	3	1	2
18	3	5	4	4	2	4
19	4	4	5	4	2	4
20	3	5	4	3	3	4

그림 11-1 설문조사의 결과 입력

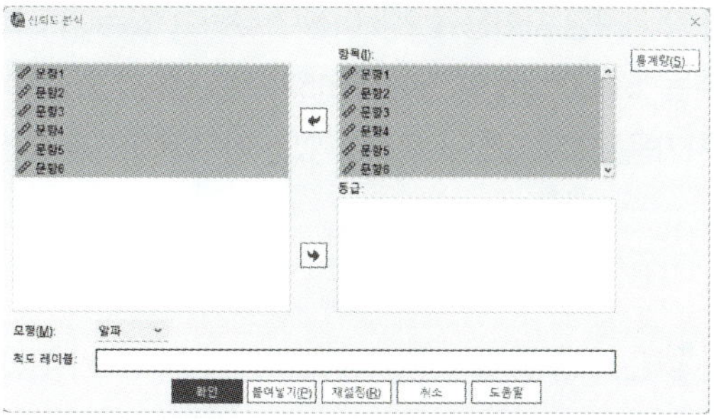

그림 11-2 신뢰도 분석 대화상자

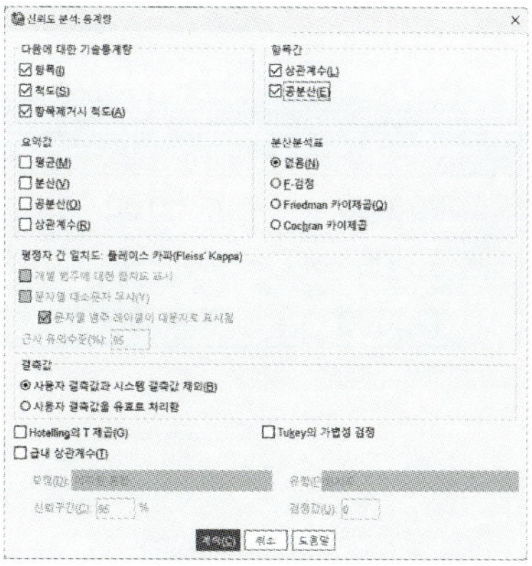

그림 11-3 신뢰도 분석: 통계량 대화상자

연습문제

11-1 한 광고회사에서 어느 지역의 주민들을 대상으로 주당 평균 TV 시청시간을 조사하고자 한다. 이 지역에는 800가구가 있고, 30가구를 랜덤추출하여 조사한 가구들의 주당 TV 시청시간이 다음과 같다. 주당 평균 TV 시청시간과 표준오차를 구하여라.

25	33	20	22	19	24	27	30	28	30
25	33	41	19	24	24	27	31	26	34
25	33	39	17	28	18	29	23	30	29

11-2 어느 도시의 각 가구당 자가용을 2대 이상 소유하고 있는 가구의 비율을 추정하고자 한다. 도시의 총 가구수는 15,000이며 이 중에서 315가구를 랜덤추출한 결과 41가구가 2대 이상을 소유하고 있었다. 자가용을 2대 이상 소유하고 있는 가구의 비율을 추정하고, 이 추정값의 표준오차를 추정하여라.

11-3 어느 소도시에서는 가구당 월평균 육류 소비량을 조사하기 위하여, 이 도시를 생활수준에 따라 3개 지역(층)으로 나누고, 각 층에서 단순랜덤추출법으로 조사한 결과 다음의 자료를 얻었다. 가구당 월평균 육류 소비량과 표준오차를 구하여라. 월평균 육류 소비량의 95% 신뢰구간도 구하여라.

지역(층)	N_i	n_i	$\overline{x}_i$	s_i^2
1	25,000	100	10.3	9.2
2	32,000	150	13.2	10.8
3	11,000	50	15.7	12.5

11-4 어느 대학에서는 재학생들의 주당 평균 영어공부시간을 조사하기 위하여, 학년에 따라 층으로 나누고, 각 층에서 단순랜덤추출법으로 조사한 결과 다음의 자료를 얻었다. 주당 평균 영어공부시간을 추정하고 표준오차를 구하여라. 주당 평균 영어공부시간의 95% 신뢰구간도 구하여라.

학년(층)	N_i	n_i	$\bar{x}_i$	s_i^2
1	3,400	100	10.3	5.5
2	3,800	100	13.2	4.7
3	4,500	100	15.8	6.2
4	4,700	100	20.5	7.5

11-5 어느 시에서 새로운 사업을 추진하려고 한다. 이에 대한 지지도를 추정하기 위해, 시에 속한 3개의 구를 층으로 하여, 각 층에서 단순랜덤추출로 조사한 결과 다음의 자료를 얻었다. 이 사업에 대한 지지율의 추정값을 구하고, 95% 신뢰구간도 구하여라.

구(층)	N_i	n_i	$\hat{p}_i$
1	42,000	400	0.40
2	32,000	200	0.33
3	26,000	200	0.48

11-6 어떤 대규모 아파트 단지에서 옥외 에어컨을 설치한 가구의 비율을 추정하고자 한다. 전체 가구의 총수는 16,000가구이며, 80개의 동들이 있다고 한다. 이 중에서 3개의 동을 임의로 뽑아 그 동에 있는 가구 전부를 대상으로 조사한 결과가 다음과 같다. 옥외 에어컨 설치율과 표준오차를 구하여라.

동	동 내 총가구수	보유 가구수
A	200	95
B	200	104
C	180	92

11-7 중학생을 대상으로 성별 특성에 대한 인식을 조사하면서, 다음과 같은 5개의 성차별 인식에 대한 문항을 만들었다. SPSS를 이용하여 아래 물음에 답하여라.

1. 남자는 여자보다 성취욕이 강하다.
2. 남자는 여자보다 합리적이다.
3. 남자는 여자보다 창의성이 높다.
4. 남자는 여자보다 지도력이 있다.
5. 남자는 여자보다 유능하다.

(a) 이들 5개 문항에 대한 4점 척도의 설문조사에서 20명에 대한 조사 결과는 다음의 표와 같다. 문항의 신뢰성 분석을 하여라.

(b) 처음 10명은 여학생이며, 나중의 10명은 남학생이라고 한다. 여학생과 남학생의 성차별 인식에 대한 점수에 차이가 있다고 할 수 있는지 검정하여라(힌트. SPSS에서 '합계'와 '성별'의 변수를 만들고 합계를 변환 메뉴에서 변수계산을 이용하여 구한 다음, t-검정을 시행한다).

번호	문항1	문항2	문항3	문항4	문항5
1	3	4	3	2	2
2	2	3	4	3	1
3	2	3	4	4	2
4	2	1	2	2	1
5	2	1	2	2	1
6	3	2	4	3	1
7	2	3	2	3	1
8	2	1	2	1	2
9	2	3	3	3	3
10	2	1	2	3	1
11	2	2	3	4	2
12	4	3	4	3	2
13	2	2	1	3	2
14	2	3	2	4	2
15	3	1	2	3	1
16	2	3	3	4	2
17	4	4	3	4	3
18	4	3	4	3	2
19	3	2	3	4	1
20	4	3	4	4	2

부록

분포표

〈표 1〉 난수표

00000	10097	32533	76520	13586	34673	54876	80959	09117	39292	74945
00001	37542	04805	64894	74296	24805	24037	20636	10402	00822	91665
00002	08422	68953	19645	09303	23209	02560	15953	34764	35080	33606
00003	99019	02529	09376	70715	38311	31165	88676	74397	04436	27659
00004	12807	99970	80157	36147	64032	36653	98951	16877	12171	76833
00005	66065	74717	34072	76850	36697	36170	65813	39885	11199	29170
00006	31060	10805	45571	82406	35303	42614	86799	07439	23403	09732
00007	85269	77602	02051	65692	68665	74818	73053	85247	18623	88579
00008	63573	32135	05325	47048	90553	57548	28468	28709	83491	25624
00009	73796	45753	03529	64778	35808	34282	60935	20344	35273	88435
00010	98520	17767	14905	68607	22109	40558	60970	93433	50500	73998
00011	11805	05431	39808	27732	50725	68248	29405	24201	52775	67851
00012	83452	99634	06288	98083	13746	70078	18475	40610	68711	77817
00013	88685	40200	86507	58401	36766	67951	90364	76493	29609	11062
00014	99594	67348	87517	64969	91826	08928	93785	61368	23478	34113
00015	65481	17674	17468	50950	58047	76974	73039	57186	40218	16544
00016	80124	35635	17727	08015	45318	22374	21115	78253	14385	53763
00017	74350	99817	77402	77214	43236	00210	45521	64237	96286	02655
00018	69916	26803	66252	29148	36936	87203	76621	13990	94400	56418
00019	09893	20505	14225	68514	46427	56788	96297	78822	54382	14598
00020	91499	14523	68479	27686	46162	83554	94750	89923	37089	20048
00021	80336	94598	26940	36858	70297	34135	53140	33340	42050	82341
00022	44104	81949	85157	47954	32979	26575	57600	40881	22222	06413
00023	12550	73742	11100	02040	12860	74697	96644	89439	28707	25815
00024	63606	49329	16505	34484	40219	52563	43651	77082	07207	31790
00025	61196	90446	26457	47774	51924	33729	65394	59593	42582	60527
00026	15474	45266	95270	79953	59367	83848	82396	10118	33211	59466
00027	94557	28573	67897	54387	54622	44431	91190	42592	92927	45973
00028	42481	16213	97344	08721	16868	48767	03071	12059	25701	46670
00029	23523	78317	73208	89837	68935	91416	26252	29663	05522	82562
00030	04493	52494	75246	33824	45862	51025	61962	79335	65337	12472
00031	00549	97654	64051	88159	96119	63896	54692	82391	23287	29529
00032	35963	15307	26898	09554	33351	35462	77974	50024	90103	39333
00033	59808	08391	45427	26842	83609	49700	13021	24892	78565	20106
00034	46058	85236	01390	92286	77281	44077	93910	83647	70617	42941
00035	32179	00597	87379	25241	05567	07007	96743	17157	85394	11838
00036	69234	61406	20117	45204	15956	60000	18743	92423	97118	96338
00037	19565	41430	01758	75379	40419	21585	66674	36806	84962	85207
00038	45155	14938	19476	07246	43667	94543	59047	90033	20826	69541
00039	94864	31994	36168	10851	34888	81553	01540	35456	05014	51176
00040	98086	24826	45240	28404	44999	08896	39094	73407	35441	31880
00041	33185	16232	41941	50949	89435	48581	88695	41994	37548	73043
00042	80951	00406	96382	70774	20151	23387	25016	25298	94624	61171
00043	79752	49140	71961	28296	69861	02591	74852	20539	00387	59579
00044	18633	32537	98145	06571	31010	24674	05455	61427	77938	91936
00045	74029	43902	77557	32270	97790	17119	52527	58021	80814	51748
00046	54178	45611	80993	37143	05335	12969	56127	19255	36040	90324
00047	11664	49883	52079	84827	59381	71539	09973	33440	88461	23356
00048	48324	77928	31249	64710	02295	36870	32307	57546	15020	09994
00049	69074	94138	87637	91976	35584	04401	10518	21615	01848	76938

00050	09188	20097	32825	39527	04220	86304	83389	87374	64278	58044
00051	90045	85497	51981	50654	94938	81997	91870	76150	68476	64659
00052	73189	50207	47677	26269	62290	64464	27124	67018	41361	82760
00053	75768	76490	20971	87749	90429	12272	95375	05871	93823	43178
00054	54016	44056	66281	31003	00682	27398	20714	53295	07706	17813
00055	08358	69910	78542	42785	13661	58873	04618	97553	31223	08420
00056	28306	03264	81333	10591	40510	07893	32604	60475	94119	01840
00057	53840	86233	81594	13628	51215	90290	28466	68795	77762	20791
00058	91757	53741	61613	62269	50263	90212	55781	76514	83483	47055
00059	89415	92694	00397	58391	12607	17646	48949	72306	94541	37408
00060	77513	03820	86864	29901	68414	82774	51908	13980	72893	55507
00061	19502	37174	69979	20288	55210	29773	74287	75251	65344	67415
00062	21818	59313	93278	81757	05686	73156	07082	85046	31853	38452
00063	51474	66499	68107	23621	94049	91345	42836	09191	08007	45449
00064	99559	68331	62535	24170	69777	12830	74819	78142	43860	72834
00065	33713	48007	93584	72869	51926	64721	58303	29822	93174	93972
00066	85274	86893	11303	22970	28834	34137	73515	90400	71148	43643
00067	84133	89640	44035	52166	73852	70091	61222	60561	62327	18423
00068	56732	16234	17395	96131	10123	91622	85496	57560	81604	18880
00069	65138	56806	87648	85261	34313	65861	45875	21069	85644	47277
00070	38001	02176	81719	11711	71602	92937	74219	64049	65584	49698
00071	37402	96397	01304	77586	56271	10086	47324	62605	40030	37438
00072	97125	40348	87083	31417	21815	39250	75237	62047	15501	29578
00073	21826	41134	47143	34072	64638	85902	49139	06441	03856	54552
00074	73135	42742	95719	09035	85794	74296	08789	88156	64691	19202
00075	07638	77929	03061	18072	96207	44156	23821	99538	04713	66994
00076	60528	83441	07954	19814	59175	20695	05533	52139	61212	06455
00077	83596	35655	06958	92983	05128	09719	77433	53783	92301	50498
00078	10850	62746	99599	10507	13499	06319	53075	71839	06410	19362
00079	39820	98952	43622	63147	64421	80814	43800	09351	31024	73167
00080	59580	06478	75569	78800	88835	54486	23768	06156	04111	08408
00081	38508	07341	23793	48763	90822	97022	17719	04207	95954	49953
00082	30692	70668	94688	16127	56196	80091	82067	63400	05462	69200
00083	65443	95659	18288	27437	49632	24041	08337	65676	96299	90836
00084	27267	50264	13192	72294	07477	44606	17985	48911	97341	30358
00085	91307	06991	19072	24210	36699	53728	28825	35793	28976	66252
00086	68434	94688	84473	13622	62126	98408	12843	82590	09815	93146
00087	48908	15877	54745	24591	35700	04754	83824	52692	54130	55160
00088	06913	45197	42672	78601	11883	09528	63011	98901	14974	40344
00089	10455	16019	14210	33712	91342	37821	88325	80851	43667	70883
00090	12883	97343	65027	61184	04285	01392	17974	15077	90712	26769
00091	21778	30976	38807	36961	31649	42096	63281	02023	08816	47449
00092	19523	59515	65122	59659	86283	68258	69572	13798	16435	91529
00093	67245	52670	35583	16563	79246	86686	76463	34222	26655	90802
00094	60584	47377	07500	37992	45134	26529	26760	83637	41326	44344
00095	53853	41377	36066	94850	58838	73859	49364	73331	96240	43642
00096	24637	38736	74384	89342	52623	07992	12369	18601	03742	83873
00097	83080	12451	38992	22815	07759	51777	97377	27585	51972	37867
00098	16444	24334	36151	99073	27493	70939	85130	32552	54846	54759
00099	60790	18157	57178	65762	11161	78576	45819	52979	65130	04860

〈표 2〉 누적이항분포표

$$P\{X \le c\} = \sum_{x=0}^{c} \binom{n}{x} p^x (1-p)^{n-x}$$

n	c	p										
		0.05	0.1	0.2	0.3	0.4	0.5	0.6	0.7	0.8	0.9	0.95
1	0	0.950	0.900	0.800	0.700	0.600	0.500	0.400	0.300	0.200	0.100	0.050
	1	1.000	1.000	1.000	1.000	1.000	1.000	1.000	1.000	1.000	1.000	1.000
2	0	0.903	0.810	0.640	0.490	0.360	0.250	0.160	0.090	0.040	0.010	0.003
	1	0.998	0.990	0.960	0.910	0.840	0.750	0.640	0.510	0.360	0.190	0.098
	2	1.000	1.000	1.000	1.000	1.000	1.000	1.000	1.000	1.000	1.000	1.000
3	0	0.857	0.729	0.512	0.343	0.216	0.125	0.064	0.027	0.008	0.001	0.000
	1	0.993	0.972	0.896	0.784	0.648	0.500	0.352	0.216	0.104	0.028	0.007
	2	1.000	0.999	0.992	0.973	0.936	0.875	0.784	0.657	0.488	0.271	0.143
	3	1.000	1.000	1.000	1.000	1.000	1.000	1.000	1.000	1.000	1.000	1.000
4	0	0.815	0.656	0.410	0.240	0.130	0.063	0.026	0.008	0.002	0.000	0.000
	1	0.986	0.948	0.819	0.652	0.475	0.313	0.179	0.084	0.027	0.004	0.000
	2	1.000	0.996	0.973	0.916	0.821	0.688	0.525	0.348	0.181	0.052	0.014
	3	1.000	1.000	0.998	0.992	0.974	0.938	0.870	0.760	0.590	0.344	0.185
	4	1.000	1.000	1.000	1.000	1.000	1.000	1.000	1.000	1.000	1.000	1.000
5	0	0.774	0.590	0.328	0.168	0.078	0.031	0.010	0.002	0.000	0.000	0.000
	1	0.977	0.919	0.737	0.528	0.337	0.188	0.087	0.031	0.007	0.000	0.000
	2	0.999	0.991	0.942	0.837	0.683	0.500	0.317	0.163	0.058	0.009	0.001
	3	1.000	1.000	0.993	0.969	0.913	0.813	0.663	0.472	0.263	0.081	0.023
	4	1.000	1.000	1.000	0.998	0.990	0.969	0.922	0.832	0.672	0.410	0.226
	5	1.000	1.000	1.000	1.000	1.000	1.000	1.000	1.000	1.000	1.000	1.000
6	0	0.735	0.531	0.262	0.118	0.047	0.016	0.004	0.001	0.000	0.000	0.000
	1	0.967	0.886	0.655	0.420	0.233	0.109	0.041	0.011	0.002	0.000	0.000
	2	0.998	0.984	0.901	0.744	0.544	0.344	0.179	0.070	0.017	0.001	0.000
	3	1.000	0.999	0.983	0.930	0.821	0.656	0.456	0.256	0.099	0.016	0.002
	4	1.000	1.000	0.998	0.989	0.959	0.891	0.767	0.580	0.345	0.114	0.033
	5	1.000	1.000	1.000	0.999	0.996	0.984	0.953	0.882	0.738	0.469	0.265
	6	1.000	1.000	1.000	1.000	1.000	1.000	1.000	1.000	1.000	1.000	1.000
7	0	0.698	0.478	0.210	0.082	0.028	0.008	0.002	0.000	0.000	0.000	0.000
	1	0.956	0.850	0.577	0.329	0.159	0.063	0.019	0.004	0.000	0.000	0.000
	2	0.996	0.974	0.852	0.647	0.420	0.227	0.096	0.029	0.005	0.000	0.000
	3	1.000	0.997	0.967	0.874	0.710	0.500	0.290	0.126	0.033	0.003	0.000
	4	1.000	1.000	0.995	0.971	0.904	0.773	0.580	0.353	0.148	0.026	0.004
	5	1.000	1.000	1.000	0.996	0.981	0.938	0.841	0.671	0.423	0.150	0.044
	6	1.000	1.000	1.000	1.000	0.998	0.992	0.972	0.918	0.790	0.522	0.302
	7	1.000	1.000	1.000	1.000	1.000	1.000	1.000	1.000	1.000	1.000	1.000

n	c	p										
		0.05	0.1	0.2	0.3	0.4	0.5	0.6	0.7	0.8	0.9	0.95
8	0	0.663	0.430	0.168	0.058	0.017	0.004	0.001	0.000	0.000	0.000	0.000
	1	0.943	0.813	0.503	0.255	0.106	0.035	0.009	0.001	0.000	0.000	0.000
	2	0.994	0.962	0.797	0.552	0.315	0.145	0.050	0.011	0.001	0.000	0.000
	3	1.000	0.995	0.944	0.806	0.594	0.363	0.174	0.058	0.010	0.000	0.000
	4	1.000	1.000	0.990	0.942	0.826	0.637	0.406	0.194	0.056	0.005	0.000
	5	1.000	1.000	0.999	0.989	0.950	0.855	0.685	0.448	0.203	0.038	0.006
	6	1.000	1.000	1.000	0.999	0.991	0.965	0.894	0.745	0.497	0.187	0.057
	7	1.000	1.000	1.000	1.000	0.999	0.996	0.983	0.942	0.832	0.570	0.337
	8	1.000	1.000	1.000	1.000	1.000	1.000	1.000	1.000	1.000	1.000	1.000
9	0	0.630	0.387	0.134	0.040	0.010	0.002	0.000	0.000	0.000	0.000	0.000
	1	0.929	0.775	0.436	0.196	0.071	0.020	0.004	0.000	0.000	0.000	0.000
	2	0.992	0.947	0.738	0.463	0.232	0.090	0.025	0.004	0.000	0.000	0.000
	3	0.999	0.992	0.914	0.730	0.483	0.254	0.099	0.025	0.003	0.000	0.000
	4	1.000	0.999	0.980	0.901	0.733	0.500	0.267	0.099	0.020	0.001	0.000
	5	1.000	1.000	0.997	0.975	0.901	0.746	0.517	0.270	0.086	0.008	0.001
	6	1.000	1.000	1.000	0.996	0.975	0.910	0.768	0.537	0.262	0.053	0.008
	7	1.000	1.000	1.000	1.000	0.996	0.980	0.929	0.804	0.564	0.225	0.071
	8	1.000	1.000	1.000	1.000	1.000	0.998	0.990	0.960	0.866	0.613	0.370
	9	1.000	1.000	1.000	1.000	1.000	1.000	1.000	1.000	1.000	1.000	1.000
10	0	0.599	0.349	0.107	0.028	0.006	0.001	0.000	0.000	0.000	0.000	0.000
	1	0.914	0.736	0.376	0.149	0.046	0.011	0.002	0.000	0.000	0.000	0.000
	2	0.988	0.930	0.678	0.383	0.167	0.055	0.012	0.002	0.000	0.000	0.000
	3	0.999	0.987	0.879	0.650	0.382	0.172	0.055	0.011	0.001	0.000	0.000
	4	1.000	0.998	0.967	0.850	0.633	0.377	0.166	0.047	0.006	0.000	0.000
	5	1.000	1.000	0.994	0.953	0.834	0.623	0.367	0.150	0.033	0.002	0.000
	6	1.000	1.000	0.999	0.989	0.945	0.828	0.618	0.350	0.121	0.013	0.001
	7	1.000	1.000	1.000	0.998	0.988	0.945	0.833	0.617	0.322	0.070	0.012
	8	1.000	1.000	1.000	1.000	0.998	0.989	0.954	0.851	0.624	0.264	0.086
	9	1.000	1.000	1.000	1.000	1.000	0.999	0.994	0.972	0.893	0.651	0.401
	10	1.000	1.000	1.000	1.000	1.000	1.000	1.000	1.000	1.000	1.000	1.000
11	0	0.569	0.314	0.086	0.020	0.004	0.000	0.000	0.000	0.000	0.000	0.000
	1	0.898	0.697	0.322	0.113	0.030	0.006	0.001	0.000	0.000	0.000	0.000
	2	0.985	0.910	0.617	0.313	0.119	0.033	0.006	0.001	0.000	0.000	0.000
	3	0.998	0.981	0.839	0.570	0.296	0.113	0.029	0.004	0.000	0.000	0.000
	4	1.000	0.997	0.950	0.790	0.533	0.274	0.099	0.022	0.002	0.000	0.000
	5	1.000	1.000	0.988	0.922	0.753	0.500	0.247	0.078	0.012	0.000	0.000
	6	1.000	1.000	0.998	0.978	0.901	0.726	0.467	0.210	0.050	0.003	0.000
	7	1.000	1.000	1.000	0.996	0.971	0.887	0.704	0.430	0.161	0.019	0.002
	8	1.000	1.000	1.000	0.999	0.994	0.967	0.881	0.687	0.383	0.090	0.015
	9	1.000	1.000	1.000	1.000	0.999	0.994	0.970	0.887	0.678	0.303	0.102
	10	1.000	1.000	1.000	1.000	1.000	1.000	0.996	0.980	0.914	0.686	0.431
	11	1.000	1.000	1.000	1.000	1.000	1.000	1.000	1.000	1.000	1.000	1.000

n	c	p										
		0.05	0.1	0.2	0.3	0.4	0.5	0.6	0.7	0.8	0.9	0.95
12	0	0.540	0.282	0.069	0.014	0.002	0.000	0.000	0.000	0.000	0.000	0.000
	1	0.882	0.659	0.275	0.085	0.020	0.003	0.000	0.000	0.000	0.000	0.000
	2	0.980	0.889	0.558	0.253	0.083	0.019	0.003	0.000	0.000	0.000	0.000
	3	0.998	0.974	0.795	0.493	0.225	0.073	0.015	0.002	0.000	0.000	0.000
	4	1.000	0.996	0.927	0.724	0.438	0.194	0.057	0.009	0.001	0.000	0.000
	5	1.000	0.999	0.981	0.882	0.665	0.387	0.158	0.039	0.004	0.000	0.000
	6	1.000	1.000	0.996	0.961	0.842	0.613	0.335	0.118	0.019	0.001	0.000
	7	1.000	1.000	0.999	0.991	0.943	0.806	0.562	0.276	0.073	0.004	0.000
	8	1.000	1.000	1.000	0.998	0.985	0.927	0.775	0.507	0.205	0.026	0.002
	9	1.000	1.000	1.000	1.000	0.997	0.981	0.917	0.747	0.442	0.111	0.020
	10	1.000	1.000	1.000	1.000	1.000	0.997	0.980	0.915	0.725	0.341	0.118
	11	1.000	1.000	1.000	1.000	1.000	1.000	0.998	0.986	0.931	0.718	0.460
	12	1.000	1.000	1.000	1.000	1.000	1.000	1.000	1.000	1.000	1.000	1.000
13	0	0.513	0.254	0.055	0.010	0.001	0.000	0.000	0.000	0.000	0.000	0.000
	1	0.865	0.621	0.234	0.064	0.013	0.002	0.000	0.000	0.000	0.000	0.000
	2	0.975	0.866	0.502	0.202	0.058	0.011	0.001	0.000	0.000	0.000	0.000
	3	0.997	0.966	0.747	0.421	0.169	0.046	0.008	0.001	0.000	0.000	0.000
	4	1.000	0.994	0.901	0.654	0.353	0.133	0.032	0.004	0.000	0.000	0.000
	5	1.000	0.999	0.970	0.835	0.574	0.291	0.098	0.018	0.001	0.000	0.000
	6	1.000	1.000	0.993	0.938	0.771	0.500	0.229	0.062	0.007	0.000	0.000
	7	1.000	1.000	0.999	0.982	0.902	0.709	0.426	0.165	0.030	0.001	0.000
	8	1.000	1.000	1.000	0.996	0.968	0.867	0.647	0.346	0.099	0.006	0.000
	9	1.000	1.000	1.000	0.999	0.992	0.954	0.831	0.579	0.253	0.034	0.003
	10	1.000	1.000	1.000	1.000	0.999	0.989	0.942	0.798	0.498	0.134	0.025
	11	1.000	1.000	1.000	1.000	1.000	0.998	0.987	0.936	0.766	0.379	0.135
	12	1.000	1.000	1.000	1.000	1.000	1.000	0.999	0.990	0.945	0.746	0.487
	13	1.000	1.000	1.000	1.000	1.000	1.000	1.000	1.000	1.000	1.000	1.000
14	0	0.488	0.229	0.044	0.007	0.001	0.000	0.000	0.000	0.000	0.000	0.000
	1	0.847	0.585	0.198	0.047	0.008	0.001	0.000	0.000	0.000	0.000	0.000
	2	0.970	0.842	0.448	0.161	0.040	0.006	0.001	0.000	0.000	0.000	0.000
	3	0.996	0.956	0.698	0.355	0.124	0.029	0.004	0.000	0.000	0.000	0.000
	4	1.000	0.991	0.870	0.584	0.279	0.090	0.018	0.002	0.000	0.000	0.000
	5	1.000	0.999	0.956	0.781	0.486	0.212	0.058	0.008	0.000	0.000	0.000
	6	1.000	1.000	0.988	0.907	0.692	0.395	0.150	0.031	0.002	0.000	0.000
	7	1.000	1.000	0.998	0.969	0.850	0.605	0.308	0.093	0.012	0.000	0.000
	8	1.000	1.000	1.000	0.992	0.942	0.788	0.514	0.219	0.044	0.001	0.000
	9	1.000	1.000	1.000	0.998	0.982	0.910	0.721	0.416	0.130	0.009	0.000
	10	1.000	1.000	1.000	1.000	0.996	0.971	0.876	0.645	0.302	0.044	0.004
	11	1.000	1.000	1.000	1.000	0.999	0.994	0.960	0.839	0.552	0.158	0.030
	12	1.000	1.000	1.000	1.000	1.000	0.999	0.992	0.953	0.802	0.415	0.153
	13	1.000	1.000	1.000	1.000	1.000	1.000	0.999	0.993	0.956	0.771	0.512
	14	1.000	1.000	1.000	1.000	1.000	1.000	1.000	1.000	1.000	1.000	1.000

n	c	p										
		0.05	0.1	0.2	0.3	0.4	0.5	0.6	0.7	0.8	0.9	0.95
15	0	0.463	0.206	0.035	0.005	0.000	0.000	0.000	0.000	0.000	0.000	0.000
	1	0.829	0.549	0.167	0.035	0.005	0.000	0.000	0.000	0.000	0.000	0.000
	2	0.964	0.816	0.398	0.127	0.027	0.004	0.000	0.000	0.000	0.000	0.000
	3	0.995	0.944	0.648	0.297	0.091	0.018	0.002	0.000	0.000	0.000	0.000
	4	0.999	0.987	0.836	0.515	0.217	0.059	0.009	0.001	0.000	0.000	0.000
	5	1.000	0.998	0.939	0.722	0.403	0.151	0.034	0.004	0.000	0.000	0.000
	6	1.000	1.000	0.982	0.869	0.610	0.304	0.095	0.015	0.001	0.000	0.000
	7	1.000	1.000	0.996	0.950	0.787	0.500	0.213	0.050	0.004	0.000	0.000
	8	1.000	1.000	0.999	0.985	0.905	0.696	0.390	0.131	0.018	0.000	0.000
	9	1.000	1.000	1.000	0.996	0.966	0.849	0.597	0.278	0.061	0.002	0.000
	10	1.000	1.000	1.000	0.999	0.991	0.941	0.783	0.485	0.164	0.013	0.001
	11	1.000	1.000	1.000	1.000	0.998	0.982	0.909	0.703	0.352	0.056	0.005
	12	1.000	1.000	1.000	1.000	1.000	0.996	0.973	0.873	0.602	0.184	0.036
	13	1.000	1.000	1.000	1.000	1.000	1.000	0.995	0.965	0.833	0.451	0.171
	14	1.000	1.000	1.000	1.000	1.000	1.000	1.000	0.995	0.965	0.794	0.537
	15	1.000	1.000	1.000	1.000	1.000	1.000	1.000	1.000	1.000	1.000	1.000
16	0	0.440	0.185	0.028	0.003	0.000	0.000	0.000	0.000	0.000	0.000	0.000
	1	0.811	0.515	0.141	0.026	0.003	0.000	0.000	0.000	0.000	0.000	0.000
	2	0.957	0.789	0.352	0.099	0.018	0.002	0.000	0.000	0.000	0.000	0.000
	3	0.993	0.932	0.598	0.246	0.065	0.011	0.001	0.000	0.000	0.000	0.000
	4	0.999	0.983	0.798	0.450	0.167	0.038	0.005	0.000	0.000	0.000	0.000
	5	1.000	0.997	0.918	0.660	0.329	0.105	0.019	0.002	0.000	0.000	0.000
	6	1.000	0.999	0.973	0.825	0.527	0.227	0.058	0.007	0.000	0.000	0.000
	7	1.000	1.000	0.993	0.926	0.716	0.402	0.142	0.026	0.001	0.000	0.000
	8	1.000	1.000	0.999	0.974	0.858	0.598	0.284	0.074	0.007	0.000	0.000
	9	1.000	1.000	1.000	0.993	0.942	0.773	0.473	0.175	0.027	0.001	0.000
	10	1.000	1.000	1.000	0.998	0.981	0.895	0.671	0.340	0.082	0.003	0.000
	11	1.000	1.000	1.000	1.000	0.995	0.962	0.833	0.550	0.202	0.017	0.001
	12	1.000	1.000	1.000	1.000	0.999	0.989	0.935	0.754	0.402	0.068	0.007
	13	1.000	1.000	1.000	1.000	1.000	0.998	0.982	0.901	0.648	0.211	0.043
	14	1.000	1.000	1.000	1.000	1.000	1.000	0.997	0.974	0.859	0.485	0.189
	15	1.000	1.000	1.000	1.000	1.000	1.000	1.000	0.997	0.972	0.815	0.560
	16	1.000	1.000	1.000	1.000	1.000	1.000	1.000	1.000	1.000	1.000	1.000
17	0	0.418	0.167	0.023	0.002	0.000	0.000	0.000	0.000	0.000	0.000	0.000
	1	0.792	0.482	0.118	0.019	0.002	0.000	0.000	0.000	0.000	0.000	0.000
	2	0.950	0.762	0.310	0.077	0.012	0.001	0.000	0.000	0.000	0.000	0.000
	3	0.991	0.917	0.549	0.202	0.046	0.006	0.000	0.000	0.000	0.000	0.000
	4	0.999	0.978	0.758	0.389	0.126	0.025	0.003	0.000	0.000	0.000	0.000
	5	1.000	0.995	0.894	0.597	0.264	0.072	0.011	0.001	0.000	0.000	0.000
	6	1.000	0.999	0.962	0.775	0.448	0.166	0.035	0.003	0.000	0.000	0.000
	7	1.000	1.000	0.989	0.895	0.641	0.315	0.092	0.013	0.000	0.000	0.000
	8	1.000	1.000	0.997	0.960	0.801	0.500	0.199	0.040	0.003	0.000	0.000
	9	1.000	1.000	1.000	0.987	0.908	0.685	0.359	0.105	0.011	0.000	0.000

n	c	0.05	0.1	0.2	0.3	0.4	0.5	0.6	0.7	0.8	0.9	0.95
		p										
	10	1.000	1.000	1.000	0.997	0.965	0.834	0.552	0.225	0.038	0.001	0.000
	11	1.000	1.000	1.000	0.999	0.989	0.928	0.736	0.403	0.106	0.005	0.000
	12	1.000	1.000	1.000	1.000	0.997	0.975	0.874	0.611	0.242	0.022	0.001
	13	1.000	1.000	1.000	1.000	1.000	0.994	0.954	0.798	0.451	0.083	0.009
	14	1.000	1.000	1.000	1.000	1.000	0.999	0.988	0.923	0.690	0.238	0.050
	15	1.000	1.000	1.000	1.000	1.000	1.000	0.998	0.981	0.882	0.518	0.208
	16	1.000	1.000	1.000	1.000	1.000	1.000	1.000	0.998	0.977	0.833	0.582
	17	1.000	1.000	1.000	1.000	1.000	1.000	1.000	1.000	1.000	1.000	1.000
18	0	0.397	0.150	0.018	0.002	0.000	0.000	0.000	0.000	0.000	0.000	0.000
	1	0.774	0.450	0.099	0.014	0.001	0.000	0.000	0.000	0.000	0.000	0.000
	2	0.942	0.734	0.271	0.060	0.008	0.001	0.000	0.000	0.000	0.000	0.000
	3	0.989	0.902	0.501	0.165	0.033	0.004	0.000	0.000	0.000	0.000	0.000
	4	0.998	0.972	0.716	0.333	0.094	0.015	0.001	0.000	0.000	0.000	0.000
	5	1.000	0.994	0.867	0.534	0.209	0.048	0.006	0.000	0.000	0.000	0.000
	6	1.000	0.999	0.949	0.722	0.374	0.119	0.020	0.001	0.000	0.000	0.000
	7	1.000	1.000	0.984	0.859	0.563	0.240	0.058	0.006	0.000	0.000	0.000
	8	1.000	1.000	0.996	0.940	0.737	0.407	0.135	0.021	0.001	0.000	0.000
	9	1.000	1.000	0.999	0.979	0.865	0.593	0.263	0.060	0.004	0.000	0.000
	10	1.000	1.000	1.000	0.994	0.942	0.760	0.437	0.141	0.016	0.000	0.000
	11	1.000	1.000	1.000	0.999	0.980	0.881	0.626	0.278	0.051	0.001	0.000
	12	1.000	1.000	1.000	1.000	0.994	0.952	0.791	0.466	0.133	0.006	0.000
	13	1.000	1.000	1.000	1.000	0.999	0.985	0.906	0.667	0.284	0.028	0.002
	14	1.000	1.000	1.000	1.000	1.000	0.996	0.967	0.835	0.499	0.098	0.011
	15	1.000	1.000	1.000	1.000	1.000	0.999	0.992	0.940	0.729	0.266	0.058
	16	1.000	1.000	1.000	1.000	1.000	1.000	0.999	0.986	0.901	0.550	0.226
	17	1.000	1.000	1.000	1.000	1.000	1.000	1.000	0.998	0.982	0.850	0.603
	18	1.000	1.000	1.000	1.000	1.000	1.000	1.000	1.000	1.000	1.000	1.000
19	0	0.377	0.135	0.014	0.001	0.000	0.000	0.000	0.000	0.000	0.000	0.000
	1	0.755	0.420	0.083	0.010	0.001	0.000	0.000	0.000	0.000	0.000	0.000
	2	0.933	0.705	0.237	0.046	0.005	0.000	0.000	0.000	0.000	0.000	0.000
	3	0.987	0.885	0.455	0.133	0.023	0.002	0.000	0.000	0.000	0.000	0.000
	4	0.998	0.965	0.673	0.282	0.070	0.010	0.001	0.000	0.000	0.000	0.000
	5	1.000	0.991	0.837	0.474	0.163	0.032	0.003	0.000	0.000	0.000	0.000
	6	1.000	0.998	0.932	0.666	0.308	0.084	0.012	0.001	0.000	0.000	0.000
	7	1.000	1.000	0.977	0.818	0.488	0.180	0.035	0.003	0.000	0.000	0.000
	8	1.000	1.000	0.993	0.916	0.667	0.324	0.088	0.011	0.000	0.000	0.000
	9	1.000	1.000	0.998	0.967	0.814	0.500	0.186	0.033	0.002	0.000	0.000
	10	1.000	1.000	1.000	0.989	0.912	0.676	0.333	0.084	0.007	0.000	0.000
	11	1.000	1.000	1.000	0.997	0.965	0.820	0.512	0.182	0.023	0.000	0.000
	12	1.000	1.000	1.000	0.999	0.988	0.916	0.692	0.334	0.068	0.002	0.000
	13	1.000	1.000	1.000	1.000	0.997	0.968	0.837	0.526	0.163	0.009	0.000
	14	1.000	1.000	1.000	1.000	0.999	0.990	0.930	0.718	0.327	0.035	0.002
	15	1.000	1.000	1.000	1.000	1.000	0.998	0.977	0.867	0.545	0.115	0.013
	16	1.000	1.000	1.000	1.000	1.000	1.000	0.995	0.954	0.763	0.295	0.067
	17	1.000	1.000	1.000	1.000	1.000	1.000	0.999	0.990	0.917	0.580	0.245
	18	1.000	1.000	1.000	1.000	1.000	1.000	1.000	0.999	0.986	0.865	0.623
	19	1.000	1.000	1.000	1.000	1.000	1.000	1.000	1.000	1.000	1.000	1.000

n	c	p										
		0.05	0.1	0.2	0.3	0.4	0.5	0.6	0.7	0.8	0.9	0.95
20	0	0.358	0.122	0.012	0.001	0.000	0.000	0.000	0.000	0.000	0.000	0.000
	1	0.736	0.392	0.069	0.008	0.001	0.000	0.000	0.000	0.000	0.000	0.000
	2	0.925	0.677	0.206	0.035	0.004	0.000	0.000	0.000	0.000	0.000	0.000
	3	0.984	0.867	0.411	0.107	0.016	0.001	0.000	0.000	0.000	0.000	0.000
	4	0.997	0.957	0.630	0.238	0.051	0.006	0.000	0.000	0.000	0.000	0.000
	5	1.000	0.989	0.804	0.416	0.126	0.021	0.002	0.000	0.000	0.000	0.000
	6	1.000	0.998	0.913	0.608	0.250	0.058	0.006	0.000	0.000	0.000	0.000
	7	1.000	1.000	0.968	0.772	0.416	0.132	0.021	0.001	0.000	0.000	0.000
	8	1.000	1.000	0.990	0.887	0.596	0.252	0.057	0.005	0.000	0.000	0.000
	9	1.000	1.000	0.997	0.952	0.755	0.412	0.128	0.017	0.001	0.000	0.000
	10	1.000	1.000	0.999	0.983	0.872	0.588	0.245	0.048	0.003	0.000	0.000
	11	1.000	1.000	1.000	0.995	0.943	0.748	0.404	0.113	0.010	0.000	0.000
	12	1.000	1.000	1.000	0.999	0.979	0.868	0.584	0.228	0.032	0.000	0.000
	13	1.000	1.000	1.000	1.000	0.994	0.942	0.750	0.392	0.087	0.002	0.000
	14	1.000	1.000	1.000	1.000	0.998	0.979	0.874	0.584	0.196	0.011	0.000
	15	1.000	1.000	1.000	1.000	1.000	0.994	0.949	0.762	0.370	0.043	0.003
	16	1.000	1.000	1.000	1.000	1.000	0.999	0.984	0.893	0.589	0.133	0.016
	17	1.000	1.000	1.000	1.000	1.000	1.000	0.996	0.965	0.794	0.323	0.075
	18	1.000	1.000	1.000	1.000	1.000	1.000	0.999	0.992	0.931	0.608	0.264
	19	1.000	1.000	1.000	1.000	1.000	1.000	1.000	0.999	0.988	0.878	0.642
	20	1.000	1.000	1.000	1.000	1.000	1.000	1.000	1.000	1.000	1.000	1.000
25	0	0.277	0.072	0.004	0.000	0.000	0.000	0.000	0.000	0.000	0.000	0.000
	1	0.642	0.271	0.027	0.002	0.000	0.000	0.000	0.000	0.000	0.000	0.000
	2	0.873	0.537	0.098	0.009	0.000	0.000	0.000	0.000	0.000	0.000	0.000
	3	0.966	0.764	0.234	0.033	0.002	0.000	0.000	0.000	0.000	0.000	0.000
	4	0.993	0.902	0.421	0.090	0.009	0.000	0.000	0.000	0.000	0.000	0.000
	5	0.999	0.967	0.617	0.193	0.029	0.002	0.000	0.000	0.000	0.000	0.000
	6	1.000	0.991	0.780	0.341	0.074	0.007	0.000	0.000	0.000	0.000	0.000
	7	1.000	0.998	0.891	0.512	0.154	0.022	0.001	0.000	0.000	0.000	0.000
	8	1.000	1.000	0.953	0.677	0.274	0.054	0.004	0.000	0.000	0.000	0.000
	9	1.000	1.000	0.983	0.811	0.425	0.115	0.013	0.000	0.000	0.000	0.000
	10	1.000	1.000	0.994	0.902	0.586	0.212	0.034	0.002	0.000	0.000	0.000
	11	1.000	1.000	0.998	0.956	0.732	0.345	0.078	0.006	0.000	0.000	0.000
	12	1.000	1.000	1.000	0.983	0.846	0.500	0.154	0.017	0.000	0.000	0.000
	13	1.000	1.000	1.000	0.994	0.922	0.655	0.268	0.044	0.002	0.000	0.000
	14	1.000	1.000	1.000	0.998	0.966	0.788	0.414	0.098	0.006	0.000	0.000
	15	1.000	1.000	1.000	1.000	0.987	0.885	0.575	0.189	0.017	0.000	0.000
	16	1.000	1.000	1.000	1.000	0.996	0.946	0.726	0.323	0.047	0.000	0.000
	17	1.000	1.000	1.000	1.000	0.999	0.978	0.846	0.488	0.109	0.002	0.000
	18	1.000	1.000	1.000	1.000	1.000	0.993	0.926	0.659	0.220	0.009	0.000
	19	1.000	1.000	1.000	1.000	1.000	0.998	0.971	0.807	0.383	0.033	0.001
	20	1.000	1.000	1.000	1.000	1.000	1.000	0.991	0.910	0.579	0.098	0.007
	21	1.000	1.000	1.000	1.000	1.000	1.000	0.998	0.967	0.766	0.236	0.034
	22	1.000	1.000	1.000	1.000	1.000	1.000	1.000	0.991	0.902	0.463	0.127
	23	1.000	1.000	1.000	1.000	1.000	1.000	1.000	0.998	0.973	0.729	0.358
	24	1.000	1.000	1.000	1.000	1.000	1.000	1.000	1.000	0.996	0.928	0.723
	25	1.000	1.000	1.000	1.000	1.000	1.000	1.000	1.000	1.000	1.000	1.000

〈표 3〉 표준정규분포표

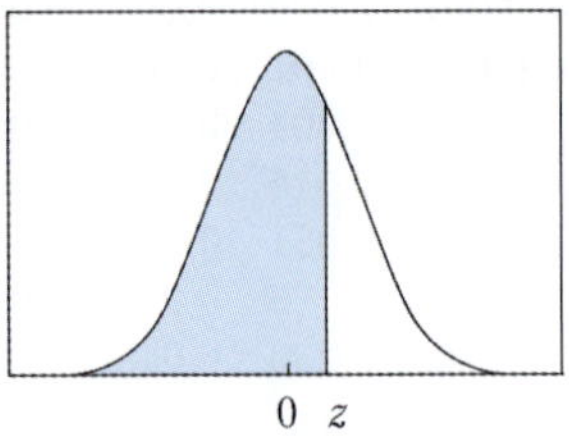

표의 숫자는 z와 같거나 작은 확률을 나타낸다.

z	.00	.01	.02	.03	.04	.05	.06	.07	.08	.09
0.0	.5000	.5040	.5080	.5120	.5160	.5199	.5239	.5279	.5319	.5359
0.1	.5398	.5438	.5478	.5517	.5557	.5596	.5636	.5675	.5714	.5753
0.2	.5793	.5832	.5871	.5910	.5948	.5987	.6026	.6064	.6103	.6141
0.3	.6179	.6217	.6255	.6293	.6331	.6368	.6406	.6443	.6480	.6517
0.4	.6554	.6591	.6628	.6664	.6700	.6736	.6772	.6808	.6844	.6879
0.5	.6915	.6950	.6985	.7019	.7054	.7088	.7123	.7157	.7190	.7224
0.6	.7257	.7291	.7324	.7357	.7389	.7422	.7454	.7486	.7517	.7549
0.7	.7580	.7611	.7642	.7673	.7704	.7734	.7764	.7794	.7823	.7852
0.8	.7881	.7910	.7939	.7967	.7995	.8023	.8051	.8078	.8106	.8133
0.9	.8159	.8186	.8212	.8238	.8264	.8289	.8315	.8340	.8365	.8389
1.0	.8413	.8438	.8461	.8485	.8508	.8531	.8554	.8577	.8599	.8621
1.1	.8643	.8665	.8686	.8708	.8729	.8749	.8770	.8790	.8810	.8830
1.2	.8849	.8869	.8888	.8907	.8925	.8944	.8962	.8980	.8997	.9015
1.3	.9032	.9049	.9066	.9082	.9099	.9115	.9131	.9147	.9162	.9177
1.4	.9192	.9207	.9222	.9236	.9251	.9265	.9279	.9292	.9306	.9319
1.5	.9332	.9345	.9357	.9370	.9382	.9394	.9406	.9418	.9429	.9441
1.6	.9452	.9463	.9474	.9484	.9495	.9505	.9515	.9525	.9535	.9545
1.7	.9554	.9564	.9573	.9582	.9591	.9599	.9608	.9616	.9625	.9633
1.8	.9641	.9649	.9656	.9664	.9671	.9678	.9686	.9693	.9699	.9706
1.9	.9713	.9719	.9726	.9732	.9738	.9744	.9750	.9756	.9761	.9767
2.0	.9772	.9778	.9783	.9788	.9793	.9798	.9803	.9808	.9812	.9817
2.1	.9821	.9826	.9830	.9834	.9838	.9842	.9846	.9850	.9854	.9857
2.2	.9861	.9864	.9868	.9871	.9875	.9878	.9881	.9884	.9887	.9890
2.3	.9893	.9896	.9898	.9901	.9904	.9906	.9909	.9911	.9913	.9916
2.4	.9918	.9920	.9922	.9925	.9927	.9929	.9931	.9932	.9934	.9936
2.5	.9938	.9940	.9941	.9943	.9945	.9946	.9948	.9949	.9951	.9952
2.6	.9953	.9955	.9956	.9957	.9959	.9960	.9961	.9962	.9963	.9964
2.7	.9965	.9966	.9967	.9968	.9969	.9970	.9971	.9972	.9973	.9974
2.8	.9974	.9975	.9976	.9977	.9977	.9978	.9979	.9979	.9980	.9981
2.9	.9981	.9982	.9982	.9983	.9984	.9984	.9985	.9985	.9986	.9986
3.0	.9987	.9987	.9987	.9988	.9988	.9989	.9989	.9989	.9990	.9990
3.1	.9990	.9991	.9991	.9991	.9992	.9992	.9992	.9992	.9993	.9993
3.2	.9993	.9993	.9994	.9994	.9994	.9994	.9994	.9995	.9995	.9995
3.3	.9995	.9995	.9995	.9996	.9996	.9996	.9996	.9996	.9996	.9997
3.4	.9997	.9997	.9997	.9997	.9997	.9997	.9997	.9997	.9997	.9998

〈표 4〉 t-분포표

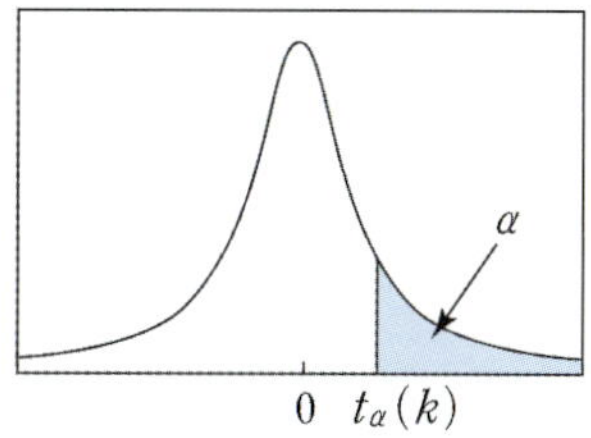

표의 숫자는 주어진 α값에 대한 $t_\alpha(k)$의 값을 나타낸다.

k	α											
	.25	.20	.15	.10	.05	.025	.02	.01	.005	.0025	.001	.0005
1	1.000	1.376	1.963	3.078	6.314	12.71	15.89	31.82	63.66	127.3	318.3	636.6
2	0.816	1.061	1.386	1.886	2.920	4.303	4.849	6.965	9.925	14.09	22.33	31.60
3	0.765	0.978	1.250	1.638	2.353	3.182	3.482	4.541	5.841	7.453	10.21	12.92
4	0.741	0.941	1.190	1.533	2.132	2.776	2.999	3.747	4.604	5.598	7.173	8.610
5	0.727	0.920	1.156	1.476	2.015	2.571	2.757	3.365	4.032	4.773	5.894	6.869
6	0.718	0.906	1.134	1.440	1.943	2.447	2.612	3.143	3.707	4.317	5.208	5.959
7	0.711	0.896	1.119	1.415	1.895	2.365	2.517	2.998	3.499	4.029	4.785	5.408
8	0.706	0.889	1.108	1.397	1.860	2.306	2.449	2.896	3.355	3.833	4.501	5.041
9	0.703	0.883	1.100	1.383	1.833	2.262	2.398	2.821	3.250	3.690	4.297	4.781
10	0.700	0.879	1.093	1.372	1.812	2.228	2.359	2.764	3.169	3.581	4.144	4.587
11	0.697	0.876	1.088	1.363	1.796	2.201	2.328	2.718	3.106	3.497	4.025	4.437
12	0.695	0.873	1.083	1.356	1.782	2.179	2.303	2.681	3.055	3.428	3.930	4.318
13	0.694	0.870	1.079	1.350	1.771	2.160	2.282	2.650	3.012	3.372	3.852	4.221
14	0.692	0.868	1.076	1.345	1.761	2.145	2.264	2.624	2.977	3.326	3.787	4.140
15	0.691	0.866	1.074	1.341	1.753	2.131	2.249	2.602	2.947	3.286	3.733	4.073
16	0.690	0.865	1.071	1.337	1.746	2.120	2.235	2.583	2.921	3.252	3.686	4.015
17	0.689	0.863	1.069	1.333	1.740	2.110	2.224	2.567	2.898	3.222	3.646	3.965
18	0.688	0.862	1.067	1.330	1.734	2.101	2.214	2.552	2.878	3.197	3.610	3.922
19	0.688	0.861	1.066	1.328	1.729	2.093	2.205	2.539	2.861	3.174	3.579	3.883
20	0.687	0.860	1.064	1.325	1.725	2.086	2.197	2.528	2.845	3.153	3.552	3.850
21	0.686	0.859	1.063	1.323	1.721	2.080	2.189	2.518	2.831	3.135	3.527	3.819
22	0.686	0.858	1.061	1.321	1.717	2.074	2.183	2.508	2.819	3.119	3.505	3.792
23	0.685	0.858	1.060	1.319	1.714	2.069	2.177	2.500	2.807	3.104	3.485	3.768
24	0.685	0.857	1.059	1.318	1.711	2.064	2.172	2.492	2.797	3.091	3.467	3.745
25	0.684	0.856	1.058	1.316	1.708	2.060	2.167	2.485	2.787	3.078	3.450	3.725
26	0.684	0.856	1.058	1.315	1.706	2.056	2.162	2.479	2.779	3.067	3.435	3.707
27	0.684	0.855	1.057	1.314	1.703	2.052	2.158	2.473	2.771	3.057	3.421	3.689
28	0.683	0.855	1.056	1.313	1.701	2.048	2.154	2.467	2.763	3.047	3.408	3.674
29	0.683	0.854	1.055	1.311	1.699	2.045	2.150	2.462	2.756	3.038	3.396	3.660
30	0.683	0.854	1.055	1.310	1.697	2.042	2.147	2.457	2.750	3.030	3.385	3.646
40	0.681	0.851	1.050	1.303	1.684	2.021	2.123	2.423	2.704	2.971	3.307	3.551
50	0.679	0.849	1.047	1.299	1.676	2.009	2.109	2.403	2.678	2.937	3.261	3.496
60	0.679	0.848	1.045	1.296	1.671	2.000	2.099	2.390	2.660	2.915	3.232	3.460
70	0.678	0.847	1.044	1.294	1.667	1.994	2.093	2.381	2.648	2.899	3.211	3.435
80	0.678	0.846	1.043	1.292	1.664	1.990	2.088	2.374	2.639	2.887	3.195	3.416
90	0.677	0.846	1.042	1.291	1.662	1.987	2.084	2.368	2.632	2.878	3.183	3.402
100	0.677	0.845	1.042	1.290	1.660	1.984	2.081	2.364	2.626	2.871	3.174	3.390
1000	0.675	0.842	1.037	1.282	1.646	1.962	2.056	2.330	2.581	2.813	3.098	3.300
∞	0.674	0.842	1.036	1.282	1.645	1.960	2.054	2.326	2.576	2.807	3.090	3.290

〈표 5〉 카이제곱(χ^2) 분포표

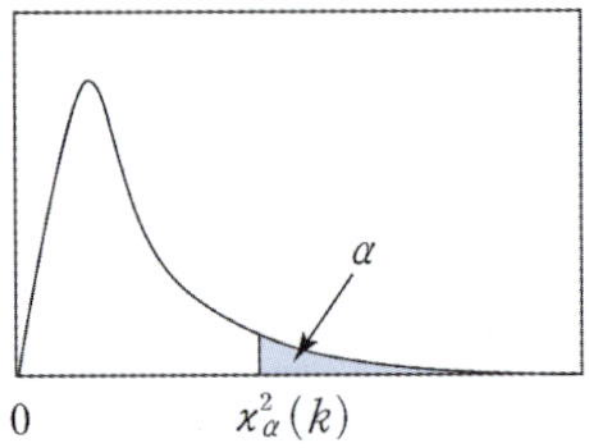

표의 숫자는 주어진 α 값에 대한 $\chi^2_\alpha(k)$의 값을 나타낸다.

k	α							
	.995	.99	.975	.95	.05	.025	.01	.005
1	.000039	.000157	.000982	.003932	3.84146	5.02390	6.63489	7.87944
2	.010025	.020100	.050636	.102586	5.99148	7.37778	9.210351	10.59653
3	.071724	.114832	.215795	.351846	7.81473	9.34840	11.34488	12.83807
4	.206990	.297110	.484419	.710721	9.48773	11.14326	13.27670	14.86017
5	.411740	.554300	.831211	1.14548	11.07048	12.83249	15.08632	16.74965
6	.675727	.872085	1.23734	1.63538	12.59158	14.44935	16.81187	18.54751
7	.989265	1.23903	1.68986	2.16735	14.06713	16.01277	18.47532	20.27774
8	1.34440	1.64651	2.17972	2.73263	15.50731	17.53454	20.09016	21.95486
9	1.73491	2.08789	2.70039	3.32512	16.91896	19.02278	21.66605	23.58927
10	2.15585	2.55820	3.24696	3.94030	18.30703	20.48320	23.20929	25.18805
11	2.60320	3.05350	3.81574	4.57481	19.67515	21.92002	24.72502	26.75686
12	3.07379	3.57055	4.40378	5.22603	21.02606	23.33666	26.21696	28.29966
13	3.56504	4.10690	5.00874	5.89186	22.36203	24.73558	27.68818	29.81932
14	4.07466	4.66042	5.62872	6.57063	23.68478	26.11893	29.14116	31.31943
15	4.60087	5.22936	6.26212	7.26093	24.99580	27.48836	30.57795	32.80149
16	5.14216	5.81220	6.90766	7.96164	26.29622	28.84532	31.99986	34.26705
17	5.69727	6.40774	7.56418	8.67175	27.58710	30.19098	33.40872	35.71838
18	6.26477	7.01490	8.23074	9.39045	28.86932	31.52641	34.80524	37.15639
19	6.84392	7.63270	8.90651	10.11701	30.14351	32.85234	36.19077	38.58212
20	7.43381	8.26037	9.59077	10.85080	31.41042	34.16958	37.56627	39.99686
21	8.03360	8.89717	10.28291	11.59132	32.67056	35.47886	38.93223	41.40094
22	8.64268	9.54249	10.98233	12.33801	33.92446	36.78068	40.28945	42.79566
23	9.26038	10.19569	11.68853	13.09051	35.17246	38.07561	41.63833	44.18139
24	9.88620	10.85635	12.40115	13.84842	36.41503	39.36406	42.97978	45.55836
25	10.51965	11.52395	13.11971	14.61140	37.65249	40.64650	44.31401	46.92797
26	11.16022	12.19818	13.84388	15.37916	38.88513	41.92314	45.64164	48.28978
27	11.80765	12.87847	14.57337	16.15139	40.11327	43.19452	46.96284	49.64504
28	12.46128	13.56467	15.30785	16.92788	41.33715	44.46079	48.27817	50.99356
29	13.12107	14.25641	16.04705	17.70838	42.55695	45.72228	49.58783	52.33550
30	13.78668	14.95346	16.79076	18.49267	43.77295	46.97922	50.89218	53.67187
40	20.70658	22.16420	24.43306	26.50930	55.75849	59.34168	63.69077	66.76605
50	27.99082	29.70673	32.35738	34.76424	67.50481	71.42019	76.15380	79.48984
60	35.53440	37.48480	40.48171	43.18797	79.08195	83.29771	88.37943	91.95181
70	43.27531	45.44170	48.75754	51.73926	90.53126	95.02315	100.42505	104.21477
80	51.17193	53.53998	57.15315	60.39146	101.87947	106.62854	112.32879	116.32093
90	59.19633	61.75402	65.64659	69.12602	113.14523	118.13591	124.11620	128.29868
100	67.32753	70.06500	74.22188	77.92944	124.34210	129.56125	135.80689	140.16971

〈표 6〉 F-분포표

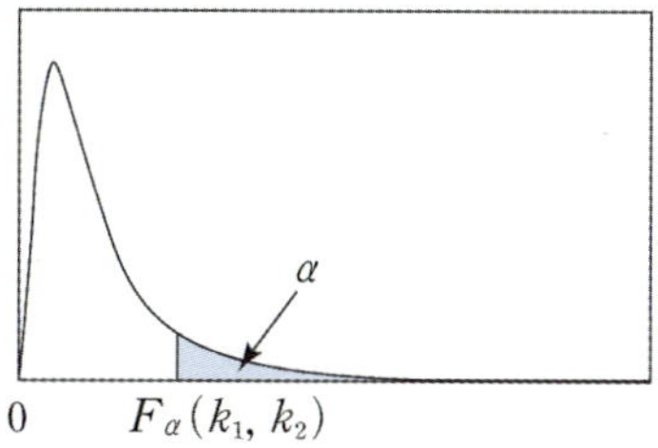

표의 숫자는 주어진 α 값에 대한 $F_\alpha(k_1, k_2)$의 값을 나타낸다.

k_2	α	k_1								
		1	2	3	4	5	6	7	8	9
1	0.100	39.86	49.50	53.59	55.83	57.24	58.20	58.91	59.44	59.86
	0.050	161.45	199.50	215.71	224.58	230.16	233.99	236.77	238.88	240.54
	0.025	647.79	799.48	864.15	899.60	921.83	937.11	948.20	956.64	963.28
	0.010	4052	4999	5404	5624	5764	5859	5928	5981	6022
2	0.100	8.53	9.00	9.16	9.24	9.29	9.33	9.35	9.37	9.38
	0.050	18.51	19.00	19.16	19.25	19.30	19.33	19.35	19.37	19.38
	0.025	38.51	39.00	39.17	39.25	39.30	39.33	39.36	39.37	39.39
	0.010	98.50	99.00	99.16	99.25	99.30	99.33	99.36	99.38	99.39
3	0.100	5.54	5.46	5.39	5.34	5.31	5.28	5.27	5.25	5.24
	0.050	10.13	9.55	9.28	9.12	9.01	8.94	8.89	8.85	8.81
	0.025	17.44	16.04	15.44	15.10	14.88	14.73	14.62	14.54	14.47
	0.010	34.12	30.82	29.46	28.71	28.24	27.91	27.67	27.49	27.34
4	0.100	4.54	4.32	4.19	4.11	4.05	4.01	3.98	3.95	3.94
	0.050	7.71	6.94	6.59	6.39	6.26	6.16	6.09	6.04	6.00
	0.025	12.22	10.65	9.98	9.60	9.36	9.20	9.07	8.98	8.90
	0.010	21.20	18.00	16.69	15.98	15.52	15.21	14.98	14.80	14.66
5	0.100	4.06	3.78	3.62	3.52	3.45	3.40	3.37	3.34	3.32
	0.050	6.61	5.79	5.41	5.19	5.05	4.95	4.88	4.82	4.77
	0.025	10.01	8.43	7.76	7.39	7.15	6.98	6.85	6.76	6.68
	0.010	16.26	13.27	12.06	11.39	10.97	10.67	10.46	10.29	10.16

k_2	α	k_1								
		1	2	3	4	5	6	7	8	9
6	0.100	3.78	3.46	3.29	3.18	3.11	3.05	3.01	2.98	2.96
	0.050	5.99	5.14	4.76	4.53	4.39	4.28	4.21	4.15	4.10
	0.025	8.81	7.26	6.60	6.23	5.99	5.82	5.70	5.60	5.52
	0.010	13.75	10.92	9.78	9.15	8.75	8.47	8.26	8.10	7.98
7	0.100	3.59	3.26	3.07	2.96	2.88	2.83	2.78	2.75	2.72
	0.050	5.59	4.74	4.35	4.12	3.97	3.87	3.79	3.73	3.68
	0.025	8.07	6.54	5.89	5.52	5.29	5.12	4.99	4.90	4.82
	0.010	12.25	9.55	8.45	7.85	7.46	7.19	6.99	6.84	6.72
8	0.100	3.46	3.11	2.92	2.81	2.73	2.67	2.62	2.59	2.56
	0.050	5.32	4.46	4.07	3.84	3.69	3.58	3.50	3.44	3.39
	0.025	7.57	6.06	5.42	5.05	4.82	4.65	4.53	4.43	4.36
	0.010	11.26	8.65	7.59	7.01	6.63	6.37	6.18	6.03	5.91
9	0.100	3.36	3.01	2.81	2.69	2.61	2.55	2.51	2.47	2.44
	0.050	5.12	4.26	3.86	3.63	3.48	3.37	3.29	3.23	3.18
	0.025	7.21	5.71	5.08	4.72	4.48	4.32	4.20	4.10	4.03
	0.010	10.56	8.02	6.99	6.42	6.06	5.80	5.61	5.47	5.35
10	0.100	3.29	2.92	2.73	2.61	2.52	2.46	2.41	2.38	2.35
	0.050	4.96	4.10	3.71	3.48	3.33	3.22	3.14	3.07	3.02
	0.025	6.94	5.46	4.83	4.47	4.24	4.07	3.95	3.85	3.78
	0.010	10.04	7.56	6.55	5.99	5.64	5.39	5.20	5.06	4.94
11	0.100	3.23	2.86	2.66	2.54	2.45	2.39	2.34	2.30	2.27
	0.050	4.84	3.98	3.59	3.36	3.20	3.09	3.01	2.95	2.90
	0.025	6.72	5.26	4.63	4.28	4.04	3.88	3.76	3.66	3.59
	0.010	9.65	7.21	6.22	5.67	5.32	5.07	4.89	4.74	4.63
12	0.100	3.18	2.81	2.61	2.48	2.39	2.33	2.28	2.24	2.21
	0.050	4.75	3.89	3.49	3.26	3.11	3.00	2.91	2.85	2.80
	0.025	6.55	5.10	4.47	4.12	3.89	3.73	3.61	3.51	3.44
	0.010	9.33	6.93	5.95	5.41	5.06	4.82	4.64	4.50	4.39

k_2	α	k_1 10	12	15	20	25	30	40	50	60	120	1000
1	0.100	60.19	60.71	61.22	61.74	62.05	62.26	62.53	62.69	62.79	63.06	63.30
	0.050	241.88	243.90	245.95	248.02	249.26	250.10	251.14	251.77	252.20	253.25	254.19
	0.025	968.63	976.72	984.87	993.08	998.09	1001.4	1005.6	1008.1	1009.8	1014.0	1017.8
	0.010	6055.9	6106.7	6157.0	6208.7	6239.9	6260.4	6286.4	6302.3	6313.0	6339.5	6362.8
2	0.100	9.39	9.41	9.42	9.44	9.45	9.46	9.47	9.47	9.47	9.48	9.49
	0.050	19.40	19.41	19.43	19.45	19.46	19.46	19.47	19.48	19.48	19.49	19.49
	0.025	39.40	39.41	39.43	39.45	39.46	39.46	39.47	39.48	39.48	39.49	39.50
	0.010	99.40	99.42	99.43	99.45	99.46	99.47	99.48	99.48	99.48	99.49	99.50
3	0.100	5.23	5.22	5.20	5.18	5.17	5.17	5.16	5.15	5.15	5.14	5.13
	0.050	8.79	8.74	8.70	8.66	8.63	8.62	8.59	8.58	8.57	8.55	8.53
	0.025	14.42	14.34	14.25	14.17	14.12	14.08	14.04	14.01	13.99	13.95	13.91
	0.010	27.23	27.05	26.87	26.69	26.58	26.50	26.41	26.35	26.32	26.22	26.14
4	0.100	3.92	3.90	3.87	3.84	3.83	3.82	3.80	3.80	3.79	3.78	3.76
	0.050	5.96	5.91	5.86	5.80	5.77	5.75	5.72	5.70	5.69	5.66	5.63
	0.025	8.84	8.75	8.66	8.56	8.50	8.46	8.41	8.38	8.36	8.31	8.26
	0.010	14.55	14.37	14.20	14.02	13.91	13.84	13.75	13.69	13.65	13.56	13.47
5	0.100	3.30	3.27	3.24	3.21	3.19	3.17	3.16	3.15	3.14	3.12	3.11
	0.050	4.74	4.68	4.62	4.56	4.52	4.50	4.46	4.44	4.43	4.40	4.37
	0.025	6.62	6.52	6.43	6.33	6.27	6.23	6.18	6.14	6.12	6.07	6.02
	0.010	10.05	9.89	9.72	9.55	9.45	9.38	9.29	9.24	9.20	9.11	9.03
6	0.100	2.94	2.90	2.87	2.84	2.81	2.80	2.78	2.77	2.76	2.74	2.72
	0.050	4.06	4.00	3.94	3.87	3.83	3.81	3.77	3.75	3.74	3.70	3.67
	0.025	5.46	5.37	5.27	5.17	5.11	5.07	5.01	4.98	4.96	4.90	4.86
	0.010	7.87	7.72	7.56	7.40	7.30	7.23	7.14	7.09	7.06	6.97	6.89
7	0.100	2.70	2.67	2.63	2.59	2.57	2.56	2.54	2.52	2.51	2.49	2.47
	0.050	3.64	3.57	3.51	3.44	3.40	3.38	3.34	3.32	3.30	3.27	3.23
	0.025	4.76	4.67	4.57	4.47	4.40	4.36	4.31	4.28	4.25	4.20	4.15
	0.010	6.62	6.47	6.31	6.16	6.06	5.99	5.91	5.86	5.82	5.74	5.66
8	0.100	2.54	2.50	2.46	2.42	2.40	2.38	2.36	2.35	2.34	2.32	2.30
	0.050	3.35	3.28	3.22	3.15	3.11	3.08	3.04	3.02	3.01	2.97	2.93
	0.025	4.30	4.20	4.10	4.00	3.94	3.89	3.84	3.81	3.78	3.73	3.68
	0.010	5.81	5.67	5.52	5.36	5.26	5.20	5.12	5.07	5.03	4.95	4.87
9	0.100	2.42	2.38	2.34	2.30	2.27	2.25	2.23	2.22	2.21	2.18	2.16
	0.050	3.14	3.07	3.01	2.94	2.89	2.86	2.83	2.80	2.79	2.75	2.71
	0.025	3.96	3.87	3.77	3.67	3.60	3.56	3.51	3.47	3.45	3.39	3.34
	0.010	5.26	5.11	4.96	4.81	4.71	4.65	4.57	4.52	4.48	4.40	4.32
10	0.100	2.32	2.28	2.24	2.20	2.17	2.16	2.13	2.12	2.11	2.08	2.06
	0.050	2.98	2.91	2.85	2.77	2.73	2.70	2.66	2.64	2.62	2.58	2.54
	0.025	3.72	3.62	3.52	3.42	3.35	3.31	3.26	3.22	3.20	3.14	3.09
	0.010	4.85	4.71	4.56	4.41	4.31	4.25	4.17	4.12	4.08	4.00	3.92
11	0.100	2.25	2.21	2.17	2.12	2.10	2.08	2.05	2.04	2.03	2.00	1.98
	0.050	2.85	2.79	2.72	2.65	2.60	2.57	2.53	2.51	2.49	2.45	2.41
	0.025	3.53	3.43	3.33	3.23	3.16	3.12	3.06	3.03	3.00	2.94	2.89
	0.010	4.54	4.40	4.25	4.10	4.01	3.94	3.86	3.81	3.78	3.69	3.61
12	0.100	2.19	2.15	2.10	2.06	2.03	2.01	1.99	1.97	1.96	1.93	1.91
	0.050	2.75	2.69	2.62	2.54	2.50	2.47	2.43	2.40	2.38	2.34	2.30
	0.025	3.37	3.28	3.18	3.07	3.01	2.96	2.91	2.87	2.85	2.79	2.73
	0.010	4.30	4.16	4.01	3.86	3.76	3.70	3.62	3.57	3.54	3.45	3.37

k_2	α	k_1								
		1	2	3	4	5	6	7	8	9
13	0.100	3.14	2.76	2.56	2.43	2.35	2.28	2.23	2.20	2.16
	0.050	4.67	3.81	3.41	3.18	3.03	2.92	2.83	2.77	2.71
	0.025	6.41	4.97	4.35	4.00	3.77	3.60	3.48	3.39	3.31
	0.010	9.07	6.70	5.74	5.21	4.86	4.62	4.44	4.30	4.19
14	0.100	3.10	2.73	2.52	2.39	2.31	2.24	2.19	2.15	2.12
	0.050	4.60	3.74	3.34	3.11	2.96	2.85	2.76	2.70	2.65
	0.025	6.30	4.86	4.24	3.89	3.66	3.50	3.38	3.29	3.21
	0.010	8.86	6.51	5.56	5.04	4.69	4.46	4.28	4.14	4.03
15	0.100	3.07	2.70	2.49	2.36	2.27	2.21	2.16	2.12	2.09
	0.050	4.54	3.68	3.29	3.06	2.90	2.79	2.71	2.64	2.59
	0.025	6.20	4.77	4.15	3.80	3.58	3.41	3.29	3.20	3.12
	0.010	8.68	6.36	5.42	4.89	4.56	4.32	4.14	4.00	3.89
16	0.100	3.05	2.67	2.46	2.33	2.24	2.18	2.13	2.09	2.06
	0.050	4.49	3.63	3.24	3.01	2.85	2.74	2.66	2.59	2.54
	0.025	6.12	4.69	4.08	3.73	3.50	3.34	3.22	3.12	3.05
	0.010	8.53	6.23	5.29	4.77	4.44	4.20	4.03	3.89	3.78
17	0.100	3.03	2.64	2.44	2.31	2.22	2.15	2.10	2.06	2.03
	0.050	4.45	3.59	3.20	2.96	2.81	2.70	2.61	2.55	2.49
	0.025	6.04	4.62	4.01	3.66	3.44	3.28	3.16	3.06	2.98
	0.010	8.40	6.11	5.19	4.67	4.34	4.10	3.93	3.79	3.68
18	0.100	3.01	2.62	2.42	2.29	2.20	2.13	2.08	2.04	2.00
	0.050	4.41	3.55	3.16	2.93	2.77	2.66	2.58	2.51	2.46
	0.025	5.98	4.56	3.95	3.61	3.38	3.22	3.10	3.01	2.93
	0.010	8.29	6.01	5.09	4.58	4.25	4.01	3.84	3.71	3.60
19	0.100	2.99	2.61	2.40	2.27	2.18	2.11	2.06	2.02	1.98
	0.050	4.38	3.52	3.13	2.90	2.74	2.63	2.54	2.48	2.42
	0.025	5.92	4.51	3.90	3.56	3.33	3.17	3.05	2.96	2.88
	0.010	8.18	5.93	5.01	4.50	4.17	3.94	3.77	3.63	3.52
20	0.100	2.97	2.59	2.38	2.25	2.16	2.09	2.04	2.00	1.96
	0.050	4.35	3.49	3.10	2.87	2.71	2.60	2.51	2.45	2.39
	0.025	5.87	4.46	3.86	3.51	3.29	3.13	3.01	2.91	2.84
	0.010	8.10	5.85	4.94	4.43	4.10	3.87	3.70	3.56	3.46
21	0.100	2.96	2.57	2.36	2.23	2.14	2.08	2.02	1.98	1.95
	0.050	4.32	3.47	3.07	2.84	2.68	2.57	2.49	2.42	2.37
	0.025	5.83	4.42	3.82	3.48	3.25	3.09	2.97	2.87	2.80
	0.010	8.02	5.78	4.87	4.37	4.04	3.81	3.64	3.51	3.40
22	0.100	2.95	2.56	2.35	2.22	2.13	2.06	2.01	1.97	1.93
	0.050	4.30	3.44	3.05	2.82	2.66	2.55	2.46	2.40	2.34
	0.025	5.79	4.38	3.78	3.44	3.22	3.05	2.93	2.84	2.76
	0.010	7.95	5.72	4.82	4.31	3.99	3.76	3.59	3.45	3.35
23	0.100	2.94	2.55	2.34	2.21	2.11	2.05	1.99	1.95	1.92
	0.050	4.28	3.42	3.03	2.80	2.64	2.53	2.44	2.37	2.32
	0.025	5.75	4.35	3.75	3.41	3.18	3.02	2.90	2.81	2.73
	0.010	7.88	5.66	4.76	4.26	3.94	3.71	3.54	3.41	3.30
24	0.100	2.93	2.54	2.33	2.19	2.10	2.04	1.98	1.94	1.91
	0.050	4.26	3.40	3.01	2.78	2.62	2.51	2.42	2.36	2.30
	0.025	5.72	4.32	3.72	3.38	3.15	2.99	2.87	2.78	2.70
	0.010	7.82	5.61	4.72	4.22	3.90	3.67	3.50	3.36	3.26

k_2	α	k_1										
		10	12	15	20	25	30	40	50	60	120	1000
13	0.100	2.14	2.10	2.05	2.01	1.98	1.96	1.93	1.92	1.90	1.88	1.85
	0.050	2.67	2.60	2.53	2.46	2.41	2.38	2.34	2.31	2.30	2.25	2.21
	0.025	3.25	3.15	3.05	2.95	2.88	2.84	2.78	2.74	2.72	2.66	2.60
	0.010	4.10	3.96	3.82	3.66	3.57	3.51	3.43	3.38	3.34	3.25	3.18
14	0.100	2.10	2.05	2.01	1.96	1.93	1.91	1.89	1.87	1.86	1.83	1.80
	0.050	2.60	2.53	2.46	2.39	2.34	2.31	2.27	2.24	2.22	2.18	2.14
	0.025	3.15	3.05	2.95	2.84	2.78	2.73	2.67	2.64	2.61	2.55	2.50
	0.010	3.94	3.80	3.66	3.51	3.41	3.35	3.27	3.22	3.18	3.09	3.02
15	0.100	2.06	2.02	1.97	1.92	1.89	1.87	1.85	1.83	1.82	1.79	1.76
	0.050	2.54	2.48	2.40	2.33	2.28	2.25	2.20	2.18	2.16	2.11	2.07
	0.025	3.06	2.96	2.86	2.76	2.69	2.64	2.59	2.55	2.52	2.46	2.40
	0.010	3.80	3.67	3.52	3.37	3.28	3.21	3.13	3.08	3.05	2.96	2.88
16	0.100	2.03	1.99	1.94	1.89	1.86	1.84	1.81	1.79	1.78	1.75	1.72
	0.050	2.49	2.42	2.35	2.28	2.23	2.19	2.15	2.12	2.11	2.06	2.02
	0.025	2.99	2.89	2.79	2.68	2.61	2.57	2.51	2.47	2.45	2.38	2.32
	0.010	3.69	3.55	3.41	3.26	3.16	3.10	3.02	2.97	2.93	2.84	2.76
17	0.100	2.00	1.96	1.91	1.86	1.83	1.81	1.78	1.76	1.75	1.72	1.69
	0.050	2.45	2.38	2.31	2.23	2.18	2.15	2.10	2.08	2.06	2.01	1.97
	0.025	2.92	2.82	2.72	2.62	2.55	2.50	2.44	2.41	2.38	2.32	2.26
	0.010	3.59	3.46	3.31	3.16	3.07	3.00	2.92	2.87	2.83	2.75	2.66
18	0.100	1.98	1.93	1.89	1.84	1.80	1.78	1.75	1.74	1.72	1.69	1.66
	0.050	2.41	2.34	2.27	2.19	2.14	2.11	2.06	2.04	2.02	1.97	1.92
	0.025	2.87	2.77	2.67	2.56	2.49	2.44	2.38	2.35	2.32	2.26	2.20
	0.010	3.51	3.37	3.23	3.08	2.98	2.92	2.84	2.78	2.75	2.66	2.58
19	0.100	1.96	1.91	1.86	1.81	1.78	1.76	1.73	1.71	1.70	1.67	1.64
	0.050	2.38	2.31	2.23	2.16	2.11	2.07	2.03	2.00	1.98	1.93	1.88
	0.025	2.82	2.72	2.62	2.51	2.44	2.39	2.33	2.30	2.27	2.20	2.14
	0.010	3.43	3.30	3.15	3.00	2.91	2.84	2.76	2.71	2.67	2.58	2.50
20	0.100	1.94	1.89	1.84	1.79	1.76	1.74	1.71	1.69	1.68	1.64	1.61
	0.050	2.35	2.28	2.20	2.12	2.07	2.04	1.99	1.97	1.95	1.90	1.85
	0.025	2.77	2.68	2.57	2.46	2.40	2.35	2.29	2.25	2.22	2.16	2.09
	0.010	3.37	3.23	3.09	2.94	2.84	2.78	2.69	2.64	2.61	2.52	2.43
21	0.100	1.92	1.87	1.83	1.78	1.74	1.72	1.69	1.67	1.66	1.62	1.59
	0.050	2.32	2.25	2.18	2.10	2.05	2.01	1.96	1.94	1.92	1.87	1.82
	0.025	2.73	2.64	2.53	2.42	2.36	2.31	2.25	2.21	2.18	2.11	2.05
	0.010	3.31	3.17	3.03	2.88	2.79	2.72	2.64	2.58	2.55	2.46	2.37
22	0.100	1.90	1.86	1.81	1.76	1.73	1.70	1.67	1.65	1.64	1.60	1.57
	0.050	2.30	2.23	2.15	2.07	2.02	1.98	1.94	1.91	1.89	1.84	1.79
	0.025	2.70	2.60	2.50	2.39	2.32	2.27	2.21	2.17	2.14	2.08	2.01
	0.010	3.26	3.12	2.98	2.83	2.73	2.67	2.58	2.53	2.50	2.40	2.32
23	0.100	1.89	1.84	1.80	1.74	1.71	1.69	1.66	1.64	1.62	1.59	1.55
	0.050	2.27	2.20	2.13	2.05	2.00	1.96	1.91	1.88	1.86	1.81	1.76
	0.025	2.67	2.57	2.47	2.36	2.29	2.24	2.18	2.14	2.11	2.04	1.98
	0.010	3.21	3.07	2.93	2.78	2.69	2.62	2.54	2.48	2.45	2.35	2.27
24	0.100	1.88	1.83	1.78	1.73	1.70	1.67	1.64	1.62	1.61	1.57	1.54
	0.050	2.25	2.18	2.11	2.03	1.97	1.94	1.89	1.86	1.84	1.79	1.74
	0.025	2.64	2.54	2.44	2.33	2.26	2.21	2.15	2.11	2.08	2.01	1.94
	0.010	3.17	3.03	2.89	2.74	2.64	2.58	2.49	2.44	2.40	2.31	2.22

k_2	α	k_1								
		1	2	3	4	5	6	7	8	9
25	0.100	2.92	2.53	2.32	2.18	2.09	2.02	1.97	1.93	1.89
	0.050	4.24	3.39	2.99	2.76	2.60	2.49	2.40	2.34	2.28
	0.025	5.69	4.29	3.69	3.35	3.13	2.97	2.85	2.75	2.68
	0.010	7.77	5.57	4.68	4.18	3.85	3.63	3.46	3.32	3.22
26	0.100	2.91	2.52	2.31	2.17	2.08	2.01	1.96	1.92	1.88
	0.050	4.23	3.37	2.98	2.74	2.59	2.47	2.39	2.32	2.27
	0.025	5.66	4.27	3.67	3.33	3.10	2.94	2.82	2.73	2.65
	0.010	7.72	5.53	4.64	4.14	3.82	3.59	3.42	3.29	3.18
27	0.100	2.90	2.51	2.30	2.17	2.07	2.00	1.95	1.91	1.87
	0.050	4.21	3.35	2.96	2.73	2.57	2.46	2.37	2.31	2.25
	0.025	5.63	4.24	3.65	3.31	3.08	2.92	2.80	2.71	2.63
	0.010	7.68	5.49	4.60	4.11	3.78	3.56	3.39	3.26	3.15
28	0.100	2.89	2.50	2.29	2.16	2.06	2.00	1.94	1.90	1.87
	0.050	4.20	3.34	2.95	2.71	2.56	2.45	2.36	2.29	2.24
	0.025	5.61	4.22	3.63	3.29	3.06	2.90	2.78	2.69	2.61
	0.010	7.64	5.45	4.57	4.07	3.75	3.53	3.36	3.23	3.12
29	0.100	2.89	2.50	2.28	2.15	2.06	1.99	1.93	1.89	1.86
	0.050	4.18	3.33	2.93	2.70	2.55	2.43	2.35	2.28	2.22
	0.025	5.59	4.20	3.61	3.27	3.04	2.88	2.76	2.67	2.59
	0.010	7.60	5.42	4.54	4.04	3.73	3.50	3.33	3.20	3.09
30	0.100	2.88	2.49	2.28	2.14	2.05	1.98	1.93	1.88	1.85
	0.050	4.17	3.32	2.92	2.69	2.53	2.42	2.33	2.27	2.21
	0.025	5.57	4.18	3.59	3.25	3.03	2.87	2.75	2.65	2.57
	0.010	7.56	5.39	4.51	4.02	3.70	3.47	3.30	3.17	3.07
40	0.100	2.84	2.44	2.23	2.09	2.00	1.93	1.87	1.83	1.79
	0.050	4.08	3.23	2.84	2.61	2.45	2.34	2.25	2.18	2.12
	0.025	5.42	4.05	3.46	3.13	2.90	2.74	2.62	2.53	2.45
	0.010	7.31	5.18	4.31	3.83	3.51	3.29	3.12	2.99	2.89
50	0.100	2.81	2.41	2.20	2.06	1.97	1.90	1.84	1.80	1.76
	0.050	4.03	3.18	2.79	2.56	2.40	2.29	2.20	2.13	2.07
	0.025	5.34	3.97	3.39	3.05	2.83	2.67	2.55	2.46	2.38
	0.010	7.17	5.06	4.20	3.72	3.41	3.19	3.02	2.89	2.78
60	0.100	2.79	2.39	2.18	2.04	1.95	1.87	1.82	1.77	1.74
	0.050	4.00	3.15	2.76	2.53	2.37	2.25	2.17	2.10	2.04
	0.025	5.29	3.93	3.34	3.01	2.79	2.63	2.51	2.41	2.33
	0.010	7.08	4.98	4.13	3.65	3.34	3.12	2.95	2.82	2.72
100	0.100	2.76	2.36	2.14	2.00	1.91	1.83	1.78	1.73	1.69
	0.050	3.94	3.09	2.70	2.46	2.31	2.19	2.10	2.03	1.97
	0.025	5.18	3.83	3.25	2.92	2.70	2.54	2.42	2.32	2.24
	0.010	6.90	4.82	3.98	3.51	3.21	2.99	2.82	2.69	2.59
200	0.100	2.73	2.33	2.11	1.97	1.88	1.80	1.75	1.70	1.66
	0.050	3.89	3.04	2.65	2.42	2.26	2.14	2.06	1.98	1.93
	0.025	5.10	3.76	3.18	2.85	2.63	2.47	2.35	2.26	2.18
	0.010	6.76	4.71	3.88	3.41	3.11	2.89	2.73	2.60	2.50
1000	0.100	2.71	2.31	2.09	1.95	1.85	1.78	1.72	1.68	1.64
	0.050	3.85	3.00	2.61	2.38	2.22	2.11	2.02	1.95	1.89
	0.025	5.04	3.70	3.13	2.80	2.58	2.42	2.30	2.20	2.13
	0.010	6.66	4.63	3.80	3.34	3.04	2.82	2.66	2.53	2.43

k_2	α	k_1										
		10	12	15	20	25	30	40	50	60	120	1000
25	0.100	1.87	1.82	1.77	1.72	1.68	1.66	1.63	1.61	1.59	1.56	1.52
	0.050	2.24	2.16	2.09	2.01	1.96	1.92	1.87	1.84	1.82	1.77	1.72
	0.025	2.61	2.51	2.41	2.30	2.23	2.18	2.12	2.08	2.05	1.98	1.91
	0.010	3.13	2.99	2.85	2.70	2.60	2.54	2.45	2.40	2.36	2.27	2.18
26	0.100	1.86	1.81	1.76	1.71	1.67	1.65	1.61	1.59	1.58	1.54	1.51
	0.050	2.22	2.15	2.07	1.99	1.94	1.90	1.85	1.82	1.80	1.75	1.70
	0.025	2.59	2.49	2.39	2.28	2.21	2.16	2.09	2.05	2.03	1.95	1.89
	0.010	3.09	2.96	2.81	2.66	2.57	2.50	2.42	2.36	2.33	2.23	2.14
27	0.100	1.85	1.80	1.75	1.70	1.66	1.64	1.60	1.58	1.57	1.53	1.50
	0.050	2.20	2.13	2.06	1.97	1.92	1.88	1.84	1.81	1.79	1.73	1.68
	0.025	2.57	2.47	2.36	2.25	2.18	2.13	2.07	2.03	2.00	1.93	1.86
	0.010	3.06	2.93	2.78	2.63	2.54	2.47	2.38	2.33	2.29	2.20	2.11
28	0.100	1.84	1.79	1.74	1.69	1.65	1.63	1.59	1.57	1.56	1.52	1.48
	0.050	2.19	2.12	2.04	1.96	1.91	1.87	1.82	1.79	1.77	1.71	1.66
	0.025	2.55	2.45	2.34	2.23	2.16	2.11	2.05	2.01	1.98	1.91	1.84
	0.010	3.03	2.90	2.75	2.60	2.51	2.44	2.35	2.30	2.26	2.17	2.08
29	0.100	1.83	1.78	1.73	1.68	1.64	1.62	1.58	1.56	1.55	1.51	1.47
	0.050	2.18	2.10	2.03	1.94	1.89	1.85	1.81	1.77	1.75	1.70	1.65
	0.025	2.53	2.43	2.32	2.21	2.14	2.09	2.03	1.99	1.96	1.89	1.82
	0.010	3.00	2.87	2.73	2.57	2.48	2.41	2.33	2.27	2.23	2.14	2.05
30	0.100	1.82	1.77	1.72	1.67	1.63	1.61	1.57	1.55	1.54	1.50	1.46
	0.050	2.16	2.09	2.01	1.93	1.88	1.84	1.79	1.76	1.74	1.68	1.63
	0.025	2.51	2.41	2.31	2.20	2.12	2.07	2.01	1.97	1.94	1.87	1.80
	0.010	2.98	2.84	2.70	2.55	2.45	2.39	2.30	2.25	2.21	2.11	2.02
40	0.100	1.76	1.71	1.66	1.61	1.57	1.54	1.51	1.48	1.47	1.42	1.38
	0.050	2.08	2.00	1.92	1.84	1.78	1.74	1.69	1.66	1.64	1.58	1.52
	0.025	2.39	2.29	2.18	2.07	1.99	1.94	1.88	1.83	1.80	1.72	1.65
	0.010	2.80	2.66	2.52	2.37	2.27	2.20	2.11	2.06	2.02	1.92	1.82
50	0.100	1.73	1.68	1.63	1.57	1.53	1.50	1.46	1.44	1.42	1.38	1.33
	0.050	2.03	1.95	1.87	1.78	1.73	1.69	1.63	1.60	1.58	1.51	1.45
	0.025	2.32	2.22	2.11	1.99	1.92	1.87	1.80	1.75	1.72	1.64	1.56
	0.010	2.70	2.56	2.42	2.27	2.17	2.10	2.01	1.95	1.91	1.80	1.70
60	0.100	1.71	1.66	1.60	1.54	1.50	1.48	1.44	1.41	1.40	1.35	1.30
	0.050	1.99	1.92	1.84	1.75	1.69	1.65	1.59	1.56	1.53	1.47	1.40
	0.025	2.27	2.17	2.06	1.94	1.87	1.82	1.74	1.70	1.67	1.58	1.49
	0.010	2.63	2.50	2.35	2.20	2.10	2.03	1.94	1.88	1.84	1.73	1.62
100	0.100	1.66	1.61	1.56	1.49	1.45	1.42	1.38	1.35	1.34	1.28	1.22
	0.050	1.93	1.85	1.77	1.68	1.62	1.57	1.52	1.48	1.45	1.38	1.30
	0.025	2.18	2.08	1.97	1.85	1.77	1.71	1.64	1.59	1.56	1.46	1.36
	0.010	2.50	2.37	2.22	2.07	1.97	1.89	1.80	1.74	1.69	1.57	1.45
200	0.100	1.63	1.58	1.52	1.46	1.41	1.38	1.34	1.31	1.29	1.23	1.16
	0.050	1.88	1.80	1.72	1.62	1.56	1.52	1.46	1.41	1.39	1.30	1.21
	0.025	2.11	2.01	1.90	1.78	1.70	1.64	1.56	1.51	1.47	1.37	1.25
	0.010	2.41	2.27	2.13	1.97	1.87	1.79	1.69	1.63	1.58	1.45	1.30
1000	0.100	1.61	1.55	1.49	1.43	1.38	1.35	1.30	1.27	1.25	1.18	1.08
	0.050	1.84	1.76	1.68	1.58	1.52	1.47	1.41	1.36	1.33	1.24	1.11
	0.025	2.06	1.96	1.85	1.72	1.64	1.58	1.50	1.45	1.41	1.29	1.13
	0.010	2.34	2.20	2.06	1.90	1.79	1.72	1.61	1.54	1.50	1.35	1.16

〈표 7〉 윌콕슨 부호순위 통계량 분포표

$$P = P\{W^+ \geq x\} = P = P\{W^+ \leq x^*\}$$

$n=3$			$n=4$			$n=5$			$n=6$		
x	P	x^*	x	P	x^*	x	P	x^*	x	P	x^*
5	.250	1	8	.188	2	12	.156	3	17	.109	4
6	.125	0	9	.125	1	13	.094	2	18	.078	3
7	0		10	.062	0	14	.062	1	19	.047	2
			11	0		15	.031	0	20	.031	1
						16	0		21	.016	0
									22	0	

$n=7$			$n=8$			$n=9$			$n=10$		
x	P	x^*	x	P	x^*	x	P	x^*	x	P	x^*
22	.109	6	27	.125	9	34	.102	11	40	.116	15
23	.078	5	28	.098	8	35	.082	10	41	.097	14
24	.055	4	29	.074	7	36	.064	9	42	.080	13
25	.039	3	30	.055	6	37	.049	8	43	.065	12
26	.023	2	31	.039	5	38	.037	7	44	.053	11
27	.016	1	32	.027	4	39	.027	6	45	.042	10
28	.008	0	33	.020	3	40	.020	5	46	.032	9
			34	.012	2	41	.014	4	47	.024	8
			35	.008	1	42	.010	3	48	.019	7
									49	.014	6
									50	.010	5

$n=11$		
x	P	x^*
48	.103	18
49	.087	17
50	.074	16
51	.062	15
52	.051	14
53	.042	13
54	.034	12
55	.027	11
56	.021	10
57	.016	9
58	.012	8
59	.009	7

$n=12$		
x	P	x^*
56	.102	22
57	.088	21
58	.076	20
59	.065	19
60	.055	18
61	.046	17
62	.039	16
63	.032	15
64	.026	14
65	.021	13
66	.017	12
67	.013	11
68	.010	10

$n=13$		
x	P	x^*
64	.108	27
65	.095	26
66	.084	25
67	.073	24
68	.064	23
69	.055	22
70	.047	21
71	.040	20
72	.034	19
73	.029	18
74	.024	17
75	.020	16
76	.016	15
77	.013	14
78	.011	13
79	.009	12

$n=14$		
x	P	x^*
73	.108	32
74	.097	31
75	.086	30
76	.077	29
77	.068	28
78	.059	27
79	.052	26
80	.045	25
81	.039	24
82	.034	23
83	.029	22
84	.025	21
85	.021	20
86	.018	19
87	.015	18
88	.012	17
89	.010	16

$n=15$					
x	P	x^*	x	P	x^*
83	.104	37	92	.036	28
84	.094	36	93	.032	27
85	.084	35	94	.028	26
86	.076	34	95	.024	25
87	.068	33	96	.021	24
88	.060	32	97	.018	23
89	.053	31	98	.015	22
90	.047	30	99	.013	21
91	.042	29	100	.011	20
			101	.009	19

〈표 8〉 윌콕슨 순위합 통계량 분포표

$$P=P\{W_s \geqq x\}=P=P\{W_s \leqq x^*\}$$

SMALLER SAMPLE SIZE=2

LARGER SAMPLE SIZE

3			4			5			6		
x	P	x^*	x	P	x^*	x	P	x^*	x	P	x^*
8	.200	4	10	.133	4	11	.190	5	13	.143	5
9	.100	3	11	.067	3	12	.095	4	14	.071	4
10	0	2	12	0	2	13	.048	3	15	.036	3
						14	0	2	16	0	2

7			8			9			10		
x	P	x^*	x	P	x^*	x	P	x^*	x	P	x^*
15	.111	5	16	.133	6	18	.109	6	19	.136	7
16	.056	4	17	.089	5	19	.073	5	20	.091	6
17	.028	3	18	.044	4	20	.036	4	21	.061	5
18	0	2	19	.022	3	21	.018	3	22	.030	4
			20	0	2	22	0	2	23	.015	3

SMALLER SAMPLE SIZE=3

LARGER SAMPLE SIZE

3			4			5			6		
x	P	x^*	x	P	x^*	x	P	x^*	x	P	x^*
13	.200	8	16	.114	8	18	.125	9	20	.131	10
14	.100	7	17	.057	7	19	.071	8	21	.083	9
15	.050	6	18	.029	6	20	.036	7	22	.048	8
16	0	5	19	0	5	21	.018	6	23	.024	7
						22	0	5	24	.012	6
									25	0	5

7			8			9			10		
x	P	x^*	x	P	x^*	x	P	x^*	x	P	x^*
22	.133	11	24	.139	12	27	.105	12	29	.108	13
23	.092	10	25	.097	11	28	.073	11	30	.080	12
24	.058	9	26	.067	10	29	.050	10	31	.056	11
25	.033	8	27	.042	9	30	.03	29	32	.038	10
26	.017	7	28	.024	8	31	.018	8	33	.024	9
27	.008	6	29	.012	7	32	.009	7	34	.014	8
28	0	5	30	.006	6				35	.007	7
			31	0	5						

SMALLER SAMPLE SIZE=4											
LARGER SAMPLE SIZE											
4			5			6			7		
x	P	x^*	x	P	x^*	x	P	x^*	x	P	x^*
22	.171	14	25	.143	15	28	.129	16	31	.115	17
23	.100	13	26	.095	14	29	.086	15	32	.082	16
24	.057	12	27	.056	13	30	.057	14	33	.055	15
25	.029	11	28	.032	12	31	.033	13	34	.036	14
26	.014	10	29	.016	11	32	.019	12	35	.021	13
27	0	9	30	.008	10	33	.010	11	36	.012	12
			31	0	9				37	.006	11

8			9			10		
x	P	x^*	x	P	x^*	x	P	x^*
34	.107	18	36	.130	20	39	.120	21
35	.077	17	37	.099	19	40	.094	20
36	.055	16	38	.074	18	41	.017	19
37	.036	15	39	.053	17	42	.053	18
38	.024	14	40	.038	16	43	.038	17
39	.014	13	41	.025	15	44	.027	16
40	.008	12	42	.017	14	45	.018	15
			43	.010	13	46	.012	14
						47	.007	13

SMALLER SAMPLE SIZE=5											
LARGER SAMPLE SIZE											
5			6			7			8		
x	P	x^*	x	P	x^*	x	P	x^*	x	P	x^*
34	.111	21	37	.123	23	41	.101	24	44	.111	26
35	.075	20	38	.089	22	42	.074	23	45	.085	25
36	.048	19	39	.063	21	43	.053	22	46	.064	24
37	.028	18	40	.041	20	44	.037	21	47	.047	23
38	.016	17	41	.026	19	45	.024	20	48	.033	22
39	.008	16	42	.015	18	46	.015	19	49	.023	21
			43	.009	17	47	.009	18	50	.015	20
									51	.009	19

9			10		
x	P	x^*	x	P	x^*
47	.120	28	51	.103	29
48	.095	27	52	.082	28
49	.073	26	53	.065	27
50	.056	25	54	.050	26
51	.041	24	55	.038	25
52	.030	23	56	.028	24
53	.021	22	57	.020	23
54	.014	21	58	.014	22
55	.009	20	59	.010	21

SMALLER SAMPLE SIZE=6											
LARGER SAMPLE SIZE											
6			7			8			9		
x	P	x^*	x	P	x^*	x	P	x^*	x	P	x^*
47	.120	31	51	.117	33	55	.114	35	59	.112	37
48	.090	30	52	.090	32	56	.091	34	60	.091	36
49	.066	29	53	.069	31	57	.071	33	61	.072	35
50	.047	28	54	.051	30	58	.054	32	62	.057	34
51	.032	27	55	.037	29	59	.041	31	63	.044	33
52	.021	26	56	.026	28	60	.030	30	64	.033	32
53	.013	25	57	.017	27	61	.021	29	65	.025	31
54	.008	24	58	.011	26	62	.015	28	66	.018	30
59	.007	25				63	.010	27	67	.013	29
									68	.009	28

10		
x	P	x^*
63	.110	39
64	.090	38
65	.074	37
66	.059	36
67	.047	35
68	.036	34
69	.028	33
70	.021	32
71	.016	31
72	.011	30
73	.008	29

SMALLER SAMPLE SIZE=7											
LARGER SAMPLE SIZE											
7			8			9			10		
x	P	x^*	x	P	x^*	x	P	x^*	x	P	x^*
63	.104	42	67	.116	45	72	.105	47	76	.115	50
64	.082	41	68	.095	44	73	.087	46	77	.097	49
65	.064	40	69	.076	43	74	.071	45	78	.081	48
66	.049	39	70	.060	42	75	.057	44	79	.067	47
67	.036	38	71	.047	41	76	.045	43	80	.054	46
68	.027	37	72	.036	40	77	.036	42	81	.044	45
69	.019	36	73	.027	39	78	.027	41	82	.035	44
70	.013	35	74	.020	38	79	.021	40	83	.028	43
71	.009	34	75	.014	37	80	.016	39	84	.022	42
			76	.010	36	81	.011	38	85	.017	41
						82	.008	37	86	.012	40
									87	.009	39

SMALLER SAMPLE SIZE=8								
LARGER SAMPLE SIZE								
8			9			10		
x	P	x^*	x	P	x^*	x	P	x^*
80	.117	56	86	.100	58	91	.102	61
81	.097	55	87	.084	57	92	.086	60
82	.080	54	88	.069	56	93	.073	59
83	.065	53	89	.057	55	94	.061	58
84	.052	52	90	.046	54	95	.051	57
85	.041	51	91	.037	53	96	.042	56
86	.032	50	92	.030	52	97	.034	55
87	.025	49	93	.023	51	98	.027	54
88	.019	48	94	.018	50	99	.022	53
89	.014	47	95	.014	49	100	.017	52
90	.010	46	96	.010	48	101	.013	51
						102	.010	50

SMALLER SAMPLE SIZE=9					
LARGER SAMPLE SIZE					
9			10		
x	P	x^*	x	P	x^*
9	10	10	106	.106	74
100	.111	71	107	.091	73
101	.095	70	108	.078	72
102	.081	69	109	.067	71
103	.068	68	110	.056	70
104	.057	67	111	.047	69
105	.047	66	112	.039	68
106	.039	65	113	.033	67
107	.031	64	114	.027	66
108	.025	63	115	.022	65
109	.020	62	116	.017	64
110	.016	61	117	.014	63
111	.012	60	118	.011	62
112	.009	59	119	.009	61

SMALLER SAMPLE SIZE=10		
LARGER SAMPLE SIZE		
10		
x	P	x^*
122	.109	88
123	.095	87
124	.083	86
125	.072	85
126	.062	84
127	.053	83
128	.045	82
129	.038	81
130	.032	80
131	.026	79
132	.022	78
133	.018	77
134	.014	76
135	.012	75
136	.009	74

찾아보기

ㅎ

기타

저자 약력

김용대
서울대학교 자연과학대학 계산통계학과(학사)
서울대학교 대학원 계산통계학과(석사)
오하이오 주립대학교 통계학과(박사)

김지수
서울대학교 자연과학대학 수학과(학사)
카네기멜론대학교 대학원 통계학과(석사)
카네기멜론대학교 대학원 통계학과(박사)

이재용
서울대학교 자연과학대학 계산통계학과(학사)
서울대학교 대학원 계산통계학과(석사)
네브라스카 주립대학교 대학원 수학통계학과(석사)
퍼듀대학교 대학원 통계학과(박사)

박건웅
서울대학교 자연과학대학 통계학과(학사)
위스콘신대학교(메디슨) 대학원 통계학과(박사)

박병욱
서울대학교 자연과학대학 계산통계학과(학사)
서울대학교 대학원 계산통계학과(석사)
캘리포니아대학교(버클리) 대학원 통계학과(박사)

임요한
서울대학교 자연과학대학 계산통계학과(학사)
서울대학교 대학원 계산통계학과(석사)
스탠포드대학교 대학원 통계학과(박사)

박준용
서울대학교 자연과학대학 계산통계학과(학사)
서울대학교 대학원 계산통계학과(석사)
퍼듀대학교 대학원 통계학과(박사)

박태성
서울대학교 자연과학대학 계산통계학과(학사)
서울대학교 대학원 계산통계학과(석사)
미시간대학교 보건대학원 생물통계학과(박사)

문하은
KAIST 자연과학대학 수리과학부(학사)
서울대학교 대학원 경제학과(석사)
피츠버그대학교 대학원 통계학과(박사)

이권상
서울대학교 자연과학대학 수리과학부(학사)
펜실베니아대학교 대학원 통계학과(석사)
펜실베니아대학교 대학원 응용수학과(박사)

오희석
연세대학교 상경대학 응용통계학과(학사)
연세대학교 대학원 응용통계학과(석사)
텍사스A&M 주립대학교 대학원 통계학과(박사)

장 원
고려대학교 정경대학 통계학과(학사)
고려대학교 대학원 통계학과(석사)
펜실베니아 주립대학교 대학원 통계학과(박사)

장원철
서울대학교 자연과학대학 계산통계학과(학사)
서울대학교 대학원 계산통계학과(석사)
텍사스A&M 주립대학교 대학원 통계학과(석사)
카네기멜론대학교 대학원 통계학과(박사)

원중호
서울대학교 공과대학 전기공학부(학사)
스탠포드대학교 대학원 통계학과(석사)
스탠포드대학교 대학원 전기공학과(석사)
스탠포드대학교 대학원 전기공학과(박사)

이상열
서울대학교 자연과학대학 계산통계학과(학사)
메릴랜드 주립대학교 대학원 수학과 통계학전공(석사)
메릴랜드 주립대학교 대학원 수학과 통계학전공(박사)

SPSS를 이용한 통계학 – 제3판 –

저　　자　서울대학교 통계학과
발 행 인　김지영
발 행 처　자유아카데미
주　　소　경기도 파주시 회동길 37-42 파주출판도시
전　　화　031-955-1321
팩　　스　031-955-1322
홈페이지　www.freeaca.com
전자우편　main@freeaca.com (대표)
editor@freeaca.com (편집)
crm@freeaca.com (영업)
등　　록　제406-2003-017호, 1980. 7. 12
제3판1쇄　2025년 8월 10일 발행

저자와의 협의하에 인지생략

ISBN 979-11-5808-739-5 93310